农业对外合作与乡村振兴 系列丛书
Agricultural Foreign Cooperation and Rural Revitalization

世界数字农业案例集

World Digital Agriculture Casebook

农业农村部对外经济合作中心
Foreign Economic Cooperation Center, Ministry of Agriculture and Rural Affairs, P.R.China
农业农村部信息中心
Information Center, Ministry of Agriculture and Rural Affairs, P.R.China

编著

中国农业科学技术出版社
China Agricultural Science and Technology Press

图书在版编目（CIP）数据

世界数字农业案例集 / 农业农村部对外经济合作中心，农业农村部信息中心编著. --北京：中国农业科学技术出版社，2021.11
（农业对外合作与乡村振兴系列丛书）
ISBN 978-7-5116-5552-3

Ⅰ.①世… Ⅱ.①农…②农… Ⅲ.①数字技术—应用—农业—案例—世界 Ⅳ.①S126

中国版本图书馆CIP数据核字（2021）第211977号

责任编辑　李冠桥
责任校对　李向荣
责任印制　姜义伟　王思文

出 版 者	中国农业科学技术出版社
	北京市中关村南大街12号　邮编：100081
电　　话	（010）82109705（编辑室）　（010）82109702（发行部）
	（010）82109709（读者服务部）
传　　真	（010）82106625
网　　址	http://www.castp.cn
经 销 者	各地新华书店
印 刷 者	北京地大彩印有限公司
开　　本	185 mm×260 mm　1/16
印　　张	25.75
字　　数	610千字
版　　次	2021年11月第1版　2021年11月第1次印刷
定　　价	108.00元

版权所有·翻印必究

《农业对外合作与乡村振兴系列丛书》
编写委员会

主　　　任：张陆彪
副　主　任：郭立彬　胡延安　冯　勇　李洪涛　李　岩　李志平

《世界数字农业案例集》
编写委员会

主　　　任：王小兵　张陆彪　顾幸伟
副　主　任：李志平　陈　东　王文生
成　　　员：秦　路　侯仰海　何　霞　王　庚　张玲玲
　　　　　　于浩淼　储雪玲　丘志勇　张海发　文　飞
　　　　　　李秋瑾　卢汉飞　杨　鹏　胡祖红　文生威

主　　　编：李志平
执 行 主 编：张玲玲
副　主　编：曹　敏　胡杰华　张　弦
参 编 人 员：吴文斌　卫龙宝　宋　茜　方　露　宋援丰
　　　　　　王叶红　杨尚琼　沈岱松　卢　珺　姚羽佳
　　　　　　许王芳　陈静媛　程荣竺　郁文静　周　昀
　　　　　　智　豪　孙　昊　丁　梦　卫星月　范金媛

编者按

"数字农业"这一概念1997年由美国国家科学院、美国国家工程院两院院士正式提出。二十多年来，数字农业广泛实践于世界各国农、林、牧、渔等各行业，应用于生产、销售、运输等多环节，成为驱动农业现代化发展的重要引擎。现代信息技术注入传统古老的农业，使得农业生产迸发出前所未有的活力，尤其近十年来，以物联网、大数据和人工智能为代表的新一代数字技术与农业农村深度融合，具有创新性、典型性的数字农业案例不断涌现，数字农业发展蓬勃兴起。

农业是国家发展的基石，数字化是农业发展的未来。中国政府高度重视农业、农村、农民问题，始终将"三农"工作置于重中之重的地位，尤其在乡村振兴、城乡融合、共同富裕等重大议题进程的背景下，积极探索开展数字农业已成为必然选择。数字农业将信息技术转化为农业生产要素，在保障粮食安全、提升农产品质量、推动农业全产业链升级和保护生态环境等方面将发挥重要作用。同时，数字农业为解决世界人口增长和粮食危机、气候变化等复杂难题提供了可行方案，不仅是我国农业绿色化、融合化、品牌化的契机，也是世界各国开展农业交流合作的新平台。

本书由农业农村部对外经济合作中心与农业农村部信息中心共同汇编，组织行业专家梳理了数字农业发展的历程与趋势，分析了面临的机遇与挑战，并从项目基本情况、创新点与应用成果及效益三方面系统整理了141个国内案例和12个国际案例，在汇集数字农业发展成果的同时，以期为广大读者提供参考借鉴。

本书国内案例部分主要来源于农业农村部信息中心面向全社会开展的数字农业农村新技术新产品新模式征集工作，经专家评审推荐并按程序报批公示后，向全社会发布推介了205个优秀案例，又从这些案例中选择了130个具有代表性的案例进行分享。同时，本书加入了数字农业大省广东省的10个代表性案例，以及招商银行推动金融+农业的案例介绍，旨在促进农业农村信息化科技成果转化为生产力，推动现代信息技术与农村经济社会加速融合发展，引领驱动乡村全面振兴。

本书国际案例部分来源由联合国粮食及农业组织、浙江大学与全国农业科技创业创新联盟共同主办的2020全球农创客大赛（2020 Global AgriInno Challenge），大赛组委会共收到来自35个国家的172支团队的参赛申请，经过初选和评审的层层角逐，共有12支初创团队脱颖而出，入围总决赛。为了更好地交流数字农业创业的技术创新方案与商业模式，本书选编了进入决赛的12个参赛团队的案例以飨读者。

由于时间所限，书中内容和案例介绍难免挂一漏万，不当之处恳请同行专家批评指正。

2021年9月

目录

第一篇 综述

第一章 数字农业发展历程 ········· 3
一、数字农业定义及发展现状 ········· 4
二、数字技术在农业领域的应用历程 ········· 5
三、数字农业的三股创新驱动力 ········· 7

第二章 数字农业发展趋势 ········· 10
一、数字农业在欧美国家的发展趋势 ········· 10
二、数字农业在中国的发展趋势 ········· 18

第三章 数字农业技术的模式分析 ········· 25
一、数字大田 ········· 25
二、数字果园 ········· 27
三、数字畜牧 ········· 29
四、数字水产养殖 ········· 30

第四章 数字农业的价值作用和发展机遇 ········· 32
一、价值作用 ········· 32
二、发展机遇 ········· 35

第五章 数字农业面临的挑战与问题 ········· 37

第六章　数字农业前景展望 …………………………………………… 39

第二篇　国内精选案例

棉花种植管理全程遥感监测及社会化服务平台 ……………………… 43
"京科惠农"农业信息人工智能咨询服务平台 ………………………… 45
极目山地植保无人机 ……………………………………………………… 48
基于"吉林一号"星座的农业遥感服务新模式 ……………………… 51
果园全产业链智慧化生产管理技术 …………………………………… 55
高精度植保无人机——金星25 ………………………………………… 57
农田环境与作物生长监测物联网系统 ………………………………… 59
AI智慧生猪养殖技术集成与示范 ……………………………………… 61
智能分群系统软件 ………………………………………………………… 63
作物商业化育种信息管理平台 …………………………………………… 65
人工林智能滴灌水肥一体化栽培技术体系 …………………………… 68
生猪健康养殖生态环境智能控制技术 ………………………………… 70
基于数字化分析的兽用快速诊断检测技术 …………………………… 73
北斗高精度农机作业监控系统 …………………………………………… 75
SenseCAP耘果数字农业装备 …………………………………………… 77
"粤农保"AI数字农业综合服务平台 ………………………………… 79
基于葡萄树体表征的数字化生物信息采集和管理 …………………… 82
太保e农险FAST慧眼人工智能定损平台 …………………………… 85
沼液智能化施用设备 ……………………………………………………… 88
浙农码——农业农村领域数字身份技术应用 ………………………… 90
基于机器视觉的作物叶片形态识别技术开发与应用 ………………… 92
生猪产业数字生态服务平台 ……………………………………………… 94
天眼守望"遥感+智能化"特色农产品数字技术 …………………… 96
安全环保智能化养猪技术体系创建及产业化应用 …………………… 98
江苏省农业农村大数据云平台("苏农云")建设与应用 …………… 100
智慧养牛管理服务系统平台 ……………………………………………… 102
农业气象灾害预报服务 …………………………………………………… 105
上海市农村经营管理站农村经营管理信息网络平台升级改造 ……… 107
广西农业单品生产大数据服务平台 …………………………………… 110
"互联网+第四方物流" …………………………………………………… 112

基于移动智能协同的乡村治理关键技术	114
基于北斗定位技术的智慧农业物联网大数据平台	116
华腾智能生物电子耳标	118
智慧渔业养殖无人船	120
中农网茧丝区块链交易平台	122
现代农业智能化管理设备及系统	125
设施蔬菜水肥一体化智能控制装备	127
青藏高原牦牛藏羊区块链全程追溯体系项目	130
智慧辣椒云平台	132
安徽省精准配方施肥与信息技术研究和应用	134
肉类食品数字管道平台	136
渔业物联网在IPA养殖模式中的应用	138
米脂县数字信息平台	140
河池"掌上农业"移动采集系统	142
基于"田小二"APP的小麦监控施肥技术示范及应用	144
海产贝类精准加工及溯源技术	146
设施番茄智能生产与知识服务新模式	148
基于动物生命特征传感器技术的畜牧物联网系统	150
病虫智能监测预警系统	152
"农核"系列农业专用芯片	154
卫星遥感和人工智能技术在智能化农村金融的创新应用	156
浙江省智慧农业云平台研发与应用	158
畜牧业大数据服务平台的构建与实践应用	161
农田垄间行走机器人	163
农业农村部牲畜耳标管理软件	165
智慧蜂业关键技术及应用	167
设施生产动态监测智能采集设备	170
智慧茶园综合管理技术开发应用	172
气吸循环式粮油智能干燥机技术	174
5G智慧农业精准化种植技术	176
畜禽无害化处理监管与养殖业保险联动信息技术模式	179
"五网合一"打造智慧芜湖大米	181
5G数字化农场管理云平台	183

天津放心猪肉质量安全全程监管可追溯系统	186
椰糠岩棉复合基质蔬菜栽培技术	188
爱耕耘人工智能种植决策平台	190
智慧农业保险3S关键技术研究与应用	192
火龙果大数据技术应用推广及质量提升项目	194
设施栽培绿色生产臭氧灭菌杀虫智能控制技术	196
智能生物链治水·靶向养殖技术	198
数字生态水产养殖服务平台	200
农村宅基地综合管理平台	202
惠农网	205
AI云广播产品	207
农产品市场风险智慧监测预警服务平台	209
粮食生产中农机全程数字化应用	211
"粤农情"数字赋能广东乡村振兴	213
陇南乡村大数据平台	215
牧原智能养殖机器人应用	217
基于区块链技术的"认标购茶"溯源平台	219
现代农业智慧服务平台	222
中国移动河南公司蓝天卫士平台建设项目	224
基于农业智能设备的设施番茄基质生产技术	226
数字乡村综合服务平台	228
类球形果蔬智能"三去"机和分离设备	231
物联网+痕量灌溉技术应用研究与推广	233
Corewell-436在线式智能型水肥机	236
橡胶数字化生产销售模式	238
"齐力农邦"农服信息化服务平台	240
猪易通APP	242
数字农业农村食药用菌种植标准化示范基地建设	244
基于牛胃电胶囊牧场数字化管理系统	246
临安山核桃特色产业云平台	248
基于GIS大数据的高标准农田设施网格化管理平台	250
一亩田农产品电子商务交易平台	252
鱼菜共生技术	254

目 录

- 数字化桑园绿色防控技术及配套设备的研发集成及推广应用 …… 256
- 锐利特科技数字农业综合管控平台 …… 258
- 空天地一体化智慧果园 …… 260
- 基于3S技术的农业建设项目管理平台研发与应用 …… 263
- 村村享——农村水务智能化管理平台 …… 265
- 常熟"智慧三农"农田地理信息应用 …… 268
- 梁平区数字化乡村治理新模式 …… 271
- 农场3D可视化SaaS技术 …… 274
- 稻虾种养环境实时在线监管与溯源技术 …… 276
- 河蟹'诺亚1号'绿色养殖关键技术及产业化 …… 278
- AI数字农业APP"农嗨"+数字农业产业园 …… 280
- 农产品质量安全智慧监管平台开发与应用 …… 282
- 连云港市农业卫星遥感监测项目 …… 284
- 青岛市智慧农业大数据平台 …… 286
- 基于5G的智能无人机及其管理平台 …… 290
- 数字化赋能温室环境控制和运营技术 …… 292
- 精准智能水肥机 …… 294
- 农业生产托管服务平台 …… 296
- 低成本下的农产品全产业链溯源技术应用与推广 …… 298
- 光明水产智能养殖技术集成与应用 …… 300
- 德清县乡村治理数字化平台 …… 302
- 苏胜种猪场智能养殖 …… 304
- 标准化智慧农业服务模式 …… 307
- 普渡智能施肥机 …… 309
- 智能温室控制箱 …… 311
- 设施农业放风电机智能控制器 …… 313
- 惠州市农产品质量安全监管与追溯平台 …… 315
- 安化黑茶全产业链大数据平台 …… 317
- 数字乡村综合信息系统 …… 319
- "多库联动"大数据融合创新助力农业现代化 …… 321
- 山地柑橘智慧果园建设技术模式 …… 324
- 纽澜地"数字牧场" …… 326
- 规模农场万亩基地"种管收"信息化技术集成应用模式 …… 328

动物体况自动采集系统的肉牛品种改良及培育 ……………………………… 331
广东菠萝、广东荔枝：大数据营销有道 …………………………………… 333
"保供稳价安心"数字平台：加快推进广东数字农业转型升级 …………… 336
跨境电商：数字平台链接农产品国际市场 ………………………………… 339
国联水产：数字赋能海洋食品智造 ………………………………………… 341
阳西县："三端数字化"带动产业现代化发展 …………………………… 343
增城无人农场：机械化、信息化和智能化的高度融合 …………………… 345
"我在德庆有棵贡柑树"——德庆贡柑"超级网红"养成记 …………… 348
惠来"网络节+云展会"——模式升级带动产业兴旺 …………………… 350
遂溪圣女果百万农民线上大培训：田头一堂课，线上百万人 …………… 353
新会陈皮：建成广东省首个聚焦本地特色农产品产业的大数据平台 …… 355
招商银行全面整合资源助力数字化农业发展 ……………………………… 357

第三篇　2020全球农创客大赛精选案例

非洲水族农场的鱼菜共生系统（Aqua Farms Africa） …………………… 361
"数字苹果"苹果全产业链数字化平台 …………………………………… 364
尼日利亚电子商务平台Farmisphere ………………………………………… 367
小龙潜行Focused Loong Tech ………………………………………………… 371
基于"植物—土壤—大气"连续体数字模型的人工智能种植决策平台 … 373
"靡特洛"废弃牛奶转换利用 ……………………………………………… 377
楠皮亚农贸市场 ……………………………………………………………… 380
北方农业化肥管理服务公司 ………………………………………………… 384
农副产品供应链服务SUMAJTA MIKUNA ………………………………… 386
天府蜂谷数字化养蜂项目（TianfuFenggu） ……………………………… 390
Vertical Green垂直农业系统 ………………………………………………… 393
Virtudes公司——牙买加大麻项目（Jamaica Hemp Project） …………… 397

第一篇 综 述

第一章 数字农业发展历程

农业不仅对人类生存具有至关重要的意义,也为人类经济和社会发展提供了坚实的基础和支撑。从粮食安全角度而言,农业为人类提供了粮食等赖以生存的基本生活资料,是解决饥饿和营养问题的核心。从经济发展角度而言,农业一方面为劳动力提供了大量的就业机会,另一方面也为工业生产、商业活动、服务行业等提供了大量的原材料和消费市场。根据国际劳工组织的就业数据显示,农业和食品产业贡献了全球28%的劳动就业机会[1]。从社会稳定角度而言,农业有助于提供和形成针对大量农业人口的生产和生活环境,对于维持社会稳定具有重要作用。从生态环境角度而言,农业在促进土壤养分保障、维护生态多样性、促进植被保护、减少环境污染等方面都有积极的作用。

然而农业产业的发展正面临着日益复杂严峻的挑战和困难。首先,全球人口规模的不断增长意味着持续扩大的粮食需求,这对农业生产的规模化和稳定性提出了更高要求。依据联合国粮食和农业组织的报告,当前全球有8.2亿人仍处在饥饿之中[2],而全球

---

[1] ILOSTAT,2019. Employment database. Geneva:International Labour Organization。
[2] FAO,2018. The State of Food Security and Nutrition in the World:Building Resilience for Peace and Food Security. Rome. http://www.fao.org/news/story/en/item/1152031/icode。

人口预估将在2050年达到96亿[1]，粮食需求几乎呈现翻倍增长[2]。其次，随着全球经济的高速发展，水、耕地等自然资源日益短缺，一定程度上会对农业的持续、快速、健康发展构成制约。再次，不断加剧的城市化进程、日益恶化的环境问题等都在激发关于新时期下农业产业如何发展和突破的思考。

考虑农业产业的重要性和多功能性，为了更好地应对上述众多挑战，实现消除贫困、消除饥饿等联合国全球可持续发展目标，我们亟须对农业产业进行有效的转型和升级。随着人类社会进入信息化时代和智能化时代，依托先进前沿的信息技术和智能技术，大力发展数字农业，利用数字化技术赋能并实现农业全产业链的升级和转型具有重大意义。

一、数字农业定义及发展现状

数字农业是指利用计算机、通信网络、自动化等现代先进技术，对包括生产、加工、流通、销售等各个环节的农业全产业链进行数字化、网络化、信息化、自动化、智能化的升级。数字农业对于改造和转变传统农业生产方式具有重要意义，其积极影响包括降低农业生产成本，提升农业生产力，提高农产品产量和质量，实现农业资源合理利用，促进农产品销售和农民增收，改善生态环境等。

人类历史上迄今为止经历了四次农业革命[3][4]。

第一次农业革命：发生在新石器时代，核心标志是人类发明了农业和畜牧业，从狩猎采集文明向农耕文明演变。通过有意识的研究和种植粮食作物、豢养牲畜，人类获得了稳定的食物来源，人口规模得以增长，群居村落文化得以发展。

第二次农业革命：也被称为英国农业革命，发生在17世纪中期至19世纪。促进集约化、规模化农业萌芽的圈地运动和大农场，增强土地利用效率的四轮作，提高生产效率的改良犁耕技术，促进自由交易的全国性市场，具备更高产力和营养价值的新型作物等，都是那个时期的标志性举措。这一系列生产工具和生产方式的创新和改革极大地提高了农业劳动力和土地的生产力，农业生产获得了前所未有的发展，迅速增长的人口规

---

[1] UN DESA, 2017. World Population Prospects: Key findings and advance tables[M]. New York: UN DESA。

[2] GOEDDE L, HORII M, SANGHVI S, 2015. Global agriculture's many opportunities[J]. McKinsey on Investing, 2: 62-64。

[3] 《农业历史》，维基百科网：https://en.wikipedia.org/wiki/History_of_agriculture#Early_development。

[4] ROSE D C, CHILVERS J, 2018. Agriculture 4.0: Broadening responsible innovation in an era of smart farming[J]. Frontiers in Sustainable Food Systems, 2: 87。

模和粮食供给也为工业革命打下了良好基础。

第三次农业革命：即绿色革命，发生于1950年左右。绿色革命依托当时电气化和机械化的工业化浪潮，将相应技术和农业生产进行结合，推动了传统农业到工业化农业的进阶，其主要的推动力包括化肥农药的使用、机械化种植的产生、水灌溉设施的完善、高产新品种的推广、现代管理技术的应用等。

第四次农业革命也被称为农业4.0，是以现代数字技术、信息技术和智能技术在农业全产业链的使用和普及为代表的数字农业革命。数字农业革命的概念起源最早可以追溯到1997年第一届欧洲精准农业大会[①]，并将在整个21世纪延续和深化。

数字农业革命和前几次农业革命有着明显不同。第一，传统农业和工业化农业的核心生产要素为有形的自然资源、人力资源和机械等物资资源，而数字农业首次将无形的信息资源、数据资源等作为核心生产要素。第二，之前的农业革命主要集中于对农业生产环节的改造，而数字农业革命则是对全农业产业链各个环节的升级。第三，以往农业生产环节的决策问题主要依赖人的先验判断和主观经验，而数字农业则强调数据驱动、智能分析的决策，科学性和准确性更高。第四，之前的农业革命重点强调生产力的提升，而忽视了可能的生态影响，例如大量化肥农药的使用会导致水源、土壤污染等环境问题。而数字农业可以在一定程度上实现产业发展和生态环境之间的平衡。

作为驱动全球经济的重要引擎，根据世界银行2020年的数据统计，数字经济对全球GDP的贡献率已经达到15.5%，在过去的15年间，数字经济增速是传统GDP的约2.5倍[②]。与此同时，数字农业也正在蓬勃发展。2019年，全球数字农业市场价值约115亿美元，根据专家预估，数字农业的规模将在未来几年以10.3%的年复合增长率迅速扩大，并将在2025年达到207亿美元[③]。

二、数字技术在农业领域的应用历程

自"数字农业"概念提出以来，数字技术日益广泛应用于整个农业生产活动和经济环境，数字农业发展加快推进，数字农业经济日益活跃。在实践中，农业的发展和技术的进步往往是交织进行的，农业发展需要大量的技术和装备的支撑，数字技术的目的就是促进农业资源的优化配置、提高农业生产效率和降低生产成本，推动农业农村现代

[①] LOMBARDO S，SARRI D，CORVO L，et al.，2017. Approaching to the Fourth Agricultural Revolution：Analysis of Needs for the Profitable Introduction of Smart Farming in Rural Areas[J]. HAICTA。
[②]《数字发展》，世界银行网：https：//www.worldbank.org/en/topic/digitaldevelopment/overview。
[③]《全球数字农业市场预估（2020—2025年）》，研究与市场网：https：//www.researchandmarkets.com/reports/5215177/global-digital-agriculture-market-forecasts。

化发展[①]。纵观世界农业的信息化发展历程，可以将其划分为4个阶段：第一阶段，20世纪50—60年代的萌芽阶段；第二阶段，20世纪70—80年代的探索阶段；第三阶段，20世纪90年代至21世纪初的发展阶段；第四阶段，2008年至今的深化发展阶段。

第一阶段：萌芽阶段（20世纪50—60年代）。自1946年世界第一台电子计算机在美国问世后，人们开始关注计算机在农业领域的应用。20世纪50年代初，美国一些农业经济学家应用计算机处理线性规划等问题。20世纪60年代，计算机普遍进入美国的农业科研与决策部门。该阶段以科学统计计算为关键技术，农业计算统计科学与农业数据处理崭露头角，开启了农业生产记录与管理电子统计的新阶段，为数字农业发展奠定了基础。

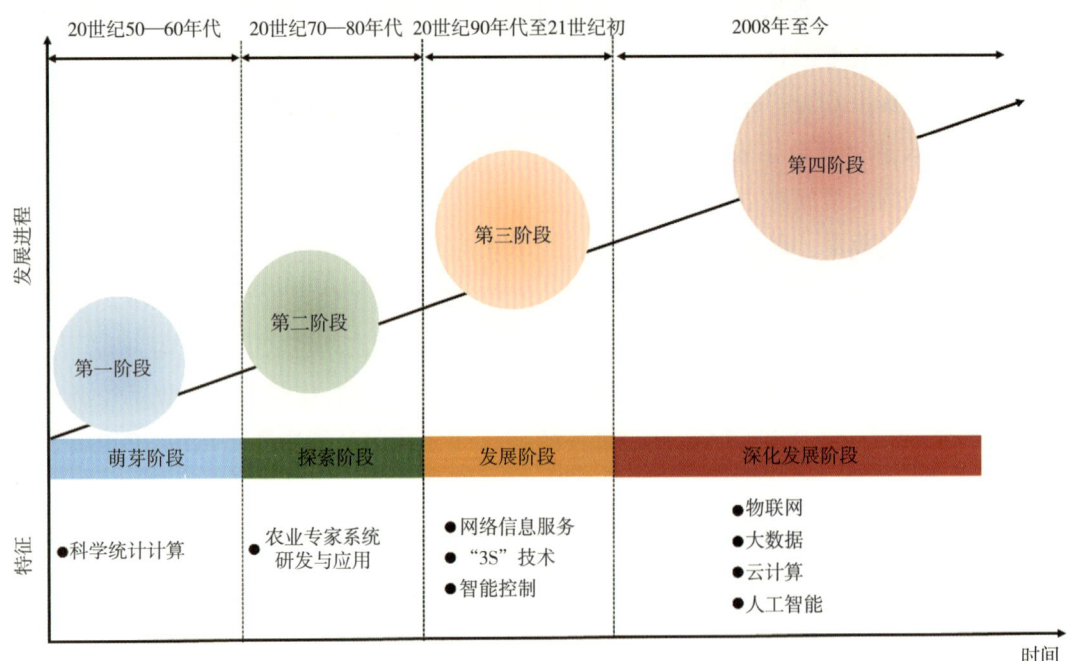

数字技术在农业领域的应用历程

第二阶段：探索阶段（20世纪70—80年代）。20世纪70年代，美国植物病理学家和计算机科学家共同开发出大豆病害诊断专家系统，该系统可用于识别大豆病害症状，并提出管理方案；20世纪80年代初期，以信息技术和智能农机为支撑，发达国家开始发展"精细农业"。在此时代背景下，现代农业棉花管理专家系统应运而生，农场内提供灌溉、施肥、施用脱叶剂和棉桃开裂最佳方案；在温室控制管理领域，引入计算机技术，成功开发温室控制与管理系统。该阶段以计算机软件开发为关键技术，聚焦农业育种数据处理分析、气象与病虫预测预报、农业模拟试验、农产品品质快速测量、动物营

[①] 周清波，吴文斌，宋茜，2018. 数字农业研究现状和发展趋势分析[J]. 中国农业信息，30（1）：1-9。

养估计与遗传控制、大型温室与人工气候室环境控制等领域，开展农业专家系统研发与应用，提升了农业知识与信息处理能力，为农业数字化发展创造了有利条件。

第三阶段：发展阶段（20世纪90年代至21世纪初）。20世纪90年代以来，信息化进程迅速伸向农业农村领域。1997年美国国家科学院和美国国家工程院正式提出"数字农业"的概念。发达国家积极布局农业中心网络系统，家庭农场、奶牛场和年轻农场主进入农业信息网络，借助公众通信网络传输农林信息。该阶段以网络信息服务、遥感技术（Remote Sensing，RS）、地理信息系统（Geography Information Systems，GIS）、全球定位系统（Global Positioning Systems，GPS）技术、智能控制为关键技术，农业产量预测、农业数据管理与分析、农业气象预报、饲料配方计算、农业机械选配、农业生产地域类型划分、农业气候模拟、农业经济数据处理等方面的农业信息技术突飞猛进，促进了世界数字农业的发展进程。与第一阶段、第二阶段相比，数字农业技术有了较大的提高和发展。

第四阶段：深化发展阶段（2008年至今）。2008年以来，以物联网、大数据、云计算和人工智能为代表的新一代信息技术显现。不断推进农业信息化进程，与农业农村全面、深度融合发展。这一阶段，数据知识的价值被普遍认可和重视，突破了一批农业生物-环境信息获取与解析、作物生长数字模型与系统仿真、农业数字化管理和控制等关键技术，开发了一批专业化、个性化的智能农业搜索引擎，研制了一批面向种植和养殖生产全程、农产品流通、县域农业资源管理与决策、农村社区政务管理和农民培训等领域的农业软硬件技术产品。该阶段农业数字化技术和服务备受关注，开启了农业发展升级转型的新征程。与上一阶段相比，数字农业的理论逐渐成熟、技术日趋完善、特征更加凸显。

三、数字农业的三股创新驱动力

数字农业的发展需要扎实的基础设施体系、积极的发展政策和环境，同时也离不开三股核心驱动力。

1. 技术创新

信息、网络、智能等领域新兴技术的快速变革发展为农业数字化转型发展提供了新动能，协助农业全产业链各环节的不断升级和转型。

（1）产前环节

农业（种植业、畜牧业、水产养殖等）在产前环节面临的一系列重要问题，包括生产什么、生产多少、怎么生产等可以通过数字农业技术更好地解决。

首先，农产品具有生产周期长、应变性差、市场交易信息不对称、距离终端需求较远等问题，基于农产品电商、大数据分析、人工智能的发展，可以更多、更快、更准地了解消费者需求趋势和需求变化，进行农产品价格预测，指导农民的产前决策。

其次，农业生产产前需要采购大量的农业生产资料，包括种子、化肥农药、农机农具等，以往农民尤其是小农户缺乏相关信息，采购渠道有限，在采购价格和品质等方面都较难得到保证。随着网络技术、电子商务和区块链数字溯源技术的发展，农民可以更便捷地获得产品信息，减少交易成本，购买到物美价廉的农资农具。

（2）产中环节

农业生产的产中环节是农业数字化的核心环节，这个环节可以被数字化改造的场景十分丰富。

数字农业的很多核心技术可以集成为一整套系统，更好地赋能农业生产。以智能温室为例，通过物联网可以将传感器、灌溉系统、视频录像、鼓风机、电力设备等统一链接，实时监测温室内的气温、水分、土壤、作物生长情况，并储存和分析相关数据，基于人工智能技术实现智能控温、控湿、控氧、控光。智能温室的优势一方面在于通过智能化和自动化的控制手段大量节约人力成本、促进规模化生产，另一方面也在于数据驱动更精准、更科学的生产过程，有利于提升农产品产量和品质。

数字农业的发展可以有效降低农业生产的风险和不确定性。例如卫星遥感系统一方面可以有效进行作物生长相关的监测，提供包括作物种植面积监测、作物长势监测、作物产量预估、病虫害和自然灾害监控预警等在内的功能，另一方面也可以对耕地、森林、渔业等农业自然资源的数量、质量和空间分布情况进行监测，有利于更好地优化农业资源配置。

（3）产后环节

数字农业革命的重要开拓在于跳出了以往只专注于改造农业生产环节的局限，开始进阶到对产后环节的改造和升级。采摘、称重、分拣、包装、物流、营销、销售，众多的产后环节在数字化改造后都将迸发出巨大的潜力。自动化采摘机器人、智能分拣系统的应用，可以有效地提高农业生产的速度，促进农产品的标准化程度。农产品特别是生鲜产品天然具有储存周期短、易腐坏等特性，完善高效的数字化物流体系特别是冷链运输技术的发展有助于提升农产品运输的效率、拓宽农产品销售的市场、提升农产品品质和价格。

2. 人才创新

数字农业的发展除了需要不断创新突破的技术，还需要能够充分理解、利用和推广这些技术的人才，以及充分激发数字人才创业热情、全面营造数字人才创新能力的土壤和环境。

数字农业人才的培养需要具有一定的普适性。要大力发展和健全县域和村级教育体系，鼓励适龄人群入学，通过扎实的基础教育提升整体农业劳动群体的文化知识水平和数理计算能力，为数字农业发展打下良好的人才基础。需要设置和增加专门针对数字农业的课程，提供更多数字技术领域的培训，吸引专业人士到农村开展教育和帮扶工作，帮助普及数字技术的基本概念，宣传现代数字技术对农业产业转型所起到的核心作用。

同时，为了更好地发挥人才优势，鼓励数字农业领域的创业创新，需要大力支持和发展创业孵化器、加速器，通过开展农业创业大赛、农业创新天使投资计划等，更好地激发数字农业人才的创新潜力，帮助数字农业创业项目的商业化和产业化。其中，年轻人是促进农业数字化转型和创新的核心力量，需要加大力度引导年轻人投身农业和农村建设，重点关注留乡、返乡、下乡青年群体在农业领域的创业创新，激发青年投身于数字农业创业创新的热情。

3. 模式创新

创新的商业模式可以作为数字技术和农业有机结合的载体和催化剂，加速和规模化数字农业的发展。

电子商务作为数字经济的重要创新，引领了数字经济的发展。农产品在电商网络的销售占比虽然还远不及服饰、电子等其他行业，但是相对较低的渗透率也意味着农产品电商未来有更大的潜力。依托百花齐放的电子商务模式（传统电商、社交电商、直播电商、社区团购等），农产品线上销售成为了近年农产品销售的生力军。以直播电商为例，直播电商的几个核心优势非常适合农产品和食品这类非标准化、易坏易损产品的销售。第一，直播电商以视频为展示形式，"所见即所得"，可以充分展示农产品的各种细节和特色。第二，直播主播承担线下导购角色，具备强互动属性，与消费者之间可互动、可交流，实时讲解和回答各种问题，消费者体验更好。这些特性都使得直播具有高转化、高黏性、高客单的优势，有利于农产品的推广和销售。

金融领域的模式创新也能促进农业的发展。数字普惠金融和数字信用体系的建立，包括针对小农户的小微信贷、农业保险等，能够为农民提供充足的产前资金准备和事后风险理赔，大大降低了农户的风险。

第二章 数字农业发展趋势

一、数字农业在欧美国家的发展趋势

得益于雄厚的工业实力和成熟的工业化技术，英、美、法等世界发达国家较早地开始了推动农业农村信息化技术的创新应用，全面发展了数字农业，在技术创新、政策支持、探索实践等方面取得了长足发展[1]。

1. 英国："数字农业"始于大数据整合

自2013年出台农业技术战略以来，英国政府在农业科技基础研究和创新开发上投入大量的财力，努力将农业打造成高新科技领域。英国农业高度现代化，借助统计、建模和可视化智能分析等方式，整合农业生产链条的数据，提升农业生产效率，让英国成为全球农业技术领导者[2]。

（1）面向政府，完善农业基础数据资源体系

英国政府和有关部门高度重视农业数据资源建设，多措并举地建立了全国性的农业基础数据库以及不同层面和领域的农业专业数据库，开发利用了大量农业数据资源，

---

[1] 王林，刘佳蕊，2021. 国外农业信息化发展概况及启示[J]. 上海信息化（7）：52-55。
[2] 龚雅婷，孙立新，毛世平，2018. 英国农业科技政策及对我国的启示[J]. 农业现代化研究，39（4）：559-566。

实现了农业数据资源的互通互联、共享兼容。英国政府统一规划建设并运行了"全国土壤数据库""农业普查数据库""单一补贴支付数据库"等基础数据库系统。其中,单一补贴支付数据库囊括了英国各农场规模、牲畜数量、农机具情况、地块信息等基本内容,为政府发放农业补贴提供数据支持。围绕产前、产中、产后各产业环节,建设了大量基础性数据库并积累了丰富数据资源,为政府决策、科学研究、生产经营等提供了有效基础支撑。英联邦农业局建立了庞大的农业数据库系统,涵盖农业环境、作物种植、动物科学、食品营养等学科领域,建立年度数据更新制度。英国先后建立的农业专业性数据库,成为国家数据资源的重要补充。

(2)面向生产,发展数据采集技术和装备

英国积极发展集卫星定位、自动导航、遥感监测、传感识别、智能机械、电子制图等技术于一体的数字农业技术模式,促进种养殖业精准化发展。以自动感知技术为代表的物联网技术广泛应用于英国农业中。英国农场通过布设传感器、无线视频设备,感知作物高度、密度等指标调节作业高度、倾斜度、肥药喷洒量等,对农场进行全方位无线监控和管理。以专家系统、智能机器人为代表的智能农业在英国迅猛发展。大型农场早已普遍使用GateKeeper专家系统,为农场提供最佳种植方案、最佳施肥施药方案、农田投入产出分析、农场成本收益分析等辅助决策服务。英国Massey Ferguson公司研发"农田之星"信息管理系统,辅助生产决策和农场管理。此外,LELY挤奶机器人、二维码技术、电子耳标、电子项圈在农产品销售、仓储管理、物流配送与追溯环节中广泛应用。

(3)面向应用,成立农业大数据研究机构

2013年英国政府专门启动了"农业技术战略",该战略高度重视利用"大数据"和信息技术,推动农业信息化发展,提升农业生产效率,打造"产学研"新生态。英国环境食品和农村事务部、商业创新和技能部等政府部门与相关学术机构和农业生产、技术企业共同建立"英国农业技术领导委员会",囊括了英国国内信息技术和农业技术的顶尖研究机构和企业,负责整体战略的实施。该中心联合了英国洛桑研究所、雷丁大学、苏格兰农业学院、英国全国农业植物学会等农业大数据重点研究机构,其中洛桑研究中心为英国农业信息技术提供建模和统计服务;雷丁大学提供数据科学服务;全国农业植物学会和苏格兰农业学院则提供农业技术资料交流。英国商业创新和技能部鼓励其他研究机构、农业企业和科技企业参与,促进农业生产和市场化与"大数据"等信息技术渗透融合。

2. 美国:数字技术引领农业发展

美国是世界上最早进行数字农业研究与应用的国家之一,已经建成了完善的现代农业技术应用与管理系统[①]。美国数字农业的发展是建立在高度专业化、规模化、企业化基础上的。

（1）数字技术发展迅速、日趋成熟

自20世纪90年代以来，美国开始应用遥感技术对作物生长过程进行监测和预报、在大型农机上安装GPS设备、应用GIS处理和分析农业数据等，对大田作物进行产前、产中和产后的全面监测与管理。21世纪初，美国大农场已经实现"经实现技术、智能机械系统和计算机网络系统的综合应用。John Deere公司研发的"绿色之星"就是基于物联网技术搭建的新型精准农业管理系统，用以精细农作、农机管理、农艺管理和计划管理，可绘制农场产量"数字地图"，在机械化生产大农场中的市场占有率达到了65%以上。在大数据、物联网等新一代信息技术的助推下，美国数字农业技术与农业生产产前、产中、产后紧密衔接，应用范围从作物生长的微观监测拓展至农业经济宏观分析。此外，美国也已形成完善的技术服务组织网络，美国农业技术服务组织（FSA）等服务类企业与公益性服务机构可为经营主体提供较为完善的技术服务。

（2）数字装备功能强大、技术领先

美国高度重视数字装备的研发、集成和应用，特别是农业传感器领域，技术先进、出口量大。当前传感器技术已广泛应用在美国农业，在温度、湿度等单一要素和特征的感知上取得了长足发展，具备监测精准度高、反馈时效高的优良性能。美国国家科学院对高效利用现有传感技术、面向农业领域开发新的传感技术提出倡议，推动多功能新一代传感器的研发，提升连续监测多个特征的联动能力，为农业生产提供多维数据支撑，助力解析农业生产系统运行的机理。美国积极推动新型纳米传感器和生物传感器研发，进行实时监测，做出精准预判，助力降低作物生产和养殖风险、提升美国农业竞争力。

（3）数字农业高端化发展

美国一直以来致力于构建快速收集、分析、存储、共享和集成高度异构的农业生产数据集的方法和体系，推进数据驱动未来农业。在顶层布局上，开展农业系统的数据访问、数据标准、数据共享和数据分析一体化设计；在技术储备上，采用信息技术、区块链技术、数据科学和人工智能，培育发展农业食品信息学。在熟化应用上，开发适合农业生产数据挖掘分析的软件工具和技术手段，以适应农业生产场景中动态变化条件下的实时反馈生产决策的模型工具。

---

①许竹青，2020. 美国面向2030的农业研发重点及对我国的启示[J]. 科技中国（7）：49-51。

3. 法国：完善体系提升信息化水平

作为欧盟最大的农业生产国，法国是世界第二大农业食品出口国，其农业专业化与数字化程度处于世界领先地位。面对传统农业的发展瓶颈，法国将"数字科技"融入国家农业和食品行业的农业生产、农产品加工与流通、农业技术与农业机械推广、农村社会化服务等各环节、全链条，通过政府宏观调控、构建数字产业链和完善农技推广体系，稳步推进数字农业发展。

（1）政府积极宏观调控

在传统农业向数字农业的转型过渡期，法国政府强化政策引导，加大资金支持，服务国家农业转型，助力农业升级。一是政策引导。2015年10月，法国农业经济部颁布《农业—创新2025》计划（Agriculture Innovation 2025），明确提出数字农业国家级发展战略目标，大力支持以农业大数据为基础构建农业新认知，提供农业新服务；推进以农业机器人为代表的更高效的农机设备的使用以及组织和促进生物科技的研究与创新，促进数字农业项目落地，实现农业新技术的全面发展。二是加大投入。2017年，法国农业部门组织建立农业创新孵化器，投入近1.5亿欧元扶持成立DigitAg（法国农业创新孵化器），建立以研究、培训和企业创新为框架的跨学科实验室，强化数字科技的基础和应用研究，促进数字农业加速发展。同时，国家为研究机构或初创企业的数字科技创新项目提供资金激励。2017年法国国家投资银行拨出15亿欧元，用以资助6 000个法国农业初创企业、中小企业，鼓励开展数字科技、生物科技等全方位的创新。2018年底，在"未来投资计划"框架下，法国农业部农业和渔业管理局联合法国国家投资银行、法国环境与能源管理署发起了"未来农业与食品"项目，助推数字农业科研机构和企业转型。

（2）构建数字农业产业链

法国充分发挥数字技术优势，将数字科技应用于农业全产业链环节，融合发展农业一二三产业，促进全产业链的功能价值提升。

一是聚焦产前环节，形成智能化的生产前段。法国50%的奶牛养殖场配备了挤奶机器人，实现机器替人操作。作为世界六大领先的农业机器人公司，Naïo Technologies研发了自动除草机器人ROBOT-OZ、蔬菜农场跨式除草机器人ROBOT-DINO，葡萄园的多功能除草机器人ROBOT-TED等产品。同时，法国的农业传感器市场非常活跃，Weenat、Hiphen、CarbonBee等多家初创公司致力于温度湿度监测、作物生长监测、疾病早期监测等相关传感器的研究，从而准确地监控病虫害、杂草、作物、土壤水氮含量等，更好地对生产投入做出选择，以提高农业产量和农产品品质。

二是聚焦产中，形成高效化的运营中端。法国利用强大的分析系统解析数据，实现决策的管控和农业活动的精准实施。在决策工具上,研发了Farmstar(农场之星)作物分析和控制系统,利用作物图像分析和农艺模型系统,分析作物营养、疾病风险、倒灌风险等状况,开展定位定量的农事操作。在数据储存库上,法国针对产品流通环节产业链条冗余的弊端,开发了Alkmics的平台,提供大中小企业共享访问平台,匹配市场供需。

三是聚焦产后,形成便捷化的平台服务。当前,MiiMOSA众筹平台是法国最热门的农业服务平台之一。借助平台,通过众筹方式,法国农民可以发布众筹消息,建立项目、筹集资金,开展多元化经营,获取实物报酬等。

(3)完善农技推广体系

法国农业的"数字革命"也催发了农业的"教育革命"。在人才培养上,数字科技已经进入了法国农业的教育课堂。DigitAg(法国农业创新孵化器)建立研究生院、法国昂热高等农业学院增设了数字农业相关课程,提升数字农业创新研究能力。在技术培训上,法国吉伦特省的农业培训中心一直致力于提供一种针对于配备传感器等高科技设备的农业拖拉机驾驶员的技术培训,授予Agricapconduite驾驶文凭。在宣传推广上,法国打造了以"法国食品农业实验室(Alim'agriLab)"为代表的专门数字农业信息推广平台,展示数字农业最新的研发产品和服务,推广数字农业科技创新初创公司,推动农业各领域跨界合作等功能。

4. 德国:高科技+数字农业

德国开展了大量的农业数字化实践,信息技术和电子技术在农民的日常生活中发挥了关键作用。在信息技术硬件和软件快速升级迭代的时代背景下,德国持续扩大高科技发展空间,推动产业升级,聚集先进要素,促进数字技术发展,为世界智慧农业建设提供德国样板。

(1)审时度势,超前布局

工业4.0时代下,德国政府加强前瞻性思考、全局性谋划、战略性布局、整体性推进,高站位、高起点、宽视野地谋划了智慧农业的宏观设计和战略规划。德国推出欧洲"GAIA-X"计划,大力支持建立数据云计算生态系统,减少欧洲对美国云计算巨头亚马逊、微软和谷歌的依赖。2019年,发布《联邦政府区块链战略》,采取44项措施在德推广区块链技术,挖掘其促进经济社会数字化转型的潜力;2018年德国政府通过了《联邦政府人工智能战略》,为人工智能的全面发展和应用建立了政治框架,将"数字农业"基本理念与"工业4.0"有机融合。

(2)加大投入,适应变化

德国政府高度重视发挥政府投入主体和主导作用,持续增加金融资金对数字技术的投放,优化补贴支持方向。"农业数字化"在不同的领域提供和落实投资激励措施占40%。针对德国2019年底推出的《联邦政府人工智能战略》，联邦政府拨款5亿欧元用于人工智能领域的研究和应用，并且经济部再出资1.5亿欧元用于人工智能领域研发的奖励机制，同时鼓励业界投资人工智能研究。经济部在未来2~3年将投入2.6亿欧元支持数字云计划，发展欧洲的云基础设施，以帮助当地供应商与美国科技巨头竞争。同时，推进科学数据基础设施建设，选定30家科学数据中心，未来10年每年资助8 500万欧元。

（3）储备项目，强力推进

聚焦智慧农业的关键领域和薄弱环节，主动对接新政策、新形势、新业态，谋划建设和储备数字技术攻关项目。在农田机器人计划推动下，提出以"有形的手"引导"无形的手"的理念，重点发展数字杂草清理技术、粪肥洒施传感器、农田机器人、蔬菜水果自动收割机、甜菜自动播种和清理杂草。动物生产部门也包括在这项资助计划中，通过采用行为监测和健康管理的传感器系统，促进动物福利。德国弗劳恩霍夫协会发起"认知农业"项目，从工业数据空间派生农业数据空间，推动生产、产品、IT和人类在数字化工业世界背景下的智能交互。

（4）联合培养，校企双赢

德国积极探索"双元制"校企合作模式，探求农业职业培训的新发展路径，积累了丰富的高技能人才培养经验。农业工程协会的会员企业与研究学院签订5年资助合同，大力协助高等院校设立新的数字农业教席，提供资金支持。也与德国人工智能研究中心（DFKI）开展合作，发力"AI+智能制造"。德国机械设备制造业联合会与德国农业协会一起组织了农业机械展（AGRITECHNICA），在展会期间与参观展位的农户建立了联系，提供数字种养技术咨询服务。

5. 日本：技术融合振兴农业

日本农业资源相对匮乏。自20世纪工业化时代，日本开始了农业机械的普及应用。凭借强大的工业制造能力和先进的生产理念，在社会需求和技术融合的支撑下，日本推动了数字农业的发展和壮大[①]。总体上，日本数字农业起步早、效果好。

（1）建立农业数据协作机制

2014年，日本农林水产省（相当于中国的农业农村部）与日本电气股份有限公司（NEC）、富士通（Fujitsu）等大型信息技术企业合作，探索推动农业大数据平台建设。2017年4月，农林水产省启动农业数据协作平台（WAGRI）建设工作，并制定"农

---

① 董春岩，刘佳佳，王小兵，2020. 日本农业数据协作平台建设运营的做法与启示[J]. 中国农业资源与区划，41（1）：212-216。

业数据协作合同指南""数据协RI数据使用规则"等制度,优化数据共建共享环境、市场运营等机制,促进了农业数字经济的发展壮大。

（2）提升了数据服务质量

在数据挖掘方面,开发水稻用水管理支援系统和生长预测系统,预测出穗日期、成熟期,判定水稻质量。开展果树、蔬菜、大豆等作物营养生长与生殖生长过渡期的精准监测,进行病虫害预测预警,为精准施肥、打药和平衡供给提供数据支撑。在农机资源利用方面,汇聚农机制造商的农机性能和作业状态数据,提升农机智能化水平,提高了农机资源利用率。在信息服务方面,通过整合与天气、土壤、生长预测等有关的数据,为农民提供管用受用的一站式、一张图的ICT（信息和通信技术）服务。在智能农场方面,农场管理系统叠加田块地形图、土壤数据、生长预测系统数据、网格气象数据,合理安排作物生产计划,推行变量施肥和农业机器人作业,进行远程监控操作。

（3）超前谋划发展方向

一是技术融合。融合植物生长机理和人工智能技术,加大产品开发力度,优化种养管理解决方案；利用语音识别技术,开发智能化农业数据采集记录产品。二是数据协同。调度全国农产品生产进度,保障出口数量和质量,增强海外市场的竞争力；强化流通、加工、进出口贸易、消费等产业环节的数据建设,实现全产业链大数据服务,促进智能食物链系统建设。三是数据共享。共享生产经营主体之间数据,提高区域整体技术水平和管理技能,增强区域产业竞争力,促进农业领域实现社会5.0（超级智能社会）。

6. 以色列：水肥控制技术打造农业强国

以色列自然环境较为恶劣、耕地资源稀少、水资源极其缺乏,但其农业非常发达。2000年以来,以色列农产品大量出口到欧洲,以色列的农业创造了"沙漠奇迹",其精准农业技术水平足可以与美国并驾齐驱。

（1）发达的自动化温室控制技术

20世纪70年代之前,以色列的农产品主要依靠进口。自20世纪80年代以来,以色列调整了农作物种植结构,减少了粮食作物种植面积,积极发展温室技术,扩大高产值的花卉、蔬菜及水果种植面积,改善了其农业生产状况。目前,以色列农业温室大棚通过室温传感器控制温室温度,通过湿度传感器保证湿度,通过监测温室二氧化碳含量,控制通风,监测光照,控制遮阳板等,耕种管收全过程电脑控制,完全实现了自动化与智能化。

（2）先进的节水灌溉技术及水肥一体化技术

以色列大部分地区干旱少雨、土地贫瘠,节水技术研究一直是以色列农业科学中重要的课题。自20世纪50年代以来，以色列政府大规模建设水利，将北部水源引入到沙漠，将地下水抽取连成网络，水利网络建设取得重大进展。在此基础上，国家积极发展节水灌溉技术。滴灌与喷灌是以色列的节水灌溉技术的主要形式，目前广泛运用于温室、沙漠地带、绿化带等区域。以色列水肥一体化进程尤为经典，在发展节水灌溉技术的同时，开发了水肥一体化技术。通过土壤水分传感器、土壤氮磷钾传感器监测土壤水分和养分信息，实现了节水、灌溉与平衡施肥的统一化。果园、大棚、农场、园林等，灌溉区域面积占一半以上的使用水肥一体化技术，居世界第一位。

（3）领先的育种开发技术

以色列高度重视农作物育种技术的开发与改进。依据市场的需求，不断开发高效无公害及抗病虫害农作物种子，利用生物工程技术开发新品种，降低对农药和化肥的依赖，保证能在自然状态下生长，其良种开发技术位居世界前列。

7. 荷兰：农业精细化发展

荷兰农业是高科技农业的典范，对世界农业发展影响力巨大。荷兰国土面积41 528千米^2，但2019年农产品和食品出口额达945亿欧元，仅次于美国，净出口为全球第一；花卉生产居世界首位，年出口约50.0亿欧元。

20世纪50年代，在政府的大力支持下，荷兰农业开启了蓬勃发展之路，历经半个多世纪的发展积淀，形成了以温室农业为特色、以园艺花卉为优势、以生物防控技术及电子信息技术为特征的高科技、精细化农业。一直以来，荷兰数字设施农业发展迅猛。其中，玻璃温室60%用于花卉生产，40%用于果蔬类作物（主要包括番茄、甜椒和黄瓜）生产。在种植方面，依托先进的农艺技术、温室技术和水肥技术，不断提高生产效率。在环境控制方面，荷兰玻璃温室发展了光照系统、加温系统、液体肥料灌溉施肥系统、二氧化碳补充装置以及机械化采摘、监测系统等，实现了全部自动化控制。在田间监测、大数据收集上，将大数据输入电脑，建立病虫害大数据预警预报体系，利用信息化控制温室的各种自动化操作和防控。在流通方面，运用先进的物联网技术，结合冷藏保鲜技术、气调贮藏法、减压贮藏保鲜技术、辐射处理保鲜技术、生物防治保鲜技术、臭氧处理贮藏保鲜技术等，进行"荷兰式拍卖"。

8. 澳大利亚：云计算提升农业竞争力

澳大利亚作为一个畜牧业大国，依托数字技术建立了澳洲数字农业的"打开方式"。

在技术开发上，澳大利亚建立了国家牲畜标识计划（NLIS），即畜产品质量安全追溯系统。该系统采用由NLIS认证的瘤胃标识球或耳标对牛、羊进行身份标识，由国家中央数据库对记录的信息进行统一管理，记录当日的产奶量、调整翌日的饲料以及了解牛的身体状况，实现了对动物个体从出生到屠宰的全过程追踪。

在政策保障上，澳大利亚宽带、通信和数字经济部发布《澳大利亚云计算战略》，推动大规模部署云基础设施的进程，创建并使用云服务，完善数字企业、企业连接、技术和知识连接、数字地方政府和小企业咨询服务等在线信息服务，加强数字经济的创新。

二、数字农业在中国的发展趋势

与世界发达国家相比，中国农业数字技术研究起步较晚。但近年来随着信息技术和农机农艺理论的逐渐成熟，农业信息化发展较快，形成了一定的体系。纵观中国农业信息化的发展历程，根据其理论和技术的发展，中国农业信息化发展经历了农业电算化阶段（20世纪70年代）、农业系统模型化阶段（20世纪80—90年代）、农业数字化和精准化阶段（2000—2010年），目前正在向以物联网、大数据和人工智能技术为代表的农业数字化阶段（2011年至今）迈进。数字农业是世界现代农业发展的重要趋势，尽管与世界发达国家相比，我国数字农业研究起步晚，但发展较快，尤其是在关键技术研发、政策体制机制保障以及产业化应用三个方面，均取得了长足进步[①]。

1. 关键技术

数字农业的关键核心技术研究领域包括深度感知技术、数据传输技术、智能分析技术、自动控制技术和物质装备研发等5个方面。

（1）深度感知技术

传感器技术是数字农业的关键技术之一。在田园生产中，国内学者集成空气温湿度传感器、土壤温湿度传感器、作物传感器，构建无线传感网络，自动快速获取农田环境和作物参数。由于传感器规模化应用成本高，因此，目前多用于规模较集中的设施园艺。水环境理化性质监测的pH值传感器、混浊度传感器、溶解氧传感器以及水位传感器等在水产养殖环境监测中使用最为广泛。现阶段传感器高端产品基本依赖进口，不仅价格较高，大多是基于单功能设计，集成功能较弱，易受环境因素干扰是普遍存在的技术问题。

遥感技术在数字农业中利用高分辨率传感器，采集地面空间分布的地物光谱信息，在不同的作物生长期，根据光谱信息，进行空间定性、定位分析，提供大量的田间面积、长势、产量等时空变化信息。中国农业科学院农业资源与农业区划研究所开发了

---

① 申格，吴文斌，史云，等，2018. 我国智慧农业研究和应用最新进展分析[J]. 中国农业信息，30（2）：1-14。

天空地一体化农田地块大数据平台，利用卫星遥感技术、无人机与车载地面样方调查装备，以及农业物联网等相关系统，智能获取农田、环境、作物以及田间管理参数，实现了"人在干、天在看"。

RFID（射频识别）技术广泛应用于数字农业食品安全质量溯源模块和农产品物流系统。京东通过大数据分析消费者喜好，反向引导农特产品生产与品牌打造，并推进农特产品全程区块链防伪追溯和千里眼溯源；阿里建立B2B平台，打通盒马、村淘、智慧农业等业务，2020年农产品销售额达3 037亿元。比上年增长50%以上。

GPS测量农田采样点、传感器的经纬度和高程信息，确定其精确位置，辅助农业生产中的灌溉、施肥、喷药等田间操作，在数字农业中具有重要的作用。

（2）数据传输技术

有线通信传输方式通过光波、电信号这些传输介质来实现信息数据传递，数字农业中有线通信传输方式通常使用RS485/RS432总线、CAN总线或电话线等有线通信线路现场布线来进行数据的传输，其中最为常用的为RS485/RS432总线。我国设计了以S3C2440芯片为主控芯片，以RS485串口作为通信接口的嵌入式系统，已经实现了温室大棚中传感器数据的传输和信息反馈。

无线通信传输方式应用较为广泛，主要包括蓝牙、红外通信技术、Wi-Fi、紫峰、超宽带以及移动网络等。国内将ZigBee、GSM、GPRS等通信技术集成嵌入，建立了农产品环境监测系统和农产品运输管理系统。大田灌溉监测系统中，监测节点之间距离较长，超出了ZigBee技术的可传输距离范围时，通常将无线传输方式与有线传输方式集成是现阶段数字农业中较为通用的通信方式。但是，以"5G"为代表的低时延、大容量的通信传输建设基本空白，无法满足农业物联网、大数据和人工智能等新一代农业信息化技术应用的需求。

（3）智能分析技术

GIS技术对大田物联网系统的空间数据和感知数据进行存储管理，利用GIS空间分析方法和大田相关农学模型集成分析物联网监测数据。与RS技术结合，形成各种农业专题图，例如农作物产量长势图、病虫害监测图、农业气候区划图等，可以为辅助决策，是目前GIS在数字农业的主要用途之一。

模型模拟将采集获得的农业信息进行分析，构造出环境参数与目标参数之间的定量关系，支撑农业预测、农业预警、农业决策。目前在农业领域中常运用的模型分为两类：统计模型和智能计算模型。中化集团在精准施肥方面，结合关键作物模型，监测作物长势、健康状况，分析地力、肥力的情况，提出精准施肥方案；在精准灌溉上，依托物联网设备，研发水稻的渠灌系统和苜蓿草的指针式喷灌系统，进行智能、远程控制。

人工智能是智能机器所执行的通常与人类智能有关的智能行为，如判断、推理、证明、识别、感知、理解、通信、设计、思考、规划、学习和问题求解等思维活动。继网易养猪、京东养鸡之后，腾讯建立AI生态鹅厂，利用AI技术，拓展鹅语翻译、鹅脸识别、鹅屎咖啡等变革养殖技术。人机混合智能是未来的主流智能形态，AI产业生态系统的构建成为竞争的制高点，AI的应用将重塑人类经济社会发展格局。

（4）自动控制技术

目前，通常采用简单的阈值设定实现控制系统对温度、湿度、光线照射强度、二氧化碳浓度等环境因子以及水阀、通风窗等继电器设备的自动化监控。为更加精准控制，阈值（PID）控制算法、模糊控制算法、预测控制、神经网络等控制算法应用至系统设计中，可以优化控制系统对环境要素变化的阈值判断，实现高精度、高可靠性的控制系统。现阶段通常引入单一控制算法来优化控制系统，其中模糊控制算法应用最为广泛。我国学者先后基于嵌入式控制系统，利用模糊控制算法，建立了农业大棚环境优化控制系统；基于嵌入式控制系统，利用模糊控制算法，建立了农业大棚环境优化控制系统；采用了模糊控制和神经网络分析结合的方法，既能建立模糊的系统模型，又能通过数据训练得到最优化的控制方法，实现自动灌溉和温度自动控制。

（5）物质装备研发

我国自主研制出了一批设施农业作物环境信息传感器、多回路智能控制器、节水灌溉控制器、水肥一体化等技术产品，对我国温室智能化管理水平的提升发挥了重要作用；研发了天空地一体化的作物氮素快速信息获取技术装备，实现省域、县域、农场、田块等不同空间尺度和作物不同生育时期时间尺度的作物氮素营养监测；研制了干湿喂料器、保育猪料槽等自动化装置，实现了畜禽养殖全过程智能化控制；设计制造出基于北斗自动导航与测控技术的大型农业机械，提升了新疆棉花的精准种植水平；研制的智能农机深松作业监测系统，有效地解决了作业面积与作业质量难以人工核查的问题。

2. 政策保障

随着信息技术的不断发展，特别是创新驱动战略和乡村振兴战略实施以来，党中央、国务院高度重视智慧农业的发展。"十三五"开局，数字农业即被列入国民经济与社会发展整体规划中。2016年3月，"十三五"规划指出"加强农业与信息化技术的融合，发展智慧农业"；2016年8月《"十三五"国家科技创新规划》提出"发展智慧农业技术"；2016年10月《全国农业现代化规划（2016—2020年）》提出"实施'智慧农业引领工程'"。中央一号文件连续聚焦"数字农业"。2017年中央一号文件明确了以"农业供给侧结构性改革"为主线，提到了加快科技研发，实施智慧农业工程，推进农业物联网和农业装备智能化。特别是2018年中央一号文件《中共中央国务院关于实施乡村振兴战略的意见》中明确指出，要"大力发展数字农业，实施智慧农业林业水利工程，推进物联网试验示范和遥感技术应用"。党的十九大报告中提出要"发展数字经济""建设数字中国"。国务院印发《新一代人工智能发展规划》，提出了面向2030年中国新一代人工智能发展的指导思想、战略目标、重点任务和保障措施，要"加快农业智能化升级"。2018年《乡村振兴战略规划（2018—2022年）》中要求"制定实施数字农业农村规划纲要"。农业农村部制定印发了《"十三五"全国农业农村信息化发展规划》《"互联网+"现代农业三年行动实施方案》《推进农业电子商务发展行动计划》《关于推进农业农村大数据发展的实施意见》等一系列文件。特别是2019年以来，农业农村部加快推动数字农业建设工作。2019年5月，中共中央办公厅、国务院办公厅印发《数字乡村发展战略纲要》，明确将数字乡村作为乡村振兴的战略方向，加快信息化发展，整体带动和提升农业农村现代化发展。2019年7月，中央网信办、农业农村部会同相关部门制定印发《数字乡村发展战略纲要》主要任务分工方案，明确各项任务的职责分工，扎实有序推进数字乡村建设，确保各项任务落到实处。2019年12月，农业农村部、中央网信办印发《数字农业农村发展规划（2019—2025年）》，对新时期推进数字农业建设的总体思路、发展目标、重点任务作出部署。地方政府高度重视数字农业建设工作，多数省份出台了发展规划、实施方案和配套政策，积极谋划实施了一批重大工程。

3. 应用示范

（1）国家重大工程

为全面贯彻落实党中央、国务院决策部署，推动大数据、云计算、物联网、移动互联、遥感等现代信息技术在农业中应用，2016年国家开展农业农村大数据试点建设；从2017年起，国家统筹安排，梯次推进精准作业、精准控制建设试点，组织开展数字农业建设试点项目、创建了国家现代农业产业园；2020年部署开展国家数字乡村试点工作，提高农业农林信息化水平，探索建设模式。

建设农业农村大数据试点。紧紧围绕解决制约农业农村大数据发展的突出问题和薄弱环节，瞄准"数从哪来、数谁来用、数怎么管"，充分运用大数据理念和技术创新农业监测统计工作的思路和办法，开展生猪、柑橘、花生、马铃薯、大蒜等单品种全产业链大数据建设，完善数据采集、数据分析和数据服务机制，增强生产经营的科学决策能力。

建设国家数字农业农村创新中心。面向农业数字化应用创新重大需求，跟踪数字技术创新前沿，开展基础性、引领性、关键性数字农业技术研究与智能装备创新，依托农业农村部信息中心、中国农业科学院、中国农业大学等农业农村部直属单位、高等院校建设国家数字农业农村创新中心，升级与数字农业密切相关的专用软件、专用仪器设备、专用设施装置。

建设国家数字农业农村创新分中心。聚焦特定品种、特定区域应用场景的差异化需求，研发先进适用、特色专用的数字化技术与产品，有计划地建设水稻、小麦、果园、天然橡胶、蔬菜、油料、热带水果、生猪、近海养殖、海洋牧场等数字种植业、数字畜牧业、数字渔业创新分中心，为特定品种、特定区域数字农业农村集成解决方案、应用服务模式和技术产品体系。

建设国家数字农业创新应用基地。围绕县域优势主导产业数字化转型的重大需求，重点开展大田种植、设施园艺、畜禽养殖、水产养殖4类数字农业建设试点，实现相关技术产品集成应用示范、中试熟化、标准验证等功能，加快农业数字化改造升级，探索产业数字化转型路径，为全国提供可复制、可推广的经验模式。

创建了国家现代农业产业园。立足县域资源禀赋，突出优势特色主导产业，先后在四川眉山、河南正阳、山东金乡、黑龙江五常、湖北潜江、湖南靖州等地创建认定了国家现代农业产业园，推进"生产+加工+科技+品牌"一体化发展，集中连片建设生产基地，不断提升种养规模化、加工集群化、科技集成化、营销品牌化的全产业链开发水平。

开展国家数字乡村试点。在全国31个省（区、市）、新疆生产建设兵团遴选了117个试点县（市、区），开展数字乡村整体规划设计、制度机制创新、技术融合应用、发展环境营造，形成一批可复制、可推广的做法经验。

（2）地方探索实践

在乡村振兴战略的背景下，各地区分别出台了一系列发展规划、实施方案和配套政策，大力推进数字农业在农业农村应用，取得明显成效。

江苏省。南京市在智能化设施上，早在2015年种养殖面积近4 000公顷，规模设施农业物联网技术应用程度达15%，全市农业信息化覆盖率达60%，全市农业电商网店达2 500多家，实现网上营销额46亿元。苏州市在2006—2010年率先推动"信息进村入户"工程，农村信息化发展迅速。近年来，苏州市综合利用移动互联网、物联网、云计算、大数据等新兴信息技术，加快将农业生产的全要素、全过程和全系统进行有效整合，实现农业产前资源优化配置、产中智能化生产管理以及产后全程化追溯预警，促进了以网络化、智能化、精细化为特征的数字农业发展，涌现出智慧农业建设的"园区模式"、产品产销对接的"食行生鲜模式"、农产品网络营销的"东山模式"、稻麦精确栽培的"同里模式"、蔬菜智能化种植的"董浜模式"、水产品质量追溯的"阳澄湖模式"等典型模式。

浙江省。到2020年底，完成了数字植物（育种）工厂、数字牧场、数字渔场等三类100个数字农业工厂试点示范。湖州市南浔区借力物联网技术实现"手机上养鱼"，联网鱼塘在塘底放有监测传感器，水温、含氧量等信息可及时发送到渔民的手机上。通过物联网水质监控服务，不仅能把鱼浮头死亡率降到接近于零，并减少渔民深夜巡逻的强度，还可降低电耗15%以上，提升产量10%。

湖北省。近年来，湖北大力推进农业机械化、信息化、科技化，不断改善农田水利基础设施，逐步建成了一个防洪、排涝、蓄水、灌溉等完整的农田水利工程体系，实现了从人扛肩挑牛耕到"机器代人""机械耕作"的转变，农业信息化也从无到有、由弱变强。随着"互联网+"现代农业全面发展，"互联网+北斗+农机"的机信融合更加深入。2018年，湖北累计安装各类农机北斗智能终端1.3万余台（套），农业科技进步贡献率达到58.7%。2019年，开建武汉最大的数字农业项目，搭建单棚面积达5万米^{2}的玻璃温室，配置豪根道、普瑞瓦等世界一流温室自控系统技术，构建地方政府、企业、农民的田园经济命运共同体。

上海市。金山区通过农业科技创新的政策引领，在农业科技创新方面进行了大量的实践与探索，在推动金山农业现代化发展历程中以"智慧农业"为载体的一系列实践工作发挥了重要作用。移动和电信已建成6 000座基站，用户覆盖率达80%，便民服务平台覆盖4 900多个村，农村4兆宽带覆盖能力达90%，并针对农村宽带网络进行了优化改造升级，为智慧农业发展提供了良好基础设施。

安徽省。2013年10月，界首市成功建成66个现代智慧化农业冷棚。融合网络通信、自动控制、物联网及软件技术，实现信息化、智慧化的远程大棚管理。阜阳市在发展智慧农业方面，采用卫星定位、无线通信技术和深松机具状态监测传感技术系统，在三秋季节发挥了重要作用，是阜阳市第一个大面积应用的智慧农机系统。

河南省。河南漯河把现代信息技术、物联网、大数据等技术运用到辣椒种植上，构建了标准化智慧辣椒种植基地，设有智能灌溉系统、水肥一体机、病虫害监测器、巡航无人机、植保无人机、田间气象站、墒情监测站等"硬核装备"，并通过在田间土地植入5G智能土壤传感器和气象检测仪等设备，推进全天候物联网土地墒情检测、智能水肥药一体化灌溉等新技术示范应用，亩（1亩约为667米^2）均效益提升15%以上。

广东省。广东发布《关于印发广东省加快5G产业发展行动计划（2019—2022年）的通知》，"5G+智慧农业"作为重点发展领域之一，着力构建基于5G网络的智慧农业互联网和5G智慧农业科创园区。广东联通与广州国家现代农业产业科技创新中心目前正在共同开展"粤港澳大湾区智慧农业暨5G应用实验室"建设。

黑龙江省。黑龙江农垦区已基本实现光纤到户的互联网接入，服务于农业农村经济发展的气象服务网、水文信息网、土地信息网等在垦区各地已经逐步形成。运用物联网技术的农业生产管理系统、农机生产调度系统、智能温室管理系统已经开始实施，这些工程的实施已经为物联网技术在"三农"中的应用发挥了非常大的作用。

四川省。四川省人民政府积极组织涉农科研、教学、企业等单位参与科技合作，联合中国农业科学院农业资源与农业区划研究所在成都天府童村打造智慧果园示范基地，突破了天空地一体化农情信息采集系统、大数据处理一体机、智能水肥一体灌溉系统、喷药机器人、除草机器人、智能采摘机器人、果品区块链追溯平台等数字农业核心技术和装备，形成了无人农场整体解决方案；并且针对目前"三农"数据散乱、数字化应用缺少、智能化决策薄弱、个性化服务缺乏、标准体系不健全等问题，结合四川"三农"发展现状，以"3+X"为主线，设计了四川省数字"三农"大数据信息平台。

（3）企业服务推广

近年来，智慧农业产业与农业信息化发展都取得了强劲增长。站在新基建、"十四五"规划的风口，国内各大信息企业在以往发展成果的基础上，抓住云计算、5G、AI的机遇，主动谋篇、先行一步，实现新一轮的创新增长。

中联重科在安徽芜湖打造了智慧稻米全国样板，实现了从品种选育到种植收获再到加工销售的数字化系统，2020年智慧稻米生产基地平均亩产510.8千克，比常规管理稻田增产14.3%，化肥、农药投入及人工成本亩均减少108元。雷沃重工开展2020智能农机装备田间日活动暨农机化新技术培训，示范无人化农机装备在收获、耕整、播种、植保全过程中无人驾驶作业成果，展示智能农事数字化平台，为农业生产提供智慧农田作业解决方案。华为发布"云泽计划2020"，支持国家发改委"数字化转型伙伴"行动，七大举措助力中小微企业数字化转型。阿里云与陕西省榆林市榆阳区签署战略合作框架协议，围绕"智慧榆阳数字农业"聚焦现代农业发展，推进数据技术、物联网、区块链等在农业领域的广泛应用，共同打造西部"智慧农业"新高地。海尔卡奥斯与泰祥集团汇聚双方互联网、农业信息技术等方面优势，用工业方式发展农业，共建"智慧农业+健康定制"三产融合发展服务平台，形成跨境电商服务能力，打造厨房数字化解决方案，推进国民营养健康，建设诚信溯源体系，解决食品卫生和安全问题等多方面，共建数字化"智慧农业+健康定制"大农业新生态。阿里巴巴"数字粮仓"项目落户河北张家口，打造中国首个数字化有机鲜食玉米基地，打通鲜食玉米原产地直供的销售渠道，全面孵化张家口高端有机鲜食玉米的区域品牌。腾讯联合全球顶级科技公司Satellogic、箩筐技术以及航天科工海鹰集团，正式推出"WeEarth超级地球"，通过较低成本拥有属于自己的"专属卫星"服务能够快速监测到农业、林业等领域基本情况。

第三章 数字农业技术的模式分析

一、数字大田

1. 模式概述

大田种植中,集成遥感、无人机、物联网、北斗导航等技术,布设低时延、大容量的5G通信传输,升级天空地一体化的农情监测系统,开展田间"四情"监测。利用水肥一体、养分自动管控、能效自动监测、植保智能测报、机管机收机采、智能手机远程控制,实现大田耕种管收数字化、自动化,提升大田生产绿色化水平。数字大田包括基础设施、固定装备、移动装备、控制装备系和管控云平台5部分。各部分间相互协作,并且与大田农事操作深度融合,实现大田种植数字化模式。

2. 关键技术与模式架构

大田感知系统。该系统利用遥感网、物联网和互联网三网融合,实现了大田环境和作物生产信息的快速感知、采集、传输、存储和可视化建立大田天空地大数据,解决大田遥感监测数据时空不连续的关键难点,显著提高信息获取保障率,实现了对大田生产信息全天时、全天候、大范围、动态和立体监测与管理。利用航天遥感(天)、航空遥感(空)、地面物联网(地)一体化的技术手段,进行大田作物与种植环境的精准感知与信息获取,建立大田天空地遥感大数据管理平台,解决"数据从哪里来"的基础问题,该系统主要包括多源卫星遥感影像快速处理系统、无人机智能感知系统、基于地面传感网智能感知系统、基于互联网智能终端调查系统和天空地一体化综合观测数据管理与可视化平台五大系统，实现作物种植信息快速、自动感知、采集、传输、存储和可视，开展多途径监测系统在墒情、苗情、长势、病虫害、冷冻害、轮作休耕和产量监测方面的高效信息采集。

智能化生产管理与服务平台。根据智能化生产管理与服务的现实需求，构建农作生产管理处方的数字化设计和定量化决策体系，有效衔接农情信息感知，服务大田智能管理与智慧农机作业系统。在天空地一体化观测体系获取的大田生产大数据支撑下，围绕大田生产中精确播栽、精确施肥、精确灌溉、精确施药、精确收获等作业需求，综合运用地球信息科学、农业信息学、栽培学、土壤学、植物营养学、生态学等多学科、多领域的理论，利用遥感识别、模拟模型、数据挖掘、机器视觉等技术方法，开发算法模型、分析预测预警、构建决策依据、研发系统平台，突破大田作物生产智能与决策的核心关键技术，提升精准耕整地、精量播种、精确运筹、精细投入等方面的决策数控调配能力，形成农作数字处方系统与服务平台。

智能耕作农机装备。利用互联网+云平台，在数字农业专家知识库的支撑下，利用农机自动驾驶、精量插秧、水肥一体化自动控制、信息服务云平台等先进技术与设备，结合土壤养分特性、谷物产量图、农作物品种、当地的气候条件、天空地一体化观测系统获取与分析得到的决策数据，建立大田种植智能耕作农机系统，实现数据驱动的全数字化大田耕种过程的智慧决策与控制。

3. 发展方向

一是研发数字大田关键技术与产品。构建和完善主要农作物的生长数字模型，实现高效的数字模拟和设计；开发不同层次、不同农业产业类型的农业系统数字模型，实现农用物资设备、农业生产管理、经营决策的智能化和数字化。研发一系列大田专用的物联网测控、遥感监测、智能化精准作业、基于北斗系统的农机物联网等技术和产品。二是集成数字大田技术系统与平台。夯实基于北斗导航系统的精准时空服务基础设施平台，集成农田生产管理信息系统、农业资源管理系统、农业科技信息管理系统、农作物估产系统等大田农业生产过程管理系统和精细管理及公共服务系统。三是创新数字大田商业化发展和运行模式。利用多种渠道增加投资，着力构建"政产学研用金服"相结合的新阶段数字大田发展模式，形成联合公关、协同创新、共谋发展、共推改革的数字农业运行模式，形成功能互补、良性互动的协同创新新格局，对投资规模较大、需求长期稳定、价格调整机制灵活、市场化程度较高的数字农业基础设施及公共服务类项目，可采用PPP（政府和社会资本合作）等商业模式；对于市场化前景较好，投资收益回报较快的数字农业项目，可采用众筹模式、互联网+模式、发行私募债券等商业模式。

二、数字果园

1. 模式概述

数字果园是水果种植业信息化发展的高级阶段,已成为世界现代果业发展的重要趋势。与粮食作物相比,水果栽植品种更多、区域差异更大、环境条件更复杂,果实生长状况监测、产量估算、灾害监测预警等面临诸多挑战[①]。因此,数字果园的理论和技术更加宽泛,其所涉及的系统和装备也更加综合和复杂。

2. 关键技术与模式架构

数字果园的"触角"。一是苗木的选种选育。苗木是起源,直接决定了果树果实的品质。依靠人工智能,借助介电频谱、太赫兹波等现代信息技术手段,对树种的基因进行扫描,采集果园育种性状数据,从亲本选配到遗传评估进行全系谱信息化管控,形成选种决策,从而选择最优良的果树品种,根据果树品种特性的差异,调控生长条件,为高效高质生产提供保障。二是果园环境检测。土壤为果树生长提供养料,不同类型、品种的果树对营养物质的需求不尽相同,需要对土壤中相关成分进行测量。在数字果园中,配置传感器收集土壤水分、养分、水势、紧实度、含盐量等土壤重要参数,通过人工智能模型和算法,精细分析土壤理化性质,提供不同果树、不同果园添加的养分方案,实现果园生产的科学种植。三是果树生长状况解析。通过无人机巡视,动态监测果树生长状态、杂草生长情况,将采集的图像传输到终端;在此基础上,基于图像识别技术,利用深度学习算法,采用特定的模型和框架,进行数据挖掘,对果树健康状态、果实成熟度、病虫害等果园基本情况进行识别和监控。同时,基于智能学习算法,开发智能植物识别软件,果农上传果树照片就能识别果园发现的病虫害,通过分析,智能软件为果园病虫害防治提供解决方案。

数字果园的"大脑"。利用无人机遥感,以单株果树为基本单元,结合机器视觉、深度学习、模拟模型等技术,建立果树单株识别、长势监测、产量预测等技术方法,形成开放兼容、稳定成熟的果树生产全过程诊断技术体系,实现果树生长动态变化的快速监测。一是针对果树群体参数的诊断分析,利用图像识别进行果树数量、高度、密度与长势,以及果园杂草等群体参数监测,研究不同栽植密度、不同的树形结构、不同营养水平,以及不同生长阶段的果园群体光利用率、生产效率,提出果园生产的最佳群体参数。二是针对单株果树个体参数的诊断分析,建立模型,提取果树三维树冠与株

[①] 吴文斌,史云,段玉林,等,2019. 天空地遥感大数据赋能果园生产精准管理[J]. 中国农业信息,31(4):1-9。

形参数，通过对树形构建、光利用率、冠层分布、枝条组成、果实分布等参数分析，建立单株果树优化管理的参数指标。三是以单棵果树为对象，利用点位传感器，结合果树生长发育特征，进行果树水肥诊断，或利用图像和视频，结合计算机视觉进行果树病虫害、秋梢率的监测。四是以果实为研究对象，进行果树果花、果实的计数和树上品质诊断分析，基于果实生长发育与其周边微环境因子、营养供给等因素之间的关系，构建单株生长模拟模型，模拟监测果实生长过程，并以果实的需求来确定果树树体管理指标。五是果园灾害应急管理，干旱、低温冻害等气象灾害，以及生物灾害对果树生长、果实发育和形成等具有重要影响，建立灾害发生时间、范围、强度等灾情动态监测与损失评估技术，进行实时监测和快速预警，提升果园灾害应急管理能力。

数字果园的"手脚"。智能耕作。农业机器人可以模拟人的视觉功能，通过学习，分析和判断杂草覆盖区域、水肥缺失情况、果实成熟度，研发了果园智能除草装备、果树智能修剪装备、果实智能采收装备、果园智能灌溉系统、病虫害监测预警系统、果园智能施肥系统等。根据实际情况做出判断，自动除草、自动灌溉、自主施肥、自动采摘。随着数据的积累，不断地优化、训练智能学习算法，提升智能耕作的精度和作业效率，实现果园种植精准化、无人化。

3. 发展方向

随着现代信息技术的飞速发展，果园在生产方式和观念上产生革命性的变化，数字果园理论、技术和实践取得长足进展。从目前发展看，数字果园研究的重点方向是加强关键技术和系统集成的创新研究，具体包括以下方面：一是创新开发多功能一体的传感器，实现实时、动态、连续的信息感知，并增加传感器的采集精确度和抗干扰性；优化数据传输方式，既保证数据传输的效率，又保证数据传输的安全。二是综合运用图谱分析手段，实现果园土壤水分、养分、pH值、质地、病虫草害等指标的实时快速监测，动态感知果树生长过程中的光照、水势、叶部形态、叶密度、果实大小、果实空间分布、产量等指标。三是利用航天遥感覆盖区域广、空间连续，航空遥感观测精度高、时间连续，以及地面物联网实时观测、信息真实的联合优势，研发以航天卫星遥感为主、航空遥感辅助应急、地面真实值的天空地一体化观测系统，克服单一传感器、单一平台观测的局限性，高精度、多尺度、立体化、时空连续获取的果园环境信息和果树养分与生理信息。四是开展大数据处理和分析研究，重点进行云计算、图像视频识别、数据融合、机器学习、数据挖掘等新技术方法研究，建立果树形态结构模型、诊断与分析的专有算法和模型，提升生产智能决策能力。融合园艺学、生态学、生理学、计算机图形学等多学科，以果树器官、个体或群体为研究对象，构建出主要果树4D形态结构模型，实现对果树及其生长环境进行三维形态的交互设计、几何重建和生长发育过程的可视化表达。

三、数字畜牧

1. 模式概述

以人工智能为代表的新一代信息技术正在加速畜牧业向科技型、标准化产业转型升级，数字畜牧作为数字农业的典型模式得到了广泛的研究与实践。畜禽养殖中，推广RFID测温定位电子耳标，发展自动投料机、集成智能补光通风加湿系统、配置疫病监测预警系统，匹配声音知识库，精准化监控养殖环境、数字化记录生产、智能化管理物流、身份化溯源质量，已经发展成为数字畜牧的典型模式。

2. 关键技术与模式架构

养殖环境监测技术。利用科学技术手段对畜禽养殖环境进行有效监管，是数字养殖的首要要求。利用传感器、移动通信和物联网，通过传感器获得环境参数，将之传输到云端，并在手机、Pad（掌上电脑）、计算机等信息终端进行显示，是规模化、标准化养殖场、信息化管理的基础。基于猪舍、立体式鸡舍为代表的圈舍类养殖环境大数据，充分考虑养殖环境多变量共存、结构复杂及密集程度高等特点，结合人工智能分析算法，建立精确的调控分析模型，提高模型的泛化性和鲁棒性是数字养殖的关键。

现代身份标识技术。个体身份标识是数字畜牧发展的基本手段，是实现行为监测、精准饲喂及疫病防控、食品溯源的前提，是实现畜禽智能化生产的必然要求。随着人工智能技术的发展，面部识别、虹膜识别、姿态识别等生物识别技术已经开始向畜牧业延伸，为数字畜牧业的发展注入了新的动力，使得生物个体健康档案的建立和生命状态的跟踪预警变得更加智能。特别是射频识别技术已在畜禽身份标识中取得了长足发展，可以集成在耳标、项圈、植入式RFID芯片。

面向个体的精准饲喂技术。精准饲喂主要是面向猪、牛、羊等中大型牲畜的精准化养殖，主要包括饲喂站、自动称重、自动分群和饲料余量监测等设施仪器。智能化精确饲喂技术是基于牲畜的个体识别、多维数据分析、智能化控制的集成应用，将营养知识与养殖技术相结合，通过科学运算方法，根据牲畜个体生理信息准确计算精准饲料需求量，基于指令调动饲喂器来进行饲料的投喂，从而实现了根据个体体况进行个性化定时定量精准饲喂，动态满足牲畜不同阶段营养需求。

动物福利及行为监测。动物福利关乎动物的健康养殖和畜牧业安全生产，也直接影响畜产品的品质，间接影响着人类的食品安全。智能监测技术已经用于放牧绵羊福利研究中，包括音频分析、视觉检测、行为监测、行为特征识别、卫星定位和无人机巡航等关键技术。准确高效地监测畜禽个体行为，有利于分析其生理、健康和福利状况，是实现自动化健康养殖和肉品溯源的基础。

以畜牧安全为核心的智能化技术。互联网、云计算和大数据等关键技术在疫病远程诊断中发挥重要作用，发展了多种远程智能诊疗系统，可实现远程诊疗、图片影像诊断、疾控信息发布、产品追溯等功能。

3. 发展方向

一是研制畜牧专用芯片。以植入式RFID芯片、畜牧专用处理器等的研发为核心，研制动物体温监测及环境温湿度、光照度、特殊气体监测用传感器、低功耗RFID芯片，攻克低功耗植入式体温监测传感芯片，实现畜牧养殖环境监测典型传感器的国产化替代，解决智慧畜牧核心技术"卡脖子"隐忧。二是加强新型高端智能装备研发。集成创新养殖场智能感知控制系统、畜禽健康监测系统、养殖机器人、畜产品收割加工机器人、自动化粪污处理系统等高端智能装备产品，推动智慧畜牧实现跨越式发展。三是制定数字畜牧行业标准。基于各种架构和技术的畜牧养殖物联网、数据中心相继建立，在解决信息化的同时，各类系统重复建设、信息孤岛问题突出，缺乏行业标准，一定程度制约了畜牧行业健康发展。

四、数字水产养殖

1. 模式概述

水产养殖中，利用传感检测技术，实时检测水环境、水质情况以及各种气候条件指标。基于智能传感、无线传感网、通信、智能处理与智能控制等技术，集水质环境在线采集、饵料自动精准投喂、水产类病害监测预警、循环水装备控制、网箱升降控制等信息技术和装备于一体，联动控制。

2. 关键技术与模式架构

水质监测预警系统。养鱼先养水，因此水质测控在水产养殖过程中尤为重要。通过布设水质传感器、数据采集终端、智能控制终端，实现对溶解氧、pH值、电导率、温度、三氮浓度、叶绿素等水质参数实施采集、处理、分析，再通过增氧机、循环泵、压缩机等设备进行智能在线控制。以数字技术驱动的水产养殖实时测控关键技术与设备实现了对养殖水质环境的精准控制。水质在线检测系统提供了集水质在线检测、数据分析和智能控制为一体的系统化解决方案。

饵料精准投饲系统。基于数字技术的自动投饲设备能有效降低饲料成本，提高饵料利用率，从而解决残留饲料污染水域环境问题。系统集成了自动上料单元、精确下料单元、气送投喂单元、水体增氧单元和智能控制于一体，通过探测鱼群饥饿程度将饲料投喂和水体增氧结合，可根据鱼类摄食状况，控制投饲速度和时间，实现按需适时投饲。

水产病害远程诊断。现代数字技术实现了水产病害远程诊断。通过水产病害诊断和管理信息数字化的发展，实现大量鱼病病例的收集和影像存档，并通过信息手段加快病例搜集和共享，构建了电子病例档案共享，实现了基于云储存的水产病害诊断与健康养殖系统。同时综合利用计算机技术、显微图像处理技术和网络信息技术，构建跨平台的水产养殖远程动态图像与传输系统，能够实现水产病害的远程诊断。上海、江苏等地已建立水产病害远程诊断系统，实现了网上看病、远程诊疗。

水产品质量安全追溯。数字化技术促进了水产养殖全过程的信息化，从而实现对水产品从塘口到餐桌过程中各个环节重要信息的录入和查询，为水产品质量安全追溯提供有效载体。通常水产品质量安全追溯系统主要由公共服务子系统、监管追溯子系统、数据中心、关键信息采集系统等组成，并以追溯二维码为载体，实现水产品从生产到销售全环节的信息可查询、来源可追溯、去向可跟踪、责任可追究。

3. 发展方向

打造"云+端"的立体数字渔业渔政云平台，全面推进数字水产养殖升级发展。基于自主芯片、人工智能、物联网、云计算、大数据和移动互联网等关键技术，在已有数据分析模型基础上，研究建立疾病预警、科学投喂与产量预测等大数据分析模型。打通养殖管理、精准投喂、疫情预测诊断、生物资产管理、代系管理、产品溯源全产业链信息流，推动多源数据有效融合利用，助力水产养殖升级发展。该平台应具有三个特点：一是通过自主芯片及智能终端，实现对个体身份识别及体征信息的自动获取；二是利用人工智能技术，实现对鱼体外在行为的实时监测、疫病早期诊断与智能分析预警；三是借助移动互联网打通全产业链信息流、打破地域限制，实现"云+端"的一体化智能处理。

第四章　数字农业的价值作用和发展机遇

一、价值作用

数字农业不仅可以改造农业全产业链的各个环节，还可以改变农村的生活面貌、提升农民的专业技能和整体素质，将为农业、农村和农民带来经济、社会、环境等各个方面的深刻影响。

1. 经济价值

（1）提升农业生产效率和农业生产产量，保障粮食安全

智慧农业和精准农业的发展可以提升农业生产效率和农业生产产量，对于保障粮食安全、促进粮食丰收有积极的作用。在产前，数字技术可以运用于育种、选种等环节，培育和优选高产量高品质的种子种苗。移动互联网和电子商务的发展可以提升农民的信息获取能力和科学决策能力，尤其可以依托消费端的数据反馈，做到以人为本、从需求出发。

在生产中，数字控温控湿、AI施肥、自动灌溉、卫星遥感等技术可以有效监测农作物的实时生长和病虫害状况，并根据其实时情况合理开展作物种植和管理工作。智慧气象等技术可以帮助及时预测和预警自然灾害，提升农业对抗自然风险和灾害的能力。同时，在数字技术的赋能下，规模化、集约化的数字农业基地得以更多的建立，可以帮助克服中国农业高度分散、生产规模小、量化程度差、稳定性和可控程度低等困难，实

现规模效应。

（2）扩大农产品销售，促进农产品交易，帮助农民增收

伴随着信息技术尤其是互联网的突飞猛进，众多电商平台的崛起为农产品销售拓展了渠道。电商线上销售可以打破线下有形市场在空间和时间上的限制，降低农民的市场准入门槛、加强农户的市场链接能力。一个中国西部山区的小农户也可以依托电商平台24小时展示自己的农产品，并几乎销售到全国的各个角落。

依托数字化，一系列与线上交易相关的新技术新机制的创新，也大幅降低了农民的交易成本，促进了线上农产品交易。例如第三方担保交易模式的创立解决了网络交易的资金安全问题。各大电商平台通过向消费者透出包括评价、销量、卖家信用等级在内的信息，减少了交易过程中的信息不对称。

另外，对于农产品这类易腐易坏产品，更高覆盖、更快速度的物流体系的增益价值尤为明显。同时，通过电商平台农户可以实现和消费者之间的直连，减少了中间商的干预，农户可以获得更高的利润空间。这一切都最终有利于帮助和促进农民增收。

（3）保障农产品标准化和品控溯源，促进农产品品牌化发展

农产品一直是品牌化较低的行业。农产品的生产和种植周期相对较长，供给的稳定性和抗风险性较弱，存在众多小且分散的生产者，农产品的外形、品质等也较难标准化，中国消费者对于农产品品牌的认知很弱。这些特性都使得农产品的标准化和品牌化成为了一件投入较大、成本极高、效率较低的事情。

随着数字化技术的发展，一系列新技术可以应用到农业的选品、种植、养护、分拣等环节。比如智能分拣机器人可以保证分拣和挑选出在外观、重量、物质含量比等方面较为一致的农产品，区块链技术可以帮助溯源农产品的产地、真伪等信息，这些都有利于打造高品质的农产品品牌，在保证食品安全的同时，增加农产品附加值，提升农民收入。

（4）加速乡村产业振兴，促进农村脱贫致富

数字农业的发展带来的不仅仅是农业本身的提升，也促进了整体乡村的产业兴旺。以中国为例，伴随着电子商务的发展，中国涌现出了众多的淘宝村，从2009年的3个增长到2020年的5 400多个[①]。很多淘宝村并不售卖农产品，而是依托电商渠道，售卖工艺品、服装、五金等产品，很多淘宝村中的村民也不再从事务农工作，而是向二三产职业转移。淘宝村模式有效发挥了当地的人力资源优势和区域产业优势，促进了农民就业和农村产业振兴。

另外，数字农业的发展也加速了农村文化的传播和农民素质的提升，越来越多的城市人群开始向往田园生活，越来越多的乡村村落开始重视生态保护，农业与互联网技

---

① 《2021中国淘宝村年度人物评选正式启动》，雪球网：https://xueqiu.com/1527849020/178237994。

术等深度融合，乡村旅游业、生态农业、认养农业、观光农业、健康养生、创意民宿等新模式的发展也有利于乡村一二三产的融合，促进农村脱贫致富。

（5）促进青年农人创业创新，保障农村就业，激发乡村活力

数字农业是对农业全产业链各个环节的改造和升级，它将整个价值链进行了更好的细化和分解，为农人创业特别是青年农人的创业提供了更多的机会和空间。数字农业的发展也孕育了一波新的职业和岗位，包括农产品直播主播、网店运营人员、短视频新农人主播、村级快递员、农业数据分析师、数字农业基地运营人员等等，这些数字化和现代化的工作对于青年一代具有很强的吸引力，有助于保障农村就业、打造新农人，留住农村人才和吸引返乡人才，激发乡村活力。

2. 社会价值

（1）促进和发展农村生态宜居建设

数字农业的发展可以显著地提升乡村的人均收入水平，互联网等信息技术的发展可以加快农村与外部先进地区的交流，进一步向农村地区传播和宣传美丽生活和环境保护的意义及价值。这些既可以提升乡村居民的环境保护意识，也使得乡村生态环境建设的落实有了扎实的经济基础。在解决乡村居民的基本生活问题以后，如何打造美丽的乡村宜居环境，进行垃圾倾倒、厕所污水等问题的升级，不断激发和实现乡村居民对于美丽生活美丽环境的追求也十分重要。

（2）促进和提升农村公共服务能力

伴随着数字农业的发展，乡村的信息基础设施建设、经济水平、农民整体素质也会提升，一方面这为建设更高水平的乡村配套公共服务体系打下了基础，另一方面良好的公共配套也吸引了更多的人才和资金投入到乡村，返乡创业、新留守青年等故事层出不穷，形成了乡村振兴的正向循环。从数字治理、数字政务到更高水平的教育、医疗和养老配套，数字化都可以为乡村振兴发挥巨大的价值。

（3）促进和繁荣乡村文化

伴随着乡村经济的发展，乡村人民的文化水平和文化自信都得到了提升。尤其是在直播、短视频等信息化手段的加持下，农村的文化和农村的生活开始被更真实地表达，以新农人为代表的农民的声音开始被更广泛地传播。农村旅游、农村文创等产业的发展也有利于加强对农村物质及非物质文化遗产的宣传和保护。

3. 环境价值

（1）发展绿色农业，保护农村生态环境

数字农业的应用可以减少农业生产对于环境的消耗和破坏。田间机器人可以测

量、采集田间数据，并绘制田间地图，基于大数据和人工智能技术有效地实现智能化的杀虫、施肥和灌溉，减少过量施肥，降低食品安全的风险，缓解土壤污染和水资源浪费问题。通过使用小型机器人舰队去替代传统的高吨位级拖拉机，可以缓解对土壤的过分开采和挤压，有利于土壤功能的保护和修复。

（2）减少库存等资源浪费，缓解温室气体排放

数字农业对于实现环境可持续发展也同样具有积极的意义。电子商务的发展促进了供给和需求的匹配，可以有效缓解库存、资源浪费等问题，相比传统的线下门店，线上销售也可以减少人们出行带来的碳排放，有效应对温室效应。

二、发展机遇

农业农村数字化是生物体及环境等农业要素、生产经营管理等农业过程及乡村治理的数字化，是一场深刻革命。展望今后一段时期，数字农业发展将迎来难得机遇。从国际上看，全球新一轮科技革命、产业变革方兴未艾，全球数字信息化迅猛发展，数据爆发增长、海量聚集，目前进入了新的大数据发展阶段。世界各国将推进经济数字化作为实现创新发展的重要动能，把数字技术广泛应用于整个农业生产活动和经济环境，加快推进数字农业发展，激活数字农业经济，迅速成为数字农业强国。从国内看，党中央、国务院高度重视网络安全和信息化工作，大力推进数字中国建设，实施数字乡村战略，加快5G网络建设进程，为发展数字农业提供了有力的政策保障。作为新型的农业形态，数字农业通过对传统农业各领域各环节的全方位、全角度、全链条的数字化改造，使农业发展迎来重大历史机遇。

一是以5G为代表的新技术加速发展。新兴的遥感网、传感网、大数据、物联网、5G、云计算、人工智能等现代信息技术突飞猛进、新型智能装备不断涌现、智能机器人日新月异，初步形成了精准化种养、互联网化销售、智能化决策和社会化服务的数字服务体系，在农业领域具有一定的产业化应用能力，已经成为推动数字经济的重要技术支持。

二是农业机器与人脑深度融合。随着农业大数据智能、农业图像分析技术（涵盖机器学习与深度学习）、农业自主无人系统等技术的蓬勃发展，人机共融技术应用水平不断升级，通过机器预测人的意图、与人交互，提升农业机器装备精准作业水平，不断改变农业劳动方式，推动现代农业发展。

三是"机器换人"释放红利。目前劳动力供求格局发生了质的变化，农业劳动力短缺普遍存在。除了非洲国家以外，几乎所有国家都经历着人口老龄化的过程，严重影

响着适龄劳动力的数量和质量。加快"机器换人"步伐,让农业机器人穿梭于采摘、除草、巡检、耕作、分拣、施肥、饲喂、挤奶等生产环节中,是技术红利代替人口红利的创新实践。

四是数字革命催发了教育革命。许多国家和地区在专业知识教育和技术实践上发力,为科研机构和高校增设数字农业、数字乡村研究院或专业,培养新型农业人才,促进人才培养与经济社会发展紧密衔接。

第五章　数字农业面临的挑战与问题

随着农业机械化程度不断提高，世界农业社会化服务历史悠久，形成了各具特色的农业形态，"数字化"生产为世界数字农业带来强劲动力。世界各国通过政策支持、体制创新、探索实践等方式，积极推动数字农业发展，显著提升国家农业产业竞争力。然而，数字农业发展过程中也遇到诸多挑战。

一是基础设施有待改善。世界绝大多数国家农业数字化建设面临的一个重要问题是农村地区宽带覆盖率还不够高。信息传输方法、传输系统、数据收发装置与流程等方面的基础设施投入严重不足，以"信息传为代表的低时延、大容量的通信传输建设基本空白，无法满足农业物联网、大数据和人工智能等新一代农业信息化技术应用的需求，制约了数字农业的推广应用。

二是数据资源体系仍不健全。农业是一个复杂综合的系统。农业自然资源、种质资源、农村集体资产、农村宅基地、农户和新型农业经营主体等多层次大数据匮乏、分散、不连续，更新能力孱弱。因此，打破数据壁垒，有效地汇集、整理、清洗、入库和更新数据，数字生产力亟须加强。

三是数字技术与农艺农机的融合有待深化。当前，数字农业发展多偏重于数字技术和IT技术，在数据存储、管理和可视化等方面做得很"漂亮"，但由于相关的农业专业知识和模型较弱，出现"好看不好用、对实际问题解决能力不足"的问题。未来数字农业发展需要强化数字技术与农学农艺、农机的深度融合，将数字技术与农业科学、资源环境科学、基因组学、农业经济和社会科学的交叉集成。

四是大数据驱动的数字治理手段匮乏。海量、异构、高维的大数据驱动农业发展的理念已经形成共识。但数据鸿沟、政策壁垒广泛存在，相关法律法规也比较滞后，数据中心、数据交易、数据开放等方面的实践不足，这些都制约了数字农业价值的挖掘与转化，影响了决策的精准性和科学性。

五是运行成本居高不下。全球工业高度发达的背景，世界各国逐渐意识到农业投入产出比的问题。目前，数字技术逐步融入到农业生产、农产品加工与流通、农村社会化服务等方面，但智能设施装备生产和运维成本高，数字化技术在短时间、小范围内效益显现慢。同时，在新型农民教育与培育上，也需要大量金钱投资，加重了经营主体的投入。

六是对生态平衡和环境保护造成新挑战。电商经济发展涉及大量包装，纸质材质会对森林资源造成一定压力，而塑料材质则会造成一定污染。同时，线上购物涉及大量的运输和退货，也会一定程度上加重温室气体排放和资源浪费。

七是存在数据隐私和数据安全问题。数字技术产生大批量数据，其采集、使用过程有可能出现错误，数字化系统也有可能遭到黑客袭击或数据泄露，从而对农业生产及生态环境造成恶劣冲击。同时，目前各国关于数据隐私和保护的立法和标准亟待完善，这也对农业、农民、农村相关数据的所有权和使用权问题造成挑战。

第六章　数字农业前景展望

　　近年来，数字农业快速发展，突破了一批数字农业关键技术，开发了一批实用的数字农业技术产品，建立了网络化数字农业技术平台，在农业数字信息标准体系、农业信息采集技术、农业空间信息资源数据库、农作物生长模型、动植物数字化虚拟设计技术、农业问题远程诊断、农业专家系统与决策支持系统、农业远程教育多媒体信息系统、嵌入式手持农业信息技术产品、环境智能控制系统、数字化农业宏观监测系统、农业生物信息学方面的基础研究和应用示范上，取得了重要的阶段性成果。通过不同地区应用示范，初步形成了数字农业技术框架和数字农业技术体系、应用体系和运行管理体系，促进了农业信息化和农业现代化进程。

　　未来，围绕系统认知分析、精准动态感知、数据科学的关键技术，在广泛应用5G、农机农艺与人脑深度融合、机器换人等领域下大力气，突破农业领域的数字科技，特别是在耕地质量大数据、耕地健康诊断技术、生态良田构建技术、土壤生物多样性保护和耕地养护技术、耕地系统演化模拟仿真技术，是重构全球数字创新版图不可或缺的一环。

　　与此同时，数字农业发展的各级主体将开展多方合作。政府可以成为创造整体性数字农业赋能环境的积极主导者和规划者，制定数字农业指导和扶持政策体系，大力投资建设数字化基础设施，鼓励小农普惠金融体系等新机制的建立，激发青年农人的创业精神，开设针对数字化创新的培训营，发展创业创新孵化器及加速器，引导天使和风投基金扶持助推数字农业创新项目。企业可以成为数字农业进程中的重要推进器，为数字农业的发展提供资金、智力、技术等方面的支持，成为帮助农业实现数字化转型、帮助农民享受数字化福利的催化剂。而农人作为数字农业重要主体，需要充分意识到数字农业的重要价值，积极投身到农业数字化改革的浪潮中，真正发挥农人的作用。

第二篇
国内精选案例

棉花种植管理全程遥感监测及社会化服务平台

中国农业科学院棉花研究所、新疆疆天航空科技有限公司[①]

一、基本情况

棉花种植管理全程遥感监测及社会化服务平台,是在精准农业框架下以卫星遥感技术为支撑,利用人工智能+大数据等技术实现农情信息实时获取、实时运算、实时反馈的农业种植管理服务的数据服务平台。平台通过与国内外优质卫星影像供应厂商签订新疆区域影像授权,实现以空间分辨率优于10米、时间分辨率3~7天的高频次、高分辨率的影像服务系统,以完整覆盖全疆的卫星影像数据,保障监测周期内的连续性与完整性。平台以"国家第一批数字农业试点项目""中国农业科学院棉花所高品质棉花全产业链大数据建设试点项目"等项目成果及企业自主研发算法与平台架构为基础,建立涵盖棉花的生长环境、全程监测、产量评估、历史追溯等环节的数据采集、传输、分析、建模等完整的大数据服务体系。相关技术组合经过近三年示范,形成完整的平台数据支撑+社会化服务的成果转化与运营模式。

二、创新点

平台项目以遥感卫星影像作为主要数据源,利用国产遥感卫星吉林一号遥感数据及国外优质影像数据源,对新疆绿洲区进行全域数据采集。主要优势在于,可以在极短的时间完成上万亩的农田监测。依托现代互联网、云计算、人工智能等技术,能够在极短的时间完成数据处理与分析。卫星当日过境获取到数据后的4~5小时,用户均可实现当日数据的在线计算与分析。同时平台及服务还具有监测范围大、直观性好、时效性强、结果标准化、能够与农业技术深度融合等特点,可为农业生产、服务、监管提供决策信息和数据支撑;为农资生产服务类企业、棉花种植经营主体、金融保险等企业提供科学、高效、可追溯的管理方案。

[①] 完成单位:中国农业科学院棉花研究所、新疆疆天航空科技有限公司。邮箱:zhouhaoshz@126.com。
获奖情况:获得新疆生产建设兵团科技进步奖一等奖,获得2017年、2018年中国创新创业大赛一等奖。

三、应用成果及效益

平台项目历时五年持续研发,并于2019年逐级进行示范推广与商业应用。截至2020年12月,商业应用面积超过550万亩,服务人群3.5万人,受益农户超过10万人,相关技术应用已经完整覆盖新疆棉花种植区域,在棉花生育期内提供30~40次连续不间断的卫星遥感监测服务。通过成果结合社会化服务等措施,逐年实现棉花种植过程中,化肥、农药等农资投入(包括农机)降低20%左右,劳动力投入降低30%,产量普遍提高5%~8%,按目前每亩农资投入400元,劳动力每亩投入150元,平均产量按350千克,每千克7元计算,每亩节本方面可达125元左右,亩均增产可达105~168元,节本增效总额达230~300元/亩。通过平台结合农业技术服务人员精准高效的管理措施,有效地降低了种植管理成本,提升了棉花种植综合效益。对促进地区乃至新疆农业由传统农业向现代农业转型升级,精准调整农业结构,推动农业的可持续发展,全面实现乡村振兴都有着重要意义。

"京科惠农"农业信息人工智能咨询服务平台

北京市农林科学院农业信息与经济研究所①

一、基本情况

针对互联网+发展背景下农业生产技术咨询需求大,而专家资源不足的问题,"京科惠农"农业信息人工智能咨询服务平台基于农业基础语料库及语义知识库,进行农业人工智能咨询问答关键技术研究及装备研发,对已有的农业科技信息资源与专家知识进行重构复现与利用,构建新型的人工智能咨询服务方法,针对常规咨询问题提升机器人回答精度,针对难点问题适时无缝接入专家指导。并通过PC端、手机端等网络多渠道进行智能咨询服务应用推广,通过研发农业技术咨询、科普咨询、园区导览咨询等系列专题,机器人进行基地示范辐射,点面结合,高效解决了大量农业用户的生产实际问题,实现农业科技及专家资源与生产需求的智能、全面、有效对接。平台开创了农业技术人工智能咨询服务新渠道,形成了农业信息咨询服务新模式,对于推动农业信息服务向智慧信息服务全面升级,构建新型数字农业农村服务体系,促进农民科技增收致富具有重要作用。

二、创新点

应用人工智能优化农业科技信息服务,是《数字乡村发展战略纲要》和《数字农业农村发展规划(2019—2025年)》的重要内容,为解决"农业生产技术咨询需求大、专家资源不足"的问题提供了新手段;构建了新型的农业科技信息智能咨询服务平台,形成了农业信息咨询服务新模式;平台作为服务全国的重要窗口,成为首都农业科技惠及全国的重要力量。创建了首个面向实际应用的农业人机会话词林,弥补了农业人

---

① 完成单位:北京市农林科学院农业信息与经济研究所。邮箱:luochangshou@163.com。获奖情况:获得2020年中国林学会梁希林业科技奖三等奖;获得2019年北京市农业技术推广奖一等奖;获得2016年北京市农业技术推广奖一等奖;获得专利15项,制定相关标准5项,发表论文32篇,获得软件著作权25项、商标权2项,形成研究及咨询问答科普书籍7部。

工智能咨询基础语义环境的缺失，实现了人工智能对农业语言的理解识读；创新了文字、图片、语音多模态人机交互咨询方法，突破了传统单一文字交互咨询方式的限制，推动了农业科技智能服务技术水平提升；创新了农业人机融合智能咨询服务方法，解决了单纯人工智能技术无法面对复杂农业生产问题的难题，实现了研究向实际应用的跨越性转变；研建了多渠道农业智能咨询服务平台及多领域应用机器人装备，缓解了农业专家供需矛盾，实现了农业技术咨询智能化、全天候、一对一服务。

三、应用成果及效益

平台以创建新型农业科技智能咨询服务能力为目标，通过智能装备在园区基地开展示范应用辐射，通过四级推广体系在京郊开展深入推广应用，通过多渠道服务平台面向全国用户进行应用推广，立足北京，面向京津冀，辐射带动全国。极大支撑了农业产业发展和农民增收，培养了一大批具有先进生产经验的新型职业农民，成为首都面向全国开展农业科技服务的窗口。

面向农业园区开展农业智能咨询服务机器人体验活动

面向青少年儿童提供农业知识科普服务

极目山地植保无人机

南京极目机器人科技有限公司[①]

一、基本情况

极目山地植保无人机是免测绘的山地植保无人机。其最大特点是自主规划，自主避障，适应山地、丘陵、大田等各种地形，像给无人机安上了"眼"和"脑"，可以实现粮食作物与经济作物的植保作业和服务。极目山地植保无人机配合极目智农系统、极目大数据运营系统，实现了农业植保作业的数字化收集、信息化控制，并进一步整合成农业大数据平台，与数字农村农业工作紧密结合。极目智农系统采用了最新的5G技术，解决了之前飞行距离短的限制，并通过自研算法，快速而精确地规划无人机的飞行航线，同时提供了实时避障的功能，所有数据都可以通过实时信号在APP中显示和播报。极目农业大数据运营平台，集合极目智农系统数据，形成全国联网统一汇总的展示平台，极目山地植保无人机及其他型号无人机的实时喷洒作业情况均可以在线查看，不同省份的作业密集情况还会实时动态变化。

二、创新点

极目山地植保无人机拥有车规级CPU+GPU核心处理器，每秒万亿级浮点运算能力，具备多线程实时并行处理技术，车规级自动驾驶技术平台，结合双目视觉、激光雷达、毫米波雷达传感控制，能清晰、精准、灵敏作业服务，兼容全地形，主打山地复杂地形的果树等经济作物植保作业。主要创新特点有：一是基于双目视觉核心技术，具备高速全域动态感知及自主避障能力；二是精准多模式喷洒系统，适应大田、山地果林等不同作业类型；三是具有地图在线校准技术，精度达到厘米级，免去测绘，直接规划路径，实现复杂地形下的全自主飞行，极大节约成本、提高效率；四是基于多融合定位算法，全球离线模式，失去信号后，可持续飞行保证自主返航。

[①] 完成单位：南京极目机器人科技有限公司。邮箱：hongsheng.chen@eavisiontech.com。获奖情况：获得2020年江苏省科技创业大赛成长组二等奖，获得2019年工信部新一代人工智能揭榜产品。

三、应用成果及效益

极目智能植保无人机的飞防和药效验证、演示和服务覆盖了水稻、玉米、小麦、棉花、大豆、马铃薯等主要农作物，苹果、柑橘等20余种经济作物，以及山核桃、橡胶、槟榔、椰树、柚树、银杏树等复杂地形的高大树木，地域横跨了全国20多个省份。无人植保机具有操作简单、速度快、效率高、低成本、喷洒均匀、信息化管控等特点，改变传统、低效的农用作业方式，减轻负担，实现联产联作的效果，构建起数字乡村植保体系。无人植保机拥有的智能规划及避障系统，让农业工作者能轻易掌握操作方法，在全国各农业区，尤其是山地果树产区，均可快速推广复制使用，加速了我国农业向智能化转型的进程。同时，推广使用的新型航空施药装备，提高了农药有效利用率，减少了农药使用量，保障粮食安全、食品安全、生态安全，带动了农民丰产、农业丰收。

无人机实时作业数据

上坡防地飞行　　　　　细枝防地飞行　　　　　自主避障

浙江柑橘

云南柑橘

海南槟榔

海南杧果

渭南猕猴桃

浙江山核桃

山东核桃

柳州蜜橙

安吉白茶

基于"吉林一号"星座的农业遥感服务新模式

中国移动通信集团有限公司、长光卫星技术有限公司[①]

一、基本情况

中国移动通信集团有限公司(中国移动)和长光卫星技术有限公司(长光卫星)将卫星遥感技术与5G技术深度融合,并整合相关部门、企事业单位、科研院校等涉农优质资源,共同研发了基于深度学习的农作物类型遥感识别、精细化农情遥感监测、农业灾害遥感应急监测评估等多项农业遥感服务算法,通过卫星普查、无人机详查、地面核查的天空地一体化手段为农业生产监管和农事作业提供辅助决策信息,依托现场、系统平台、APP、互联网应用等多种载体进行服务内容推送。服务内容包括耕地基本地块单元空间分布、作物面积及空间分布、农作物长势和灾害监测、农作物产量预测等遥感产品,通过为各级政府、农业保险公司、大型农业企业等提供大数据遥感服务,推动农业生产实现从传统"看天吃饭"的经验模式到"知天而作"的现代化模式的转变。

二、创新点

长光卫星作为是我国第一家商业遥感卫星公司,从2015年起已通过10次发射将25颗"吉林一号"卫星送入太空,建成了我国目前最大的商业遥感卫星星座。可对全球任意地点实现每天8~10次重访,具备全球一张图一年更新2次、全国一张图一年更新7次的能力,可为快速变化的农业生产活动提供高质量的遥感信息和产品服务,有效填补了现有卫星数据资源在作物关键物候期数据缺失的问题。中国移动与长光卫星依托"吉林一号"星座,通过天空地一体化监测手段,开创了基于商业卫星星座的农业遥感及5G服务新模式,面向监测监管和农事作业等不同用户群体,通过系统平台+APP的服务形式,开展遥感服务与农业生产指导。具有高效稳定的卫星数据源保障、天空地一体化农业监测体系、基于深度学习算法的高精度地块提取、地块级别精细化农情监测服务、Web系

[①] 完成单位:中国移动通信集团有限公司、长光卫星技术有限公司。邮箱:songpeng@jl.chinamobile.com。

统平台+APP遥感应用服务、遥感服务与农业生产相结合等创新优势。

三、应用成果及效益

基于"吉林一号"星座的农业遥感服务模式已在吉林、黑龙江、内蒙古、新疆等多个地区开展了应用服务,并得到了用户的认可和好评。基于"吉林一号"星座的农业遥感服务新模式,充分考虑政府、农业合作社、农业保险公司、生产者等农业相关部门、企业、个人需求的差异,将传统服务内容与现代信息技术充分融合,满足了不同用户的不同需求,解决了农业管理、监测、生产等各领域的问题,用科技手段促进了农业信息化、科技化发展。通过农业遥感服务帮助用户实现了精准化管理、科学化生产,减少了化肥、农药、水资源的使用量,进而减轻了对土壤、大气、水环境等环境的污染,促进了经济效益、生态效益和社会效益显著提升。

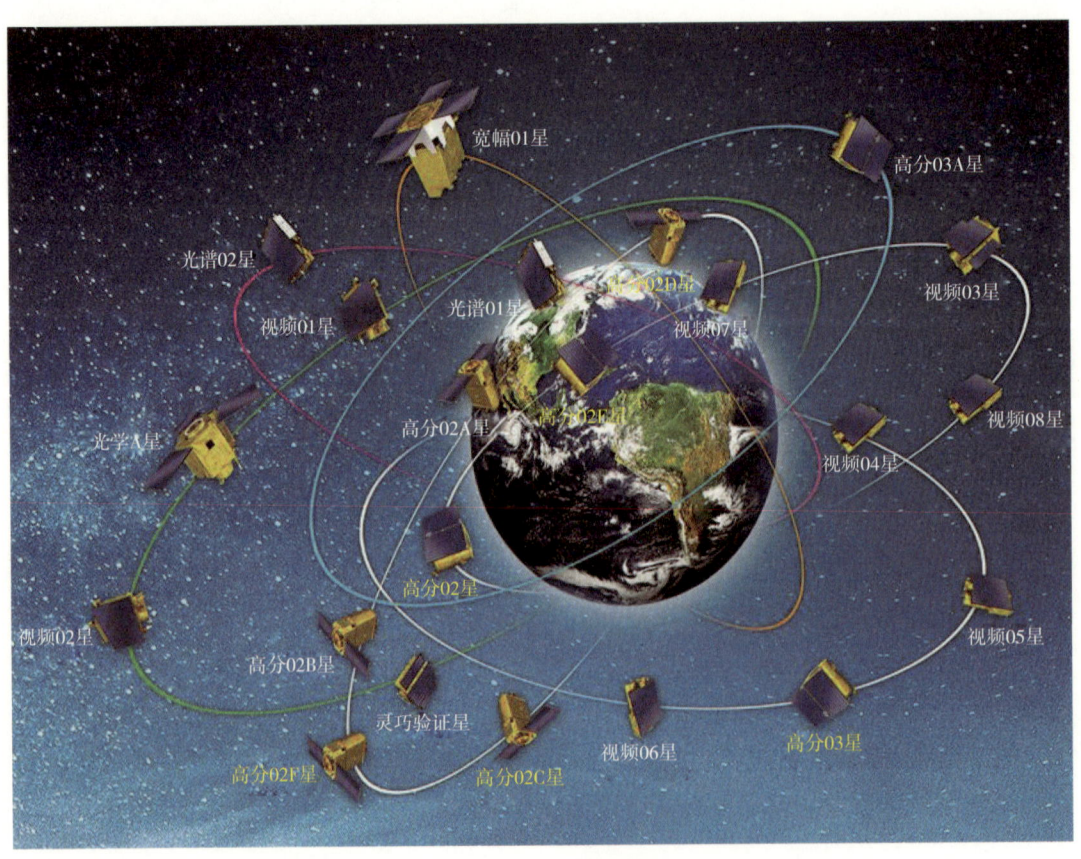

"吉林一号"卫星组网规划

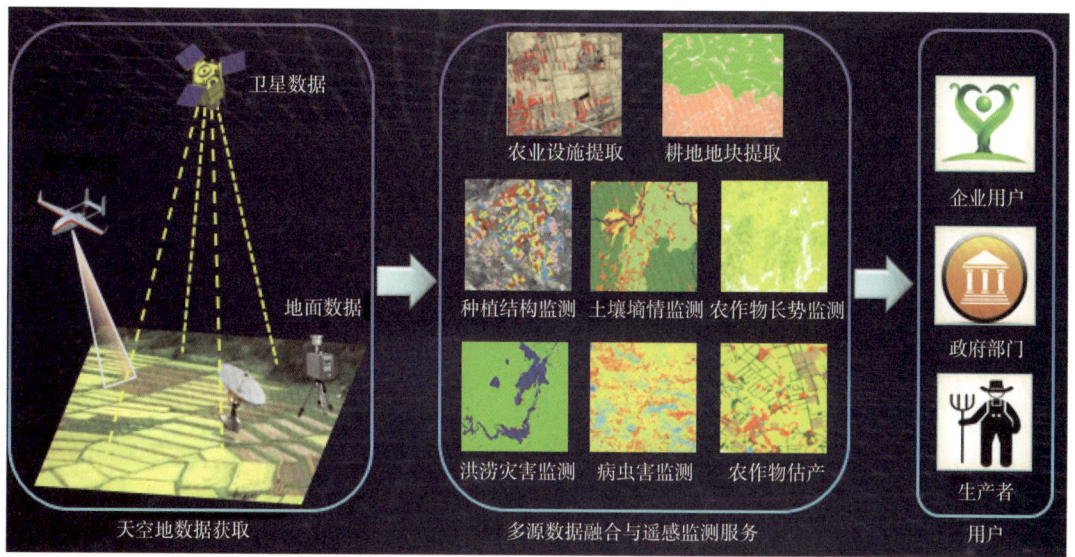

天空地一体化监测体系

基于卫星影像的精确数据信息

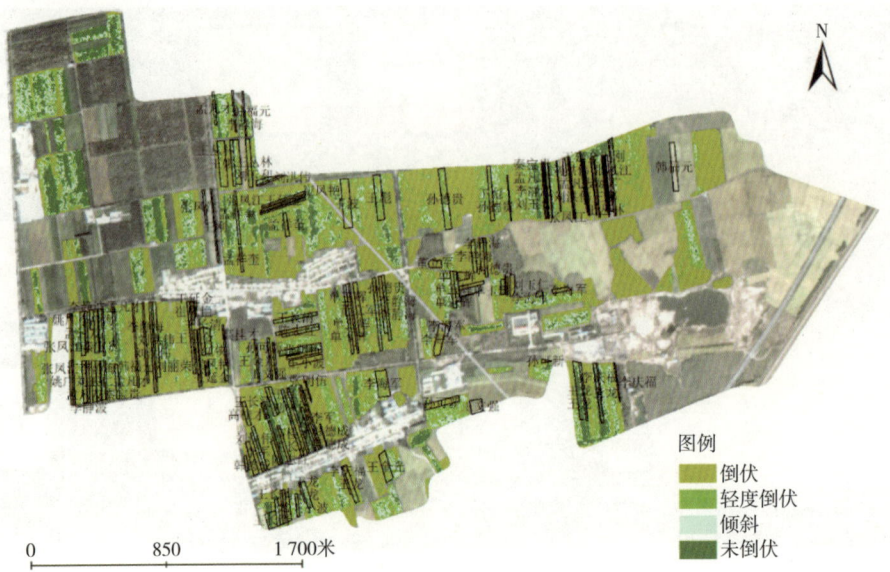

地块级受灾精确评估

果园全产业链智慧化生产管理技术

北京派得伟业科技发展有限公司[①]

一、基本情况

果园全产业链智慧化生产管理技术体系创新集成果园信息获取系统16类以上，将不同来源、不同维度、不同视角以及不同格式的数据相互比较，快速精准地识别和分析果园土壤、生态环境、果树个体及群体的监测信息，实现了果园"天空地"一体化的立体监测；聚焦果园水肥药、病虫害、采收作业管理关键环节，集成应用智能节水灌溉设备、对靶精准喷药机、无人驾驶割草机、自动巡检作业无人车、自走式授粉采摘作业平台、病虫害智能诊断识别等智能装备技术6类以上，实现了果园"机器换人"的精准作业与精细管理；面向主管部门端口、果园管理端口、果园作业端口和消费者端口，构建了果园生产经营精准管理的大数据综合服务平台1套，涵盖布局设计、生产管理、仓储加工、果品流通、区块链溯源、果园服务六大功能模块，围绕果品全产业链提供智能化信息服务。

二、创新点

果园全产业链智慧化生产管理技术体系以大数据、人工智能、物联网、5G、区块链等新一代信息技术与农业农村果树产业紧密融合，深度集成创新。该技术体系融合了果园"天空地"一体化监测技术、智能农机与农业机器人技术、病虫害图像识别诊断技术、区块链溯源技术、大数据综合服务平台构建技术等关键技术创新，实行全产业链融合应用创新，同时进行以"大数据"为基础的平台服务创新，秉承"创新、协调、绿色、开放、共享"新发展理念，适应市场需求，改善供求关系，重构果树产业链，构建透明供应和信任消费体系，提升果品质量、提升品牌效益。

[①] 完成单位：北京派得伟业科技发展有限公司。邮箱：wujw@pdwy.com.cn。获奖情况：获得2020年四川省科学技术进步奖二等奖；获得2018年北京市科学技术奖三等奖；获得2017年北京市新技术新产品（服务）2项；授权软件著作权14项，授权发明专利2项，受理发明专利6项。

三、应用成果及效益

该创新项目的研发与推广,有助于践行乡村振兴战略细化任务,为果树标准化生产升级提供专业服务,为绿色生产、质量兴农提供科技支撑;和传统果园相比,该技术成果在节水、节肥、节药等方面效果明显,智能灌溉与水肥药一体化的应用可实现果园节水40%以上,施肥用药节省20%以上,同时降低了劳动强度,提升了农事效率,生产成本可下降40%左右;另外,该技术的推广应用使产投比、科技进步对生产的贡献率有大幅度的提高,对于提高生产管理者的文化素质、生态意识,利用信息化农业改造传统果业,增强产业后劲,增加果农的收入和农村的稳定都具有重要的作用,更是促进一二三产业的交叉融合发展,为旅游、餐饮、文化教育等行业注入新活力,催生新业态,全面助力乡村振兴。

高精度植保无人机——金星 25

无锡汉和航空技术有限公司 [①]

一、基本情况

无锡汉和航空技术有限公司研发的高精度植保无人机——金星25，重点解决了植保无人机能量利用率难以最大化、户外作业易引发飞行故障、农药利用率低、病虫害防控智能化程度低等问题，具有施药效率高、能量利用率高、可靠安全等优势，支持植物病虫害绿色高效防控和高精度实时监测预警，并可进一步拓展到林业、渔业、牧业等领域。通过金星25的应用，显著提升植保施药作业质量和作业效率，提高了农药利用率，减少了农药污染，具有显著的经济、社会、生态效益。目前已于江苏省植物保护站、河南省植物保护站、中农聚田等省级植物保护站及知名企业建立合作，产品价格低于国内外同类产品，具有较强的竞争优势。金星25的应用，将推动我国"物联网+现代农业"的发展，打破国外技术封锁与垄断，提升我国智慧农业的整体竞争力。

二、创新点

高精度植保无人机——金星25，空机重量为23.2千克，最大起飞全重为45.2千克，可承载药量为22千克，将载荷比做到了近1∶1，单次起降10分钟内可完成30亩地的植保作业任务；金星25采用可折叠大载重无人机本体、低成本差分定位策略、高精度低延时微米波雷达、被动避障路径规划、主动避障路劲规划等创新技术，动力旋翼采用行业首创的三叶桨结构，最大化地提高了飞行平台的稳定性，极大地降低了电机振动与磨损，提升电机寿命50%以上。金星25在飞机本体的材料应用、结构受力分析与优化方面，以及动力系统方面作出重大创新方式，使得无人机本体的具有可折叠、强度高、抗老化腐蚀以及载重大等重要特征。它可利用后台数据回传并备份，形成一套具有数字体系的后台，为以后无人机的发展提供信息化和便捷化。

[①] 完成单位：无锡汉和航空技术有限公司。邮箱：952195582@qq.com。获奖情况：获得2020年江苏省农机工业科技进步奖一等奖；获得2020年"物联之光"优秀物联网产品奖。

三、应用成果及效益

金星25解决了普通人力施药及传统施药机具作业效率低、农药利用率极低的问题；采用"资本融资+产品销售+技术服务"的商业运营模式为农作物病虫害防治技术推广提供了新思路。金星25自2019年起开始在水稻、茶叶、油菜花等作物中应用，产品已进入江苏省农机购置补贴产品目录。金星25的研发和应用示范使传统农业作业方式实现信息化、智能化的重大技术跨越，通过建立面向智慧农业的植保无人机应用示范基地，推广无人机在水稻、茶叶、玉米等种植物作业区的大规模应用，大幅度提升了农药喷洒的能效，降低成本、减少污染。本项目的实施将推动我国"物联网+现代农业"的发展，打破国外技术封锁与垄断，提升我国智慧农业的整体竞争力。

农田环境与作物生长监测物联网系统

中国农业科学院农业环境与可持续发展研究所[①]

一、基本情况

该系统自主设计研发了物联网主控节点设备模块，以主控节点模块为核心设备，建立了适用于多种应用场景的作物生长监测物联网设计方案，集成研制了农田环境与作物生长监测物联网终端设备。同时构建了基于田间物联网的冬小麦生长监测主要参数估算模型，开发建立了农田环境与作物生长监测物联网系统平台，实现"物联网主控节点设备→田间物联网终端监测站点→跨区域多站点组网的田间物联网→作物生长监测物联网系统平台→基于系统平台的应用服务"，实现了及时、准确和全面的获取作物生长过程的关键数据，使农田环境与作物生长监测管理方式转向自动化、网络化、精准化、可视化，为生产者与农技部门的实施精细化生产管理提供数据支持与决策依据，为今后智慧农业发展、农业防灾减灾和国家粮食安全保障等方面发挥重要的科技支撑作用。

二、创新点

该系统主要创新点有：一是自主研制物联网主控节点设备模块，集成开发数据图像一体化的物联网终端装备，以自主研制的物联网主控节点设备模块为核心，基于不同田间应用环境与场景条件，设计作物生长监测物联网终端设备集成方案，集成开发了作物生长监测物联网终端设备；二是建立基于田间物联网监测数据的小麦生长估算模型，构建了小麦苗期长势主要参数估算模型，实现了小麦生长由点到面的区域监测评估；三是率先建成了覆盖我国粮食主产区的农田环境与作物生长监测站点与物联网系统平台，初步构建完成作物生长监测物联网系统平台与监控会商中心。

[①] 完成单位：中国农业科学院农业环境与可持续发展研究所。邮箱：dukeming@caas.cn。获奖情况：获得2013年中国产学研合作创新奖"小麦苗情数字化远程监控与诊断管理关键技术"；入选2015年获批农业部全国农业农村信息化技术创新示范基地；入选2016年获评农业部全国"互联网+现代农业"百佳案例；入选2020年获评中国农业科学院科研信息化应用典型案例。

三、应用成果及效益

项目在国内率先建立了覆盖小麦等粮食作物主产区的作物生长监测物联网系统平台与监控会商中心,其中包括一个国家级示范平台,位于项目主持单位中国农业科学院农业环境与可持续发展研究所,与多个地方示范平台,分别位于河南、甘肃、黑龙江、安徽等省农技推广中心,还包括多个市县级示范平台。通过多级示范平台的运行,建立了多级联动的全国作物生长监测与诊断会商服务模式,实现覆盖区域内的农田环境与作物生长状况的联网监控、异地互动、多方会商和主动服务,为国家小麦生产管理决策提供了全局的数据支撑保障;在黄淮海、长江中下游、东北和西部小麦主产区的17个省(区、市)建成基本监控站点100余个;示范推广与辐射面积上千万亩,通过精准监测与防灾减灾,直接和间接节约农业生产成本2%~5%,取得了显著的经济与社会生态效益。

作物生长监测物联网系统

AI 智慧生猪养殖技术集成与示范

重庆市合川区畜牧站[①]

一、基本情况

AI智慧生猪养殖技术以AI、大数据、"互联网+"为技术支撑,开展全方位智能养猪运用,示范应用于重庆市合川区15万头生猪,极大提高生猪发展的质量与产值。AI智慧生猪养殖技术,在管理层面可实现区域生猪产业全产业链数据汇集、分析、应用和服务,较好地区域内生猪规模养殖场实现多维度、智能化、数据化管理,全面提升职能部门数据分析、行业管理效率,及时有效掌握区域内养殖存栏、出栏情况,疫情防疫情况和养殖场环保相关数据。养殖场层面,为每头猪建立一套包括品种、日龄、体重、进食情况、运动强度等档案,可分析猪的行为特征、进食特征、料肉比等指标;同时还结合了声学特征和红外测温技术,判断猪是否患病,并做出疫情预警,降低死淘率和养殖成本;可形成规模化生产的海量数据和人工智能最优算法,最后总结出整个行业的标准,为生猪养殖现代化、信息化和智能化的推广建立模版。

二、创新点

AI智慧生猪养殖主要由"一个中心,四大体系"组成,其中基于猪ID的猪只个体认证系统PAM(Pig Authentication System)为猪只全生命周期管控核心。四大体系分别为:数据智能系统、智能营养管理系统、猪只健康管理系统、猪场智能管理系统。该技术:一是对生猪生产的全产业过程进行分析,覆盖每头猪全生命周期,智能监控生猪的全生产过程,具备数据自动采集、生产智能排程、疾病高效监控及预警、各项指标动态分析等功能,技术的集成推广可实现智慧生猪养殖养殖;二是推广场通过运用生猪智慧养殖硬件及软件设备、集成运行管理系统,可实现生猪生产数据资源获取的实效

---

①完成单位:重庆市合川区畜牧站。邮箱:68223831@qq.com。获奖情况:入选推广示范场获得全国生猪标准化示范场;入选全国生猪复养增养典型案例;获国家发明专利1个;获国家实用新型专利4个;获得著作权登记证书14个。

性和标准化、数据传送网络化、数据处理模型化、精细饲养过程自动化、决策管理智能化，引领畜牧业产业数字化和数字产业化发展；三是开发运用了生猪智慧养殖综合服务和业务共享平台。利用信息化技术将政府管理机构、基层业务工作者（兽医员、农技员等）、规模养殖场、屠宰场等相连接，实现生猪生产统计、防疫检疫、无害化处理、粪污利用监管、保险理赔查勘等在线信息化管理的目标，实现了畜牧资产流通全程的可控、可视和可查。

三、应用成果及效益

AI智慧生猪养殖技术主要在重庆市合川区3个大型种猪场、1个地方资源保种场和6个规模猪场进行集成示范和推广应用，提高了母猪年生产能力，PSY（每头母猪年所能提供的断奶仔猪头数）达28头以上，死淘率降低了3%左右，饲料饲喂节约10%。合川区有15万头生猪集成运用了该技术，为全市乃至全国生猪养殖行业提供智慧养殖示范。该项技术的应用，极大地减少了畜牧兽医及保险人员到每个生猪养殖场现场的频率，降低了生猪等重大动物疫病传染机率，有效提高畜牧业的科技装备和政府职能部门监管服务的数字化水平，促进生猪等畜禽养殖生产健康发展。

智能分群系统软件

深圳市云辉牧联科技有限公司[①]

一、基本情况

云辉牧联智能分群系统物联网传感器、自动设备和边缘计算集成创新技术通过对红外、不同频率视频识别（RIFD）识读设备，摄像头机器视觉的通信协议、各类低功耗广域网和4G、5G传输协议进行集成开发，高度集成一个智能化的动物分群软件加硬件加传感器的智能装备解决方案，在动物自然行走过程中，自动完成各项参数指标的获取，并快速完成按不同算法分群目的。本系统将AI技术、RFID射频技术、动态重力感应技术、红外技术、图像采集技术、气动控制技术和5G技术相结合，实现全程自动化采集肉牛电子耳标、体重、照片，根据体重自动分群。帮助用户准确高效地完成对猪、牛、羊等大中型动物的基础数据的自动采集，并根据预设的算法，控制气动阀门的工作，完成对动物个体的自动筛选和分群。大幅提高工作效率和测量精准度。

二、创新点

云辉牧联智能分群系统高度集成机电一体化。通过各种数据命令和电信号，控制进出场开关门动作，开门角度和通道自动识别，自动称重及自动拍照。软件系统下集成了各类传感器，命令的调用需要集成兼用各类接口协议。集成850～920兆赫兹超高频射频识别的空中接口协议、433兆赫兹甚高频射频识别的空中接口协议，实现控制RFID读写器，基站设备对常见猪牛羊电子耳标的数据采集。同时通过前置客户端算法采用边缘计算的理念，对动物自动化处理的底层逻辑进行优化，前置算法与后台AI算法相结合，调度和协调各部件协同工作，对动物进行评级和筛选，不同的等级进入对应的等级出口通道。在智能分群系统中，涉及对牲畜的重量采集。通过内置阻尼算法，能够在3

[①] 完成单位：深圳市云辉牧联科技有限公司。邮箱：zhuzhi@szsyhml.cn。获奖情况：获得2018年第二十届中国国际高新技术成果交易会优秀产品奖。

秒内完成动态重量数据的采集，数据误差在1千克以内，单头动物全程只需要15秒即可完成体况信息采集和分群。

三、应用成果及效益

目前该系统在全国21个省（区、市）都有成功的商用案例，累计全国本地化部署和云端部署有接近150个肉牛养殖场在正常使用该产品，全国累计有1 300多户养殖户接入，云端有接近50万头牛的在栏数据。系统形成销售收入200多万元，在21个省（区、市）均有成熟应用。累计服务50多家政府与企业客户，累计服务1 300多户养殖户，150多个牧场。未来预计实现年收入800万元以上，净利润200万元，纳税总额100万元，形成相关核心技术2项以上，开发新产品3项以上，申请专利2项以上。通过智能分群系统建立标准化的养殖流程，打破传统牲畜养殖行业普遍存在的信息孤岛，重构产业链，推动我国畜牧养殖生产将转向规模化、标准化、智能化、物联网化、数字化方向发展。

智能分群系统

作物商业化育种信息管理平台

北京农业信息技术研究中心、农芯科技（北京）有限责任公司[①]

一、基本情况

作物商业化育种信息管理平台（"金种子"育种平台），主要针对我国农作物育种技术体系构建与升级的迫切需求，以支撑品种创新、提升作物商业化育种效率为目标，突破了商业化育种业务流引擎架构方法、智能育种预测模型、基于RFID的育种材料动态信息标识、基于改进区块链的高通量育种数据存储架构等多项关键技术，具有自主知识产权。平台实现了种质资源管理、亲本组配、组合性状预测、品种鉴定、田间性状采集、系谱档案管理、试验数据分析、种子库管理、研发进度管控等育种全程信息化管理，覆盖玉米、水稻、大豆、棉花、小麦等作物的各种育种模式或技术体系，有效解决了亲本高效配组、田间性状快速采集、试验规划快速实施、系谱或世代追溯、多组学数据关联分析等商业化育种领域的关键问题。成果获得授权发明专利13项，获得软件著作权22项，发表SCI/EI学术论文15篇，入选北京市新技术新产品（服务）目录。

二、创新点

金种子育种平台通过构建新一代信息技术支撑下的现代育种技术体系，实现了常规育种与分子育种业务的高效协同管理、表型与基因型数据的深度融合分析，研发了BLUP（最佳线性无偏预测）、Bayes（贝叶斯预测模型）等多种智能育种预测模型，全面提升了商业化育种工作效率和智能化决策水平。自主研发了商业化育种业务流引擎技术，解决了不同育种技术模式的业务模块松耦合与数据协同难题，形成了一个育种平台孵化多个作物育种系统的技术体系，能够满足不同单位类型和育种规模的育种信息化需求。突破了贯穿多作物、多环节的育种材料标识、信息采集、数据交换与标识转换技

[①]完成单位：北京农业信息技术研究中心、农芯科技（北京）有限责任公司。邮箱：liuzq@nercita.org.cn。获奖情况：北京市农林科学院科技创新奖三等奖，2019年1月。

术，研制了自主知识产权的育种专用RFID电子标签，作为育种材料全生命周期的唯一性身份标识，可以全程追溯选育过程和各世代表现；针对不同应用对象的技术需求，构建了个性化的技术推广服务模式，保障平台的真正落地并发挥实效。成果取得了35项自主知识产权，在技术创新方面处于国内领先地位。成果被国内种业龙头企业袁隆平农业高科技股份有限公司、北大荒垦丰种业股份有限公司及国家级种业管理部门广泛采纳和深度应用，证明了成果在产品设计、功能性能等方面的先进性和实用性。

三、应用成果及效益

金种子育种平台在全国范围内的大型商业化育种企业、育种科研院校、品种试验站、省级种子管理站等单位大规模应用，改变了品种选育的粗放管理方式，实现了商业化育种全过程的精细化管理，在提高育种智能化水平、提升政府服务能力、推动种业技术进步等方面发挥了显著性作用。在国内的袁隆平农业高科技股份有限公司、北大荒垦丰种业股份有限公司、全国农业技术推广服务中心、北京市种子管理站等单位分布在全国30个省（区、市）的1 000多个育种站和试验点全面应用，北京市和国家审定农作物品种试验使用率100%，取得了显著的经济和社会效益，应用前景广阔。

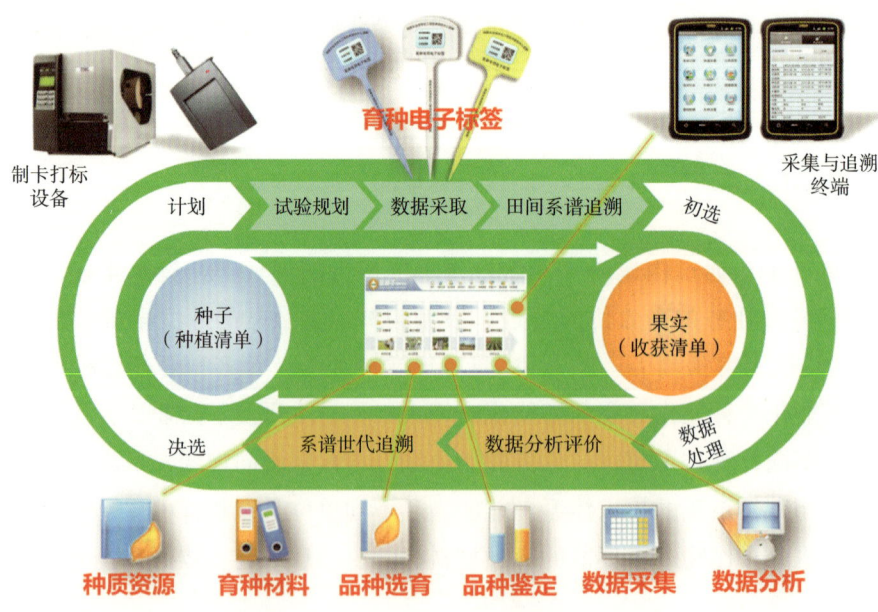

育种信息管理平台示意

育种信息管理平台

人工林智能滴灌水肥一体化栽培技术体系

中国林业科学研究院华北林业实验中心[1]

一、基本情况

人工林智能滴灌水肥一体化栽培技术体系是运用滴灌系统和智能控制系统,并通过制定和执行科学的水肥一体化管理制该度,实现对林木的节水、节肥、高效、环保栽培的现代化林业技术。这项技术利用物联网、互联网、云计算等现代信息技术,可以对滴灌系统进行智能化管理,同时还能对林地的气象、土壤等环境因子进行自动监测和数据采集,作为制定科学灌溉与施肥制度的依据,从而实现对经济林等的精准灌溉和精细施肥,以达到节约水资源、节省人工成本、提高林木生长量和经济产品产量、防止化肥污染和地力衰退等目标。

二、创新点

该成果在我国首次建立了人工林智能滴灌水肥一体化栽培技术体系,将智能控制系统、滴灌系统和水肥一体化管理制度统一起来,形成配套技术体系,为实现人工林的节水、节肥、高效、环保的可持续经营提供了一套完整的解决方案;在国际上首次研发成功了搭载控制芯片和采集芯片,且具备接入小尺寸物联网产品和各类接口传感器功能并支持主流网络连接和NB-Iot(窄带物联网)低功耗联网协议的万能采集控制器,进行林地环境与生物信息采集和灌溉设备控制;在国际上首次采用低功耗广域物联网(LPWAN)NB-iot和LoRa(远距离无线电)作为林地环境与生物信息采集和灌溉设备控制的通信方式,从而实现了在复杂地貌条件下的人工林内智能采集控制信号的稳定传输;在国内首次提出了滴灌栽培人工林局部灌溉的科学依据以及沿树行铺设一条滴灌管的设计方法,解决了长期以来存在的人工林滴灌系统灌水器布设不合理的问题;在国际上首次提出以滴灌栽培人工林吸收根主要分布土层内土壤含水率的年变化规律作为科学

---

[1] 完成单位:中国林业科学研究院华北林业实验中心。邮箱:Wboffice1990@163.com。

灌溉的依据，从而实现了滴灌栽培人工林在整个生长季内的精准灌溉；在国际上首次提出了以单次有效灌溉时长（灌溉量）及沿树行滴灌管下土壤水分传感器指示出的土壤含水率为指标制定人工林灌溉制度的方法，区别于以彭曼公式计算出的参考作物蒸散量（ETo）和作物系数为指标制定灌溉制度的方法。

三、应用成果及效益

目前该成果提出的人工林智能滴灌水肥一体化栽培技术体系已经在多项国家和地方的科研、推广和工程项目以及企事业单位的建设项目中得到应用，试验示范区已经遍布北京、内蒙古等16个省（区、市），涉及经济林、用材林、态景观林、绿化大苗和种质资源圃等人工林类型，应用树种超过60个，累计推广面积达到41 148亩。采用智能滴灌系统灌溉比常规灌溉管理平均每年节水66.9%，平均每年节省水肥管理人工投入80.3%，十年运营期内共累计节水3 500万米^3，节省人工投入451 118工日。成果为带动应用地区迈向节水型社会、实现化肥零增长和促进林草业人工智能发展发挥重要作用。

生猪健康养殖生态环境智能控制技术

河南省畜禽养殖废弃物资源化利用产业技术创新战略联盟、
唐河县鸿瑞牧业开发有限公司、郑州糖小果网络有限公司[①]

一、基本情况

近年来，规模化生猪养殖所产生的各种问题逐渐凸显，产品质量问题、环境污染问题、疫病防控问题，尤其是2018年全国多地爆发非洲猪瘟疫情以来，对养猪行业造成巨大的影响和冲击，为切实保障猪群安全，稳定生猪生产，河南省畜禽养殖废弃物资源化利用产业技术创新战略联盟组织成员单位及大型养殖企业针对非洲猪瘟疫病防控、生猪复养环境控制等生产实际需要，围绕猪场动态信息采集、猪群实时远程监控跟踪、人猪无接触饲养管理、猪场废弃物处理及环境控制等内容，开展了专题技术攻关，通过关系型数据库、边缘计算和分布式文件存储处理相结合的方式构建了猪场及饲喂管理大数据中心，依托远程监测技术、智能识别技术、大数据技术、云计算技术、物联网技术，形成完善的养殖生产远程监测与智能饲养管理技术体系，研发了"生猪健康养殖生态环境智能控制技术"，并在20多个大型规模场应用示范，实现了生猪饲养全过程无人值守，全过程与场外隔离，彻底阻断了疫病传播途径，提高了管理效率和生产效益。

二、创新点

该技术主要由猪场信息采集传输、智联猪场和大数据处理云平台三部分构成，通过运用现代大数据成像传输技术、物联网信息技术实现猪舍环控设备信息获取和控制，以达到事前预防和实时反馈来改变传统猪场事后干预、事件驱动的管理形态，提高猪场管理精细化和有效性，推动生猪生产的工业化和智能化。彻底改变了养殖业对人力过于依赖的传统，全流程无人值守，全覆盖无盲区巡检，全链条远程控制，全产业非接触式

[①]完成单位：河南省畜禽养殖废弃物资源化利用产业技术创新战略联盟、唐河县鸿瑞牧业开发有限公司、郑州糖小果网络有限公司。邮箱：taiji100@163.com。获奖情况：2020年6月获河南省农牧渔业丰收奖成果奖一等奖。

管理,从源头阻断了人员、车辆、饲喂、巡检、管理、环控、废弃物处理等环节疫病传播途径,有效破解了生产效率偏低,生产过程难以追溯,生产环节不易量化等因素的制约,是对传统农业养殖业的一次重要变革,是一种全新的数字化、信息化生猪养殖管理模式。

三、应用成果及效益

生猪健康养殖生态环境智能控制技术体系,先后在南阳牧原、唐河鸿瑞、郑州孚亨、泌阳绿康、方城盛邦等河南省内20多个大型规模场落地应用,从保育猪开始,养到120千克出栏,出栏日龄缩短了13天,料肉比从2.75∶1下降至2.45∶1,节约人力成本70%以上,头均节约饲料30千克、人工费用约20元、电费5元,每头猪出栏综合成本降低120元左右,成活率从92%提高到94.5%。每头猪排污量仅为576千克,比传统养殖耗水量降低50%,减少粪污处理的压力,保护了生态环境,保障了猪群安全,稳定了生猪生产,催化生猪生产转型升级,促进企业的快速成长和增强带动能力。

环境智能控制界面

猪场养殖环境监控界面

基于数字化分析的兽用快速诊断检测技术

鼎正新兴生物技术（天津）有限公司[①]

一、基本情况

基于数字化分析的兽用快速诊断检测技术，根据胶体金免疫层析技术检测快速、简便等特点，将传统检测方式进行改良，融入现代化数字分析系统，开发出数字化兽用胶体金快速诊断分析技术，技术成果包括：鼎正试剂卡孵育器综合管理软件V1.0、鼎正标准试纸胶体金定量分析软件V1.0、鼎正标准试纸胶体金定量分析软件V2.0、一种免疫层析定量分析装置、一种试剂卡智能孵育器。兽用胶体金快速诊断仪可用于：①养殖场的定期监测，了解抗体消长规律；②动物疫病诊断；③在涉及引种时，快速筛选合格动物；④在免疫后进行疫苗的免疫评估；⑤满足畜牧行业霉菌毒素、抗体、重金属、抗生素、农药残留等多方面需求，实现"一机多能"。

二、创新点

本技术开发基于数字化分析的新型兽用快速诊断检测技术模式，以光电检测技术为基础，根据猪瘟病毒、猪蓝耳病毒、犬细小病毒等多种病毒疾病，以及饲料霉菌、药物残留等胶体金检测结果分析需求的不同，对兽用胶体金快速诊断仪软件系统和硬件系统进行设计，最终将图像结果转化为数据结果，精准判断感染程度。同时，结合主控制器（MCU）、电源模块、测试平台控制模块、颜色识别模块、数据存储等系统，对兽用胶体金快速诊断仪进行开发。在兽用胶体金快速诊断仪的基础上，通过将主机与孵化器相结合，把设备原有的两部分结构合二为一，开发出一体化的第二代兽用胶体金快速诊断仪，将数据处理速度提升了66%。传统兽用胶体金技术与数字化信息软件的结合，为动物养殖过程中的疫病诊断、定期监测、引种筛选、免疫评估、霉菌毒素等指标检测提供了更加准确化、智能化、便捷化的技术保障。

[①]完成单位：鼎正新兴生物技术（天津）有限公司。邮箱：1247797695@qq.com。

三、应用成果及效益

兽用胶体金快速诊断技术于2019年完成研究，在天津建立了2处科技示范基地，技术应用范围主要包括免疫评估、疫病诊断、霉菌毒素等指标检测，适用于我国大部分养殖动物，检测动物种类覆盖了猪、鸡、犬、牛、羊等大多数日常养殖动物品种，可以满足动物养殖的日常检测需求。这一数字化的兽用胶体金快速诊断技术在全国动物养殖行业中具有广泛的应用空间。项目技术大规模推广至全国，包括天津、北京、河北、山东、吉林、江苏等21个省（区、市），截至目前，已售出超过350台，新增经济效益超过2 280万元。在养殖业快速发展的今天，随着养殖模式集约化的程度加深，兽用胶体金快速诊断技术为畜牧业提供了一种准确、快速、便捷的检测方式。推动了动物养殖检测行业技术的发展，在满足检测结果准确、快速读取的前提下，逐渐向智能化和功能多样化的方向发展。

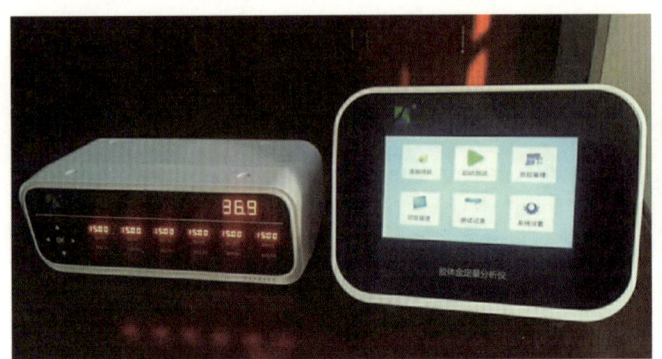

第一代兽用胶体金快速诊断仪

第二代兽用胶体金快速诊断仪

北斗高精度农机作业监控系统

金色大田科技有限公司[①]

一、基本情况

大田"北斗高精度农机作业监控系统"采用了北斗卫星导航系统服务、RTK差分算法,以及角度、姿态、压力等各类传感器,实现对农机作业位置、轨迹、深度、流量、场景图片等数据进行采集,并采用大数据、云计算和AI算法实现的农机作业的面积、质量进行智能监控。该系统能够为企业、机手和管理部门提供不同应用需求的农机物联网解决方案。

该系统可广泛应用于带动力的自走式农业机械设备,如拖拉机、插秧机(自走乘坐式机型)、收割机(小麦、水稻、玉米、花生、甘蔗、棉花等各类收割机械)、植保机(自走式)等农机类型,设备使用范围广,性价比非常高。

二、创新点

北斗高精度亚米级终端具有高精度定位、高可靠数据传输、高清显示、高精度算法、多作业场景兼容等创新特点,是一款北斗/GPS双模高精度应用终端,其内置RTK算法,可达到亚米级别的定位效果。

终端支持A-GNSS(网络增强)加速定位,定位精度<20厘米CEP;可实时上传定位数据,时间间隔可设置;可网络盲区补传,确保数据完整性;防水防震防尘等级可达到IP67等级;具有宽电压输入方式,支持8~32伏工作电压;低功耗设计;内置备用电池,实现断电、拆除报警;通过外接继电器,可以实现远程控制启动线。

三、应用成果及效益

该产品已经在全国各地推广使用,目前已经生产并安装3万多台(套),在北京、

[①]完成单位:金色大田科技有限公司。邮箱:xiangd@datian360.com。

安徽、福建、辽宁、陕西、江西、黑龙江、湖南、山东等多个省（区、市）推广使用，为各地的农机作业监控提供强有力的技术手段，特别是该产品采用的"1+N"（一台主机+多个机具传感器识别器）的配套方式，一台北斗终端主机可以同时配多种作业机具的监控传感器，解决了一台动力配套深松、深翻、旋耕、平地、秸秆还田、播种、施肥等多种作业类型的作业监控，降低了机手为适应多个作业类型作业补贴需要安装多套作业监控的投入，大大降低了机手的采购成本。

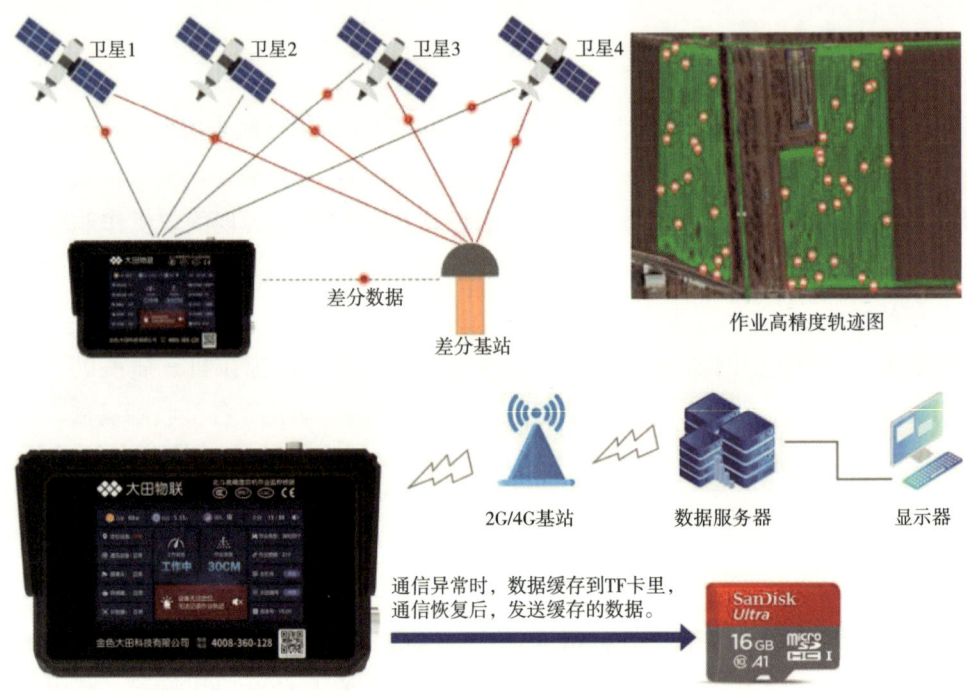

作业高精度轨迹图

北斗高精度农机作业监控系统

SenseCAP 耘果数字农业装备

深圳矽递科技股份有限公司[①]

一、基本情况

SenseCAP耘果是一套工业级传感网络系统，可实现远距离和超低功耗的环境数据采集，包含开箱即用的硬件产品，安全可靠的云平台和数据API服务。它是一套由各种专业传感器组成的系统，采用LoRa/2G/3G/4G等通信技术，将数据传输到基于Web的云平台，支持通过API构建农业气象、畜牧养殖、环境监测等场景应用。SenseCAP系列产品主要用于监测空气温湿度、大气压力、光照强度、风速、风向、雨量、土壤温湿度、CO_2、PM2.5、PM10，CO、NO_2、SO_2、O_3、H_2S、NH_3、EC、pH值等。

二、创新点

SenseCAP耘果系统包括九合一气象环境传感器、七合一气象传感器、五合一气象传感器、三合一气象传感器、超声波风速风向传感器等，无线传输一体化传感器主要应用在智慧农业、智慧气象、环境监测、智慧城市等领域。其中比较典型的是SenseCAP耘果系列产品应用在蒙顶山智慧茶园项目中，该项目包含网关、空气温湿度、大气压力、光照强度、二氧化碳浓度、土壤温湿度等产品，提供低功耗无线传感系统，让蒙顶山的茶农开启了数据渠道的精准种植和产品可追溯性。该系统具有自主研发核心算法、超低功耗技术、超远距离传输、支持大规模组网、支持多种环境数据的监测、支持多种数据采集场景、兼容第三方平台和系统、采用传感器行业内领先技术、支持多种组网方式、易用的云平台和API（应用程序接口）服务、坚固耐用的结构设计、简易的安装和部署过程等创新特点。

[①]完成单位：深圳矽递科技股份有限公司。邮箱：kevin.yang@seeed.cc。获奖情况：2020年8月20日获得金棉奖创新技术奖；2020年12月4日获得IFA2020农业食品新装备TOP20；2020年11月11日获得第22届中国国际高新技术成果交易会优秀产品奖。

三、应用成果及效益

SenseCAP系列产品目前已推广至国内20多个省份，在各级政府单位、种植公司、畜牧养殖公司、大学高校、研究院所等使用。SenseCAP同时已经应用在海外总计数百个项目中，覆盖了美国、德国、瑞典、马来西亚、荷兰、澳大利亚、刚果民主共和国、肯尼亚、利比亚、海地、哥伦比亚等国家。包括了例如和微软合作的精准农业项目FarmBeats、富世华Husqvarna园林环境监控试点项目、马来西亚猫山王智慧榴莲园项目等，并与美国FFA（美国未来农民组织）建立新农人物联网联合培养项目，致力于在全球范围培养懂科技的物联网新农人。SenseCAP系列产品聚集现代互联网技术、云计算技术、物联网技术和大数据分析技术于一体，为乡村信息化基础建设提供了强劲的动力，随着采集数据量级的增长，可供大数据技术参考并进行决策的准确性会更加可靠，整个农业信息化生态进入良性反馈，届时将为农业生态开发提供更多变现的可能性以及更便捷的管理方式，为乡村经济发展再添一波强劲的势头。

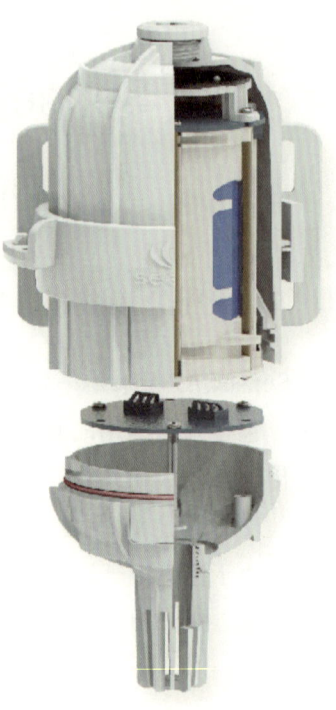

SenseCAP耘果无线传感器

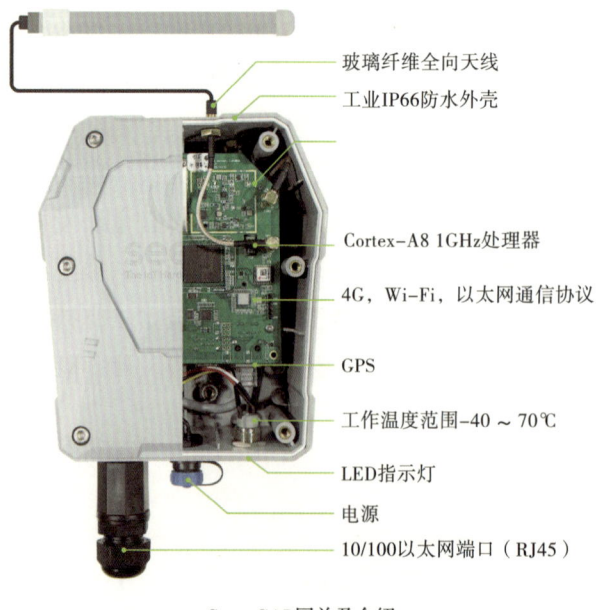

SenseCAP网关及介绍

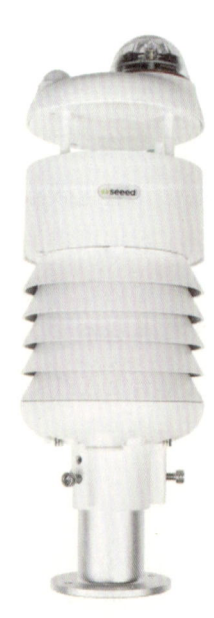

SenseCAP多合一传感器

"粤农保"AI 数字农业综合服务平台

中国人民财产保险股份有限公司广东省分公司、
广东省国土资源测绘院、北京佳格天地科技有限公司[①]

一、基本情况

中国人民财产保险股份有限公司广东省分公司作为广东最大的农业保险经营主体，基于每年服务超750万户次农户的应用场景和广东农业风险特点，在金融业创新引入"国土+保险"的深度融合模式，打通农业保险无基础农业数据的瓶颈，在金融领域唯一使用了覆盖全广东的耕地、园地、林业、水域及农房国土数据，建立了覆盖广东2.5万个行政村的15万千米^{2}的农业农村大数据工程，融合高清影像地图，整合保险业务信息、卫星遥感及无人机航拍、移动互联网技术、AI人工智能、气象服务、农户防灾减灾增值服务功能，打造国内领先的"粤农保"AI数字农业综合服务平台，实现农险由传统分散型向数字化管理升级，实现农险的按图承保和按图理赔，农户自助投保理赔，大灾数字化指挥调度中心，构建以卫星遥感，实时气象监测，病虫害防治及气象综合减灾的农业风险管控体系，实现从保险事后赔付向农业生产全流程提供综合减灾服务；从数字农险升级服务至数字农业领域，实现平台服务落地韶关市农业农村局。

二、创新点

一是跨界融合的创新模式领先，经过多年技术探索和试点，同广东国土部门测绘部门及气象部门深度合作，打造了"3S技术+气象+保险"的广东模式；二是构建广东省农业农村大数据资源库，平台建立覆盖广东省全省21个地市2.5万个行政村高清影像地图和地类图斑，对3 158万亩耕地、2 160万亩林地、1 102万亩水域、15 828万亩林地数字化管

[①] 完成单位：中国人民财产保险股份有限公司广东省分公司、广东省国土资源测绘院、北京佳格天地科技有限公司。邮箱：zhangpengfei16@picc.com.cn。获奖情况：获得2019中国卫星导航定位创新应用奖；获得2019广东省最受欢迎金融支农产品奖；获得2020中国地理信息产业优秀工程；获得2020全国优秀测绘工程奖；入选2020世界数字农业大会十大应用技术；获得2020中国（广州）国际金融交易会创新产品奖。

理；三是改变业务操作模式，实现公司所有农险业务的按图承保和按图理赔的模式变革；四是新冠肺炎疫情期间全面推广农户自助投投保及理赔的创新服务模式，AI数字农业平台开通全线上化和农户自助化功能，农户利用小程序自助提交种/养殖承保核赔资料至公司业务平台，实现远程的非接触式业务操作流程，有力保障新冠肺炎疫情期间的粮食生产安全；五是建立农业综合减灾服务体系，采用"空、天、地"立体化大数据的监测体系，促进农险从单一保赔模式向保防救赔风险减量管理模式升级。

三、应用成果及效益

2019年至2021年9月，利用平台及移动端查勘17.90万件案件，赔付病死猪222.8万头，赔付超9.61亿元，受益养殖户35.37万户，为农户提供保障的同时，严格监管病死猪的无害化过程，为广东的生猪食品安全筑起一道坚固的保险防线。两年来实现3 702万亩水稻、335万亩水果按图承保，254万亩水稻及水果查勘定损，赔付6.64亿元，受益种植户147万户次，保障广东粮食生产安全和水果稳产保供。

"粤农保"平台已从单纯的农险服务向数字农业农村升级跨越，目前已落地服务农业主管部门，依托平台数据资源优势，加强农业保险信息资源互通共享，助力农业和财政部门在数字农险监管、农险风险预警、财政审批、农险效果评估。利用数字农业平台，在数字现代农业产业园，生猪智能养殖，农产品质量安全溯源，水产物联网应用上全面服务升级，提高惠农服务能力和农业产业赋能，助力广东数字农业的高质量发展。

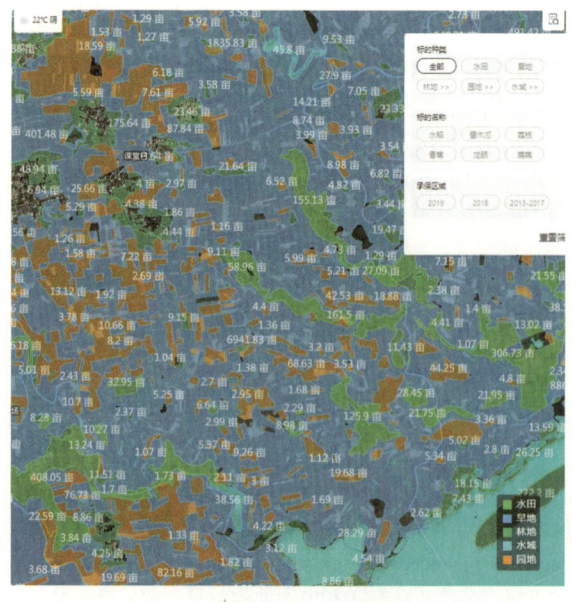

"粤农保"平台界面

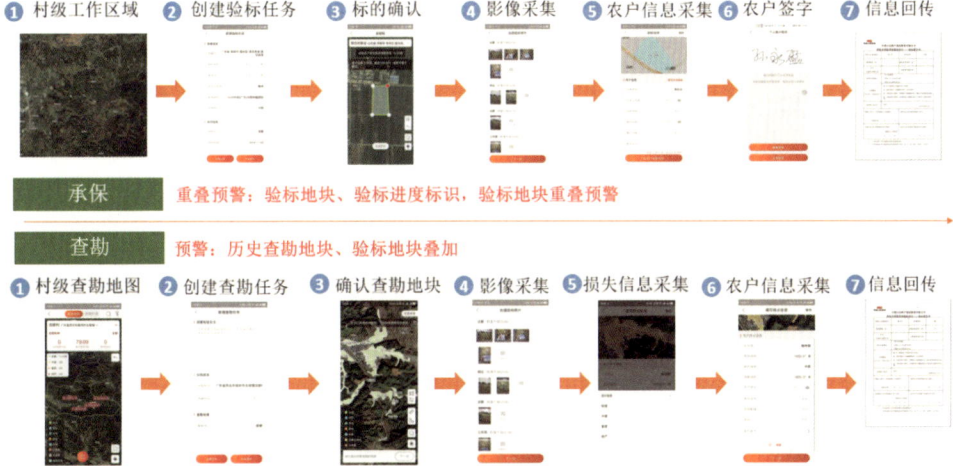

工作流程

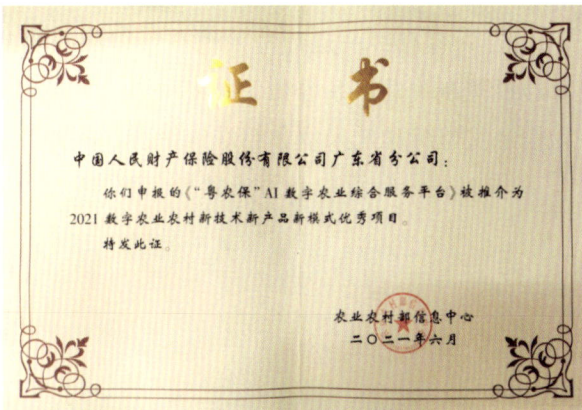

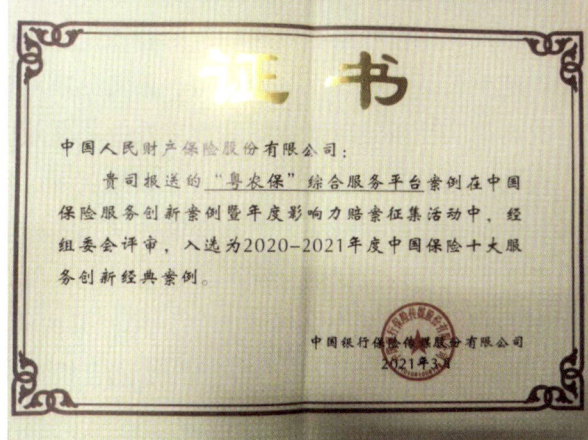

证书

基于葡萄树体表征的数字化生物信息采集和管理

东海县现代农业园区管委会、上海交通大学[①]

一、基本情况

本科技成果由上海交通大学跨学科技术团队研发，综合农业技术和信息技术的优势，在葡萄根域限制栽培技术的基础上实现对东海县葡萄产区的作物树体生物信息采集和分析管理，对全区域葡萄作物进行数字化改造，并依靠东海县信息化基础设施建设，通过试点单位面向全县进行技术推广和覆盖，以期实现全县葡萄产业达到高效节能智能水肥管理的水平。主要内容有：一是葡萄种植基于根域限制栽培技术的数字化改造，根域限制栽培技术通过控制葡萄根系容积，并将树体微环境与大环境实现一定程度的隔离，对葡萄的生物信息实施标准化采集和精准计量；二是葡萄作物图像处理实现数字化表征信息采集；三是东海县云计算中心服务器投入算力和存储，实现全县4G网络覆盖。

二、创新点

主要创新点有：一是基于根域限制栽培技术的果树精准水肥管控。根域限制栽培技术是利用物理或生态的方式将果树根系控制在一定的容积内，通过控制根系生长来调节地上部的营养生长和生殖生长，具有废水高效利用、果实品质显著提升和树体生长调控便利的显著优点，在提高果实品质、节水栽培和数字农业、高效农业等诸多方面都具有重要的应用价值；二是基于葡萄树体生物信息的表征数据获取。葡萄树体的信息实现数字化表达和智能化管理的前提是数据采集。上海交通大学技术团队结合农业技术和图像技术，通过对大量合作基地的葡萄生物信息和环境信息采集，结合作物表征信息的比对和建模，形成了针对葡萄树体生物信息的精准算法，构建果树周年生长发育中肥-水耦合模型与配方数据库，研发果树生物信息识别与肥-水耦合模型的精准肥水决策专家

[①] 完成单位：东海县现代农业园区管委会、上海交通大学。邮箱：1449526973@qq.com。

系统,通过肥水智能化调控技术实现葡萄数字化精准管理。

三、应用成果及效益

该技术在上海交通大学技术团队全国数十个合作基地得到了广泛应用,多数基地已经实现五年以上的技术合作。东海县依据自身优势,县政府对以石梁河镇为主的葡萄产区进行了全面布局,以信息化基础设施建设为主要抓手,建立帕蒂亚、四季果园、金朵农场等多个示范点,通过以点带面的方式对技术团队的科技帮扶提供全面保障,使大多数农场和农户具备了农业信息化改造的基本条件,为进一步开展推广工作奠定了坚实的基础。效益方面,该技术以读取图像的方式生成作物信息,替代了传统的传感器布置的智慧农业技术手段,在大规模使用下能够将智慧农业设施设备的布置成本、维护成本和运行成本降低90%以上。基于根域限制栽培技术的智能化精准水肥管理,葡萄作物水肥施用面积降低60%以上、节约水肥使用量20%以上,能够极大节约水资源和降低化肥使用量,大幅度减轻农业污染。

大棚内葡萄树种植情况

数字化生物信息采集平台界面

太保 e 农险 FAST 慧眼人工智能定损平台

中国太平洋保险股份有限公司[①]

一、基本情况

随着农险业务规模的不断发展，行业竞争不断加剧，监管要求的不断细化和提升，农业保险的传统服务手段已经完全无法满足当今和未来的市场需求和监管要求，种植险和森林险领域对农险技术要求在不断升级。为此，中国太平洋财产保险股份有限公司探索发布了太保e农险。太保e农险基于互联网思维，聚焦农险客户需求，针对农险业务经营管理的难点和痛点，整合各项新技术应用，围绕验标确标、风险防控、灾害预警、远程定损、增值服务业务场景，实现业务流程的优化再造，农险新技术的全险种、全流程覆盖，全面降本增效，全面提升服务质量。2020年，依托太保农险创新基因，直面新形势、新挑战和新要求，在原有技术基础上，发布"太保e农险FAST"，实现创新再出发。"太保e农险FAST"聚焦现代农业产业高质量发展，高起点规划、高标准设计、高科技赋能，依托e农险1.0到5.0的数字基础设施建设，引导农险新技术应用实现跨次元转换。

二、创新点

"慧眼人工智能定损平台"是"太保e农险FAST"体系中的主要功能之一，基于"e智飞无人机自动驾驶平台"、多光谱遥感无人机及人工智能定损模型融合而来，将打造成为行业内最专业、最高效、最准确的单兵定损工具。具有流程嵌套、闭环管理，自动飞行、安全稳定，智能分析、效能升级，科技赋能、智引未来等创新点。实现与e农险系统紧密互联，嵌入业务流程，实现系统化智能化的任务管理、人员调度、设备监控；实现无人机飞行高度自动化和智能化，可根据承保标的自动规划飞行航线，自动飞

[①] 完成单位：中国太平洋保险股份有限公司。邮箱：xuhequn-002@cpic.com.cn。获奖情况：获得2020年中国保险业科技进步方舟奖；入选2019世界人工智能创新大赛潜力奖项目。

行，航拍数据自动回传；以旱稻、小麦、棉花、玉米为主要承灾体，以风灾、涝灾（积水消退后）、雹灾所导致的倒伏为主要特征，研发训练"可见光—倒伏（株高）人工智能定损模型"；以旱稻、小麦、棉花、玉米、露地蔬菜为主要承灾体，以GNDVI（归一化植被指数）、NDVI（植被指数）、GCVI（叶绿素指数）为主要特征，研发训练"多光谱—生物指数人工智能定损模型"；具备极大的技术兼容性，能够对接5G、人工智能、云计算前沿技术，结合卫星遥感数据、物联网农情数据、气象数据形成兼具广度和准确性的人工智能估产定损模型，从容面对未来农业生产模式下的农险需求。

三、应用成果及效益

2020年，累计使用e农险无人机辅助农险业务15万架次，其中"e智飞·慧眼"任务约2 000架次，服务保费和赔款共计约1 800万元。致力于为农险业务经营管理提供强有力工具；优化再造业务流程，提升验标查勘工作效率与质量、保障资料真实性完整性，是太保农险基于对业务场景的深入研究和e农险的技术积累，创新研发具有划时代意义的人工智能单兵定损工具，开启了精准、快捷、智慧的农业保险高质量服务，谱写未来农险新篇章。

第二篇 国内精选案例

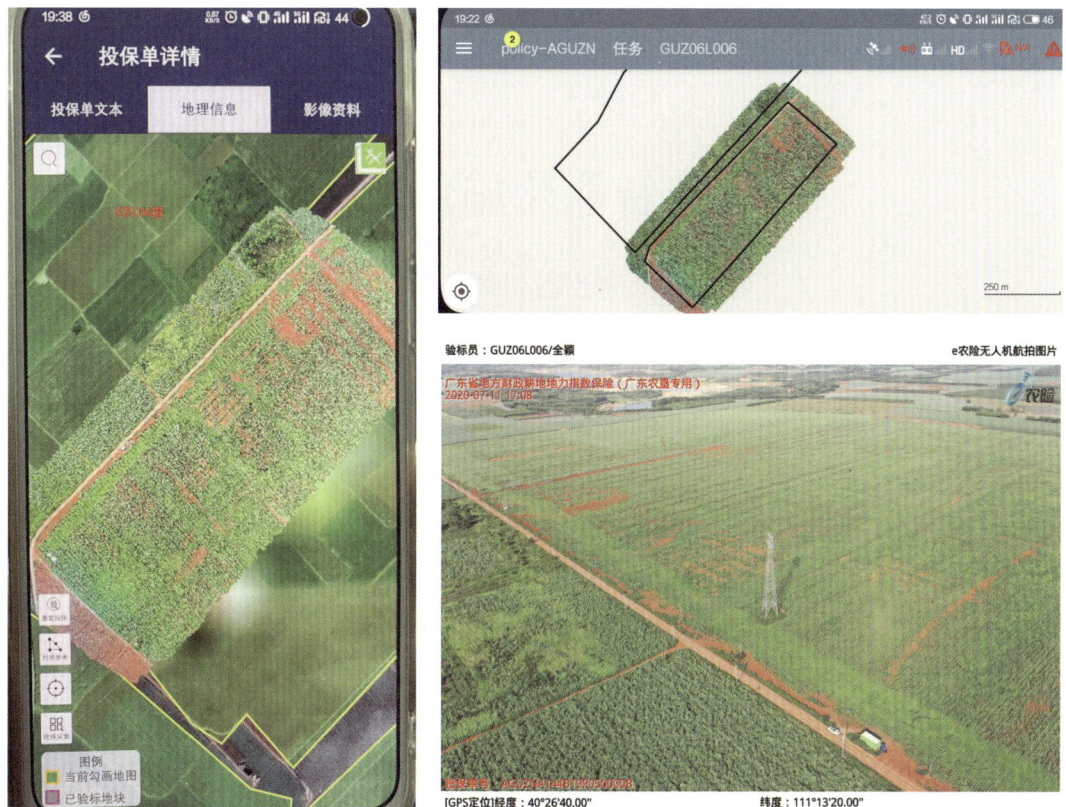

人工智能定损平台操作界面

沼液智能化施用设备

福建省致青生态环保有限公司[①]

一、基本情况

沼液智能化施用设备主要包括沼液调配、沼液过滤、沼液输送、土壤墒情监测、气象监测、远程控制、人工智能控制核心等模块。沼液智能化施用设备将这几大模块高度集成于一体化箱体，一方面，借助实时性监测空气温湿度、土壤温湿度、雨量、风速、风向等数据反馈至人工智能控制核心，并在系统软件平台设置EC、pH值参数，调节进口水、沼液流量比例，由人工智能控制核心根据所获取的数据和设定参数（EC、pH值、田间含水率预设保护值、压力预设值）自动控制沼液调配、沼液输送模块，实现农田灌溉并同步记录沼液施用量与施用去向，建立液体粪污资源台账。另一方面，计算机通过互联网+、大数据、云服务等现代科学技术，将设备控制与算法优化从传统设备机械内剥离，由云端与全国数据互通互联，借由更强大的运算能力满足神经网络和深度学习的需求，实现应用场景化的种养结合精准管理。

二、创新点

主要创新点有：一是智能化施肥，远程操控。设备通过人工智能控制核心、沼液调配、沼液过滤、沼液输送、土壤墒情监测、气象监测等模块的联动，实现依据田间作物土壤墒情、种植地气候情况、作物生长周期等各项指标，按照作物生长周期需求智能化沼液施用，提升精准施肥效率，防止形成沼液地表径流。同时，支持手机APP远程控制，能够实现自动运行、手动运行和远程控制。二是资源化利用台账管理。系统实时记录沼液、水溶性肥料和清水实际施用情况以及去向，生成沼液施用运行台账，可对台账数据进行提取，与省市、国家数据平台对接上传，为沼液监控以及畜禽粪污资源化利用率核算提供基础支撑。三是精密过滤防止管道堵塞。根据养殖场沼液实际情况选择调节

---

①完成单位：福建省致青生态环保有限公司。邮箱：lj@zqeco.com。

沼液过滤模块，通过在线压力传感器监测过滤模块进出口压力，当压力差达到设定值，人工智能控制核心自动启动过滤模块的反冲洗功能，防止滤芯和膜堵塞，延长使用寿命。智能化施肥方案在输送沼液开始和结束前，都能自动根据管道长度进行清水输送，用于管道清洗。末端管道采用双层黑白PE管，防止管道内藻类滋生堵塞管道。

三、应用成果及效益

当前沼液智能化施用设备对接客户累计已达112台（套），近90家业主分布在福州、南平、莆田、漳州等地，累计服务养殖场生猪存栏超28万头，服务种植地面积超4.2万亩，预计实现沼液资源化利用81.76万吨/年。基于沼液智能化施用设备深入挖掘的"人工智能+沼液资源化利用"技术在福清、连江、南平、平和、古田等县（市、区）有10个示范项目，示范种植地面积近2 200亩，年沼液资源化利用7万吨。解决沼液科学还田问题，有利于稳定生猪生产，促进养殖产业规模化发展；有利于土壤修复，提高耕地地力水平；有利于生产绿色农产品，保障安全食品供给。沼液智能施用设备的应用将加快推进农业农村数字化转型。

浙农码——农业农村领域数字身份技术应用

浙江省农业农村大数据发展中心、浙江甲骨文超级码科技股份有限公司[①]

一、基本情况

"浙农码"以二维码、NFC、RFID等为标识载体,通过数字孪生,为全省涉农领域的人、物、组织建立统一的数字身份,为万物互联提供身份保障。浙农码平台可以与各类平台灵活对接,以浙农码编码规则涉及数据为基础,定制系统之间数据接口所遵循的标准。针对不同场景系统提供统一的对接方案,在不影响原业务系统使用的同时,又可通过浙农码进行信息系统的数据融合和功能融合,从而达到"一站式""一对一"的信息聚合和功能服务。只需一个"浙农码",就能实现农业农村事务的"码上"查询、监管、服务、营销等功能的效果。

二、创新点

浙农码的主要创新点有:一是区块链技术保障数据安全。浙农码主要由两个系统组成,浙农码总仓模块和满天星区块链模块。浙农码总仓系统确保功能完善和使用体验人性化。其中涵盖用于码制管理、数字化标签、权限管理的码管理系统和用于生成、处理、存储、交互等接口全面开放的开放接入系统。满天星区块链系统进行信息存证,确保码信息不可篡改,提升可信度。二是制定标准规范,统一数字身份。浙农码平台制定了数据编码规范、数据维度规范、数据接入规范、二维码呈现规范4个方面的规范内容,为涉农的主体、生产要素、产品建立统一的数字身份,为万物互联提供身份保障。三是建立"码上应用"体系,统一应用入口。浙农码直接面向各农业主体、生产要素、农产品、乡村提供服务,是质量追溯、乡村治理、精准扶贫、渔船管理、动物防疫、数字牧场等标识应用的统一窗口,基于精准化的数据管理,提供"一站式""一对一"的

[①] 完成单位:浙江省农业农村大数据发展中心、浙江甲骨文超级码科技股份有限公司。邮箱:longtuteng0524@126.com。

信息聚合和功能服务。

三、应用成果及效益

浙农码目前已完成总仓码管理模块建设，码上查询功能建设，应用接入4个，分别是数字畜牧、浙江省扶贫数字化管理系统、浙江省农产品质量安全追溯平台、浙江省渔船进出港上报系统。自发布以来，累计发码598 223个，其中低收入农户535 871户，追溯农业主体23 722个，畜牧养殖场4 267个，渔船18 390艘，船员15 973名。通过对平台的大数据进行分析，可以为主体提供产业指导、生产决策、营销建议等服务；平台应用体系还能够促进浙江省涉农主体收益的增长，例如"码上营销"打通网上农博、农产品交易系统，通过各种营销手段帮助农业经营主体提升产品销量。另外，通过"浙农码"系统可以有效整合浙江省农业农村厅的各个信息管理系统以及各类智慧农业管理系统，实现农业生产信息的管理与服务在线化，提高农业经营效率，提升农业经营收益，降低农业生产成本。

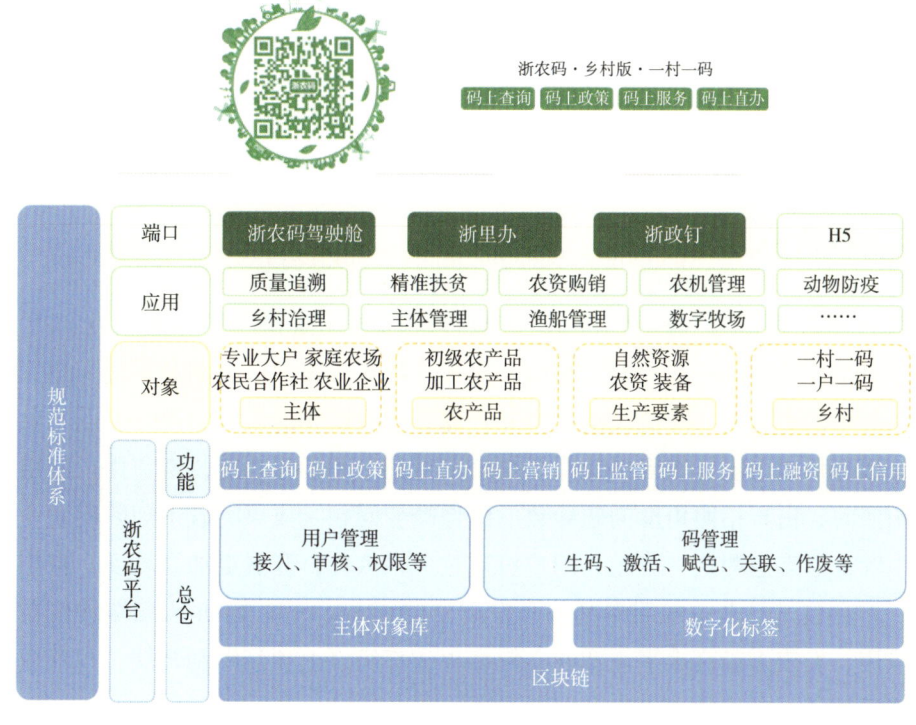

规范标准体系

基于机器视觉的作物叶片形态识别技术开发与应用

天津市气候中心、中国农业科学院农业环境与可持续发展研究所[①]

一、基本情况

项目针对现代农业业务服务与科研中叶片属性测量需求，采用Visual Studio作为开发平台，结合OpenCV跨平台机器视觉库，建立了一套较完整的绿色叶片农作物叶片形态识别算法，并开发了基于机器视觉的Windows和Android作物叶片形态识别软件。通过项目所开发软件可实现作物叶片自动拍照与大倾角拍照造成叶片形态畸变的自动校准与测量，实现了多个作物叶片测量时自动测量各个单独叶片形态特征（包括叶片周长、长、宽、绿叶、枯叶等）。为业务科研人员对农作物叶片进行高粒度、精准化研究中起到支撑作用。

二、创新点

本项技术成果作为一种新方法，在与传统标准叶面积测量方法精度同等的基础上，将原有工作效率进一步提升，与国外昂贵作物叶片表型形态测量系统相比，在测量精度基本同等的基础上，降低设施作物光合器官测量试验的成本，提高农业气象试验工作效率。成果形成系统可实现摄像头多倾角测量并自动矫正功能，避免用户使用手持摄像装备拍照时，由于拍照角度问题导致的图像畸变问题。成果突破了现阶段农业气象业务科研中叶片形态速测这一难题，用户可通过成果软件，开展更加高粒度、精细化的科学研究。本项技术已获得发明专利并开发配套的Windows端及Android端软件在全国开展推广应用，发表多篇高水平文章并支撑多项省部级以上项目顺利开展，本项成果技术先进、普适性强，应用效益较为显著。

[①]完成单位：天津市气候中心、中国农业科学院农业环境与可持续发展研究所。邮箱：gong041@126.com。
获奖情况：获得2019年天津市气象局科研开发一等奖。

三、应用成果及效益

本项技术成果有效解决作物叶片形态特征速测难题，进一步提高了科研人员在业务科研试验中对作物叶片模型研究的效率，使相关涉农研究能够更有针对性、更加精准化；同时本项技术摒弃了常规硬件部分的花销，最大限度降低使用成本，与国外昂贵作物叶片表型形态测量系统相比，结合现有国内外农作物业务科研试验中亟须测量的要素量身定做，在测量精度基本同等的基础上，有效降低了作物光合器官测量试验的成本，提高农业气象试验工作效率。为了进一步帮助相关涉农部门业务科研人员解决作物叶片形态特征速测难题，降低了作物光合器官测量试验的成本，保障了业务科研项目顺利开展，本项技术成果软件向国内免费推广使用，目前已在天津、北京、河北、河南、湖南、新疆、广东等20余个省（区、市）高校院所开展推广应用，有效支撑了多个省部级以上项目，项目开发软件可适用于10余类作物及植物，研究成果获得了使用者的高度认可，很大程度上加速了国内涉及叶片形态测量的科研究的步伐，为国内业务科研人员针对作物及植物叶片形态高粒度、高精度研究提供科学工具，具有较明显的经济社会效益。

生猪产业数字生态服务平台

北京农信互联科技集团有限公司[①]

一、基本情况

生猪产业数智生态服务平台（以下简称"平台"）通过物联网、大数据、云计算、人工智能等新一代信息技术，融合生猪养殖技术和产业要素，不仅对猪场进行全面的智能化升级，而且打通产业链上中下游，构筑生猪数智化生态服务平台，促进数智农业新业态。平台面向生猪产业提供"数智+交易+金融"的综合服务，包括猪企网（猪场SaaS）、猪小智（猪场AIOT）、猪交易（投入品采购+生猪销售+网络货运）、猪金融（产业金融+金融科技）、猪服务（在线问诊、行情资讯、养猪课堂、猪友平台）五大核心体系，为生猪产业提供全方位的智能化服务。平台有效解决了生猪产业生产效率低，交易链条长，金融资源匮乏等问题。实现产业链企业在人员、办公、财务、生产、交易、物流、金融等全过程的线上化管理，以服务获取产业链数据，促进产业要素更加合理的分配，辅助企业管理者智能决策，猪场管理的精准饲喂、精准用药等。以全程使用猪联网的猪场测算，猪场每头猪平均可多赚151元，促进产业效益提升。

二、创新点

生猪产业数智生态服务平台不仅对猪场进行全面的智能化升级，而且打通产业链上中下游，打造数智农业新业态。平台立足生猪产业，创新应用"数智+交易+金融"的数字农业新模式，解决中国农牧产业数据缺失、效率低下、金融资源匮乏等难题，提升产业链综合利用效率，促进农牧业绿色、健康、高效发展。根据不同规模主体的多层次需求，该项目提供不同的服务模式，为中小散户提供"助养猪场"服务模式，帮助中小散户借助平台实现"养猪创业"；针对规模在500～5 000头母猪养殖主体，推出"智

---

①完成单位：北京农信互联科技集团有限公司。邮箱：yuying@nxin.com。获奖情况：获得2020年保尔森可持续发展奖"绿色创新类别——优胜奖"。

能猪场"服务，通过生产数据精准采集和自动分析，进一步降本增效的同时，实现人猪分离，提高生物安全防控水平；针对全产业链集团化农牧企业提供"数字企业"服务模式，实现集团企业的数字化转型升级，帮助企业做大做强。目前，项目已初步建成"数智+交易+金融"为底层的农业数智生态平台。

三、应用成果及效益

平台贯穿从生产饲料企业到养殖企业、屠宰场、经销商、生鲜店铺的整个产业链，不仅为超过5.8万家专业化养猪场提供在线化、智能化服务，覆盖生猪超过6 000万头，也为超过600万专业涉猪人群提供金融、交易、行情资讯、专家问诊等多重服务，开创了数字经济时代的智慧养猪新模式。通过智能化远程猪场管理，包括智能饲喂、智能环控、智能育种、智能远程监控和预警等十二大智能猪场管理系统，提升育种和生产效率，降低猪场人力、饲料等投入成本，减少人猪接触，降低猪只发病概率，提升动物福利，促进节能环保，提升养殖经济效益；通过产业交易，解决投入品和产出品交易及物流效率，降低交易成本和提升交易效益；通过产业金融和金融科技，解决产业融资难、融资贵、风险高等问题，促进产融结合，提升产业金融利用效率。最终，通过"数智+交易+金融"三大底层平台，打通产业链上下游，打造生猪产业互联网平台，促进生猪产业健康可持续发展。

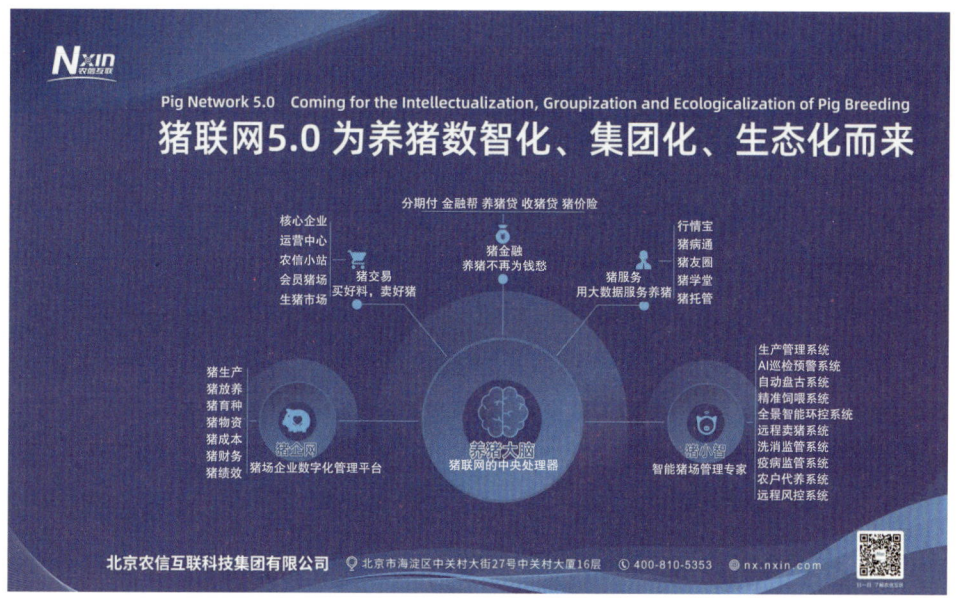

生猪产业数字生态服务平台

天眼守望"遥感＋智能化"特色农产品数字技术

武汉珈和科技有限公司、湖北农村信息宣传中心①

一、基本情况

天眼守望"遥感+智能化"特色农产品数字技术是为了解决传统特色农产品种植管理过程中的种植周期长、作物识别不精准、算法模型不成熟、数字化应用难等问题而建立的数图技术模型与数字信息处理技术。该技术主要针对柑橘、茶叶、苹果、油茶等有地域分布特性、有品种产区优势、辐射面广、带动力强的农业产业,采用"空天地"一体化数据采集体系,应用遥感技术、AI智能化提取技术、地块自动分割技术等,实现省、市、县、园区不同层级的农产品智能化识别与产品的精细化、数图化管理。目前,该技术识别精度已达90%以上,获取了柑橘、茶叶、苹果、油茶等多个产业动态监测数据,并通过精准的数据筛选、服务和分析研判,不仅能对农产品的分布、长势、病虫害等数据以数字一张图的形式展示,还加强产品"从农田到餐桌"的全产业链质量监测,实现了农产品质量全域全流程可安全追溯。该技术以农业农村优势产业资源为依托,服务于农业农村、国土、统计、气象、保险、金融等不同领域和行业,已在湖北、湖南、福建、陕西等省份得到了大力推广和应用,推动了当地传统农业向数字产业化、产业数字化的现代农业发展。

二、创新点

技术自主领先,填补了多项国内农业科技领域空白。一是自主研发了特色农产品智能提取技术;二是将遥感和智能化识别相结合;三是地块自动分割技术,该技术是在全国首个将地块查询技术进行整体融合的农业高新科技创新技术;四是影像自动处理技术,实现了针对多源多时相遥感影像进行自动化处理,可以自控、编辑、校正、增强的

---

①完成单位:武汉珈和科技有限公司、湖北农村信息宣传中心。邮箱:huangj@datall.cn。获奖情况:获得专利5项,获得软件著作权6项。

数字图像，大量减少了人工干预，节省了时间成本；五是构建了基于"空天地"一体化数据融合模型；六是建立了多尺度多方位的观测体系；七是建立了多品种农产品生长模型；八是构建了特色农产品智能光谱库。

三、应用成果及效益

"遥感+智能化"特色农产品识别技术在湖北、陕西、福建、湖南等省份得到了大力推广和应用，其中茶叶、苹果、柑橘、油茶等优势特色产业的应用面积达到1 453.73万亩，完成分布、长势、病虫害、气象信息等相关测报325次，每10天一频次，发送分析报告102期。通过高频次、高效率、高质量的遥感智能监测，为相关合作单位带来效益达983万元，实现企业增效360万元。解决了政府特色农产品数字化管理困难、统计监管步骤烦琐、算法模型不成熟的问题。

安全环保智能化养猪技术体系创建及产业化应用

牧原食品股份有限公司①

一、基本情况

当前，我国生猪产业正处在转型升级的关键时期，面临资源利用效率低、环境污染风险高、疫病防控形势严峻、智能化养殖技术落后等重大产业技术瓶颈问题。本技术针对以上问题，经过长期研发攻关取得了成果：一是构建了规模化猪场信息化、智能化技术体系，实现了生猪精准管理，智能升级；二是集成创建了规模化猪场节能、环保、循环利用技术体系，实现了生猪资源节约、环境友好、可持续发展；三是集成优化了立体型生物安全防控技术体系，实现了生猪安全健康养殖。

二、创新点

一是智能化巡查技术创新，项目组基于可见光图像识别技术，通过建立目标检测模型、特征识别模型，建立生产过程中猪舍环境、生猪群体、姿态、形体以及体表特征的检测特征数据库，经过数据计算和分析模型，实现生产异常的自动报警。本成果实现了巡检预警准确率达85%以上。二是猪声音识别预警技术创新，猪在不同的应激情况下，如惊吓、饥饿、生病、发情等，会发出不同的叫声，其叫声包含有大量的情绪信息，可以用来反馈外部环境的变化及其生理状况的变化，可通过检测这些发生信号及时做出干预。三是基于红外线成像技术创建了猪红外线健康提醒技术创新，基于红外热测定技术对猪群/猪只的体表温度进行测定，构建猪群/猪只的红外温度数据，进行大数据及人工智能算法分析，判别猪群/猪只的健康状况。四是猪舍环境智能化控制关键技术创新，基于物联网技术及节能环保设备，创建了无人环控平台，将自动环控系统通过物联网将猪舍接入平台管理。五是空气过滤系统技术创新，创新设计了猪舍进风端4级空

---

① 完成单位：牧原食品股份有限公司。邮箱：675900469@qq.com。获奖情况：2020年4月24日获得河南省科学技术厅颁发的科学技术成果奖。

气过滤技术,将空气中的气溶胶颗粒拦截到猪舍之外。六是猪舍内精准通风技术创新,通风系统采用了母猪舍实现单猪精准通风。七是空气除臭消毒技术创新,利用智能环保控制系统自动调节除臭网流下的水量和除臭剂浓度,降低臭气等级,实现无臭气,不扰民,环境友好。

三、应用成果及效益

猪群的养殖智能化,提高了人工效率、降低人工成本,减少饲料浪费;同时,恒温控制模式优化了猪群生长性能的,提升了健仔率和生长速度,降低了发病率及死亡率。项目应用后,企业生产能力得到提高,商品猪出栏率从85%提高到90%;料肉比从2.6∶1提高到2.5∶1;肉品质得到提高;项目引进智能化环境控制系统、场区无人驾驶等,将有效降低劳动力、水电等生产成本,商品猪平均每头降低25元,按照年出栏10万头商品猪规模的养殖场计算,每年可节省成本250万元,是以精准农牧业加快推进农牧业现代化进程、转变农牧业发展方式的重要途径。

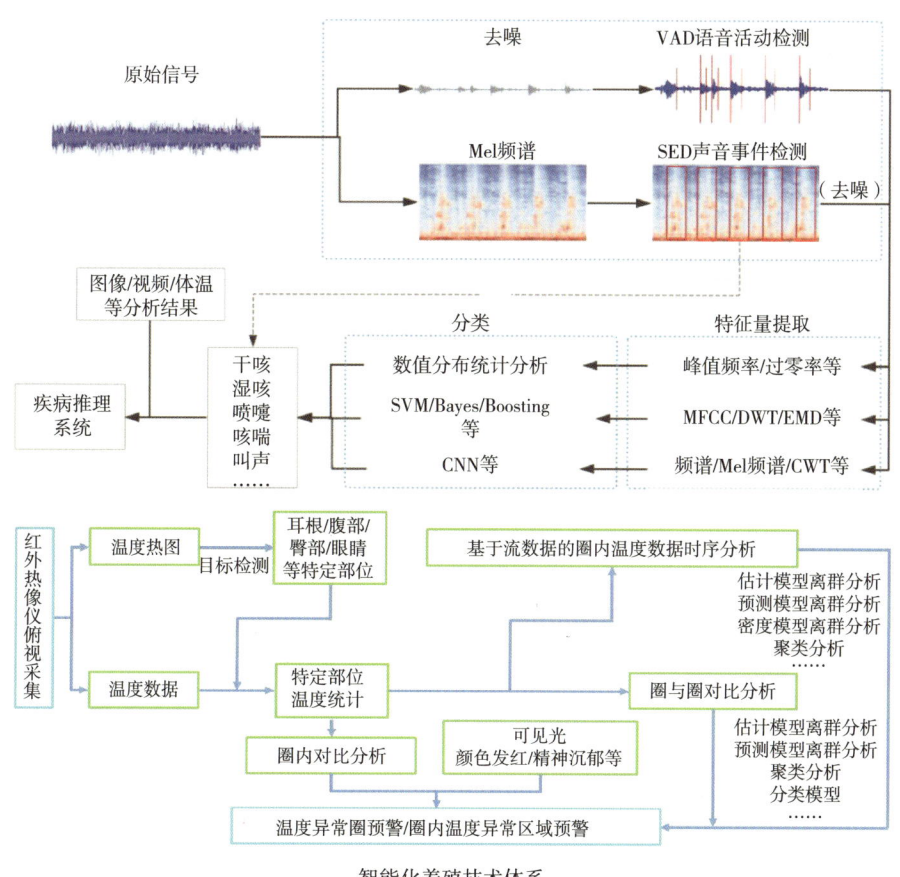

智能化养殖技术体系

江苏省农业农村大数据云平台（"苏农云"）建设与应用

江苏省互联网农业发展中心、北京中农信达信息技术
有限公司、北京佳格天地科技有限公司[①]

一、基本情况

江苏省农业农村大数据云平台（以下简称"苏农云"）项目于2019年11月启动，总投资金额达6 500万元，是江苏省农业农村信息化建设的标志性工程，是展示农业农村现代化发展成效的"重要窗口"。"苏农云"主要依托江苏省"政务云"平台的基础环境资源，建设了"六个1+N"的主要内容，其中"六个1"是指：农业农村大数据标准规范体系、农业农村大数据管理平台、农业农村时空一张图应用、大数据辅助决策分析平台、农业农村大数据服务门户、大数据指挥中心，"N"是指对N个业务应用系统进行整合优化扩展。现已基本建成覆盖江苏省农业农村领域的数据采集、数据管理、数据分析、数据共享等为一体的综合平台。

二、创新点

一是创新数据采集方式，奠定数据应用基础。"苏农云"建立健全信息共建共享工作机制，研究制订信息采集制度和技术规范，注重农业行业信息资源数据积累，巩固和提升现有监测统计手段，拓展物联网数据采集渠道，应用遥感、传感器、智能终端等技术装备，不断改进数据采集方法，实时采集农业资源环境、生产过程、加工流通等数据，提高数据采集的自动化程度和精准度。二是创新工作体制机制，注重资源整合共建共享。建立多部门的"物理分散、逻辑集中"的大数据共享交换平台，实现多部门异构

[①] 完成单位：江苏省互联网农业发展中心、北京中农信达信息技术有限公司、北京佳格天地科技有限公司。邮箱：xumao2013@163.com。

应用系统间信息数据的交换与共享，从而提高各级农业农村部门的管理效率和公共服务水平。三是创新底层支撑技术，实现平台长效运行。"苏农云"采用先进的搜索、分布式计算、内存计算、流计算、自然语言处理、机器学习等复杂的技术变成简单的接口和类库，通过数据处理、数据管理、数据分析挖掘及数据服务等多个维度的管控。为农业农村在大数据上的应用提供坚实的技术支撑，可有效应对将来农业农村数据高并发和大数据量的挑战，实现长效运行。

三、应用成果及效益

"苏农云"利用卫星遥感时空数据和农业农村业务数据等多源涉农数据资源，进行大数据挖掘分析，构建集数据共享、数据分析、数据应用为一体的综合平台，全面提升农业农村业务管理的精细化、可视化。打造了省级农业农村数据信息权威发布平台和大数据成果应用分享窗口，对内覆盖农业农村厅各处室（单位），对外面向所有社会公众、新型农业经营主体、社会化服务组织。通过大数据服务总线接口、采用微服务框架结构，打通OA、农技耘、政务服务平台、行政权力透明运行系统及农业农村厅官网等20类业务数据，将各种功能模块和信息资源集成到一个统一的界面下，提供数据资源查询及数据接口调用服务。平台的建设，实现了涉农数据的共享交换、汇聚融合，构建涉农数据的采集、分析、应用能力，以数据服务产业，带动江苏省农业产业发展，助力区域农业产业的升级发展，助力江苏省率先实现农业农村现代化，争当现代农业建设的排头兵。

智慧养牛管理服务系统平台

绿舍神农（张家口）数字科技有限公司、北京农学院、
张家口农业信息中心[①]

一、基本情况

牛脸识别追踪管理是通过农场的摄像装置获得牛脸图像，提取每一头牛的牛脸特征，构建牛脸库。对接RFID身份标签关联每头牛的身份信息，关联相关智能项圈获取每头牛的身体素质跟活动轨迹，实现每一头牛身份的准确性和唯一性。另外可对接相关自助称重系统和其他检测系统，将其放在牛栏出口处，在牛通过相关设备时，识别牛的身份记录牛的体重等身体信息。通过牛脸识别可以记录每头牛饲养过程中的进食情况，进食时间，智能项圈能记录牛的吞吐量。通过远程在线的摄像和信息网络传输技术，围绕牛舍所在的基地位置情况、生长环境数据、视频监控情况、生产情况统计、产业投入品投入等方向进行大数据汇总分析展示。牛脸识别是基于视觉识别技术，采用3D结构光相机，扫描识别牛脸特征，通过各种算法处理，提取各种特征进而通过深度学习与相关计算机技术分析，组成每头牛独特的牛脸特征，准确识别区分每一头牛。同时关联耳标与智能项圈，多重身份验证用来锁定该牛身份的唯一性。

二、创新点

该系统平台内部收集了区域内养牛全部过程的全部数据，包括但不限于养殖基地的基本信息数据、养殖企业的基本信息、牛舍数字化显示、牛舍机械人清扫场景、牛的自动称重及三维测量数据、养殖过程中自动投料数据及进食多少的数据、根据防疫要求的自动防疫消毒投放情况数据、搜集了牛整个生长环境监测数据、形成养殖视频监控大数据、建立生长模型，形成数据库、最终形成养牛的溯源管理模块。通过该系统平台的

[①] 完成单位：绿舍神农（张家口）数字科技有限公司、北京农学院、张家口农业信息中心。邮箱：13911051615@139.com。

组织、实施、数据采集，形成区域内的养牛的数据集合体，通过专业的数据清洗、解读、分析、反演形成一个科学决策、政府监管的平台。同时，该系统平台将肉牛养殖过程中育种、饲养、屠宰、加工、销售形成可追溯的溯源体系，提升品牌效应，增加养殖的综合收益。

三、应用成果及效益

该系统形成了较大区域内的养牛监管及溯源体系，通过溯源体系的建设，形成在育种、养殖、屠宰、加工、销售等全产业链条的一二三产融合发展过程。该体系的建设将传统的养殖行业的资产进行数字化，便于银行、保险公司等金融机构对养牛行业的深入了解，促进了其对养牛行业的深度帮扶与支持。系统平台形成的溯源体系，让消费的用户通过扫描二维码即可了解所食用的牛肉的生长经历、屠宰、加工、销售等全过程，提升产品品牌效应，增加了养殖场的综合收益。据估计，可增加养殖场10%以上的销售收入，并减少10%左右的成本，带动了整个产业链的数字化进程。

牛脸特征识别

智慧养牛管理服务系统工作流程

农业气象灾害预报服务

中化现代农业有限公司[①]

一、基本情况

为给农田丰产保驾护航，为及时采取防害措施提供数据支持，智慧农业精准气象团队针对线下主要种植作物，深度结合气象预报数据，密切关注作物各生育期高发的农业气象灾害，构建作物化的农业气象灾害指标，形成多作物、属地化的农气灾害预报能力。后台逐日智能监测农场气象变化趋势，提前7天预报农业气象灾害发生的风险，建立农业气象灾害风险预报能力，同时配套相应作物的辅助决策方案，为农业生产者开展农事活动提供参考，及时降低灾害的影响。现已经完成三大主粮（水稻、玉米、小麦）、特作（棉花、马铃薯、青贮玉米、苜蓿、甜菜）、经济作物（柑橘），关键生育期涉及倒春寒、低温冻害、干热风、高温热害、连阴雨、霜冻害、大风等31种农业气象灾害指标模型。根据每种灾害对作物生长过程的影响，完成受灾图片、受灾症状、防灾措施以及救灾措施等相应的防灾减灾措施库构建。

二、创新点

根据作物生长发育期所需要的气象条件以及全生育期内的气象灾害进行综合分析，结合该地当年的年景和多年的气候特征，不仅在作物选种上可以选择适宜的优良品种，而且在作物育苗、移栽期以及田间管理中都具有十分重要的作用。系统通过对自研灾害指标的判断，进行农气灾害指标模型构建、评估及迭代优化，基于农业气象灾害指标赋能其他农业服务能力，对作物的全生育期提供重点影响天气过程的预警，降低连阴雨、高温热害、低温冷害、涝害等农业气象灾害，避免烂秧、稻瘟病等相关病害的发生。

[①] 完成单位：中化现代农业有限公司。邮箱：zhangyi46@sinochem.com。

三、应用成果及效益

目前该产品已经于2020年4月24日开始通过MAP智农、MAP慧农,以及B端和G端产品为广大农户提供服务。截至2020年12月31日,用户规模达582 649人,并获得线下农艺师及用户相关好评。该产品加强了农村气象灾害防御体系和农业气象服务体系建设,通过农业气象灾害监测预报预警服务,加强MAP线下农艺师服务能力和农户种植管理灾害风险,提高灾害防灾救灾能力,减少灾害损失风险,保障粮食稳产增产,推进了乡村振兴发展。按照MAP智农产品(智慧农业服务农户的一款APP产品)测算2021年平台用户量130万,关注农气灾害15.6万人(测算:用户量130万×留存活跃用户40%×30%关注农气灾害预报;霜冻害损伤150元/亩×50亩×灾害减损50%×灾害发生概率10%×灾害预报价值20%=75元,预计降低服务农户损失1 170万)。

上海市农村经营管理站农村经营管理信息网络平台升级改造

上海农易信息技术有限公司[①]

一、基本情况

农经信息网络平台是上海农经条线使用的主要业务管理平台，包含"土地""三资""农经统计""经营主体"等多个系统，在各个层面发挥了良好的作用。截至2019年底，上海市共有9个涉农区，88个涉农乡镇，有农村集体农用地面积315.6万亩，集体耕地275.3万亩，有农户承包地172.1万亩，涉及农户58.7万户。平台升级改造，可以实现土地承包等多种业务的全流程线上操作。项目后期与上海市"一张图"对接，可实现三资监管、土地流转一图清，不仅加强了农村产权流转交易和管理信息网络平台建设，提供综合性交易服务。还促进完善农村产权制度和要素市场化配置机制，充分激发农村发展内生动力。

二、创新点

上海市农村经营管理站农村经营管理信息网络平台升级改造后，可以实现土地承包业务（土地承包、新签和变更业务等功能）全流程线上操作。项目后期与上海市"一张图"对接，可实现三资监管、土地流转一图清。通过建立一套体系"农经业务信息化指导及保障体系"，建立一个框架"农经业务信息化统一技术框架"，新建四个系统"上海市农村土地承包经营信息管理系统""土地承包与经营信息公开查询系统""农经数据质量管理系统""农经数据接入交换系统"，改造两个平台"上海市农村集体'三资'监管平台""上海市农村集体经济统计平台"，实现登录和权限的统一；通过

[①] 完成单位：上海农易信息技术有限公司。邮箱：luochangshou@163.com。获奖情况：获得专利15项，制定相关标准5项，发表论文32篇，获得软件著作权25项、商标权2项，形成研究及咨询问答科普书籍7部。

国产化实验和改造，使之能够满足国产化的技术要求。将全新的信息化建设理念和方法，贯穿整个农经业务体系，实现上海市农经业务的网络化、移动化。

三、应用成果及效益

上海市农村经营管理站农村经营管理信息网络平台升级改造，可实现涉农地区农户土地承包、新签和变更业务等全流程线上操作。其经济效益主要来自平台推广的整体销售收入、客户定制化服务收入、运营维护收入、咨询服务收入、其他增值服务等。平台升级改造后，全面落实"一件事一次办"工作。推动办事从"找部门"到"找政府"转变，把跨部门、跨层级的多个事项，整合成企业农户眼里的"一件事"，实现"一件事一次办"，申请材料、办理时间、跑动次数、核验次数等大幅缩减。为加速实现农户"不见面办事"目标，做到"让数据全跑路，让农户不跑腿"，通过现代信息技术的充分运用，加强线上智能应用、加速流程再造、加快职能转变，更好满足管理部门和农户需求。

上海一网通办网页界面

一网通办操作界面

一网通办统一身份认证

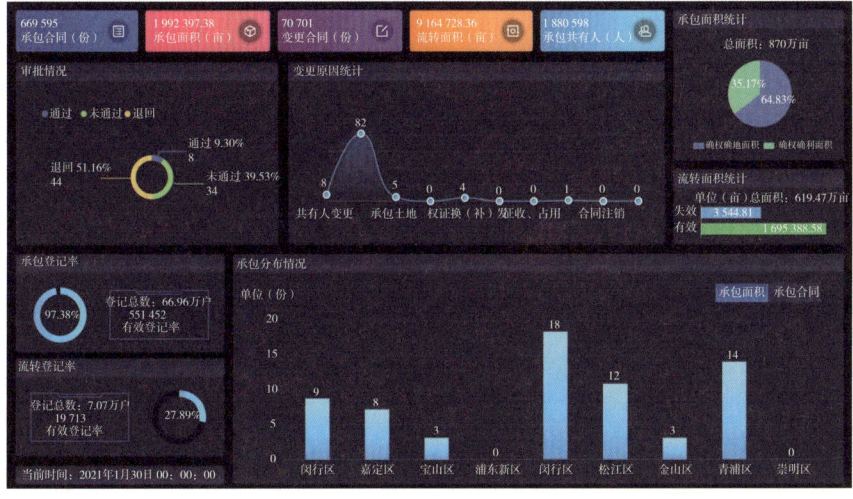

一网通办数据情况

广西农业单品生产大数据服务平台

广西壮族自治区农业信息中心、广西云锋信息科技
有限公司、广西慧云信息技术有限公司[①]

一、基本情况

本项目利用人工智能、物联网、大数据等新一代信息技术，建设广西柑橘类农业单品生产大数据服务平台，平台提供农作物病虫害AI识别及防治、生长期AI识别及种植指导、质量安全追溯、市场行情分析预测等服务，结合物联传感监控结果给出相应的生产指导方案。搭建智能物联网传感网络，利用无人机、物联网、网络爬虫、系统填报等技术，采集农作物单品在广西乃至全国全球范围内的全产业链数据资源，包括：环境数据、土壤数据、气象数据、病虫害分布数据、农资投入品使用数据、农事操作记录数据等，对种植基地进行可视化监测，为政府产业监管、服务提供数据支持，利用大数据带动当地的产业发展。项目的实施可为农业种植户提供标准化种植管理方案，科学合理的种植方案实施，有效地减少农作物病虫害，避免农药化肥滥用、错用现象，提高农产品安全和品质。

二、创新点

本项目基于人工智能、物联网、移动互联网、大数据等新一代信息技术，建设农业单品生产大数据服务平台，可提供作物病虫害AI识别及防治、生长期AI识别及种植指导、质量安全追溯、市场行情分析预测等服务，结合智能物联传感网络，实现作物全产业链数据采集监测。基于人工智能图像识别及深度学习技术，为果农、企业等农业产业主体提供实用的种植技术、病虫害识别及防治、生长期识别及种植指导、投入品复配查询、市场行情、质量安全查询等专业的生产技术服务。同时搭建智能物联网传感网

---

① 完成单位：广西壮族自治区农业信息中心、广西云锋信息科技有限公司、广西慧云信息技术有限公司。邮箱：LY2855@qq.com。

络，利用无人机、物联网、网络爬虫、系统填报等技术，采集农作物单品在广西乃至全国全球范围内的全产业链数据资源。另外平台采用SOA和微服务（Micro Service）混合架构，主体基于JEE/J2EE开发框架开发实现，数据挖掘和机器学些部分采用Python/Scala/R语言及相关框架实现，使广西农业单品大数据平台既具备企业级应用的健壮性和可扩展性，又能灵活集成丰富的数据分析、数据挖掘和机器学习工具和开发库。

三、应用成果及效益

本项目通过病虫害AI识别及防治服务，一方面能够节约病虫害防治的人力成本和物资成本，另一方面能够大幅降低因病虫害而带来的风险和损失。预计每年可为种植户节省20%以上的农资品投入，减少因病虫害处理不当造成的损失10%~15%，每亩增产10%左右，实现农户增产增收。项目建成以来已达13万多用户，项目研究成果的应用大大提高了农业生产的信息化水平，提高农业生产效率，为农业生产者创造更大的价值，有力地促进了广西优势特色产业发展，为科技扶贫工作贡献力量，实现从"精准扶贫"到"乡村振兴"战略目标的过渡打下坚实的基础。

病虫害AI识别系统操作界面

"互联网+第四方物流"

江西省供销电子商务有限公司[①]

一、基本情况

探索推进"第四方末端内向物流快递"新模式,即由供销社牵头建立供方、需方和第三方物流企业之外的第四方集配中心,整合仓、货、车、路线、网点资源,共享仓配体系,打造"一点多能、一网多用、深度融合"的城乡共同配送服务网络,实现城乡高效配送。试点以来,县乡村配送效率大幅提升70%,成本降低20%,网点库存滞销率降低15%。通过第四方配送,畅通了"工业品下行、农产品上行"直供直销的流通渠道,小农户通过商城和消费合作社实现种子、农药、化肥、农机等农业生产资料、生活资料一站式购买,享受到优惠、优质服务,方便了农业生产,丰富了小农户的生活,快捷灵活地为当地农产品找到了畅通的销路。

二、创新点

"互联网+第四方物流"项目基于云计算、大数据、5G、人工智能、物联网、移动技术等先进技术,搭建满足各方业务运作协同的第四方物流智慧管理平台,将各类物流资源的共享实现最大化,为使用者提供可视化、能追溯、一体化的智慧物流信息,提高供应链运营质量和效率,降低综合物流成本。将利用先进的互联网技术,建立开放、透明、共享的数据应用平台,为电子商务企业、物流公司、仓储企业、第三方物流服务商、供应链服务商等各类企业提供优质服务,打造城乡物流配送网络体系,支持物流行业向高附加值领域发展和升级,助力生鲜农产品销售。采用的关键技术有:5G技术、物联网技术、大数据技术、Dubbo分布式SOA框架、ETL技术、移动物联网、边缘计算、区块链、人工智能等。

[①] 完成单位:江西省供销电子商务有限公司。邮箱:wgfwgf@126.com。获奖情况:"互联网+第四方物流"获得国家五部委典型推广案例,被江西省发改委列入2020年新基建重点项目。

三、应用成果及效益

物流城乡末端高效配送网络，目前已在芦溪、广昌、黎川、寻乌、莲花、井冈山等36个县区开展第四方物流运营。并选取了寻乌、广昌、莲花、井冈山等9个地区数据进行试点效益分析。数据包括资金投入、作业场地面积、从业人员数量、整合快递数量、收派件数量、盈利情况6个方面。该4个项目中，寻乌、广昌、莲花、井冈山分别获得新网工程项目投资资金610万元、400万元、100万元、100万元，资金大部分用于运营中心、末端网点、分拣中心建设及购置运输车辆，自项目开展日起，各试点地区约10个月左右实现了盈亏平衡。已建成覆盖江西6 039个传统渠道流通基层网点。通过"互联网+第四方物流"管理系统，满足第四方物流业务中同城配送、供应链管理、物流管理、仓储管理和监控中心的诉求，给客户、货主、第三方物流企业提供一个安全、高效的信息共享的平台；通过大数据云平台在全国范围共享物流信息，优化分配物流资源，强化供应链管理，建立区域农产品电商交易集散中心，形成产品交易的规模化、标准化，降低交易成本。实现统一仓储、统一分拣、统一配送；激活县乡村至少90%以上服务网点，实现快递揽件派送中转职能，解决农村快递"最后一公里"覆盖率低和送达效率低等问题。

基于移动智能协同的乡村治理关键技术

钉钉（中国）信息技术有限公司[①]

一、基本情况

基于移动智能协同的乡村治理关键技术（以下简称"百姓通"）是立足乡村治理和发展需求，推出的基于"云钉一体"的数字乡村整体解决方案。阿里云作为目前市场份额排中国第一、全球第三的云计算及人工智能科技公司，拥有完全自主知识产权的核心操作系统"飞天"，是中国目前规模最大、性能最好的大规模操作系统。阿里云提供计算、存储、网络、数据库、中间件等业界最全面的云计算基础产品，性能均达到国际领先水平。钉钉作为阿里巴巴集团打造的全球最大企业级智能移动办公平台，帮助实现在云和移动时代的组织变革，提升管理效率，降低运营成本。百姓通以乡村治理为主线，以"云钉一体"为基础，在移动智能协同方面取得新突破，正在以数字新基建助力乡村振兴。

二、创新点

"百姓通"通过大规模、安全、开放的企业级IM（即时通信）系统，以及在线视频会议、直播学习平台、在线办公协同平台、企业级开放平台等核心技术创新，把数字化技术广泛运用于基层党建、村务自治、基层社会治理等领域，助力基层组织建设管理规范化，通过积分制激发村民参与乡村自治和美丽乡村建设的内生动力，充分释放"互联网+三治结合"新效能。创新特点有：一是大规模、安全、开放的企业级IM系统，"百姓通"IM基于云原生技术，提供安全、大规模、高可用、开放的统一通信服务，真正实现资源互联互通；二是亿级在线视频会议，直播学习平台，"百姓通"通过在线视频会议、直播等技术，实现直达基层的云上党建、村务公开，实现农技培训、电商

[①] 完成单位：钉钉（中国）信息技术有限公司。邮箱：minsheng.lms@antfin.com。获奖情况：2020年5月全球互联网大赛"直通乌镇"数字抗疫专题赛创新奖；2020年第18届农交会十大智慧农业新技术应用模式。

培训网络化,让手机成为新"农具";三是大规模在线办公协同平台。办公协同平台通过文档、钉盘、工作流、一站式搜索等功能,全面减轻乡镇在通知、办会、办文等烦琐性事务工作负担;四是智能开放平台,通过企业级小程序平台、软硬一体化解决方案、AI接入等技术,帮助乡村实现数字化到智能化的提升。

三、应用成果及效益

"百姓通"目标是打造数字时代乡村治理现代化的新"枫桥经验",向全国广大乡村推广。"百姓通"目前已经在包括杭州市建德市、宁波市宁海县、贵州省荔波县、开封市祥符区、山东省日照市、杭州市萧山区等在内的全国30个省(区、市)的500多个区县推广,这些地区不仅基于"乡村钉"快速打通基层治理最后一公里,沉淀乡村治理底层大数据,而且把自身原有的乡村治理的好做法、好经验,通过"乡村钉"插上数字化的翅膀,进一步提升乡村治理效能和群众获得感,形成各具特色、可复制、可推广的品牌。"百姓通"不仅能提升工作效率,减轻基层工作负担,还能促进当地产业发展,有力推动创业就业。2020年抗击疫情和防汛期间,各地政府运用"百姓通"精准触达广大村民,大幅提升指挥效率。

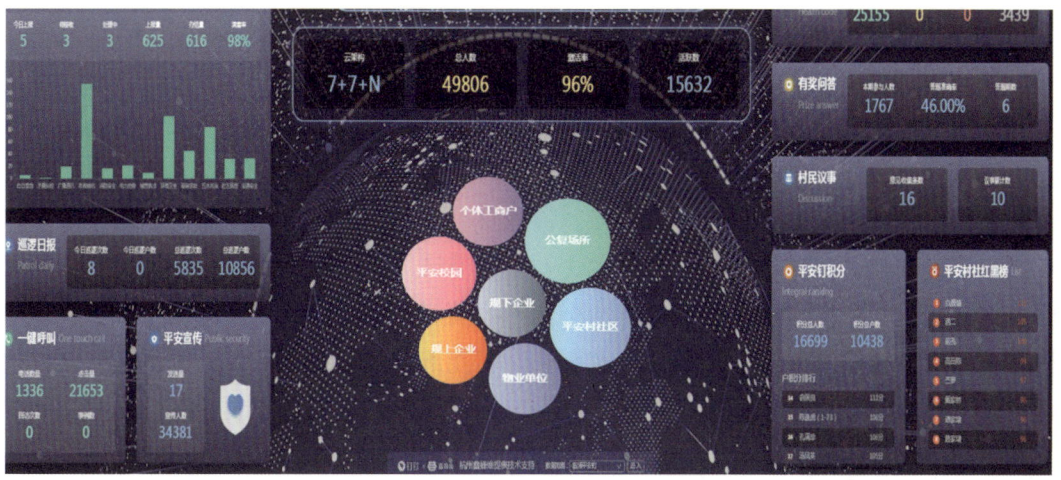

"百姓通"操作界面

基于北斗定位技术的智慧农业物联网大数据平台

天宸北斗卫星导航技术（天津）有限公司[1]

一、基本情况

针对农机深松作业面积、作业质量、监测方面缺乏有效技术手段问题，按照国家和部分省市发布的《农机深松作业技术规范》要求，天宸北斗卫星导航技术（天津）有限公司开发了基于北斗定位技术的智慧农业物联网大数据平台。采用卫星定位、无线通信技术、深松机具状态监测传感技术，通过传感器数据处理、北斗位置信息获取、图片随机抓拍以及数据远程传输，实现对农机深松作业过程、面积、深度等参数实时准确监测。支持深松作业数据统计分析、图形化显示、作业机具管理、作业视频监控和合作社管理等功能。并且具有一机多用功能，可以监测播种、深翻、深松、秸秆还田、打捆、玉米机收。

二、创新点

天宸北斗在互联网农业领域独树一帜，全面向数字农业领域信息化、智能化、标准化的新趋势方向发展，积极将大数据、云计算、物联网等先进信息技术应用于数字农业领域中。通过"两型终端、一个平台、一套标准规范"探索数字农业新模式。两型终端：面向小中大各型农机研制Ⅰ类基本型北斗终端、Ⅱ类综合型北斗终端，分别提供农机管理、自动导航驾驶。一个平台：面向政府职能部门、行业用户、企业和个体农户建设"智慧农业物联网大数据服务平台"。一套标准规范：形成精准农业平台标准、农机终端标准、精准农业基础设施标准（通信网络、协议、地基增强）等。

---

[1] 完成单位：天宸北斗卫星导航技术（天津）有限公司。邮箱：wangjinzhu@sunnnavgnss.com。获奖情况：现有自主知识产权17项，其中实用新型专利14项、软件著作权3项。

三、应用成果及效益

天宸北斗全面向数字农业领域信息化、智能化、标准化的新趋势方向发展,积极将大数据、云计算、物联网等先进信息技术应用于新农业领域中。卫星定位技术已深入到农业的各个领域,特别是在农业的自动整平、播种、施肥、喷洒农药、灌溉、收割、农作物灾区监测等方面高精度设备得到了大规模应用。用户可以利用高精度系统指导生产作业,提高工作效率,科学种田,节省综合作业成本。目前已在山西、安徽、江苏、内蒙古、河南、北京、新疆生产建设兵团、黑龙江农垦等地开展生产考核试验,安装农机智能终端1万多台,高精度北斗农机导航2 000多台套,取得了良好的应用示范效果。项目成熟后计划每年推向全国5万台农机,按照Ⅰ类终端5 000台、Ⅱ类终端600台,前装和后装各占50%,则年稳定收入将达3 950万元。有助于我国实现农业精细化和数字化,提高农作物产量,提升作业效率。把现有农业人口从繁重的人工机械作业中解脱出来,转而从事农业深加工及农业服务等。项目横跨物联网、云计算、GIS、卫星导航等领域,有利于各领域进行融合,同时各产业相互渗透、相互促进,极大地扩大产业规模。

智慧农业物联网

华腾智能生物电子耳标

浙江华腾牧业有限公司 [1]

一、基本情况

华腾智能生物电子耳标为华腾自研产品，生猪佩戴个体耳标，对动物行为感知、动物生命体征信息检测，结合网关，实现猪只信息实时上传监测数据。猪只幼年时期打上耳标，从保育到育成直至售卖运输屠宰，实现了全生命周期的管控，让每一头猪都能通过数据进行追溯。电子耳标与区块链技术的结合，将采集：生猪出生的品种、重量、健康状况等；养殖过程中的药品、疫苗、饲料、保健、驱虫、转栏等；屠宰过程中重量、膘厚等数据；冷链运输、分割销售等数据，并将数据直接写入区块链中，防止数据篡改，消费者可查询到真实的数据，保障食品安全。

二、创新点

华腾智能生物电子耳标采用无源RFID技术检测猪只的特定行为，利用信息快速传递管理信息远程读写替代传统耳标，5G智能测温耳标无需基站，直接上云。可以在平台对生猪的管理信息集中进行读写，快速方便，取代传统RFID耳标的巡栏读写，节省人工，降低疫情传播风险。华腾智能生物电子耳标通过2.4G模块和4G模块与网关进行实时通信，将采集到的信息储存到数据后台。通过云平台展示采集到的后台数据，管理人员能够利用云平台通过控制盒能向网关发送特定指令来实现耳标功能，实现了耳标网关和云平台双向通信。华腾智能生物电子耳标利用区块链、物联网、大数据、5G和边缘计算等新一代信息技术通过多维联结赋能生猪养殖行业，采用大数据、云计算、物联网、人工智能、区块链、智能生物耳标等新技术来监管生猪食品安全，提高猪肉品质，提升食品安全等级，保障消费者的食品安全。

---

[1] 完成单位：浙江华腾牧业有限公司。邮箱：yuchong@huateng.me。获奖情况：绽放杯5G应用征集大赛——浙江省二等奖（2020年8月31日）、全国优秀奖（2020年9月21日）；第一届世界物联网大会大奖——智能生物耳标（2020年11月20日）。

三、应用成果及效益

华腾研发的智能生物耳标现已在华腾集团旗下的各个牧场进行推广应用,千岛湖牧场、安吉牧场、石湾牧场、嘉善牧场、嘉华牧场这五个牧场中的所有猪只都佩戴了智能生物耳标,通过2.4G模块和4G模块与网关进行实时通信,将采集到的信息储存到数据后台。通过云平台展示采集到的后台数据,管理人员能够利用云平台控制盒向网关发送特定指令来实现耳标功能,实现了耳标网关和云平台双向通信。目前管理人员只需要在华腾集团的信息技术中心就能了解各个牧场的猪只生长情况。智能生物耳标的研发与应用,实现了猪只数据的智能采集。通过智能生物耳标采集的数据与互联网进行链接,能够对全国养殖业整体的动态情况进行查询与监督,为建立全行业养殖、生产、销售的质量管理、风险管理、数据管理的整体大系统提供了数据支撑,便于国家对畜产品的安全监管。

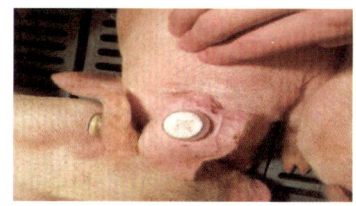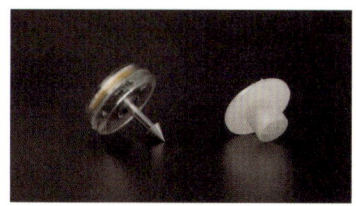

智能生物电子耳标

智慧渔业养殖无人船

舟友乐（岳阳县）科技有限公司[①]

一、基本情况

智慧渔业养殖无人船是运用人工智能、物联网、机器人、大数据等技术，在需要动态巡航的水产养殖领域（例如甲壳纲小龙虾、螃蟹、虾）研发出能够替代人工进行投饵、喷药、水质检测及分析、捕捞、水产品分析等一系列工作的专业无人船，完全替代传统化人工养殖方法。目前的小龙虾、螃蟹养殖需要1个人或者2个人作业，完成10亩需要40分钟左右，人力成本高、劳动强度大、喂养不均衡、效率低。用智慧渔业养殖无人船可以1个人10分钟轻松完成，替代人工，降低养殖人力成本。本产品的建设能填补人工智能在水产养殖领域的空白，实现水产养殖业装备的智能化、精细化、标准化及数据可视化，推动水产养殖业快速发展，同时帮助水产养殖户降低养殖成本，保质保量的同时增产增收，进一步降低养殖风险。量身打造的区域水产养殖数据库，实现对整个生产、储运过程的视频监控、水质参数在线监控、数据可视化监视，科学调度养殖场生产资源和水产品安全溯源的监管，提供信息化数据。

二、创新点

智慧渔业养殖无人船通过自身集成多种传感设备，实时监测不同位置、不同深度水域的温度、pH值、溶解氧、浑浊度、氨氮等水质数据；巡航过程中，特种水产养殖无人船使用投饵装置，通过控制系统实现饵料定点定量投放，可有效降低饵料残料，改善水质，节省人力；系统后台通过实时分析水质传感器与视频流数据，当发生溶氧超低限、水质恶化、水产品疾病等异常情况时，及时进行告警，同时养殖户通过水下监控可

[①]完成单位：舟友乐（岳阳县）科技有限公司。邮箱：13973031255@139.com。获奖情况：2020年8月，获得"农行杯"第四届湖南省农村创业创新大赛初创组三等奖；2020年9月，获得第七届"创青春"湖南省青年创新创业大赛农业组二等奖；2020年9月，获得"农行杯"第四届全国农村创新创业项目创意大赛初创组三等奖；2020年9月，获得高新技术企业证书。

观察水产品的活动情况、饵料残留情况，实时掌握养殖过程中成活率、养殖密度、水产品活性情况，提高风险处置及时率和防范能力。当前，智慧渔业养殖无人船在如下技术领域攻坚克难，保持行业的绝对领先：一是在特定环境下的自动巡航与避障；二是利用5G技术攻克对海量异构数据的采集的可靠性和及时性难题；三是水底图像数据采集与水产品分析的机器视觉算法研究；四是大数据处理与分析、可视化呈现。

三、应用成果及效益

基于智慧渔业养殖无人船广泛应用采集数据形成精准数据，打造渔业养殖综合服务管理平台则能给用户解决渔业养殖过程中的饲料、鱼苗、养殖、供销、病理、行情、贷款、产品交易等一站式服务。用人工智能改变传统化养殖方法，打造一条从系统开发、养殖装备销售、水产品交易、技术咨询、金融服务完整的智慧渔业养殖问题解决方案。一是推动渔业养殖业快速发展，大大提高渔业养殖收入，数字化、信息化助力乡村振兴。二是全程质量可追溯，确保食品安全。三是生态养殖，绿色环保，环境影响小，可持续发展。

智慧渔业养殖无人船展示现场

中农网茧丝区块链交易平台

深圳市中农网有限公司[①]

一、基本情况

中农网构建的集"茧农+中农大商城+仓库+丝厂+银行"于一体的茧丝区块链交易平台，通过区块链、大数据、云计算、物联网等技术与茧丝产业创新融合，将多级资产纳入区块链范畴，打通了资金方与资产方的数据化传递，实现覆盖下单、生产、加工、仓储、结算、出口等产业链的闭环链路，实现了茧丝全产业链的交易数据自由流通，上下游交易数据价值最大化，提升产业链资金的流通效率。利用物联网、RFID、人脸识别、智能分析等数字化技术建设IOT智慧仓储，帮助缫丝厂管理升级改造，在满足仓储管理信息化、智能化、现代化的需求的同时，实现货物溯源的智慧化管理，改变了传统的仓库管理的工作方式与流程，库存周转率同比提高10%，提升管理效率，降低管理成本，促进茧丝绸产业数字化升级。

二、创新点

本项目基于区块链去中心化、公开透明、数据不可篡改等特性，在农产品产业供应链管理系统构建的基础上，将农产品产业供应链上下游各环节关联企业，在交易环节中产生的产品信息、物流信息、仓储信息全部进行上链，存储在各参与方共享的区块链账本中，实现了供应链中各参与方资金流、信息流、物流和商流的四流合一，保障供应链交易在产业中应用的真实性和降低信息不对称。通过区块链技术与中农网现有的大宗电商平台无缝对接，确保了平台上各参与方、标的物、交易行为、支付流水、仓配流转等节点环节全程上链，每个节点都享有公共的数据账本，保证了数据的真实性，消除了第三方机构的信用背书，构建了可信大宗供应链管理生态平台，管理行业生态网络、交

[①]完成单位：深圳市中农网有限公司。邮箱：sunlp@ap-ec.cn。获奖情况：获得专利15项，制定相关标准5项，发表论文32篇，获得软件著作权25项、商标权2项，形成研究及咨询问答科普书籍7部。

易和服务，为其他产业与数字技术的融合及应用实践起到积极示范作用。

三、应用成果及效益

中农网构建的茧丝区块链交易平台，帮助丝厂维持良性运营，解决了丝厂原料收购时资金短缺无法向茧农支付现金而只能"打白条"的行业难题，让茧农在最短的时间内收到茧款，扩大了上游蚕茧的产品交易需求，稳定了当地茧农收入；同时帮助丝厂快速寻找到下游买方达成销售。2020年，通过中农网平台实现交易额7 962.4万，帮助13余家企业拓宽销售渠道，投放供应链金融服务资金5 868.56万，带动近5 000位城镇和农民工就业，惠及约25 000户茧农稳定收入，帮助农民致富增收，促进茧丝绸产业数字化升级。在河池市宜州区建设的IOT智慧云仓系统库存周转率同比提高10%，加快河池和百色地区茧丝绸产业升级。

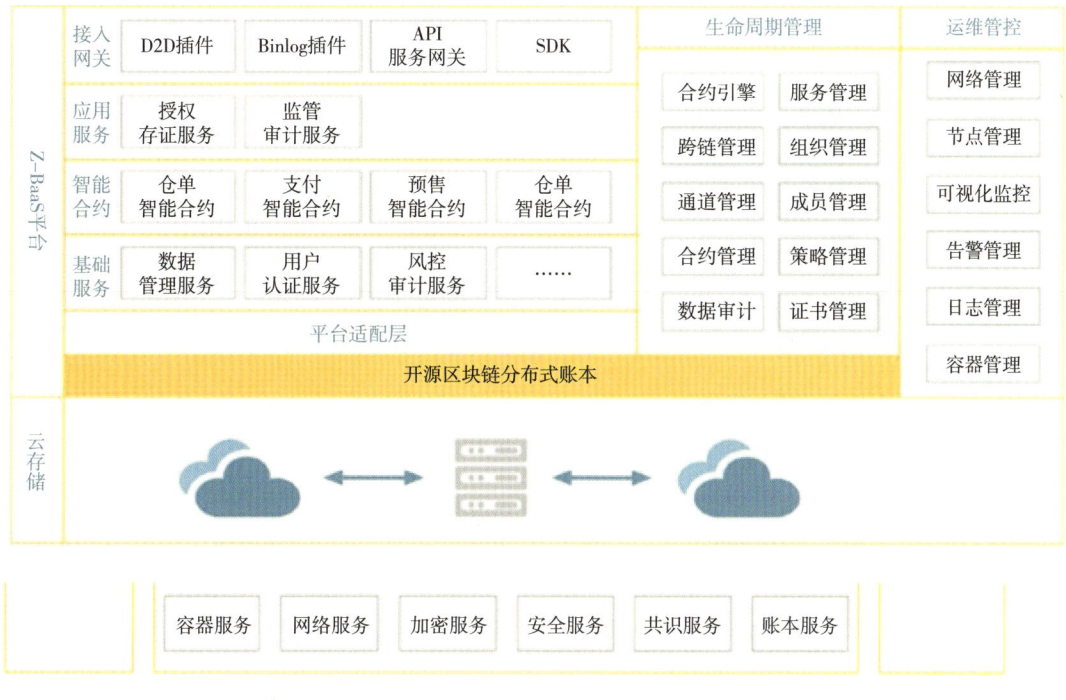

茧丝区块链平台功能架构

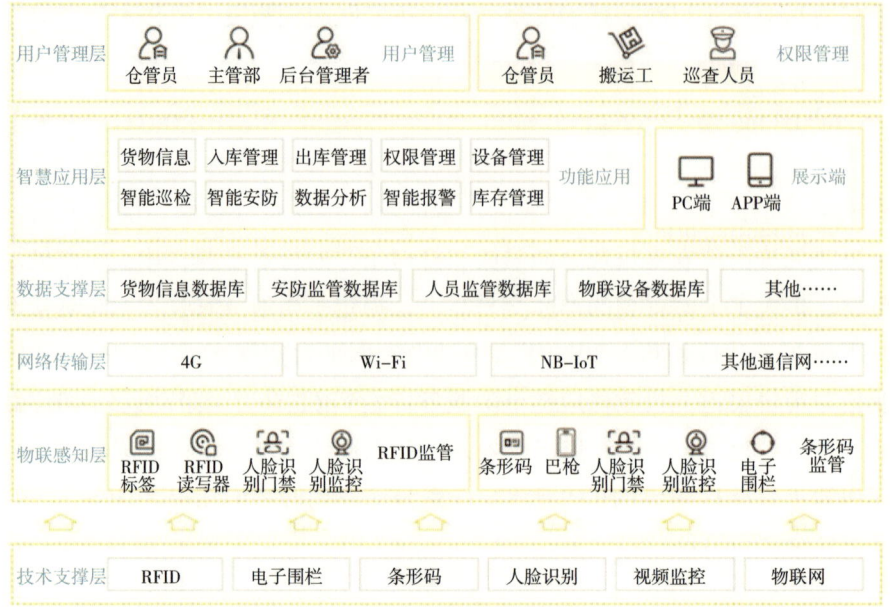

茧丝区块链溯源应用架构

茧丝交易网

业务介绍——配套服务业务

得到各检验机构支持，为客户提供干茧、生丝、绸缎等品种检验，严把商品质量关，维护买卖双方利益。

干茧检验

生丝检验

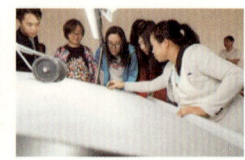
绸缎检验

配套服务业务

现代农业智能化管理设备及系统

江苏阿农物联网有限公司[1]

一、基本情况

AgrioCom监测设备让所有传感器实现物联网，自动化控制设备通过对阀门、继电器等智能设备的控制实现全自动化灌溉、施肥、温室环境调控。大数据云平台进行控制工艺运算，参与远程决策，是所有设备及各项功能的控制指挥中心。主要设备有：一是无线监测设备（AgrioSens®），单个设备可连接6种不同种类的传感器，自动监测气象、土壤、植被相关数据，及时不间断地发送至Web云平台；二是智能灌溉控制（AgrioValve®），单个设备可控制2个灌溉阀，还可以连接土壤温湿度传感器，是一款质优价廉、操作简便的灌溉控制器；三是智能施肥机（AgrioPro®），可自动监测所有施肥数据，并上传至云平台；四是温室智能化控制系统（HappyIn Greenhouse®），结合国内温室实际管理需求而研发的一款低价优质的远程自动化管理系统；五是云平台（Agri Commander®），所有设备及各项功能的控制指挥中心，用户可通过联网设备迅速访问及查看，具有分析、显示监测数据、控制灌溉与温室、云平台搭建等功能。

二、创新点

无线监测设备可自动监测农业气象、土壤及植被相关数据，有6个通用传感器连接端口，每个端口可与任何不同种类的传感器相连接，传感器的所有配置可在网络上完成。无线监测终端将监测到的数据发送至Web云平台，发送间隔仅需几秒钟，网络通信不需要SIM卡和GSM通信服务协议。一台设备只需3节5号电池，便可持续使用1~3年，无须太阳能电池板。智能灌溉控制可控制2个灌溉阀门，连接2个水压传感器和1个任何类型的传感器。灌溉阀门通过云平台Agrio Commander实现自动或手动开关。各种

---

[1] 完成单位：江苏阿农物联网有限公司。邮箱：sutingfeng@agriocom.com。获奖情况："黎明杯"第四届江苏省农村创新创业项目创意大赛，荣获初创组一等奖；"农行杯"第四届全国农村创新创业项目创意大赛，荣获初创组三等奖。

天气条件下，可通过电池、直流电或太阳能电池板实现独立供电。网络连接不需要SIM卡和GMS通信服务协议。具有体积小、价格低、能耗低、操作简单等优点，是农业水肥一体化、温室自动化控制的最佳选择智能施肥机。根据农户需求，可配置不同类型的智能泵站AgrioMac（含水泵、过滤器、施肥机、肥料桶等）的水肥一体化硬件，再安装无线灌溉控制AgrioValve，从而构建水肥一体化智能管理硬件系统。

三、应用成果及效益

项目综合利用全球的人才资源优势，在欧洲研发硬件、印度开发软件，在中国进行产品生产及运营管理。从而打造高质低价的智能化农业物联网设备，让数字农业更好地服务于中国农民。通过农业物联网设备，可指导农户实现农作物的精准化种植，降低化肥及农药的使用量，减少环境污染，提高农产品的产量及质量，将农户的经济效益提高20%～50%。

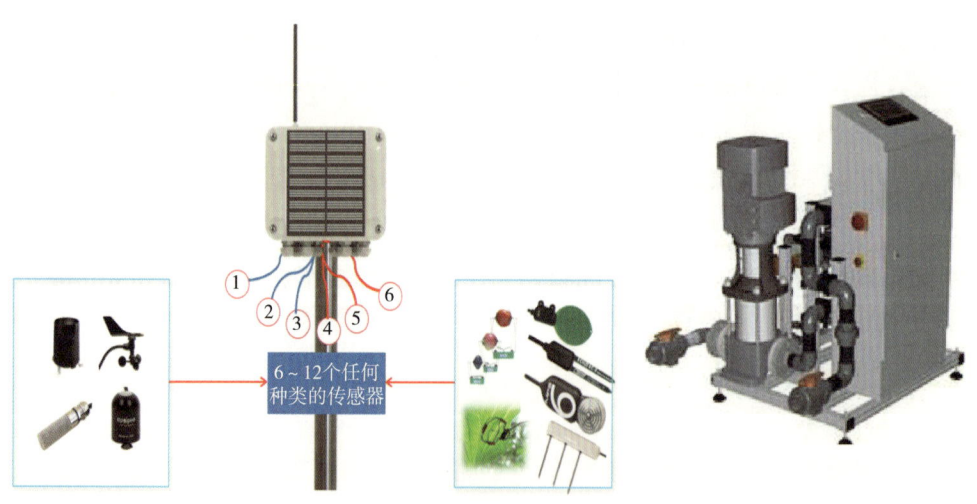

现代农业智能化管理设备

设施蔬菜水肥一体化智能控制装备

北京农业智能装备技术研究中心[①]

一、基本情况

设施蔬菜水肥一体化智能控制装备具有灌溉预报、肥液搅拌与在线检测、自动配比与混合以及分区水肥控制等功能，通过内置基于气象预报信息的灌溉施肥控制流程与模型，对未来15天内设施作物需水信息进行预报，智能判别作物生育期和调配肥液浓度，根据不同作物控制匹配策略实现水肥分区与精准管理；可执行来自手机端和物联网平台的控制指令，实现灌溉施肥的远程化监控与管理。该装备主要技术要点和参数包括：标准5路吸肥通道并支持扩展，总吸肥量5×400升/小时，实现5种不同组分肥料精确配比；设备标配1组EC检测模块，有效测量范围0~20毫秒/厘米，测量精度1.5%（FS，Full Scale，满量程）；标配1组pH传感器，测量范围0~14，分辨率0.01，准确度0.1级。全彩触摸屏人机交互界面，全中文操作界面，一键式操作设计，简化用户使用步骤。实现了生产环境与水肥管理全自动化运行，利用物联网云平台技术和手机APP实现远程监管。

二、创新点

设施蔬菜水肥一体化智能控制装备首创了灌溉精准预报功能，实现对作物灌溉量和灌溉时间的预报，避免设施栽培灌溉的盲目性和随机性管理，提高灌溉精准性。创新基于气象预报信息和温室环境模型的温室作物灌溉预警方法，以气象预报信息为数据源，采用温室环境信息计算模型实现对未来15天内温室内环境信息和作物需水量的模拟，在此基础上估算温室作物灌溉量，并根据预先设定参数预警灌溉时间，为实施精准灌溉提供数据支撑，避免了依靠传统经验决策造成的灌溉不合理和灌溉水浪费的现象，

[①] 完成单位：北京农业智能装备技术研究中心。邮箱：liyk@nercita.org.cn。获奖情况：入选2017年北京市新技术新产品；入选2020年中国农业农村重大科技十大新装备。

提升灌溉精准性，提高灌溉水利用率。灌溉预报值与作物需水量实测值的相关系数在0.9左右。设施蔬菜水肥一体化智能控制装备是集肥液自动搅拌、在线检测和水肥智能决策等多项创新功能于一体的智能控制设备。设施蔬菜水肥一体化智能控制装备创新分区水肥控制功能，实现对不同设施环境和作物的水肥分区精准管控，提升水肥管理效率。

三、应用成果及效益

设施蔬菜水肥一体化智能控制装备水肥管控效率高，投入成本低，社会影响逐年扩大。该设备可分区控制50栋温室，成本价在10万元左右。按设备5年的使用年限算，每栋温室的投入成本仅400元/年，而人工经验水肥管理的每栋温室人工费用在3 000元/年［每栋温室水肥管理工作天数按30天/（人·年），人工费用100元/（人·天）］，50栋温室5年的人工总费用就在75万左右，远高于设备价格。通过观摩会与培训等形式，培训农户与农业技平方米术人员3 000余人次，示范面积超20万米^2，辐射带动面积180万米^2，社会效益显著。

水肥一体化智能控制设备

水肥一体化智能控制操作界面

青藏高原牦牛藏羊区块链全程追溯体系项目

青海宝讯溯源网络科技有限公司[①]

一、基本情况

藏高原牦牛藏羊区块链全程追溯体系项目,实现养殖、屠宰、加工等各个环节的牦牛藏羊溯源,省、市(州)平台无缝对接,实现省、市(州)、县、乡村、养殖户五级互联互通,数据共享、资源共用。各级监管人员可进入系统对当前溯源实施的实际情况进行监督检查,实现"源头赋码、来源可查、去向可追、责任可究、全程监管"。利用大数据、云计算、物联网等现代信息技术,按照统一追溯模式、统一追溯标识、统一业务流程、统一编码规则、统一信息采集的"五统一"要求,通过原产地的全程质量控制和便捷的信息采集,将高品质有机牦牛藏羊及其产品全程追溯,实现产销可对接、信息可查询、源头可追溯、生产消费互信互认。区块链技术进行数据存储,具有强不可抵赖性。从而确保牦牛藏羊追溯数据完整、真实。因数据不可复制等因素可以统一耳标、多标合一、统一编码,使得牛羊耳标可具备多项功能,同时为当地动物防疫、保险等相关工作开展提供完善的数据体系保障。

二、创新点

青藏高原牦牛藏羊区块链全程追溯体系是指利用区块链技术,通过其去中心化、不可篡改的分布式账本记录特性与物联网等技术相结合,依据追溯流程、监管规范,对农畜商品实现从源头的信息采集记录、原料来源追溯、生产过程、加工环节、仓储信息、检验批次、物流周转,到市场销售、防伪鉴证的全程可追溯。区块链技术从技术角度实现了可信任,是实现可追溯性创新的手段。这其中的应用有四个方面值得考量:原始数据的真实性和颗粒度、数据的安全和隐私、物联网技术的可行性、传统的信息化管理升级。项目具有的追溯信息数字化、信息化,物联网信息数字化、信息化,区块链与物联

[①] 完成单位:青海宝讯溯源网络科技有限公司。邮箱:378063589@qq.com。

网相结合，区块链与农畜产品追溯相结合，区块链提升牦牛藏羊品牌信任度的特点。

三、应用成果及效益

截至2021年，青海省已纳入追溯工程试点建设的规模养殖场3 674家、养殖场39 042家、合作社1 779家。动物耳标佩戴总数已接近200万，其中牦牛佩戴701 479头，藏羊佩戴1 140 208头。因采用区块链方式进行数据存储，具有强不可抵赖性。从而确保牦牛藏羊追溯数据完整、真实。因数据不可复制等因素可以统一耳标、多标合一、统一编码使得牛羊耳标可具备多项功能，同时为当地动物防疫、保险等相关工作开展提供完善的数据体系保障。随着不断研究和业务融合，相关追溯区块链信息正逐步补充到追溯体系中，如种畜冻精信息、种畜养殖追溯信息、有机认证追溯信息、兽药经营销售追溯信息等；追溯链条不断延伸和扩展，则会持续影响农业农村信息化、数字化发展，推动青藏高原农牧业从传统农牧业向数字农牧业转变；由政府监管、企业经营、消费者监督多方共同推动生态农牧业、绿色农牧业发展，提升青藏高原牦牛藏羊品牌度、知名度和市场竞争力，实现优质优价、良性持续发展。

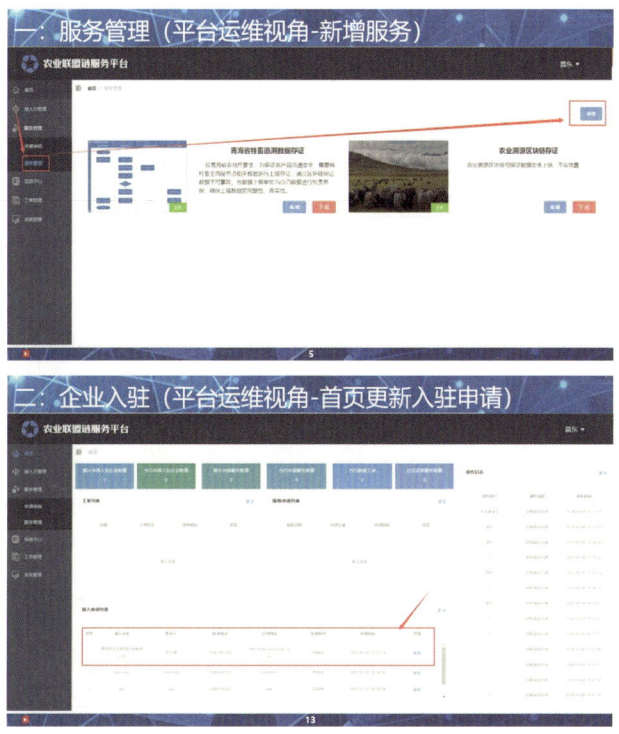

农业联盟链服务平台

智慧辣椒云平台

遵义辣椒产业集团有限公司 [①]

一、基本情况

"智慧辣椒云平台"主要由三大平台+六大环节+2端+N套系统模块+对象等要素组成。它是指打造数字化辣椒特色农业所需研究、管理、服务的对象，采用大数据现代科技手段高效利用土地、生态、人文资源，依托2端和三大平台实现贵州省辣椒特色农业生产产出高效、资源节约、农业提质增效、农民增收、农业资源及生态可持续发展。三大平台：包括辣椒农业云管理平台，可实现标准化、专业化的贵州省辣椒全产业链六大环节在线监管监控；辣椒交易大数据分析平台，可对贵州省辣椒产品交易品种、交易数量、交易价格、产品流向分布数据进行实时采集和分析，掌握市场动态；辣椒产业大数据分析平台，可对贵州省辣椒全产业链数据进行剖析，为产业规划提供参考意见，合理布局产业。六大环节：对辣椒育苗—种植—加工—销售—认证—质检六大环节进行数据采集与分析，实现辣椒全产业链数据聚集、分析、应用。2端：包括移动手机APP端、PC管理端。

二、创新点

一是农业物联网技术。将大量的传感器节点构成监控网络，通过各种传感器采集环境信息并进行分析，帮助农民及时发现、准确定位问题。二是农业大数据分析。通过云平台、传感器、物联网、云计算等获取产前、产中、产后全过程关键数据，在得到数据之后，通过对辣椒农业生产数据的积累和大数据分析技术，促使传统辣椒农业加速向集约化、精准化、智能化、数据化转变。三是区块链技术。以辣椒产品追溯码为信息传递载体，以追溯标签为表现形式，以溯源信息管理系统为服务手段，实现对各类辣椒产品的生产、加工、流通、仓储及零售等各个环节的全程监控。四是线上认证与产品质检

---

① 完成单位：遵义辣椒产业集团有限公司。邮箱：310630617@qq.com。

技术。为了完善链条数据，佐证辣椒系列产品品质特性和安全性，项目云平台集成了线上认证和质检功能。五是创新数据采集方式。项目云平台采用了多种数据采集手段，利用手机移动端+PC端+智能化硬件设备相结合的方式对数据进行采集。

三、应用成果及效益

"智慧辣椒云平台"采用大数据现代科技手段高效利用土地、生态、人文资源，依托2端和三大平台，可实现贵州省辣椒从品种、培育、种植、加工、物流、市场销售、质量体系、金融服务、品牌认证等全链条向规模化、集群化、高端化、国际化全面发展，具备良好的推广应用价值。项目云平台通过PC客户端和手机移动端等方式建立面向企业内外生产经营管理群体的多元化信息服务通道，面向管理者、生产者、经营者和消费者乃至社会公众提供实用技术、市场信息和政策信息等多重资讯，可有效提升贵州省辣椒特色农业综合信息服务能力。

新舟镇关田村辣椒核心种植基地监控操作台

安徽省精准配方施肥与信息技术研究和应用

明光市农业技术推广中心、安徽农业大学[①]

一、基本情况

安徽农业大学与明光市农业技术推广中心对自2005年实施的测土配方施肥工作形成的大数据，进行了多年的科学研究、技术开发和推广应用，在安徽省精准施肥指标体系和施肥模型研究基础上，以信息技术为核心，在测土配方数据成果之上，利用了精准配方施肥指标体系、精准施肥配方和智能配肥模型、"3S"技术与数据库技术相结合、人机交互技术、云计算技术、互联网技术和物联网技术等现代科学技术开发出了"明光市农业专家决策系统"，包括："测土配方施肥专家决策系统""基于Web GIS配方与精准施肥查询系统""配方与精准施肥移动GIS查询系统""基于微信公众平台土壤养分与作物施肥配方查询系统"和"'互联网+'智能配肥系统"等系列。

二、创新点

一是精准配方施肥指标体系研究。重点探讨高产作物养分吸收规律和土壤养分空间变异特征，对省域或县域地形地貌、土壤类型、耕作制度和种植布局变化进行针对性研究，完成了区域尺度和田间尺度主要农作物的精准施肥配方和精准配方肥专用肥料配方。二是精准配方施肥和智能配肥模型。根据田块土壤养分条件，综合肥料效应函数法、养分平衡法和目标产量法，设计出一种多区间的测土配方模型——精准施肥配方与智能配肥模型。三是"3S"技术与SQL数据库技术的结合。四是基于云计算技术的服务资源承载。提供网络、存储、计算和数据可视化功能，使用户使用PC、手机都可访问项目系统的资源，享受其带来的服务。五是使用本地数据库实现人机交互。利用本地数据库的人机交互来承载资源，共同开发了"测土配方施肥专家决策触摸屏

[①] 完成单位：明光市农业技术推广中心、安徽农业大学。邮箱：mgsnjtgzx@163.com。获奖情况：2019年3月，农业技术推广成果二等奖；2017年11月，全国农业农村信息化示范基地；2017年8月，科学技术成果评价报告；2012年2月，滁州市科学技术奖三等奖。

系统",实现信息本地化、功能专一化、使用简洁化,提升了查询效率,实现了秒级查询。六是物联网技术和"互联网+"智能配肥应用。其利用Web Service技术和移动GIS技术的集成化优势,将"互联网+"精准施肥配方与物联网智能配肥相结合,研发出了集成养分查询管理、专家配方推荐施肥、一键下单生产配方肥等功能的终端服务平台。

三、应用成果及效益

采用"政产学研推"相结合的方法,创新技术成果多种推广方式和机制,2005—2018年在安徽省13个市51个县区得到推广和应用,受到社会媒体广泛关注,以及各级领导和农户的肯定,2015—2018年精准配方肥推广面积8 777.54万亩,总新增纯收益为634 052.87万元,节约肥料约68 659吨,节约肥料成本约15 196.17万元,总经济效益达到708 556.74万元,取得显著的经济、社会和生态效益。

肉类食品数字管道平台

亿仓(北京)冷链物流有限公司、中国国信信息总公司、
中国食品工业协会[①]

一、基本情况

本模式遵循"互联网+北斗+物联网+冷链农产品食品+区块链共识算法"的理念,打造由"线上"(电商平台、溯源系统、数据总线)、"线下"(屠宰加工企业、贸易港口、加工园区、供销渠道、检验检疫体系、冷链物流)全要素构成的国内全新垂直产业链。包括的平台功能设计分为终端应用、后台业务运营服务和第三方数据交换等。辅助于农产品食品的贸易和物流的全产业链,包括产品的交易和结算、仓储监管、物流调度、检验检疫等全部过程监管工作。建立冷链食品农产品电子商务平台及安全溯源系统。为保证信息的及时性和可信性,采用计算机网络传输和存储信息,采用区块链共识算法,对产品的生产、交易、交付的监管信息数据,进行确权和存证,防止私自篡改和隐匿信息。

二、创新点

本模式凭借"互联网+北斗+物联网+冷链农产品食品+区块链共识算法"的理念,打造由"线上"(电商平台、溯源系统、数据总线)、"线下"(屠宰加工企业、贸易港口、加工园区、供销渠道、检验检疫体系、冷链物流)全要素构成的全新可信大数据平台,突出体现了数字农业农村新技术、新模式,具有的数字化、信息化特点。创新点:一是本模式引入国信农业链(CNG),是区块链在数字农村领域的具体应用。CNG农业链七星评价系统是基于区块链+农业应用研发出来的一种去中心化的多维价值评价系统。七个价值环节是按照农产品的产业价值链进行划分的,每一个环节由一个或

---

①完成单位:亿仓(北京)冷链物流有限公司、中国国信信息总公司、中国食品工业协会。邮箱:349360390@qq.com。

多个关键增值活动构成，把各环节增值活动的行为（或结果）映射到区块链上成为数据，通过"时间戳"形成不可篡改的"数据链"。二是本模式将区块链技术与北斗高效结合，并融合物联网身份认证、RFID、可信时间认证和GIS地理信息等技术，旨在解决农产品在运输过程中的安全管理问题。三是本模式在国信农业链（CNG）原本基础上，平台进一步将技术架构改进为用户层、门户与渠道层、终端应用层、支撑服务层、数据层、基础设施层六层架构。

三、应用成果及效益

在本模式的基础上，建立肉类食品交易网站和开发相关APP软件，并与亿仓冷链及其合作伙伴的农批市场、电商园、商超相结合，建立线上线下的农产品食品数字管道平台。该平台将会建设成为全国肉类企业的信息发布和交流合作的平台。该平台将是一个开放、互助的平台，致力于促进"肉类加工企业联盟"成员之间的相互交流、资源共享、互利合作，努力为成员企业提供信息、金融、渠道、科技等多方位的服务。

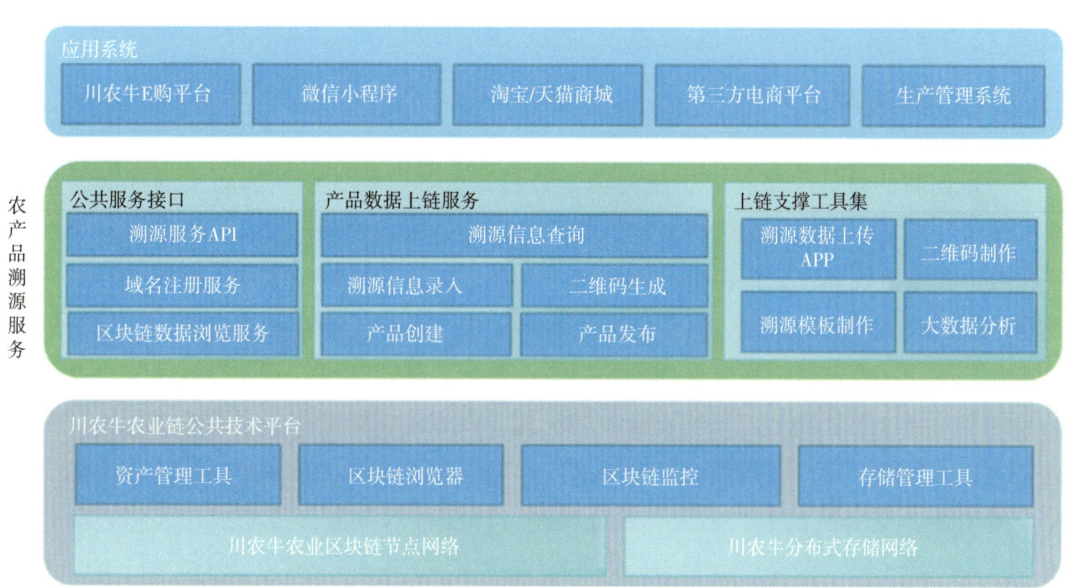

肉类食品数字管道平台介绍

渔业物联网在 IPA 养殖模式中的应用

霍山万康渔业专业合作社、合肥万康渔业科技有限公司、
安徽省农业科学院水产研究所[①]

一、基本情况

针对传统人放天养粗放型渔业1.0版、80∶20池塘精养渔业2.0版、标准化生态化池塘工程渔业3.0版并存，且集约水平低、生产方式落后、要素耗费大、投入成本高，致力于池塘内循环流水养殖系统（IPA）的平台总成、模块功能提升、流程再造、数字信息系统开发，促使IPA与物联网数据渔业融合，形成智慧渔业（SF）4.0版迭代升级，创造实践现代渔业新模式、新空间、新发展。

二、创新点

一是创新的设计思路：将传统池塘"开放式散养"模式创新为新型的池塘循环流水"圈养"模式，通过添加气提式增氧推水和废弃物收集处理等设备，保障水体循环增氧和对鱼类排泄物和残剩饲料进行收集和再利用，运用物联网技术和大数据平台，让水产养殖从人放天养变的可控，真正形成了水产生态、环保、绿色和智能养殖。二是创新技术方案设计：通过对物联网新理念的引进、消化、吸收和再创新，投入研发力量，在形成自主专利权的基础上，开展设计布局优化，设施设备标准化，系统模块化。三是创新关键技术集成应用：创新形成"技术推广—问题攻关—熟化技术—集成应用"的先进性、适用性、安全性技术"三性"验证机制。围绕技术方案，集成了几大核心综合技

[①]完成单位：霍山万康渔业专业合作社、合肥万康渔业科技有限公司、安徽省农业科学院水产研究所。邮箱：15212820967@163.com。获奖情况：2017年6月，低碳高效池塘循环流水养鱼系统获得"金奖"；2018年6月，池塘工程化循环流水养殖设备获得"创新奖"；2019年6月，池塘工程化循环流水养殖物联网系统获得"智慧渔业突出贡献奖"；2020年6月，特色水产品养殖工程化智能系统研发及产业化应用获得"安徽省科学技术奖三等奖"；2020年11月，池塘工程化循环流水养殖供料系统获得"金奖"；2020年10月，池塘工程化循环水养殖模式示范推广获得"范蠡科学技术奖一等奖"。

术，因地制宜对多项技术进行组合搭配，取得最佳应用效果。

三、应用成果及效益

本技术的推广应用为水产养殖装备研发、质量控制、环境整治、尾水处理、精准养殖、加工储运等多个领域提供新的研究方向。一是为水产养殖减污减排提供了新模式。建立了高效集污系统，固体养殖粪污得到有效收集，实现了尾水达标排放。二是为水产品质量品质提升提供了新技术。通过仿生环流，促进养殖对象顶水游动，肉质品质提升，无土腥味，质量检测优质。三是为渔业增收扶贫提供了新方式。该模式是一种工程化、干净整洁、有科技内涵、吸引年轻人参与的现代生产方式，可提高生产效率、增加农民收入。将传统养殖池塘转变成环境优美的生态湿地，有利于乡村产业融合发展。在全国20多个省（区、市）建设工程化循环水养殖基地1 000多家，覆盖一批国家级水产健康养殖示范场，创建10个各类国家级基地。培训技术人员和养殖户4万余人次，组织现场观摩500余场次。该模式列入全国生态健康养殖技术集成现场会典型观摩和推介模式，实现科普教育相结合，丰富了现代农业的发展内涵，为实施乡村振兴提供了典型经验。

池塘工程化循环水养殖模式

池塘工程化循环水养殖模式中物联网应用

米脂县数字信息平台

米脂县宇宝北斗农业发展有限公司[①]

一、基本情况

"米脂县数字信息平台"紧密围绕卫星遥感、通信广播、定位导航、数字地球,结合卫星数据获取能力,实施米脂县"卫星+"应用工程,推动农业农村数字转型,为农业高质高效、农村宜居宜业、农民富裕富足、乡村治理体系和治理能力现代化提供有效的数字化支撑。建设信息技术高度集成、信息应用高度整合信息化、数字化应用管理。基于卫星数据共享和高效利用,同时为米脂农业、林业、水利、住建、自然资源行业提供基于天基资源的综合信息化运营服务,以数字化挖掘农业生产潜力、以信息化推进农业生产智能化、以大数据提高农业生产效率,实现农业农村数据的共享共用,大力发展标准化和规模化的数字农业。

二、创新点

米脂县数字农业信息平台建设,结合GIS、数字地球、遥感、北斗卫星导航定位技术的特点与发展趋势,综合利用米脂高分遥感影像、数字地形和高精度地图,研发一个智能化的空间信息综合管理平台。通过农产品可追溯体系,结合北斗卫星光谱溯源、卫星遥感、导航定位等技术,可实现从农产品从种植生产到冷链物流的全产业链品牌化运营模式。结合风云卫星、气象等数据,提供作物长势、旱情、病虫害、产量等监测服务,定期、定域、定时的生成统计分析报告,为区域农业信息化发展提供决策支撑。结合卫星数据共享和高效利用,进一步聚焦于米脂县农业、林业、水利、住建、自然资源和规划行业,按需分专题开展遥感监测,生产和分发遥感监测报告,为各级行政管理人员提供土地利用变化监测、城乡发展监测、建筑变化监测、农田监测、林地监测、水体监测等专题服务。实现数据互联互通、资源共建共享、业务协作协同,催生数字农业农

[①] 完成单位:米脂县宇宝北斗农业发展有限公司。邮箱:1663354942@qq.com。

村新产业、新模式、新业态。

三、应用成果及效益

米脂县数字信息平台可加快建设农业农村大数据基础设施,完善数据存储运算条件环境,加速推进农业农村数据信息的汇聚共享和分析利用,可实现数据可用可查可视和科学高效管理,定期定域定时生成监测报告,加大数据精准采集、行业监测、动态预警、建模分析、决策辅助、共用共享、综合展示力度,以实时"数据"为核心来帮助生产决策的管控和精准实施,深化强化大数据技术在农业农村生产、经营、管理等领域的应用,为农业农村经济和社会高质量发展提供坚实的数据支撑,推动农业农村数字转型。实现自主、安全、可控、有序、高效的产业应用,推进农业供给侧结构性改革,培育农业农村发展新动能,打通农业农村产业链,助推农业农村经济发展。

米脂县数字信息平台展示大屏

河池"掌上农业"移动采集系统

河池市区域农业遥感监测站、苏州京卓智信息科技有限公司[①]

一、基本情况

河池"掌上农业"移动采集系统是河池市农业农村局为加强农业遥感"天空地"一体化监测体系、农业基础数据资源体系的建设，推进"3S"等信息技术在大宗农作物种植动态监测、农用地安全利用、现代农业示范区数字化建设等应用，与苏州京卓智信息科技有限公司合作开发的农业农村专题数据采集系统。系统能够精准定位农作物种植数据、实时采集农作物生长、病虫害等，现场上报灾害农情等相关信息等，获取农业生产中的各项信息，采集数据实时同步上传到智慧农业综合信息服务平台，实现数据三端（Web端、大屏端、APP端）同步，极大提高数据采集的效率和精度。同时充分利用农业遥感成果，采集人员可直接在影像上标绘采集，也可以依据现有影像信息对采集的成果进行核实比对。"掌上农业"不受专业化设备限制，简单易用，上手即可采集，形成了"人人都是采集员，随时随地报数据"的工作方式。

二、创新点

河池"掌上农业"移动采集系统创新点有：一是创新数据采集模式，精准动态智能采集。采集一块基本农田详细信息只需几分钟，所需的工具仅是一部手机。二是与农业农村数据资源体系互为补充，健全河池市农业农村基础数据资源采集体系。将河池市农业农村基础数据处理后按需在系统内发布，工作人员除了在数据采集现场采集数据外，还可以查询各类专题地图，查看地块肥力、环境质量、地块属性分类等已有数据资源成果，让数字成果真切地服务到农业生产管理中。三是拓宽上报渠道，农情灾情及时响应。河池"掌上农业"为农业生产、农业农村管理决策者提供应用和数据服务支撑，能够实现"以图管地、以图防灾、以图管产、以图智农"。

---

①完成单位：河池市区域农业遥感监测站、苏州京卓智信息科技有限公司。邮箱：hcnyqh@163.com。

三、应用成果及效益

项目上线运行至今，累积注册用户1 400多个，采集归集农业信息数据达800多万条，建立了常态化的数据采集更新机制，地面数据采集增添重要手段，积累了大量的农业数据资产。并全面服务于农业农村多方面工作，在全市农用地安全利用、耕地评价、粮食种植面积核实调查、在现代农业示范区、特色农产品等信息采集和规范化资源管理等方面全面应用。在高标准农田建设方面，开展耕地质量建设等规范农田管理；在粮食生产功能区监管方面摸清粮食功能区底账，推动对耕地"非粮化""非农化"、撂荒等情况动态监测，实行耕地精细化管理，着力打造巩固提升粮食综合生产能力管控机制。掌上农业围绕农业农村发展需要，适时拓展业务发展深度，"小工具、大赋能"为农业农村管理工作提供可持续、可复制、可扩展的技术支撑，高效赋能农业生产、监管、管控和服务。

河池"掌上农业"移动采集系统操作界面

基于"田小二"APP的小麦监控施肥技术示范及应用

武汉禾大科技有限公司、西北农林科技大学[①]

一、基本情况

我国小麦分布广泛，各地气候差异悬殊、土壤类型多样、种植制度不同、品种因地而异。小麦生产和管理技术水平参差不齐，盲目和过量施肥问题严重。土壤养分测试和科学施肥的专业性强，限制了科学的施肥技术模式的大众传播和普遍应用。本成果依托国家重点研发计划项目，以项目成果为基础进行数学建模和信息集成，保证科学性的前提条件下将复杂的推荐施肥计算过程程序化，根据农户小麦产量目标、土壤养分测试结果，结合农户所在的麦区，评价农户的土壤养分供应能力和施肥状况，推荐科学的小麦氮磷钾肥料的用量和基追肥比例，并给出小麦耕作栽培与病虫草害防治的要点与建议。成果基于互联网技术，以智能手机为媒介进行技术物化和转化推广应用的尝试，开辟了农业技术推广的新模式和新路径，让农业服务更快捷、更简便、更易接受和传播，有效提高了"化肥农药双减技术"的入户率和到田率，提高了农业技术推广效率。

二、创新点

本成果应用西北农林科技大学小麦监控施肥技术等成果，双方合作运用3S技术、空间数据、数据库、网络、计算机组件等技术，对小麦监控施肥技术进行数字建模，以作物知识管理体系为依托，形成数字化、网络化、规范化的农业技术专家系统，并开发IOS、安卓及微信小程序与软件——小麦智能监控施肥专家系统，实现了小麦监控施肥技术的数字化和网络化。

系统数据库集成了基于测土配方施肥基础养分数据（2005—2014年）的全国土壤

[①] 完成单位：武汉禾大科技有限公司、西北农林科技大学。邮箱：luochangshou@163.com。成果奖项：获得软件著作权1项。

基础数据；基于全国四大麦区划分的麦区区划GIS数据；基于气象数据共享网的相关麦区主要季节降雨数据；不同麦区小麦的养分吸收利用规律数据。1米硝酸盐模型：通过监控不同土层深度硝酸盐含量，在不同麦区进行推荐施肥计算。表层土壤养分模型：通过监控表层土壤基础养分情况，在不同麦区进行推荐施肥计算。降雨模型：通过监控旱麦区小麦夏闲时期累积降雨情况进行推荐施肥。综合考虑各个模型计算结果进行推荐排序优化，并对输出数据进行应用功能可视化开发。建立小麦施肥栽培管理的综合知识库，包括小麦病虫草害、种植技术及疑难问题解决方案，搭建起种植者与专家及时交流平台，提高了交流效率。

三、应用成果及效益

成果为农户、农场和其他新型农业经营主体提供优化的小麦种植与施肥方案和产品服务，便于小麦种植者更高效、便捷学习专家研究成果。在山西、陕西、甘肃、内蒙古、黑龙江、宁夏、新疆、青海等省（区）示范应用表明，该成果在维持小麦丰产优质的前提下，减少氮肥19%，磷肥44%，钾肥26%，氮磷钾肥偏生产力分别提高了20%、52%和35%，1米土层的硝酸盐残留减少了15%，累计推广面积超过600万亩，为维持北方麦区小麦连年持续丰产、优质绿色生产提供了保障。

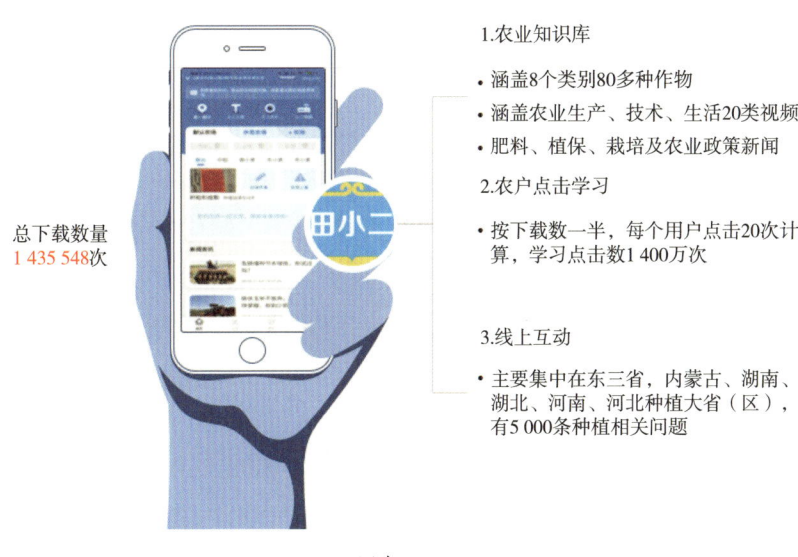

田小二APP

海产贝类精准加工及溯源技术

乳山华信食品有限公司、山东农业大学、中国农业大学[①]

一、基本情况

扇贝的收获期具有明显的季节性和地域性，出海后仅能进行短时间的饲养，所以要及时进行加工处理。项目开展了海产贝类全自动连续清洗、脱壳与分级加工、干贝制品的自动自然流水线干燥、精准传感追溯，自动化基础数据采集与快速检测等方面研究，形成了海产贝类精准化绿色加工技术体系，有效突破传统贝类加工技术瓶颈，达到高品质、连续化生产裙边贝、淡干贝等系列产品的目的。此外，项目还建立了面向海产贝类冷链溯源的精准传感关键技术，适合海产贝类冷链物流过程的溯源编码体系，有效实现了海产贝类冷链物流的实时精准传感溯源与快速检测，形成完整的海产贝类冷链追溯平台，满足了人们对绿色、健康的食品需求，并显著提升海产贝类资源的利用水平，有效延长贝类加工产业链。

二、创新点

海产贝类冷链物流追溯以及精准传感技术。项目构建了一种"以动态监测为信息获取手段，以智能决策为信息处理支撑，以追溯平台为控制应用载体"的冷水鱼质量安全科技保障模式。提高质量安全风险评估方法效率与准确性；增强贝类质量风险评估与安全控制能力，提高了质量安全可追溯的快速定位与前向预警的效率，主要包含海产贝类冷链溯源关键风险监控参数特征辨识技术、贝类冷链物流质量关键点识别与耦合动力学建模。

海产贝类冷链精准传感及溯源物联网关键技术。研发面向海产贝类冷链物流过程的精准传感特征参数提取方法，研究多传感器冗余信号消除方法和响应特征参数提取方

[①] 完成单位：乳山华信食品有限公司、山东农业大学、中国农业大学。邮箱：hxliuweiguo@163.com。
成果奖项：获得7项专利，其中发明专利3项，实用新型专利4项，发表论文4篇。

法，优化配置适合的多传感器集成，探讨传感信号与海产贝类品质变化的关联机理；分析了物联网感知数据采集、传输模式，设计感知数据采集传输控制模型，调节感知数据的采集与发送时机；根据所采集信号结构的差异特征，利用均值递推融合技术对所采集与传输的数据进行处理。

自动化设备。干燥生产线自动化控制系统是根据机头位置、贝柱铺设状态等传感器采集到的信息，通过无线的形式传送到协调节点。协调节点接收到数据之后，进行分析处理，发送相应指令给各生产线控制器，以进行下一步的工作。

三、应用成果及效益

该产业的开发有助于吸收当地的剩余劳动力，为社会提供了至少100个就业机会。同时，通过"龙头企业+合作社+养殖户"的形式，推动了乳山当地海洋养殖业加工规模的扩大、技术更新，带动了整个海产贝类加工行业的发展。研发了相关设备并建立全自动脱壳、冷却、分级流水线2条，日处理能力200吨以上，裙边贝日生产能力50吨，处理效率提升10倍；研发了相关设备并建立自动自然干燥流水线5条，日干燥能力5吨（干品），处理效率提升5倍，厂房空间利用率提升1倍。

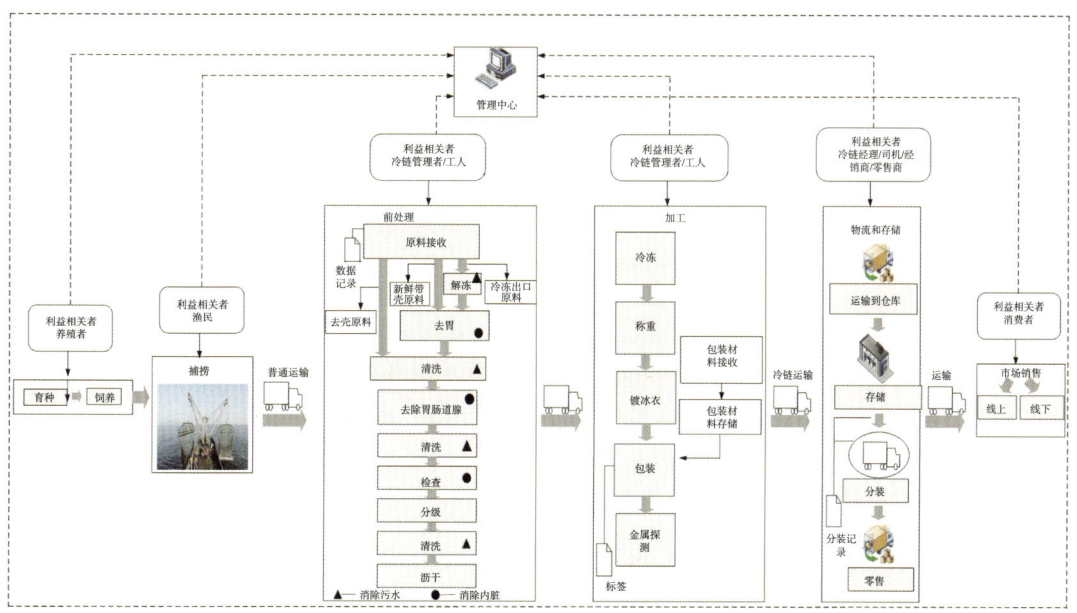

贝类冷链业务质量信息传递流程

设施番茄智能生产与知识服务新模式

江苏省农业科学院[①]

一、基本情况

"设施番茄智能生产与知识服务新模式"以番茄为代表,将物联网、大数据、人工智能等信息技术深度应用于温室环境监测、智能控制技术和装备、水肥一体化智能灌溉系统、温室作物生长调控模型、番茄生产知识智能问答、质量安全溯源等智能化生产与知识服务的研究中,建立以"数据"为核心,以"智能"为驱动的设施农业智能生产模式,让逻辑说话、让数据说话、让生命说话,实现设施番茄的智能化、标准化、绿色化、少人化种植,适用于我国南北方主流的连栋温室、日光温室等,为设施蔬菜的智能、绿色、安全、标准生产提供示范。

二、创新点

以应用导向化、传输无线化、控制协同化、使用便捷化为原则,开展数据感知、传输、融合技术方法的研究改进工作。研究构建了一种基于三维空间的温室传感器布设方法和系统,采用在温室三维空间中获取最具空间代表性的点作为环境传感器布设最优点,减少了温室环境传感器布设的盲目性,提高了传感器监测点布设的准确性和科学性。

自主研发了具有多灌区、多肥路、可自由定制的智能水肥一体机及配套的水肥精准调控云平台,能对水肥流量、水肥配比、水质参数、水肥状态等实时在线监测、预警预报和智能动态调控。该系统价格低、实用性强、灵活自主可控。

基于传感器实时感知的环境和本体数据,利用人工智能方法研究机理、数据和经验的耦合方式和耦合参数,构建"机理—数据—经验"融合的作物生长调控知识模型。

[①] 完成单位:江苏省农业科学院、江苏省互联网农业发展中心、辽宁先丰农业科技有限公司、南京苏农信数据科技有限公司。邮箱:Rn@jaas.ac.cn。成果奖项:项目申请/授权发明专利5件,实用新型专利2件,获软件著作权9件。

通过模型反推得到番茄全生育期的环境、水肥最优阈值,实现根据实际温室环境和水肥的智能化调控。

自主研发了设施番茄智慧化管控与知识服务平台,创造了"基质、种苗、肥液、装备、系统、服务"为一体的设施番茄智能生产与知识服务新模式。一揽子解决人工投入大、过度依赖经验、水肥药投入高、病虫害及环境风险防控难等问题,实现设施番茄生产的高效化、标准化、智能化、绿色化。同时,融合科普教育、休闲旅游、品牌策划等,探索"智慧+"的休闲农业、都市农业、订单农业等新模式。

三、应用成果及效益

该模式在江苏农业科学院试验基地进行集成示范,同时在江苏省扬州高邮设施蔬菜智能生产示范基地、南京汤山翠谷农业科技园,以及辽宁省辽阳三禾现代农业示范园区、辽宁省葫芦岛市南票区智慧农业示范区、辽宁省朝阳市北票市西官营镇等多个地区、园区进行了推广应用,从育苗、基础设施、水肥控制、环境控制、系统平台到技术服务进行全链条的技术支撑,相关技术既适用于南方连栋温室又适用于北方日光温室,具有广泛的适用性和良好的推广价值。设施番茄智能生产与知识服务模式在推广过程中,通过环境、水肥的精准调控降低病害发生概率、减少化肥和农药的施用量,减少劳动成本投入,减少了番茄种植对从业经验的依赖性,提升番茄产量和品质,平均每亩节本增效3 000元以上。尤其是高品质番茄生产,配合品牌策划、创意营销、科普教育等活动,可以达到每年节本增效5 000元以上。

基于动物生命特征传感器技术的畜牧物联网系统

无锡市富华科技有限责任公司[①]

一、基本情况

富华科技自主研发的基于动物生命特征传感器技术的畜牧物联网系统是由智能蓝牙耳标、数据采集器、基于无线通信技术的疾病预警系统组成：利用蓝牙智能耳标实现行为分析和体温测量功能，通过高速采集的加速度传感器数据和耳标内置和AI算法分析出动物饮食、奔跑、行走、休息等行为状态。通过体温传感器的微封装技术，将体温传感器内置在耳标颈处获取猪的耳朵内部温度，利用内置AI算法能分析出动物饮食、奔跑、行走、休息等行为状态。利用生命体征信息采集器，监听智能蓝牙耳标的广播数据并存储在采集器中通过WLAN或移动通信技术将数据上传云平台，同时将平台对蓝牙智能耳标的设置信息保存起来，当智能蓝牙耳标发起可连接广播时，将设置数据下传。将上述牲畜生命体征传感数据通过低功耗、低成本、易架设的物联网传输并存储到云数据中心平台。建立猪健康状态预警模型，利用云数据平台，根据数学模型实时分析计算出猪个体健康状况，进行影响猪健康状态的主要因素的筛选，建立猪健康状态预警模型，为猪舍管理智能系统的调控提供数据支撑。

二、创新点

基于动物生命体征传感器技术的畜牧物联网系统，利用耳标获取动物的体温和运动情况，能够实现一物多用，并成为动物身体上的信息节点；利用加速度传感器，温度传感器、低功耗蓝牙、移动物联网技术研发能够获取动物体温、位置、喂料、运动信息，确保采集的数据的时效性和可靠性，后台服务器对这些数据进行存档、分析。基于低频RFID芯片技术的蓝牙智能耳标，具有集成温度传感器和行为分析功能，主要通过

[①] 完成单位：无锡市富华科技有限责任公司。获奖情况：获得2018年北京市科学技术奖二等奖；获得2019年国家科学技术进步奖二等奖。

高速采集加速度传感器数据和耳标内置AI算法，分析出动物饮食、奔跑、行走、休息等行为状态，通过体温传感器的微封装技术，将体温传感器内置在耳标颈处获取猪的耳朵内部温度。生命体征信息采集器监听智能蓝牙耳标的广播数据并存储在采集器中，通过WLAN或移动通信技术将数据上传云平台，同时将平台对蓝牙智能耳标的设置信息保存起来，当智能蓝牙耳标发起可连接广播时将设置数据下传。

三、应用成果及效益

我国生猪保有量约计7亿头，本项目所研发的系统行业发展前景广阔。随着现代畜牧业的智能化和精细化管理的发展，将对本系统需求激增，在国内外畜牧养殖领域都有极大的市场前景。预测本系统可实现智能耳标年生产能力50万套，采集器年生产能力5 000套，覆盖动物50万只，形成产品年销售800万元，完成年利润税收100万元。本系统将物联网技术应用于提升农业现代化水平，将为促进我国的农牧业信息化作出贡献，树立我们在畜牧业信息化的国际领先地位，成为现代科技改造传统农业产业的一个成功亮点。

病虫智能监测预警系统

广州瑞丰生物科技有限公司 [①]

一、基本情况

该产品通过互联网传输的方式,将所采集到的数据上传至智慧农林物联网平台,对所信息进行统计分析与多维展示,对虫情及气候进行中长期预测,实现远程人机交互,可广泛应用于农林业害虫的种群动态监测,同时可以满足虫情预测预报及标本采集的需要,指导科学防控提供科学依据,达到增产、改善品质、调节生长周期、提高经济效益的目的,符合国家《关于创新体制机制推进农业绿色发展的意见》绿色发展策略,是国家政策支持的新产品。同时为现代农业技术创新的发展开拓了创新发展方向,该项成果技术的推广及应用,能够促进现代农业技术的创新,推动行业向更可靠、更稳定的方向发展。

二、创新点

采用GIS空间分析技术,通过对虫害发生等级要素进行空间插值,模拟未采集区域虫害发生等级信息,分析得出监测区域整体虫害灾情。

调查收集农林业重要病虫害,如稻飞虱、草地贪夜蛾等发生分布、为害现状及相关信息,并对信息进行分类、整理。自动采集空气温湿度、土壤温湿度、风速、雨量、光照度等环境数据,为病虫预报提供各项气象依据。

构建了基于标准数据的有害生物数据库,对诱捕的害虫进行拍照分析识别,采集虫体的体态特征与发生分布地区等信息并进行分类整理,实现虫情空间数据和属性数据在同一数据库中存储、更新和管理,可不断完善与更新数据库,并提供可视化分析。系统接收到信息后,会利用大数据技术模型对拍照或上传照片中的虫体进行识别,分类统

[①] 完成单位:广州瑞丰生物科技有限公司。邮箱:gzrfsw@163.com。成果奖项:获得广东省农业技术推广奖三等奖,广东省科技成果登记,获得茂名市农业技术推广奖,获得地理信息科技进步奖,入选第三届"匠农杯"智慧农业年度优秀产品。

计害虫的种类、数量等，并上传到服务器，对田间害虫发生情况进行预测分析。通过记录物联网虫情测报设备的地理位置信息，将生物信息与GIS结合，显示各种有害生物的地理位置和分布，统计各区域中的信息。

可持续获取农田实时信息，包括各类传感器获取到的环境参数、各类摄像头捕获实时图像等信息，对作物实时远程监测与诊断，提供智能化、自动化管理决策，能够有效预防墒情、虫情、苗情、灾情的发生，将四情的危害降至最低，保证农作物在最适宜的环境条件下生长。可以灵活调配组合设备布局，加上节点具有的土壤、植物、气象等测量采集装置，实现高效、低能耗、低投入、多功能的农业设备远程控制。

三、应用成果及效益

产品及技术的推广，有效减少有毒化学品的使用，提高农产品质量安全系数，对农业产业结构调整起到显著推动作用。目前已在我国多个地市建立了有害生物智能监控及预警示范点，为现代农业技术创新的发展开拓了创新发展方向，该项成果技术的推广及应用，能够促进现代农业技术的创新，推动行业向更可靠、更稳定的方向发展。

病虫智能监测预警系统

"农核"系列农业专用芯片

中国农业大学、中国科学院半导体研究所[①]

一、基本情况

"农核"系列农业专用芯片正是面向这一特殊场景而定制的系列芯片。"农核"系列农业专用芯片实现了电路级和算法级两方面的创新。电路层面上,针对动物体内无源环境下,芯片供电难的问题,提出无线电射频互感供电技术,同时基于亚阈值区集成电路设计技术,降低工作电压,减少了芯片功耗。从算法层面上,优化RISC-V指令集架构,增加空转指令,增强其抵抗侧信道攻击的能力;设计适用于无源RFID芯片的低成本双向通信安全认证协议,提升芯片及系统的安全性。通过自研"农核"系列农业专用芯片,打造了基于"农核"芯片的绿色化、标准化、智能化和无人化农业生产创新模式。目前,产品开展了实际应用,建设了智慧农业APP、智慧养殖物联网系统等多个核心项目,服务于农业的产前、产中和产后,为农业产业的健康发展发挥着重要的作用。

二、创新点

无线电射频互感供电技术。基于亚阈值区集成电路设计技术,研制超低功耗温度传感器电路。优化电路的静态功耗与动态功耗,基于缩放型模数转换器的设计,使用差分延时线结构和差分型电压电流转换器增大时间随温度的变化率,提高模数转换器精度。研制低功耗射频模拟前端电路。在静态功耗方面,通过将电路设计在亚阈值区,降低工作电压,从而减少基准电路、稳压电路的静态功耗;在动态功耗方面,基于亚阈值区电路设计技巧,优化设计解调电路、复位电路和时钟电路结构,降低电路中的动态功耗。

提升芯片及系统的安全性。通过降低芯片整体功耗,优化指令集架构,增加空转

[①]完成单位:中国农业大学、中国科学院半导体研究所。邮箱:982902264@qq.com。成果奖项:智能农业专用芯片研制与应用获"吴文俊人工智能科学技术奖——专项奖芯片项目三等奖"智慧农业绿色标准化技术示范与应用获"发明创业奖·创新奖二等奖"。

指令，以减少功耗的相关性；同时，优化了处理器芯片中缓存的结构设计，增强了基于缓存攻击方法学的数据保护能力；设计适用于无源RFID芯片的低成本双向安全认证协议，保障无源RFID芯片的安全，设计安全防攻击RFID通信协议。对指令集架构进行了优化，增加空转指令以提高处理器抵抗侧信道攻击时的安全性。提出NIoT-UMAP协议，保证从整体和两个单向认证过程都具有较低的计算成本，符合低成本的农用RFID芯片的设计要求。优化缓存设计，提出状态可恢复式缓存设计，防止缓存被恶意修改。

三、应用成果及效益

"农核"系列芯片覆盖控制器芯片、传感器芯片与处理器芯片，为农业生产提供高效能、响应速度及时、长寿命的关键技术与装备支撑，助力突破制约芯片"卡脖子"问题，实现农业智能化管理，降低农业种养殖风险，服务"三农"。"农核"系列芯片应用于北京、浙江、河北、河南等多个省（区、市），开展农业物联网集成应用项目。应用单位在"农核"系列芯片的基础上，立项各种不同的农业应用场景的物联网系统，打造了鸡舍环境数据在线监测、农村污水处理系统、微纳米气泡水处理装置控制系统等多个核心项目。产品覆盖农业的产前、产中和产后各生产链，助力提高农业产业科技水平，降低生产成本，推动智慧农业产业的健康发展。项目开展应用示范期间，"农核"系列芯片应用于10余个企业单位，累计新增销售额6 160.5万元。

卫星遥感和人工智能技术在智能化农村金融的创新应用

浙江网商银行股份有限公司 [①]

一、基本情况

卫星遥感和人工智能技术的结合，创造了新的可信动态数源，丰富了农户的可信数据，并可链接承载其他分散数源建立精准全面的农户风险评估及管理体系，解决了贷前识别的难题，也为动态及时的贷中管理提供了客观信息。从而能够大面积提升农户的贷款可得率，让更多信用良好的生产经营农户"被看见"，可以获得便捷优质的金融服务。网商银行卫星遥感技术的应用最先研发了全部主粮作物的模型（玉米、水稻、小麦等），当前准入的600万农户中超过90%的农户为主粮种植户，其中80%以上的农户是首次获得贷款准入。春耕来临，网商银行在3—5月春耕季还为主粮种植户提供了30天免息等多项信贷优惠活动，为助力春耕生产贡献自己的力量。

二、创新点

创新风控数据源，可追溯并持续更新。将卫星遥感技术应用于农业信贷领域，获得种植作物全成长周期影像，为"三农"客户融资风险评估增加可信数据源。完善"三农"客户风控模型。利用人工智能技术，对卫星影像进行图像识别，建立多品类、全周期的作物种植监控模型。

全球首个将卫星遥感技术运用于数字贷款领域。实现差异化精准授信，深度结合种植行业特点，依托大数据风控技术，基于优质产区种植品类的长势分析，建立不同区域、不同季节、不同行业种植成本的差异化风控体系，使用合法合规数据源进行模型训练，提高风控准确度。

[①] 完成单位：浙江网商银行股份有限公司。邮箱：kongyue.hc@mybank.cn。获奖情况：入选央行创新监管沙箱项目，获专利15项。

覆盖面积广，作业成本低。遥感卫星是人造卫星的一种，可在规定的时间内覆盖探测整个地球或指定的任何区域，当沿地球轨道运行时，卫星可连续获取地球表面某指定区域的遥感影像数据。随着技术成熟，卫星遥感结合人工智能图像识别算法在农作物识别及长势监测方面，有着准确率高，覆盖范围广，时效性强，成本低等特点。

贷款申请纯线上，无须抵押担保。实现"3分钟申请，1秒钟放款，0人工干预"，按日计息，随借随还的纯信用贷款。

三、应用成果及效益

网商银行借助大数据风控+互联网技术，开始探索与县域政府合作打造县域数字普惠金融模式，基于政府在行政行为和公共服务过程中产生的涉农数据，建立涵盖区域、家庭、经营行为、个人情况的综合信用评估体系，来进行精准授信、精准风控。同时通过对不同区域社会风气、GDP、可支配收入、信贷风险表现等的不同，建立县域风险评价体系，实现精细化的"一县一策"。另外，我们目前在与县域政府、融担公司探索风险补贴的模式，通过双方的努力加速县域普惠的全面覆盖，携手为农村客户提供真正公平普惠的信贷机会。截至2020年5月，该业务已经与全国25个省（区、市）的600个县域合作。依托卫星遥感和人工智能技术加快推进在合作县域的金融创新应用。

浙江省智慧农业云平台研发与应用

浙江省农业农村大数据发展中心[①]

一、基本情况

项目构建了省、市、县及农业生产主体四级信息技术应用体系，开发了农业物联网、生态循环、种植业、畜牧业、应急预警等十大业务系统组成的省、市、县（区）三级智慧农业云平台，在省本级、11个市及80个涉农县（区）全覆盖应用，对浙江省818.9万亩粮食生产功能区、818个现代农业园区实现精准管理，4.5万家农业生产主体实现追溯管理，浙江省2 220万条电子证照数据完成归集，实现了农业业务的数字化、可视化、动态化和网络化管理，为各级政府和农业部门提供决策支持和数据支撑，有效提高了现代农业生产、服务和监管水平，社会、经济效益显著。

二、创新点

电子证照和二维码交叉验证方法。在证照上引入二维码，包括证照生成人、生成时间、有效期、用途等信息，通过CA中心加盖发证机关的电子印章，由办事窗口受理人员对证照进行验证。通过扫码二维码验证，可知该证照生成人、生成时间、有效期、用途等信息，防止过期的、用途不匹配的证照办理其他事项。通过电子印章验证，可知可信电子证照是否被篡改，两次交叉验证通过，才能受理进入办事流程。

数据调用接口请求秘钥定时刷新方法。外部系统调用必须通过请求秘钥进行授权验证，通过认证后，平台为外部系统提供数据，同时自动生成下次调用请求密钥，返回外部系统。在与外部系统通信过程中，平台使用RSA算法对数据流进行加密和解密，确保在传输过程中数据不被他人窃取或篡改。

农业业务数据存储模式和管理方法。通过建立通用数据字典并统一编码，应用数

[①] 完成单位：浙江省农业农村大数据发展中心。邮箱：gxfbob@126.com。获奖情况：获得科学技术成果登记证书1份，获得科学技术成果鉴定证书1份，获得软件著作权4项，发表论文1篇。

据结构自定义方法，实现异构数据的动态统一归集，支撑多源数据的融合分析，适应原有各项业务的数据定义不一、结构多样等现状，实现信息共享和数据挖掘应用。

农业物联网智能中枢系统。通过构建农业物联网智能中枢系统，基于标准化接口耦联多种农业智能仪器设备，实现在一个平台上调控管理，达到浙江省多源农业环境数据、病虫害监测数据等物联网海量数据的实时汇集。

三、应用成果及效益

截至2020年12月，浙江省智慧农业云平台已在浙江省进行全覆盖应用，接入各类农业物联网基地1 108个、农业生产主体视频3 000多路。通过使用智慧农业云平台，浦江县十里阳光农业发展有限公司、桐乡市绿康菊业有限公司、德清新田农业科技有限公司等农业主体近3年分别增效30万元、43.5万元、60万元。通过项目实施，构建了省、市、县及农业生产主体四级信息体系，开发了农业物联网、生态循环、种植业、畜牧业、应急预警等十大业务系统组成的浙江省智慧农业云平台，在抗灾救灾、疫病防控、生猪保供和"最多跑一次"改革等关键战役中发挥了重要作用，为各级政府和农业部门提供决策支持和数据支撑，有效提高了现代农业生产、服务和管理水平，经济社会效益显著。

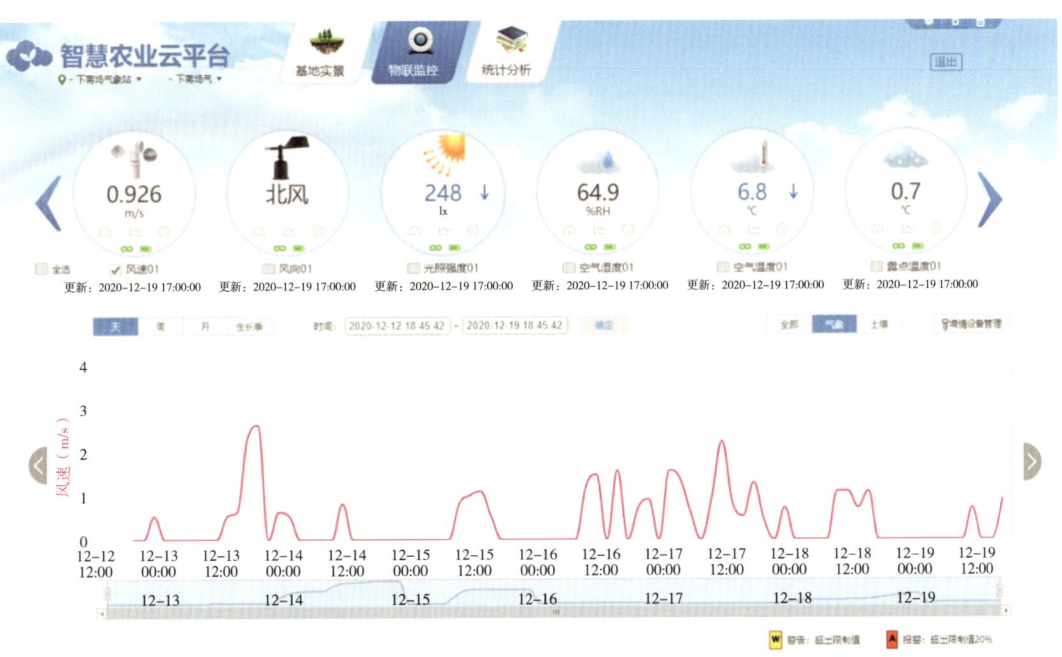

浙江省智慧农业云平台

畜牧业大数据服务平台的构建与实践应用

红河哈尼族彝族自治州畜牧技术推广站[①]

一、基本情况

本项目针对畜牧业信息化过程中散养数据难以准确收集的问题，提出了预估模型，并通过持续校正的计算技术，实现了畜牧业数据的实时更新，解决了数据的不一致性问题；针对畜牧业信息化过程中因行政区域变化导致的数据不准确性问题，提出了基于自定义行政区域的数据融合和细化方法，通过数据地上钻和下钻，实现了畜牧业数据的区域性管理和规模养殖与散养数据的溯源追踪，解决了数据管理的自适应性问题；针对畜牧业信息化过程中因数据共享难带来的信息孤岛问题，提出了州县乡三级数据的融合方法，实现了养殖发展趋势的精确预测，为政府部门及时掌握了解畜牧业生产发展动态提供了重要的数据支撑服务。

二、创新点

针对红河州畜牧业信息化过程中散养户数据难以准确收集的问题，提出了有效的数字预估模型，通过持续校正的计算技术，实现了畜牧业数据的实时更新，解决了数据的不一致性问题；针对因行政区划变化导致的数据不准确性问题，提出了基于自定义行政区划的数据融合和细化方法，通过数据的上钻和下钻，实现了畜牧业数据的区域性管理和规模养殖与散养数据的溯源追踪，解决了数据管理的自适应性问题；针对数据共享难带来的信息孤岛问题，提出了州县乡三级数据的融合方法，实现了养殖发展趋势的精确预测，为政府部门及时掌握了解畜牧业生产发展动态提供了重要的数据支撑服务。项目完成了红河哈尼族彝族自治州（红河州）畜牧业大数据服务平台的建设，形成了红河州畜牧养殖业一条线、一套表、一张图，实现了红河州畜牧业大数据的有效挖掘和利用，支撑了红河州高原

---

① 完成单位：红河哈尼族彝族自治州畜牧技术推广站。邮箱13988068103@139.com。获奖情况：获得计算机软件著作权1项、云南省科学技术成果证书1项、软件著作权1项，发表3篇论文。

特色现代畜牧业高质量跨越发展。项目实现了三个方面全国领先，一是创新建立了散养户数据预估模型；二是创新解决数据孤岛问题；三是创新实现数据与行政区划自适应。整体取得了显著的经济、社会和生态效益，整体达到了国内领先水平。

三、应用成果及效益

该技术目前实现红河州2 080个规模养殖场，1 275个村委会数据共享共用，市场行情数据达到43 241条，存出栏数据达到50 416条，散养户数据达到55 001条。随着平台的不断推广应用，功能模块的不断叠加，数据以每周上千条的速度增加，政企物联网技术不断推进集成。按照每个养殖场每年节省4 000元管理成本（其中州级节省500元，县级节省3 000元，乡镇节省500元），散养户按每个村委会每年节省1 500元管理成本（其中县级节省500元，乡镇节省500元，村委会节省500元）计算，2019年节省管理成本984.45万元，2020年节省管理成本1 005.65万元；每年每个养殖场平均增加销售额30万元，每个村委会增加销售额10万元，利润率增加50%，2019年1 983个养殖场新增利润29 745.0万元，1 275个村委会新增利润6 375.0万元。2020年初2 036个养殖场新增利润30 540.0万元，1 275个村委会新增利润6 375.0万元。两年养殖场共计新增利润60 285.0万元，两年村委会共计新增利润12 750.0万元，两年合计新增利润超过（管理成本节省计入利润）75 025.1万元。

红河州高原特色畜牧业数据化服务平台界面

农田垄间行走机器人

河北大沃农业科技有限公司[①]

一、基本情况

农田垄间行走机器人适应田间作业环境，根据不同的垄间距调节车身距离、采用插电混合动力减少污染物排放，遥控作业。其中重点突破完成了对320米超长输水管带垄间轻松无损收、放，实现了机械化，提高了输水管带的回收使用率。同时，加配喷药、施肥喷洒设备，开发直线行走、图形喷洒功能，有效地起到节能增效作用。机器人的应用促使作业模式由传统漫灌逐渐变革为科学的水肥一体化高效节水灌溉及智能作业管理。有效地提高劳动生产率，提升灌溉、施肥、施药利用效率，达到投入产出比率大大提升的目的。利用机器人实施水肥墒药一体智能化灌溉植保托管服务为未来实施九统一分的创新土地集约化模式奠定基础。

二、创新点

无人驾驶直线行走。农业机器人应用北斗定位导航技术能够在农田环境中完成无人驾驶稳定直线行驶。

机身轴间距可调。基于农业机器人在作业过程中实际环境，采用平衡技术、定量技术等实现可根据作物垄距变化实现两侧轮距宽窄可调，可调范围为1.6～2.3米或0.5～0.85米，确保植被免遭破坏。

全轮90°转向横切及360°原地旋转。可自由设定转轮的角度及行走方式，控制主轮、侧轮，实现车轮90°原地自旋转而车身不动的旋转方式；另外两个主轮自转一定的角度后，再以侧轮为中心点，完成360°旋转在复杂环境下满足占地小，操作快捷、提高工作效率等优点。

[①]完成单位：河北大沃农业科技有限公司。邮箱：libaolai@163.com。获奖情况：获得中国创翼创业创新大赛优秀奖。

输水管带高效无损收放。多功能农业机器人装有动力收卷装置,能对320米超长输水管带垄间无损收放,实现管带高效重复利用。

预设地块形状实现异形区域全覆盖喷洒。通过预设地块形状进行智能喷头中雨量均匀高射喷洒,提高灌溉均匀性,减少田间管道布置间距及数量。

功能多样化。该农业机器人集喷药、施肥、除草、监控、铺收输水管带于一体的功能设计,每部分均有对接接口,可实现不同功能,操作方便,避免机械浪费。

动力采用太阳能辅助纯电动系统,节能无排放。多功能农业机器人采用免维护蓄电池作为动力驱动能量,充电功率1 200瓦,纯电续驶里程30千米,充电电压AC220伏,50赫兹,8小时可完成,电池寿命在5年以上,且太阳能电池板作为工作过程电能补充。

三、应用成果及效益

在河北省唐山市丰南区大孙庄、小集镇、钱营镇、大新庄镇推广应用,投放100台套农田垄间行走机器人、1 644套智能阀门、548套农田智能灌溉决策控制系统等灌溉托管设备,并每1 000亩安排两个灌溉及基础工程管护人员。目前运行情况良好,形成了一套可复制、可推广的相对成熟的托管模式。解决土地集约化中的灌溉无法机械化的瓶颈,减轻农民的劳动力投入,降低作业生产中劳动强度,提升农业生产效率,对比大水漫灌实现农业节水40%、节电30%、节肥20%,大幅度降低农业生产成本(每亩节约200元以上)。其次,提高农民收入,机器人的托管服务能够解放劳动力,可为农民留出足够的时间与空间去参与经营其他副业,能够实现约2 000元/年经济收益。

农业农村部牲畜耳标管理软件

中国动物疫病预防控制中心、深圳市云辉牧联科技有限公司[①]

一、基本情况

目前该产品已在全国省、市、县、乡镇、村级动物疫病防控机构、动物卫生监督机构、屠宰场、动物防疫检查站全面使用，对建立动物疫病防控体系具有重要意义，实现了畜禽从养殖到屠宰和无害化处理的可追溯管理，提高了动物卫生监管水平，确保畜产品的质量安全。该产品为养殖户建立电子免疫档案提供有力支撑，为各级畜牧兽医主管部门防疫监督检查提供了技术保障。该软件确保了免疫档案、养殖档案和牲畜耳标信息的衔接，提高养殖生产过程的透明度，实现全程监管，从源头上确保畜禽产品质量安全具有重要意义。它也是新一代信息技术与畜禽疫病监管深度融合的代表。

二、创新点

农业农村部牲畜耳标管理软件充分发挥了动物标识的身份识别作用，除了支撑养殖场户建立电子免疫档案，同时也是各级畜牧兽医主管部门实现动物疫病防控和动物卫生监督工作的互联网化和信息化，在源头端保证畜产品的质量和安全。

可接受多并发的可靠数据传输机制。为确保手机端采集数据能承载海量用户使用，数据大并发，且不丢包，在该软件数据传输机制上进行了专门当地优化，以匹配农业农村部的大数据中心，满足登记和查询的实时性和真实性。

多级用户权限管理。根据不同的用户所具有的角色等级，自动识别和分配开启相对应的功能模块，实现一个软件多个用户角色均可使用。省级、市级用户功能：数据统计。县级用户功能：耳标签收、耳标一次发放、数据统计。乡镇级用户功能：耳标二次发放、戴标免疫、耳标注销、数据统计、历史记录。村级防疫员功能：戴标免疫、耳标

[①] 完成单位：中国动物疫病预防控制中心、深圳市云辉牧联科技有限公司。邮箱：zhaoziqi_ruc@163.com。软件著作权1项。

注销、数据统计、历史记录。官方兽医（屠宰场）功能：溯源查询、耳标注销、技术支持。官方兽医（公路检查站）的用户功能为溯源查询、技术支持。

免疫二维码的编解码算法。该二维码属于国家农业农村部的核心算法，市面上的扫码软件无法解密，必须通过专用的解码内核完成算法的解码。云辉牧联在农业农村部授权下，进行二次开发，使得普通手机摄像头均可以进行解码，使得牲畜耳标APP向基层和养殖户大规模推广变为可能。

基于RFID技术的批量扫码登记和查询。UHF频段RFID技术具有批量读取和批量操作的优点，基于自主研发的RFID手持机设备，可以快速完成动物的免疫操作批量登记，提高工作效率。

三、应用成果及效益

2019年11月牲畜耳标管理APP上线试运行至今，用户累计登录次数达53万次；签收及发放耳标194万次；通过APP查询耳标溯源信息5 393万次；上传戴标、免疫、注销信息1 917万次。目前该产品已在全国省、市、县、乡镇动物疫病防控机构和动物卫生监督机构、村级动物防疫员、屠宰场和防疫检查站官方兽医全面使用，并组织开展各级培训。

智慧蜂业关键技术及应用

中国农业科学院农业信息研究所[①]

一、基本情况

该成果实现了网络化、信息化和数字化技术在蜂产业中的集成应用，有助于加快实现数字乡村建设进程、促进首都农业绿色发展。蜂业不仅提供舌尖甜蜜，还对农业绿色发展和农民增收有重要意义。本成果面向蜂业信息采集、智能管控、质量控制、辅助决策等环节的技术难点，构建了一系列技术标准与规范，实现了蜂业全产业信息采集、预警及蜂产品质量安全控制等关键技术创新，开发了相应的技术产品，显著提升了蜂业自动化、智能化、标准化管理水平，并已经开展了实际应用与示范。该成果推动了蜂业生产经营数字化，促进了蜂产业转型升级，符合乡村振兴战略的发展方向。

二、创新点

智慧蜂场建设。提出了智能全景视频监控技术，形成了全自动定时巡航和异常报警方案，研建了气象环境预警模型定制方法。制定了基于蜂场环境信息采集、管理、分析和可视化的技术流程，构建了智能蜂场技术框架与规范。提出了蜜源地调查数据采集标准和影像处理技术规范，形成了高空影像解析解决方案。

蜂业智能装备。提出了基于机器视觉的蜜蜂进出统计及行为跟踪技术，建立了复杂业务场景下小目标蜜蜂检测与行为跟踪方法，构建了复杂视频中蜜蜂行为分析与预警系统。

蜂产品质量安全控制。提出了基于质量安全关键点控制的蜂产品质量追溯方法，设计了覆盖蜂产品全流程的追溯方案。制订了完整可靠的蜂产品质量追溯信息编码标准

[①]完成单位：中国农业科学院农业信息研究所。邮箱：yuehuili@caas.cn。获奖情况："蜂产品质量安全控制系统研究与应用"获得2015年北京市科学技术奖二等奖、第17届中国国际高新技术成果交易会优秀产品"智慧蜂业管理平台"入选"2020年度中国农业科学院科研信息化应用典型案例"并编入《中国农业科学院科研信息化发展报告2020》（白皮书），发表论文8篇，软件著作权21项。

和技术规范，构建了蜂产品供应链全程追溯信息采集体系。

蜂业大数据平台。设计了跨地区、多维度、多时空的可视化分析流程，提出了支持横向扩展、面向对象和支持多源异构数据融合的蜂业大数据平台系统架构，建立包含蜂场环境、蜂群行为、蜂产品质量安全和交易的蜂业数据库。

智慧蜂业服务模式。形成"蜂农+企业+现代农业产业体系"的服务模式，围绕产业需求，开展关键技术研究和试验示范，促进蜂农、企业和现代农业发展有机衔接。构建了"蜂农+企业+现代农业产业体系"的服务模式。

三、应用成果及效益

蜂产业既可提供蜂蜜、王浆、花粉等甜蜜产品，还提供农作物授粉服务，符合农业绿色发展需求。该项目服务于蜂业发展的数字化技术与产品，适用性强，提质增效明显，推广价值巨大。2017年以来，受北京市蜜蜂大世界委托，已在密云打造11个高标准智慧蜂场，构建了蜂产品质量安全追溯系统和京纯智慧蜂业平台，形成了"密云区蜂业数据中心"。该项目得到了亚美尼亚共和国副总统以及北京市市委书记的现场观摩。2019年受竹山县政府委托，打造了示范蜂场和"金叶情蜂产品质量溯源数据中心"，帮助蜂农提高了收入。自主研发的溯源码已被湖北十堰金叶情、武汉葆春、成都等蜂来等企业作为优质产品象征贴瓶销售，已售出4万瓶。

智慧蜂场模型

养蜂百科　　　　　养蜂部落

智能蜂箱　　　　　产品防伪码

湖北十堰今叶情高标准蜂场

应用案例

设施生产动态监测智能采集设备

北京天创金农科技有限公司、北京市密云区农业技术推广站[①]

一、基本情况

设施生产动态监测智能采集设备是高度集成的农业物联网数据采集设备,积极响应了农业农村信息化、数字农业农村等相关工作要求。该产品在创新性方面,将5G通信、图像识别技术与物联网技术集合于一体,高度集成化设计,多参数同时测量,外观设计新颖,实现了对设施棚室全方位监测、高效获取生产信息的需求;在可推广性方面,采用无线传输太阳能供电,无须布线,便于安装,外观防水防尘,易于维护,多接口预留可连接其他设备,可推广性强,设备价格实惠,不需要大量资金;在适用性方面,可应用于连栋温室、日光温室、春秋大棚等不同设施类型,可满足对不同环境、不同位置的测量要求,适用性强。

二、创新点

应用图像识别技术实现设施生产的长势及状态分析。该产品内置5M摄像头,可以在规定的时间点自动抓取农作物图像,图像数据自动上传到平台,流量使用少。应用图像识别技术对作物植株状态进行测量识别,实现对设施生产的视觉分析,而且连续的图像抓取还可以生成可视化的溯源履历,不但可以更好地反映出农作物的生长对比,还能够节省带宽占用,避免施工,降低成本,具有较强的推广性。

智能测量算法优化,适用于不同种植模式。该产品依据种植经验及专家知识进行了设计,运用复合智能控制算法,打破市面上常见的多参数环境传感器大都可测量空气温度、湿度、光照强度、二氧化碳浓度数据,但是只能测量土壤温湿度的局限,可测定不同种类基质的温湿度,可以应用各种栽培模式中,实现了作物在各种生长环境条件下

[①] 完成单位:北京天创金农科技有限公司、北京市密云区农业技术推广站。邮箱:panzq@bjtckj.cn。获奖情况:获得全国农牧渔业丰收奖二等奖。

的数据采集。

5G传输,数据稳定高效。该产品应用传感器5G传输功能,第一时间收集空气温湿度、土壤(基质)温湿度等作物生长环境数据信息,在保障通信距离的同时降低了功耗,实现了对系统内硬件可靠控制的同时,解决了农业种植现场感知节点数量较多,以及感知节点通过串口接收各传感器采集环境信息发送至网关节点需要更快速、更稳定的传输的迫切需求,进而降低了信息获取与传输成本,对促进设施农业环境参数及水肥精准控制,推动设施农业数字化、信息化发展提供了强有力的数据支持。

三、应用成果及效益

该产品适用性强,可扩展性强,可满足增加其他参数的采集需求,产品价格实惠易维护,运行成本低,用户不用投入大量资金。该产品已先后在北京的通州、大兴、海淀等区域部署了5 000多套。通过产品的应用,24小时无间断监测设施温室生产动态信息,节省了园区人员对数据测量、记录及处理分析的工作量,数据自动上传及远程监管,可节省人工巡查及统计分析的人工成本约0.25人/天。基于作物环境及图像数据科学指导生产种植,提高设施蔬菜的产量10%以上,蔬菜种植品质明显提升,有助于园区增产增效。

产品应用场景

智慧茶园综合管理技术开发应用

信阳市文新茶叶有限责任公司[①]

一、基本情况

该成果项目是基于大数据平台的互联网、物联网、产业管理科学分析和智能管控等技术,把品牌推广体系与生产体验结合,让茶叶种植实现了"环境可测、生产可控、质量可溯",便于生产者、监管者、消费者查看。目标任务主要包括:一是保障产地溯源,从茶叶生产到销售全过程监管,提高茶叶品质和质量,保证原产地;二是智慧化生产管理,实现综合全面的数据信息反馈,精准化生产,提高茶叶质量;三是提高工作效率,依据平台观测、分析得到的数据,管理人员可及时采取管理措施,可远程一键操控;四是提高产品附加值,建设声光影一体化茶体验馆,向游客展示茶叶的历史、发展、工艺等信息,茶文化、茶周边产品,打造茶旅融合综合体。

二、创新点

采用5G物联网设备,构建了基础设施网络,实现了全流程溯源。利用5G海量连接的特性,健全茶园物联网基础设施建设。在利用现有资源的基础上,全面部署土壤传感器、杀虫灯、设备传感器、高清视频监控、Wi-Fi、广播系统、展示大屏。对茶园环境、生产过程实时全面监测,提高茶叶生产的品质与效率。实现种植、加工、销售一条链,沉淀的数据用于实现茶叶的生产过程追溯,增加产品质量信任度。

创立了大数据分析模型,实现了可视化资源管理。运用大数据与可视化技术,对接现有数据体系和物联网设备,收集茶叶种植数据、茶园管理数据、游客数据、产品销售数据,建立GIS资源管理和大数据分析模型,从数据的角度优化茶叶的种植方式、销售策略,提升茶园管理水平。

[①] 完成单位:信阳市文新茶叶有限责任公司。邮箱:478290079@qq.com。获奖情况:获得信阳市科技进步奖一等奖,发表论文1篇,获发明专利1项、实用性专利2项。

打造了5G创新茶体验馆，弘扬茶文化。利用5G高速率、低时延的特性，为茶体验馆增添特色。通过大数据可视化展示、5G高清无人机视频回传、VR沉浸式体验，向游客展示"文新"茶园的全流程绿色、智慧生产，弘扬茶文化，打造全新的特色体验。提升全国消费者对"文新"的了解和茶文化的认知，提升品牌信任度。

三、应用成果及效益

智慧茶园综合管理技术开发应用项目成果的取得使信阳市文新茶叶有限责任公司成功建成信阳文新茶村现代农业产业园，并成为河南信阳国家农业科技园区的核心区。技术成果已成功应用到河南省信阳市浉河区茶产业电商孵化器建设、浉河区助力脱贫茶叶标准化初制（含产业链）加工厂建设、董家河毛尖小镇建设、信阳祥云茶业有限公司"信阳10号"良种生产示范基地、信阳车云茶业有限公司茶产业园区、信阳市德茗茶叶有限公司茶文化产业园等项目中。

气吸循环式粮油智能干燥机技术

河北皓凯农业机械有限公司[①]

一、基本情况

为使国内外首创的气吸循环式粮食干燥机技术，可服务于农业农村数字化发展，通过互联网和大数据的方式研发，提升智能化、数字化水平研发，基于物联网的气吸循环式粮食干燥机控制中心系统和自动拨板流量控制设备，使干燥作业控制真正实现智能化，将干燥工艺、干燥操作业流程、数据控制统一编程控制。在机械自动化方面，将干燥流程中关键设备研发提升由半自动化设备提升为自动化设备，使整机全流程自动化保证了干燥智能化的实现。

二、创新点

研发制造气吸循环式粮食干燥机。干燥流程是干燥机顶部装有风机，风机转动进风口产生的负压吸力，通过提料管底部的粮食入口，同时将热源供给的热风和粮食一起吸入提料管顶部的分料器，热风与粮食接触后，给粮食加热，使粮食表面的水分在粮食进入分料器内提料管顶端时迅速蒸发，分料器设有90°对等折射罩，使粮食经过两次折射，将向上运动的粮食从提料管顶部出来后靠其自重从卸料口经自动闭风下料口落入干燥室。折射分离后的热风和杂质上行通过风机出风口后，带有杂质的热风沿着分料器内壁弧形板切线方向前移，杂质在离心力作用下在切线方向的排杂口排出机外。热风将全覆盖粮食热交换无死角，加热后谷物蒸发的水分从外筒壁的孔眼中随热风排出机外。热交换的同时流量自动控制装置启动，粮食靠自身重量向下流动，经过漏斗粉料结构进入粮食循环流量控制器，有流量控制板装置的拨板将粮食拨进可调控制开关口后，粮食进入提料管，风机源源不断从热源中吸取的热风，将粮食气吸提升进行N次循环和

[①] 完成单位：河北皓凯农业机械有限公司。邮箱：hebeihaokai@163.com。获奖情况：获得软件著作权2项，发表论文2篇，获专利5项。

正、负压加热干燥。使从装粮食到干燥完成卸粮实现智能化控制。根据干燥物调整相应的编程。启动控制系统总开关按钮电源接通，控制系统进入工作状态，燃烧机启动制造热风，风机启动将热风和粮食一起提升到分离系统开始装粮。粮满时传感器给出停止上粮信号进入下一模式粮食开始循环干燥，这时水分传感器、粮食温度传感器、炉温传感器、所有信号传感器，自动拨板流量控制系统全部启动，粮食在自动拨板流量控制系统的可调整开关打开，粮食开始流转进入热风粮食提升管后热风将粮食提升到气吸循环式粮食干燥机顶部进行机械分离后全部进入循环干燥作业中。

三、应用成果及效益

气吸干燥技术实现了清洁能源绿色环保，引领了传统干燥行业的升级转型，为数字农村建设提供新动力、实现新业态。该技术成功解决了农村劳动力匮乏、农村劳动力老龄化、农村劳动力知识水平低而无法操作设备等问题，以精细化、智能化、科学化作业促进农业提质增效，使面朝黄土背朝天的古老作业模式退出历史舞台。智能化干燥新方式的推广，可以使农村土地产生巨大的效益，农民受益大幅提升，土地利用率大大提高。

5G 智慧农业精准化种植技术

河南益民控股有限责任公司[1]

一、基本情况

项目通过物联网、大数据、云计算等先进技术,结合多功能气象站、微型气象仪、智能水肥一体机、土壤墒情检测仪等物联网设备及、AI农辣椒种植模型和不同生育期精准水肥管理知识图谱,打造了临颍辣椒产业"智能化设备+大数据计算服务平台+精准水肥管理系统+精细化运营"的大数据辣椒精准化种植解决方案和政产民三位一体大数据服务平台。项目符合国家《数字乡村发展战略纲要》中"推进农业数字化转型。加快推广云计算、大数据、物联网、人工智能在农业生产经营管理中的运用,促进新一代信息技术与种植业、种业、畜牧业、渔业、农产品加工业全面深度融合应用,打造科技农业、智慧农业、品牌农业。建设智慧农(牧)场,推广精准化农(牧)业作业"的要求。

二、创新点

5G+智慧耕种:公司联合洛阳一拖集团,根据辣椒生长特性和麦椒套种的模式,研发5G智慧农机,实施土地复耕,实施辣椒机械化直播技术试验示范,有效免除了育苗环节,提高了生产效率,机械化直播效率可达60亩/天以上;同时地膜和滴灌带的铺设也一次性完成,比原来的人工分步铺设效率提高80倍以上,大大减少了人力投入和劳动强度。

5G+智慧管理:智慧辣椒种植基地使用单品种规模化标准化生产模式,实行统一供种、统一病虫害综合防治、统一种植技术服务。公司将智慧辣椒种植基地的土地进行网格化划分,在每个网格地块中植入5G智能土壤传感器、气象监测仪及病虫害监测系统

---

[1] 完成单位:河南益民控股有限责任公司。邮箱:8568950@qq.com。获奖情况:获得第三届"绽放杯"5G应用征集大赛河南分赛二等奖,获得软件著作权、专利等35项。

等设备，全面实施智能水肥一体化灌溉、无人机巡航监测、病虫害防治预警、气象预报与预警、全天候物联网土壤墒情监测、农技与专家在线服务支撑等新技术示范应用。

5G+智慧收获：由于公司对农户土地进行了整合、流转，智慧辣椒种植基地全面应用机械化辣椒自动收获机，全程机械化。

三、应用成果及效益

通过2020年已建成的7 000亩精准化管理示范基地的示范引领，智慧辣椒示范基地内实现辣椒增产约30%，坏果率减少约40%，管理成本减少35%以上。同时，公司该项技术在深圳光明鹏城葡萄园、广州增城丝苗米水稻基地、湛江徐闻国家菠萝产业园等地已经落地，皆取得较好的应用效果。通过辣椒精准化种植管理技术的应用，辣椒产量和品质提升显著。2020年9月，由临颍县农业农村局牵头，组织河南农业大学、河南职业学院、河南省植物保护站、漯河市农业局共5名专家，组成现场测产验收小组，对公司精准化种植管理基地辣椒进行了现场测产：原农户种植亩产鲜辣椒579千克，现通过公司科学化、精准化统一运营管理，亩产鲜辣椒759千克，平均亩产提升30%左右；品质显著提升，坏果率降低40%以上，辣椒每亩经济效益增加35%以上。农户在增收的同时，既可外出务工，也可以在运营公司打工，农户年综合收入提升80%以上。

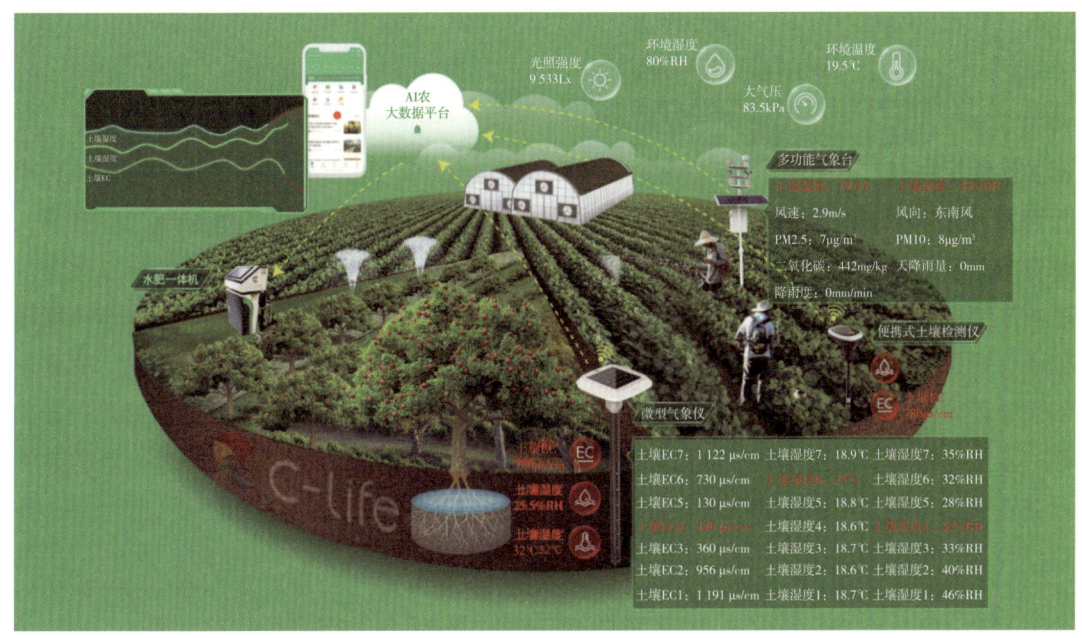

5G精准化种植管理场景

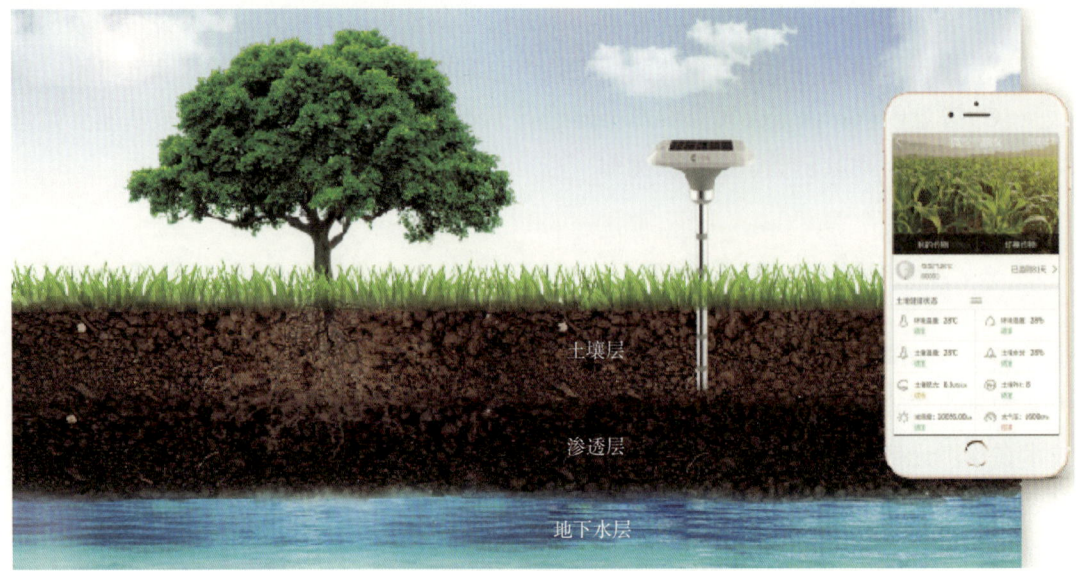

5G智能环境监测传感设备

畜禽无害化处理监管与养殖业保险联动信息技术模式

武汉至为科技有限公司、湖北省农业农村厅畜牧兽医处[①]

一、基本情况

本项目应用现代电子政务管理思想和科技手段，按照"政府引导、市场运作、信息服务、智能管理"的思路，建设"保处联动"信息化平台，以养殖场（户）和无害化处理企业为主体，提供实用、便捷、高效的信息化服务，立足基层工作实际和保险理赔流程，运用"互联网+""大数据"等先进技术，开发出指尖适用软件，操作简捷、应用方便、深得基层使用者的好评。项目本着将信息化服务于行政管理之中，在服务中强化管理，有利于提高了行政管理工作效率。项目通过大数据集成分析，有利于对动物防疫情况综合研判，为领导决策提供有力依据。可以对湖北省的养殖档案统计、病死率趋势、防疫、畜产品质量安全等指标进行量化分析，所有数据实现实时共享。

二、创新点

本项目通过移动互联网、区块链、GIS地理信息系统、大数据、呼叫中心等技术手段，在传统的数据平台的基础上，增加了诸多技术创新。形成了基于GIS系统的养殖户信息档案管理，建立集中处理Call Center自动报收管理系统，通过移动终端对无害化流程进行智能管理和监控，使用新的数据存储+区块链技术，快速实现无害化信息监管和保险数据上链。通过平台中的各项即时数据生成相关的统计报表，通过各种大数据分析工具为无害化管理、饲养量统计、养殖户管理等做出准确的数据支撑和依据。

高效闪赔，应用大数据+区块链技术，确保了数据的真实可信，简化现场勘查和理

[①] 完成单位：武汉至为科技有限公司、湖北省农业农村厅畜牧兽医处。邮箱：930946700@qq.com。获奖情况：获得湖北省科学技术成果推广奖三等奖，获得河南省农牧渔业丰收奖二等奖，纳入"中国畜牧业信息化'种子工程'方案库"，获得发明专利2项，软件著作权16项。

赔手续，缩短了理赔时间，方便了农民理赔，提高了保险理赔工作效率。提高保险效力，通过推进畜牧业保险工作开展，扩大了保险承保面、承保率，降低了畜禽养殖风险，维护了养殖户利益，提高了农民投保积极性，促进了畜牧产业的健康持续发展。全程智能管理，通过推动监管规范化，使数据采集更为真实、过程监管更为严格、风险防范更加科学、数据分析更加到位。协同出效益，通过集中无害化处理，解决了病死畜禽乱扔乱埋现象，降低了环境污染和疫病传播风险，保障了畜产品质量安全，促进"稳产保供"工作的开展。2020年，钟祥市参保生猪127万头，保费达到6 000万元以上，实现了规模化养殖场全覆盖。

三、应用成果及效益

该模式在湖北钟祥运行一年来已取得明显成效，"保处联动"（保险与无害化处理联动）平台彻底解决了钟祥市3 756家养猪场、867家养鸡场的病死禽畜无害化处理难题，经受了严格的环保检查。也有效阻止了非洲猪瘟等疫情传播，稳定了生产。2020年钟祥市生猪出栏127万头，2020年累计无害化处理病死生猪16万头，钟祥市中国人民财产保险、中华联合保险、太平保险三家保险公司2020年共实现保费6 000多万元，保险覆盖率提升到50%以上，赔付率降到70%以下。

"五网合一"打造智慧芜湖大米

中联智慧农业股份有限公司、芜湖市农业技术中心、
三山经开区发展局[①]

一、基本情况

智慧芜湖大米以"植株健康、土壤健康、农业可持续发展"为宗旨，搭建"天、空、地、人、农机"五位一体的数据采集体系，开发了农艺、农机、农信融合的"农业大脑"，创建了工厂育秧物联网、全生育期管理物联网、农事作业车联网、水稻烘干智能监控网、品牌销售电商网"五网合一"的智慧农业经营服务模式，将水稻生产过程梳理为标准化种植13个阶段和49个决策环节，通过十大算法，23类模型对水稻全生长季进行管控，实现了全过程各环节信息感知、定量决策、精准投入、智能作业和稻米质量安全可追溯。

二、创新点

形成双螺旋"三化"理论。通过探索水稻种植全过程，形成水稻种植数字化、标准化、产业化双螺旋"三化"理论，对连续问题离散处理，开放环境收敛处理。双螺旋数据化呈现支持实现最佳时间做出最佳决策，提升水稻数字化种植标准竞争力。

实现多维度、低成本数据采集。通过建立"天、空、地、人、农机"五位一体，实现了低成本、全方位数据采集。解决了目前国内数字农业数据采集成本高、数据量少、体系不完善的问题。

搭建了中联智慧农业大数据平台。以水稻为主，搭建了以作物模型为基础的大数据平台。此平台具有育种指导、病虫害预警、按图作业、产量预测等功能，实现水稻生产全过程的信息感知、定量决策、精准投入、智能作业和稻米质量安全可追溯。

[①] 完成单位：中联智慧农业股份有限公司、芜湖市农业技术中心、三山经开区发展局。邮箱：y0302@zoomlion-hm.com。获奖情况：响水涧数字芜湖大米（美香占2号）获碪米2019中国大米食味评鉴大赛"2020年度特别推荐奖"。

建立大数据驱动的水稻标准化种植体系。将水稻种植过程分成播种、插秧等13个环节、49个关键决策点，通过十大算法，23类模型对水稻全生长季进行管控，在每个环节有实时采集数据、模型数据、历史数据等大数据支撑，支持种植者在最佳时间做出最佳决策。

创建"五网合一"的智慧农业经营服务模式。创建工厂育秧物联网、全生育期管理物联网、农事作业车联网、水稻烘干智能监控网、品牌销售电商网，从生产到销售实现"五网合一"的智慧农业经营服务模式。从源头减少面源污染，改善农村生产环境。数字化、标准化、产业化水稻种植，实现最佳时间做出最佳决策。

三、应用成果及效益

试验基地在"化肥、农药成本"上，数字化管理比普通管理节约101元/亩。施肥、喷药的人工成本节约7元/亩。2020年10月，芜湖市市农业农村局组织省内外5位知名水稻专家对同一品种（美香占2号）采用"实收实测"方式进行测产。确认"机插数字化管理"比"机插普通管理"增产14.3%。分析土壤肥力、结合作物模型制定的数字化施肥方案比依靠传统经验施肥，可有效减少氮肥用量。由2020年数字化种植与经验种植的数据对比，在水稻全生育期内减少氮肥用量21.8%。数字化种植技术通过卫星平地+草害分析、病虫害风险分析及预报，可改变多次茎叶除草及病虫害风险等级防控方法，精确管理，保证防效，降低长期病虫害风险，减少农药使用，降低农业面源污染。2020年试验基地每亩节约农药30%左右。

5G 数字化农场管理云平台

中国联通黑龙江省分公司[①]

一、基本情况

本产品以解决农业主体信息化水平不高，管理粗放，缺乏数字化管控手段，销售渠道单一等痛点问题为出发点，通过打造适用于各类农业主体的数字化服务支撑体系，推动新一代信息技术与农业生产经营深度融合。实现农场资源要素数据化、可视化；农场生产标准化、智能化；农场销售精准化、多元化；农场管理信息化、简单化。实现农业新型经营、管理服务新模式，推进农场数字化农业高质量发展。本产品将5G、云计算、大数据、区块链、人工智能、物联网等技术融入到平台中，保证平台技术先进、安全可靠和经济实用。实现数据整合助力决策、智慧生产提质增效、多措并举创新销售、智慧管理高效服务。

二、创新点

农场智慧大脑。运用5G、物联网、卫星遥感等技术协助政府和农业主体打造"空、天、地、人、机"五位一体的农业智能感知系统数据采集体系。运用云计算、大数据、人工智能技术打造建设农场智慧大脑，通过统一数据标准、格式实现数据的互联互通、开放获取、快速访问。以农业大数据中心为基础，实现数据资源目录编制、数据采集、数据存储与治理、数据共享与交换全功能支持，其中资源目录系统、采集系统、共享交换等系统均符合国家技术要求及相关标准。建立了种植业、养殖业、农机、种业、耕地、科教、典型农产品大数据模型。

运用区块链、大数据、云计算等技术，打造数字化科技服务体系。生产指挥体系，包括农场生产指挥中心、无人机航空遥感数据采集中心、卫星遥感信息获取与解析中心和系统运维中心。农情监测体系，包括卫星遥感监测系统、无人机航空遥感监测系

[①] 完成单位：中国联通黑龙江省分公司。邮箱：18603650197@wo.cn。

统、近地监测系统、具备导航定位功能的农机端监测和网格化地面巡查监测体系。可视化溯源+多媒体助销体系，具有视频接入、智能管控、产品追溯、应急指挥、监测分析等功能可视化溯源平台，可实现农产品从农田到餐桌全过程可追溯，全流程可视化。建立多媒体助销体系，开展传统电商、直播电商和视媒体电商等多种形式的农村电子商务。

三、应用成果及效益

本项目已经在北大荒集团建三江二道河和红卫农场、黑龙江省多个县域〔哈尔滨市（阿城区、宾县）、大庆市肇源县、佳木斯市桦南县、黑河市嫩江市、双鸭山市饶河县等地〕的家庭农场和农业合作社开展了试点。省外的如内蒙古、甘肃、江苏、安徽、山西、新疆、湖北等省（区）也有用户需求，待试点成熟可以快速在省内外复制推广。水稻生产数字化与智慧管理0.5万亩、智慧农业平台建设核心区展示面积1万亩；绿色农药替代传统农场，减量用药2万亩；有机肥替代化肥，落实有机肥1 500吨，农产品可视化溯源全覆盖。2020年试点田地，亩增产37.4千克，增产率6.8%，降本增效110元/亩。降低农业生产成本、提高农业生产效率，保证农产品质量，实现现代农业生产的绿色可持续发展。

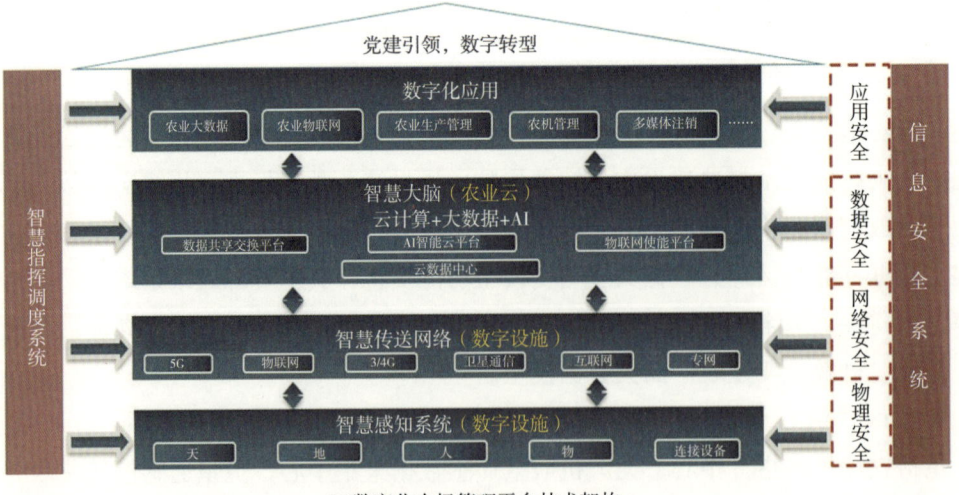

5G数字化农场管理平台技术架构

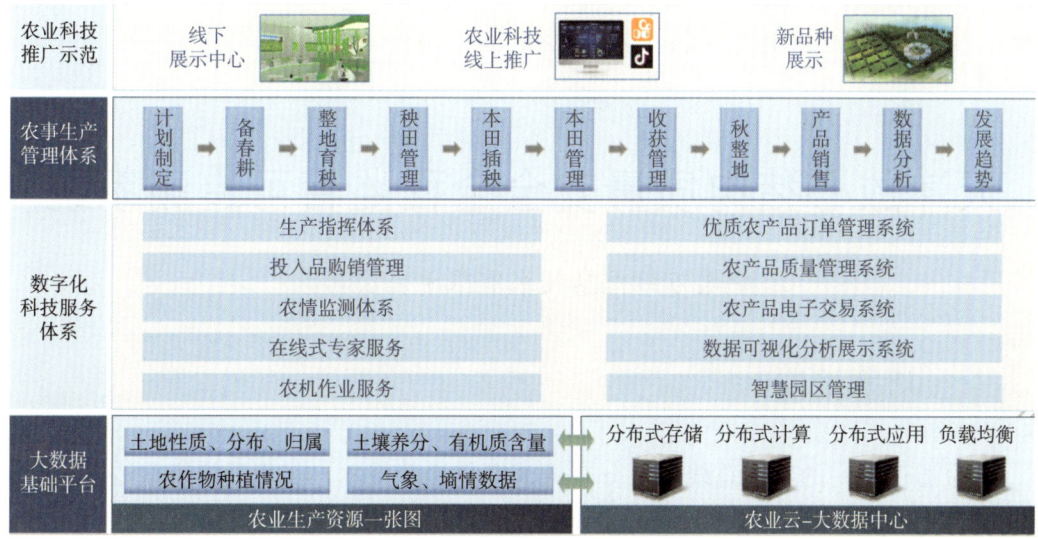

5G数字化农场管理平台应用体系

天津放心猪肉质量安全全程监管可追溯系统

中电万维信息技术有限责任公司[1]

一、基本情况

平台通过统一的数据总线以及分布式消息传递等技术,实现天津市放心猪肉质量安全全程监管可追溯系统应用软件开发项目高度整合和集成化,尤其是在基于共享统一的基础数据资源和数据口径标准下,天津市放心猪肉质量安全全程监管可追溯系统应用软件开发项目在养殖、出栏、运输、屠宰、数据模型指标、数据资源目录、数据分析指标等环节上实现与信息采集平台、数据分析与现有业务子系统等其他平台的无缝对接,变革数据管理分散、信息共享服务能力低下、决策支撑力度不高等问题,实现放心猪肉质量安全全程监管全过程的集成统一管理。

二、创新点

天津市放心猪肉质量安全全程监管可追溯系统应用软件开发项目总体设计坚持"产出来"和"管出来"两手抓,以畜禽养殖、出栏和屠宰规范化、标准化、制度化、质量安全监管信息化为主要建设内容,围绕养殖、出栏、运输、屠宰四个环节,把好质量安全"五道关"。饲养环节,把好养殖质量安全自检关;出栏环节,把好出栏检疫检测关;运输环节,建立疫情通子系统;屠宰环节,把好生猪进场关。通过加强从养殖到屠宰加工全产业链监管,确保上市猪肉产品100%质量安全合格。

该项目基于J2EE标准的软件体系架构,面向服务的SOA体系架构,面向对象的开发设计方法,高效安全的三层架构体系。更易维护,业务服务提供者和业务服务使用者的松散耦合关系及对开放标准的采用确保了该特性的实现。更高的可用性,服务提供者和服务使用者的松散耦合关系上得以发挥与体现,使用者无须了解提供者的具体实现细

---

[1]完成单位:中电万维信息技术有限责任公司。邮箱:18919310266@189.cn。获奖情况:获得软件著作权4项,专利2项。

节。更好的伸缩性，依靠业务服务设计、开发和部署等所采用的架构模型实现伸缩性。SOA体系架构将能够帮助我们的开发人员站在一个新的高度去理解企业级架构中的各种组件的开发与部署的实现，来帮助企业级架构的设计者们以更迅速、更可靠、更具重用性架构整个业务系统。

三、应用成果及效益

2018年10月，天津市发现非洲猪瘟疫情，我们积极响应当地政府的要求，及时上线部署平台，完成天津市1 200多辆生猪贩运车辆的电子备案，其中有800多辆生猪贩运车辆实现电子备案、300多辆产品贩运车辆实现电子备案，各区动物卫生监督所按所辖区域实行区域化管理，实施在线打印车辆备案证明发放给贩运人，有效控制了非洲猪瘟疫情，减少直接经济损失上千万元。天津放心猪肉质量安全全程监管可追溯系统集采集、监测、共享、分析、预测、预警、决策为一体的畜牧大数据平台，瞄准"数从哪来、数谁来用、数怎么管"，促进畜牧生产、经营、管理、服务等应用，提高畜牧运行监测的能力和水平，更好地服务于政府、生产者以及消费者。推进畜牧业工作的需要，用数据说话，用数据决策，推进互联网+畜牧。

椰糠岩棉复合基质蔬菜栽培技术

河北富硕农产品种植有限公司[①]

一、基本情况

环控系统可根据预先设定的技术指标和参数,自动控制温室各种设备的运行,为植物的生长提供最佳环境。植保系统通过员工使用手持式终端,在生产操作、实地收获或从事其他劳动时,使用温室图表浏览工具或输入端轻松记录病害情况及植物长势,跟踪和追踪病虫害及病虫害管理情况,及时实施点防和启动IPM(综合虫害管理)综合防治系统,确保产品安全。劳务用工管理系统密切分析劳作员工、生产活动、成本投入、生产质量各因素,有效提高用工效率。物联网系统为环控系统的补充,属于室内监控跟踪,包括控制系统终端、监控计算机、视频监控屏幕等。中枢系统真正实现了农业生产中的全面数字化、信息化。同时,高度重视科技研发,国内与中国农业大学、河北农业大学等科研院校建立了良好合作;国际上与行业顶尖科研单位和企业建立了初步合作,并积极促成中荷番茄产业工程技术研究中心的成立。

二、创新点

五大农业创新系统。高效栽培系统,主要采用无土栽培固体基质——岩棉和椰糠,充分利用这两种基质的吸水、保水、保肥、通气和固定根群的良好特性,对作物进行高效栽培。智能化灌溉系统,包括水处理系统、水肥供给系统和残液消毒系统三部分,经人工智能端设置,根据作物生长需求定时定量为其提供最佳的水分和养分。智能化环境调控系统,控制范围包括外遮阳、内遮阳、两层内保温、侧保温、补光、水肥供给、二氧化碳、加热系统、通风系统(天窗、侧窗),均可通过设定开关参数,打开自动模式后,整个系统自动运行,工作人员通过中控系统可以查看实时运行状态。智能化

[①]完成单位:河北富硕农产品种植有限公司。邮箱:hbfsyfb@163.com。获奖情况:获得第七届河北省创新创业大赛(邢台赛区)暨"创立杯"首届邢台市创新创业大赛企业组三等奖,获得发明专利1项。

植物保护系统，能够快速处理损害和病害，保证员工在实地收获或从事其他劳动时使用温室图表浏览工具或输入端轻松记录病害、死株、破损的窗户等硬件设施，跟踪和追踪病虫害及病虫害管理可确保农作物和食品的安全。屋面清洗系统，智能温室配备有屋顶喷淋系统，通过该系统实现清洗工作。

十三项创新技术。地面式潮汐灌溉育苗技术、椰糠岩棉复合型高效栽培技术、智能化水处理技术、水肥一体化技术、营养液循环利用技术、全方位环控系统、CO_2施肥系统、正压通风降温系统、自然通风系统、生物综合防治、熊蜂天然授粉技术、智能化室内物流技术、自动化包装技术。

三、应用成果及效益

目前在邢台市南和区贾宋镇建设的设施产业集群是由包括10个生产温室（单个面积9 526.4米^2），1个育苗温室（8 528米^2）共11个连栋温室及中部连廊，此外配套的还有包装车间、仓库、冷库等。主要用于番茄、黄瓜和彩椒的高效生产。果菜产量约2 000 000千克/年，可育商品苗数760万株。2020年引进集成了河北省蔬菜产业体系蔬菜种植共性关键技术10项，分别在南和区贾宋镇郄村、寺上村、苏史张村、郝桥镇大林村、闫里乡东南张村等5个合作社或园区进行新品种、新技术示范推广，共示范推广河北省蔬菜产业体系共性关键技术9项，累计示范推广3 687亩。

岩棉运输车

椰糠岩棉高效栽培系统

爱耕耘人工智能种植决策平台

北京爱科农科技有限公司[①]

一、基本情况

基于爱科农大数据云平台，结合爱耕耘移动端APP和PC端软件系统，赋能农户、农资渠道、种植企业、农业园区、地方政府等多种角色。为农业大数据、农作物智能化种植决策系统服务于农业生产和县域数字乡村建设提供有效的落地支持，同时通过数据挖掘和再分配，最终服务于一线种植户。为种植者提供包括智能种植管理、水肥实施方案、病虫草害防治、农机作业监控、遥感诊断监测、产量收益分析的全生育期种植管理服务。为数字乡村建设提供包括乡村振兴战略指挥平台、示范园区、智能运营中心（智慧农业展厅）等落地服务。

二、创新点

技术创新方面：爱耕耘人工智能种植决策平台核心技术是采用最新数字建模技术，构建了全球顶尖的作物—土壤—大气连续体数字化模型。基于海量农业大数据建立的算法系统，在该算法基础上研发出以作物—土壤—大气连续体数字化模型技术为核心的智慧农业种植决策管理系统，并成功进行了商业化。通过与种业合作伙伴的合作，结合爱科农独有算法，得到约4 800万条作物品种建模相关数据；通过公开的土壤数据，结合爱科农独有的土壤演化算法，插值得到9.2亿条数据；通过与2 100个气象局合作，从699个公开站点获得气象数据，再通过机器学习的方法进行当季长期气象预测，以此构成了每一个地块所对应的气象数据来源。

模式创新方面：以爱耕耘人工智能种植决策平台为基础，为地方政府提供定制化的数字乡村解决方案，建设内容包括乡村振兴战略指挥平台、示范园区、智能运营中

[①] 完成单位：北京爱科农科技有限公司。邮箱：chenlin@icanag.com。获奖情况：入选农业农村部农业农村大数据实践案例集，获得北京市新技术新产品（服务）认定证书。

心（智慧农业展厅）等。乡村战略指挥平台以数字农业决策平台IOC（智能运营中心）大屏为建设重点，包括本地农业一览表、作物分布情况、长势监测、土壤分析、气象预测、灾害监测、灾后评估、智能决策等板块，为政府各级部门科学化决策提供依据。示范园区建设目前包括无人值守大田种植示范基地、智能温室数字农业示范基地、数字农牧种养循环示范基地等，并与各地龙头企业、农业主管部门积极合作，建立智慧农业智能运营中心，通过基地示范形式以点带面，带动当地智慧农业发展，助力乡村振兴。

三、应用成果及效益

目前，爱耕耘累计服务面积已超过880万亩，16 311个用户，覆盖新疆、黑龙江、内蒙古、吉林、山东、河北、甘肃、河南、辽宁、海南等25个省（区、市）。爱耕耘产品应用面积覆盖891万亩，降低化肥30%施用量，亩均收益提升85～340元（平均约200元），累计效益提升17.82亿元。在新疆平均亩产提升150千克，新疆玉米种植产量增加22%。在东北平均每亩节约化肥50元，黑龙江水稻种植收益增加17%。在与内蒙古自治区巴彦淖尔市乌拉特前旗合作的政府项目中，以玉米作物为基础进行乡村振兴战略指挥平台及种植示范区建设，最终实现"五降两增"的建设效果。"五降"：农业用水量降低约30%，施肥投入量减少20%，农药使用量降低35%，地膜投入量降低了25%，每亩降低粮食收割损失75～100千克。"两增"：提高作物产量约20%，农民平均收益净增10%～20%。

智慧农业保险 3S 关键技术研究与应用

北京世纪国源科技股份有限公司[①]

一、基本情况

自主研发的智慧农业保险3S关键技术，结合长期积累的农业基础地理数据，将3S技术与A（AI）B（Bigdata）C（Cloud）技术深度融合，搭建智慧农业保险系统，提供承保查勘APP端和合规监管Web端，以"云+端"的方式接入农业种植保险业务流程，为农业种植保险提供3S技术引擎，改变了传统农业保险的作业模式，实现"按图承保、依图理赔"的新业务模式。这种科技成果转化的实际应用系统，利用数据驱动种植业保险实务流程再造，实现了投保农户的空间位置、种植情况、投保面积的一致性，有效地解决农业保险存在的信息不对称和经营成本高等问题，最大限度上减少虚假承保、骗保的情况发生，实现了农业保险精准承保、快速理赔的业务需求。推进农业保险的转型升级和高质量发展，真正让大数据科技支撑支农惠农的政策实施精准落地。

二、创新点

基于地块级多尺度多源遥感影像AI解译成果融合。将AI图像分类识别的结果与地块数据进行融合，得到准确地块边界的作物解译结果；将耕地地块和作物解译结果进行多期影像解译的迭代，形成区域内以地块空间单位为归一化尺度的基底数据，有效提高解译精度。

基于大数据融合分析的业务数据快速空间化技术。基于时间—空间—主题的多维时空数据模型，建立区划—地块—农户—作物—农业生产活动关联的数据模型，提供空间位置、属性信息的清洗、比对，让业务数据快速空间化关联，形成不同尺度下的面向多主体应用的数据产品。

[①]完成单位：北京世纪国源科技股份有限公司。邮箱：498136309@qq.com。获奖情况：获得第二届"中国高分杯"美丽乡村大赛一等奖，软件著作权2项、专利1项，发表论文2篇。

基于3S与互联网技术构建"云+端"的遥感与地勘结合技术。将遥感影像和解译成果、耕地地块等基础数据存储在云端数据库集群中，采用地图瓦片服务接口和Restfull业务接口，将解译结果在线推送到手机或平板终端，利用终端的定位功能，可进行样本和查勘信息的在线采集。

构建"天上看、地上查、网上保"的农业种植保险新模式。通过提供遥感影像、区划范围、耕地地块、种植结构、灾情解译等基础图，借助"智农保"管理端和APP终端，应用于承保验标、查勘定损、合规监管等业务。

三、应用成果及效益

目前智慧农业保险解决方案已在河南、河北、甘肃、新疆、黑龙江、辽宁、内蒙古、湖南、安徽、四川等10余省份进行落地推广应用；并先后与9家保险公司、多个省级分公司签订了技术服务合同，包括中国人保、中华联合、中国人寿、太平洋、中原农险、国元保险等，共签订项目合同25个，累计合同经费3 016.21万元。智慧农业保险3S关键技术在农业保险业务中的应用，通过突破AI遥感解译技术，能够较快地解译出农作物的动态种植信息，采用GIS空间叠加分析的技术手段，将承保标的进行空间化，能够实现投保农户的空间位置、种植情况、投标面积的一致性，破解农业种植保险精准到户的最后一公里难题，最大限度上减少虚假承保、骗保的情况发生。

火龙果大数据技术应用推广及质量提升项目

罗甸县果业产业化发展中心 [1]

一、基本情况

本项目秉持创新、协调、绿色、开放、共享的发展理念,在生产环节更新和增加了一系列自动化种植生产与物联网设备,降低了种植户的种植门槛,提高了种植户应对极端天气、病虫害等突发事件的处理能力,推动了火龙果种植模式从粗放管理转变为精细化种植;在销售环节上利用电商溯源平台"优可众",通过与各大电商平台合作,进一步增强了消费者对罗甸县火龙果溯源的全方面认知,提升了罗甸县火龙果的品牌形象,极大地有助于火龙果的推广销售;在信息化应用服务环节利用火龙果大数据管理平台,将物联网、大数据、云计算等新兴技术与罗甸县火龙果产业进一步深度结合,通过平台种植规划、采收时间预测、产量预估、品质管控、温度预警等功能,从火龙果的生产过程到物流销售,每个环节都实现信息化的高效管控,大大提升了火龙果的品质和产量,增强了罗甸县火龙果产业的经济效益、社会效益、生态效益,有利于罗甸县农业高质量发展、促进乡村振兴工作。

二、创新点

数据服务创新。结合罗甸县火龙果的品种特性和历年气象数据,设置环境预警参数,通过将监测点环境传感器采集到的数据与适宜生长设定的数据相比较,当实时监测到的数据超出预警值时,系统自动进行预警提示,提醒罗甸县种植户及时采取相应的管理措施,改善环境条件满足生长需要。集成了罗甸县火龙果比较常见的三种病虫害预警模型:红蜘蛛、溃疡病、软腐病。通过记录病虫害发生程度,积累历史数据,根据气象

---

[1] 完成单位:罗甸县果业产业化发展中心。邮箱:luochangshou@163.com。获奖情况:2019年入选全国"大数据+扶贫"十大应用案例;2018年获得全国县域数字农业农村创新项目奖;2017年1月入选国家火龙果综合标准化示范区;2007年10月获得首届中国成都国际农业博览会金奖;2018年获得"万企融合"省级标杆项目;2017年12月获贵州省科学技术成果转化奖;2020年被评为贵州省黔南州年度创新项目一等奖。

数据和小气候监控数据进行模型拟合，建立预警模型提前预警，降低因病虫害产生的减产或品质下降的发生概率。知识服务体系创新，项目邀请了贵阳大学农学院、贵州省农业科学院、中国农业科学院的多位专家到罗甸进行实地考察，建立了一套适合罗甸县火龙果的种植标准，设立新品种、绿肥、篱架种植、保鲜等多个试验区，对罗甸县火龙果的种植进行知识服务。每年对罗甸县种植户进行专业的技能辅导，提高年均亩产量，降低人工投入，增加每亩收入。销售—溯源—体服务创新，利用农产品品牌营销平台，通过其推广能力，将物联网种植数据、种植过程图像等信息直接传播到消费者眼前，在提升罗甸县火龙果品牌形象的同时，又增强了消费对火龙果生产过程的认识，达到生产溯源的目的。

三、应用成果及效益

根据平台数据分析和专家实地考察后制定的罗甸县火龙果的种植标准，及时有效为种植户提供知识服务和技能辅导，进一度提升产量和品质，减少成本投入。此外项目提供的采收预测服务——提前7天预测采收时间，为农户争取更多时间做好销售工作，保障了火龙果产品经济收入。项目技术的推广应用，年均亩产提升超150千克，人工投入降低10%，每亩增收1 000多元，累计增收2 000万元以上。

设施栽培绿色生产臭氧灭菌杀虫智能控制技术

淮阴师范学院[①]

一、基本情况

本项目利用传感器实时采集设施栽培的环境信息，以此为参数预测作物不同病害的发病率，进而以作物种类和发病率为参数，利用决策模型生成病害防治的臭氧释放浓度和释放持续时间，进而控制臭氧发生器工作，通过传感器实时监测设施栽培环境中的臭氧浓度实现精准控制，达到病虫害防治目的，减少或代替化学农药的使用，生产的农产品无农药污染，食用安全，同时减轻了设施栽培对生态环境的污染。项目创新性的构建了设施栽培作物发病率预测模型和臭氧释放智能控制决策模型，可准确预测番茄、黄瓜、辣椒等作物的常见病害发病率，并确定不同环境条件、不同作物、不同病害的臭氧最佳释放浓度与持续时间，为臭氧防治病虫害的精确化、智能化提供重要支撑。成功研制出以上述模型为"大脑"的智能化装置，完全实现了臭氧智能化防治替代化学农药人工防治，农产品无农药残留、生产无环境污染，防治效果佳，填补了国内空白。

二、创新点

以温度和相对湿度的数值大小以及持续的时间长短为参数，构建不同作物病害发病率预测模型，进而以预测的发病率为参数构建臭氧释放智能控制决策模型，模型根据发病率计算生成臭氧防治时的释放浓度以及释放的持续时间控制指令，通过指令控制相应的臭氧设备工作，从而实现臭氧的精准释放，达到防治病虫害的目的。

在国内外首次构建了设施栽培作物发病率预测模型和臭氧释放智能控制决策模型，可准确预测番茄、黄瓜、辣椒的霜霉病等常见病害发病率，并确定不同环境条件、不同作物、不同病害的臭氧最佳释放浓度与持续时间，为病虫害的精准、智能化臭氧防治提供重要技术支撑。

---

① 完成单位：淮阴师范学院。邮箱：boomzip@163.com。获奖情况：获得专利1项、软件著作权4项。

成功研制出以上述模型为"大脑"的智能化"设施栽培绿色生产病虫害臭氧防治装置",对黄瓜、番茄、辣椒的常见病害实现了臭氧智能化防治替代化学农药人工防治,填补了国内空白,智能化程度高,实现精确防治。

三、应用成果及效益

该项目成果于2018—2019年推广应用371亩,农户增收443万元,2019—2020年由淮安紫蜂生物科技有限公司与农户合作推广应用2 451亩,其中,黄瓜1 960亩,番茄491亩。黄瓜每亩增收约0.91万元,番茄每亩增收约0.22万元,农户增收1 891.6万元,经济效益显著。该项目成果的推广应用,生产的农产品无农药污染,食用安全,具有良好的社会效益,同时无农药污染生产环境,生态效益好。成果的应用有力保护了生态环境,提升了设施栽培的现代化和信息化水平,促进了农业的可持续发展。

智能生物链治水·靶向养殖技术

浙江清湖控股集团有限公司[①]

一、基本情况

智能生物链治水·靶向养殖技术可以有效提升珍珠养殖产量与质量，养殖生产环节均采用信息化、自动化，淡水珍珠的品质大幅度提升、养殖周期明显缩短，提升淡水珍珠在国际市场上的竞争力；同时，可提高富营养水体治理效果，降低农村面源污染，减少水华发生，提高水产品产量和质量，改善农村生态环境。该技术对生态环境影响小，无须排干水体，不破坏河床生态、微生物有益藻快速递增水体溶解氧，不影响通航，全面吸收水体营养，无枯萎期，不挑剔治理对象水体的大小，治理水体越大治理成本越低，可持续性治理、减轻国家财政支出。

二、创新点

珍珠养殖精细化：靶向养殖技术将培育好的有益菌、藻浓缩液通过管网系统精准输送至每一只河蚌，保证河蚌生长所需营养，做到无须大规模泼洒肥料培育微生物而污染水体。

水产养殖生态化、品牌化：饵料级微生物通过管道输送对接河蚌，计算机控制的编程系统根据珍珠蚌的饵料系数及时补给，提高了产品的环保性能和节约了生产成本。

畜禽粪污资源化：利用畜禽粪污通过微生物消化作用后扩培成有益藻，有益藻为养殖水体提供了天然饵料，同时也起到了水体净化作用，为国家发展生态畜牧业提供了良好的技术保障。

水体治理智能化：从水体各种矿物质的采集到珍珠蚌自动化滴管养殖，全过程均

[①]完成单位：浙江清湖控股集团有限公司。邮箱：zxy199410@163.com。通过中国技术市场协会与中国管理科学研究院企业管理创新研究所组织的成果鉴定，获得科学技术成果评审证书，通过浙江省技术经纪人协会组织的成果鉴定，获得科学技术成果鉴定证书，并登记为浙江省科学技术成果，获得专利10项。

可在电脑、手机等终端可视化管理和监控。养殖配料方案更加科学，大大提高养殖效率和治水效果。

水体生物多样化：多种有益菌藻、蚌、鱼、虾、螺的投放，提高了水体生物多样性，生物多样性可有效维持生态系统稳定的作用。

水质管理常态化：水质数据实时反馈，智能化治水系统根据反馈的数据自动投放对应的降解微生物，保持水体指标稳定，实现24小时智能化水质管理。

治理模式标准化：通过智能靶向系统管理最终通过水生态贝类、螺类、鱼类的定期循环捕放，把有机营养带出水体达到有效治理的技术工艺。

治水治污效益化：智能生物链治水靶向·养殖模式在长效根治的前提下，做到"少花钱，不花钱，发展环保事业"。

三、应用成果及效益

本技术可高密度养殖珍珠蚌、鱼、贝等溯源水产品，实现循环生态产业链养殖新模式，同时可长期保证水体在Ⅳ类水以上标准。在富营养水体治理、塌陷区生态修复、养殖尾水处理等封闭半封闭水域中有很高的推广应用价值，既可实现生物治水，又可养殖珍珠蚌、鱼等水产实现经济价值。通过纯生态修复的水资源能带动淡水优质鱼的回放，全面提升了对水质要求较高的水产品鱼虾类的养殖环境。通过成果转化、技术引进，使智能循环生态产业链成为新兴的规模化产业，将为社会提供大量工作岗位，带动农民脱贫致富，同时有效改善了农村生活环境，真正为水环境保护作出一份贡献。

煤矿塌陷区生态修复工程——靶向珍珠养殖、生物链水体治理和长效保持项目

鳗鱼尾水治理项目现场实景

数字生态水产养殖服务平台

金陵科技学院[①]

一、基本情况

本项目针对水产物联网应用碎片化的场景，提出一种RS485从设备地址自动分配方法和一种传感器数据自适应采集实时上报方法；针对水质采集的数据准确性、一致性、损耗引起的数据漂移等问题，提出一种低功耗可移动水质监测终端；针对农业数采终端多样性、协议标准各不相同等问题，提出一种安全的异构物联网管理平台；针对人工投喂工作强度大、重复劳动的特点，提出一种自动投喂装置，并定制研发一套实时操作系统实现对船体、投饵箱和施药箱等的控制；针对巡航水域存在浅滩、水草等障碍物影响正常巡航的情况，提出一种结合环境特征的用于自动巡航的路径规划方法；针对养殖过程中存在投饵或施药等信息录入不及时、误录或漏录等缺陷，提出一种养殖投喂信息采集监控系统和方法；针对喂养以及养殖对周边环境造成的影响，研究一套凸显水塘之间、水塘与河道溢流关系的SWAT改进模型。

二、创新点

水质监测终端。研发低成本、低功耗可移动的养殖水质监测终端，实时监测塘口水质五参数：溶解氧、pH值、电导率、氧化还原电位和水温。水质采集终端具备的移动性、电池供电、无线传输等特点，不仅降低安装门槛，节省施工和维护的成本，提高了系统的稳定性和可用度。

异构物联网管理。建设异构物联网接入管理系统，实现海量终端接入管理，终端用户动态绑定，水质走势分析和异常告警发布等功能。通过低时延、高可靠的物联网络实现增氧机的远程控制，并统计能耗情况；结合水质历史数据和天气预报预判水质走

[①] 完成单位：金陵科技学院。邮箱：miaolijuan@jit.edu.cn。获奖情况：江苏省农学会首届"创星杯"创新创业大赛创新组二等奖，获得第五届江苏省科协青年会员创新创业大赛农业科技领域创业组优秀奖，获得专利2项、软件著作权12项，发表论文1篇。

势,实现增氧机的智能化启停管理。

数字化养殖管理。应用在线传感器监测、实验室水化学分析、可见光/多(高)光谱成像技术,采集水产品全生命周期的生长状况,以及气象、水质(包括水质五常、碳、氮、磷、钾)、底泥、水生植被、浮游动物、浮游植物状态。耦合水域环境模型和水产品生长模型,形成能够辅助养殖水环境调控、精确投喂的物质流、能量流模型系统,智能识别环境异常指标变动及时发布告警,指导养殖户实现精准化养殖管理。

养殖无人船应用。养殖无人船运用远程控制的方式在水面任意灵活移动,也可以预置移动轨迹,实现自适应巡航。无人船配有投饵装置,养殖户可使用APP软件控制饵料的投喂量、投喂频率、投喂速度等。

三、应用成果及效益

金陵科技学院研制了水产养殖智能化平台和装备、生鲜河蟹储运管理平台和淳蟹微商城,同时在在薛城街道南京康旭科技220亩河蟹养殖基地和高淳漆桥街道南京九曲河科技90亩养殖基地实施养殖'长江2号'河蟹生态养殖,养殖密度1 000只/亩,养殖过程中应用养殖手册和养殖信息系统平台,2019年公蟹平均规格由之前的150克提升至180克以上,母蟹由120克提升至150克以上,亩产由65~75千克提升至90~100千克,最终回捕率稳定在60%~70%。康旭科技养殖户杨海兵养殖塘口的经济效益:2018年实施养殖塘口45亩,投入33.5万元,成蟹销售58万元,套养青虾收益4.9万元;2019年扩产至95亩,投入59.9万元,产出成蟹78万元,青虾8.5万元。

农村宅基地综合管理平台

北京佳格天地科技有限公司[①]

一、基本情况

为了配合各地政府落实好相关政策要求，深化农村宅基地制度改革工作，北京佳格天地科技有限公司打造了"农村宅基地综合管理平台"。该平台为响应农村宅基地制度改革的首批产品，在深刻理解农村宅基地改革意义及改革内容的基础上，打造符合政策要求和各地实际需求的产品。在该平台中，除传统的业务管理流程技术之外，还应用了AI深度学习、大数据分析、GIS、遥感等新型信息技术对业务进行支撑，有力、高效地保障了宅基地业务的开展。《深化农村宅基地制度改革试点方案》中的建设目标为建立统一的农村宅基地基础数据库和以"一张图、一条链、一张网"为基础的综合管理信息系统，并且下发了统一的基础数据库的规范性文件，平台中秉承了所有建设目标内容，适合今后在各地进行推广。

二、创新点

应用AI深度学习方法遥感识别宅基地空间分布。通过对遥感卫星图像的AI深度学习技术识别所有宅基地，通过空间分布进行展现，方便使用人员掌握、查询宅基地位置信息，为"房地人"一体关联查询提供支撑手段。

应用配置工作流方式满足各地流程差异化需求。系统提供工作流节点的配置功能，支持不同地域的政府业务人员根据当地建房审批、监督管理、流转管理环节自行配置流程，极大提升了平台在各地的适用性。

批量数据处理技术和实时数据处理技术。离线数据的批量处理：采用大数据离线SQL引擎技术，提供了一个统一数据分析接口，通过提供一个跨多个数据存储的单一视

[①] 完成单位：北京佳格天地科技有限公司。邮箱：wujiang@gagogroup.com。获奖单位：获得数字中国创新大赛数字政府赛道冠军，获得软件著作权7项。

图来实现数据分析任务切分。SQL引擎可以对Hive、Spark等不支持的SQL进行转换，增强SQL支持。实时数据的批量处理技术：农村宅基地综合管理平台主要使用Spark Streaming技术实现实时数据的批量处理，处理特点在于对kafka（卡夫卡）消息中心推送的数据会以指定时间段为单位切分成块，把每块数据作为一个数据包，并对每个数据进行计算。

三、应用成果及效益

全国目前设定104个县级单位+3个市级单位作为试点单位。通过本产品的推广应用，可规范县级单位对于宅基地相关信息的管理和应用，落实《深化农村宅基地制度改革试点方案》的建设要求，帮助政府部门有序管理宅基地的审批、流转、违建等环节，帮助农民高效的办理相关业务。本产品已在河北定州、安徽滁州、安徽天长、湖南凤凰、山东寒亭、江苏沛县等试点市县级单位进行推广和覆盖使用。据实地调研估测，每个县约有10万宗宅基地，每年流转、转让的宅基地约为1 000宗，金额约为3亿元，宅基地管理平台的上线运行，可为县级政府和农民带来较大的经济效益。

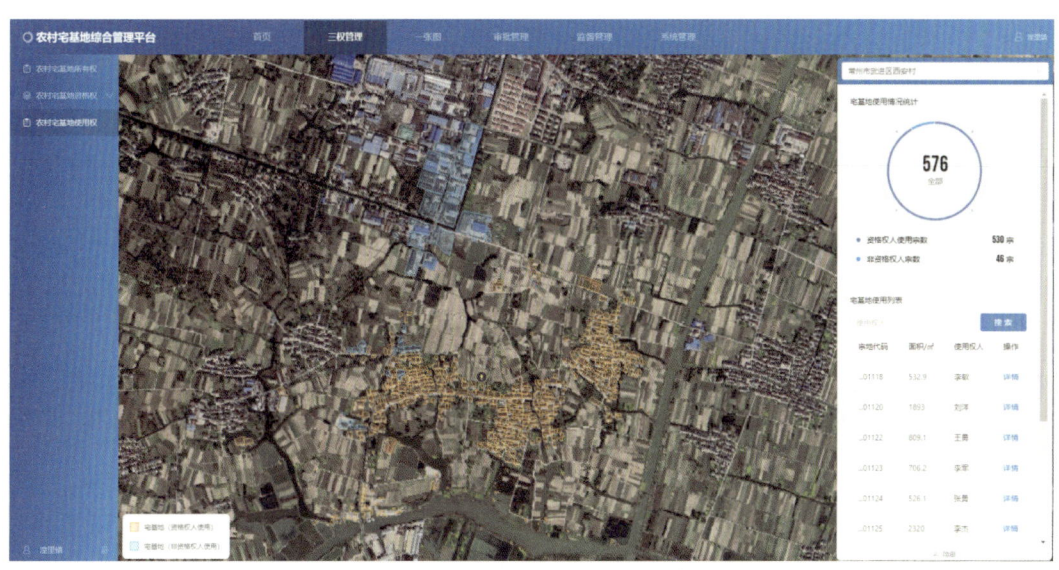

AI深度学习遥感图像识别宅基地分布

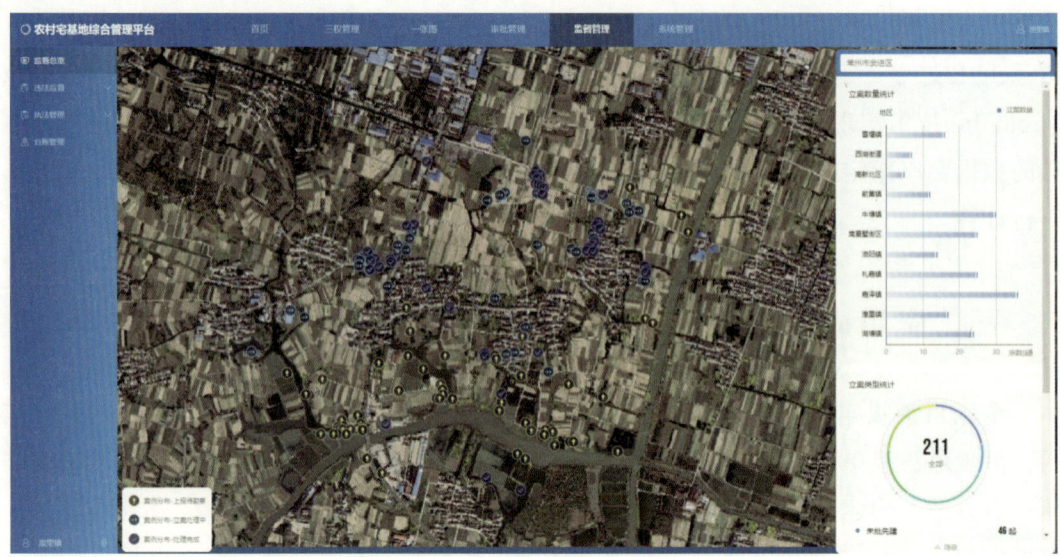

智能识别"未批先建"宅基地分布

惠农网

湖南惠农科技有限公司[①]

一、基本情况

惠农网是国内领先的农业B2B产业服务平台，创办于2013年，以农产品交易平台为基础，多元化布局农业全产业链服务。为实现科技推动农业现代化和乡村振兴，惠农网全力打造以农产品电商数据为主的农业专业数据库和农业大数据服务平台——"惠农大数据"，连续三年向政府部门提供农产品电商数据定制服务，成为农业统计数据和农产品批发市场数据的重要补充；同时，持续研发各项数据产品，如用于农产品质量安全追溯的"真源码"、电商市场监测预警的"惠农行情"、解决生产经营主体种养难题的"农技学堂"、解决中小农户融资困难的"惠农金融"等，加速数字技术在农业生产、交易、流通、配套服务等环节的全面应用，为数字农业、智慧农业探索新方法。

二、创新点

创新农产品生产经营宏观指导视角。通过互联网农产品电商数据的挖掘和分析，创造性地解决了指导农产品生产适应市场变化的时效性、地域性和周期性难题。特别是将互联网农产品电商交易数据、农业技术咨询数据和农业投入品采购数据结合，对我国农业生产宏观指导具有全新的视角。

创新农产品电商市场运行监测渠道。通过创新互联网农产品电商市场运行监测平台，有效弥补了政府部门原有布点监测存在的不少短板，如数据采集渠道链条不够长、汇总数据比较慢、采集数据的品种不够丰富等。

创新农业普惠金融和农业保险手段。我国的农业生产者普遍规模不大、贷款可抵

[①] 完成单位：湖南惠农科技有限公司。邮箱：823358287@qq.com。获奖情况：入选全国供应链电子商务百佳案例"人+货+链"扶贫模式，入选2019网络扶贫典型案例奖、获得"2019年度中国电商扶贫联盟突出贡献奖"，获评《互联网周刊》2019年扶贫企业百强、惠农网入榜2020年度中国涉农电商"百强榜"，获得专利3项。

押物少，农业金融和保险在农村受益小。农产品电商交易信息与生产经营者的相关信息结合，可建立全新的用户征信系统，为农业新型经营主体提供了新的融资渠道。

创新农产品上行帮扶特色。通过互联网农产品电商数据分析，能准确找出贫困县的优势产业和产品，为创新产业扶贫提出新思路；通过专业的供应链服务，有效整合全国主流电商平台、社区团购、媒体电商、名企采购、商超连锁等优质渠道资源，共同提升农产品流通效率。

三、应用成果及效益

惠农网覆盖全国2 818个县级行政区，涵盖超过2万种常见农产品，用户超过2 500万个，年交易额超过100亿元。惠农大数据通过创新分析理论与数学模型，为互联网农业电商数据建立了《互联网农产品电商数据分类规则》，自主研发了国家级、省级和县级互联网农产品电商市场运行监测平台，编写并对外发布200多篇《互联网农产品市场行情周报/月报/专题报告》；"真源码"积极参与制订国家标准，为全国16县支柱产业赋码2.4亿枚，提供品牌保护和原产地认证；农技学堂有来自全国各地农业科研院所的专家入驻，提供免费农技问答、视频课程及20余万篇农业技术资料，为农民增收保驾护航。

AI 云广播产品

中国联合网络通信集团有限公司[①]

一、基本情况

2020年疫情期间，各县/市、乡/镇、村充分运用信息化手段，有效利用各类乡村治理信息化平台开展疫情防控工作。利用云平台，通过大喇叭一键喊话功能，加大宣传频次和宣传覆盖率，有效助力疫情防控。

联通雁飞AI云广播可通过PC端、手机APP以应急喊话、音频播放、文字转语音等方式为村民提供广播服务，涵盖应急广播、日常广播、公共应急指挥、政策法规宣传、农业气象播报、农业知识普及、农村文化教育、农村娱乐生活等应用场景，在农村处理基层组织管理事务，丰富农村文化生活，应对农村突发事件和促进农村社会稳定等方面起着重要作用。同时，联通物联网AI云广播产品全面助力疫情防控，各级联防联控机构以及各级政府机构可通过AI云广播系统，实现权威消息快速触达，疫情知识及时宣传，重大管控措施通告，紧急情况一键喊话的功能，不受空间、时间限制，以稳定可靠的传输方式即时传达权威信息和通知。

二、创新点

传统的有线音频传输方式，会受到环境（极端天气、洪水等）影响导致硬件和数据传输终端损坏。本产品在广播硬件产品研发上，以联通物联网无线安全连接作为音频数据的传播载体，相比传统的有线音频传输方式，音质更清晰、传播更稳定、数据可追溯、适应环境能力强。本产品在平台功能研发上，以云广播号角、云广播音柱为播放载体，实现分区广播、定时广播、日常广播、消防应急广播、实时喊话、文本播报、电台转播等广播业务。本产品由联通物联网有限责任公司设计开发，软件自主研发并成功取

[①] 完成单位：中国联合网络通信集团有限公司。邮箱：xuxy654@chinaunicom.cn。获奖情况：获得软件著作权2项。

得"一种基于物联网分布式架构的广播平台软件著作权登记证书。联通雁飞AI云广播是一款拥有自主知识产权的自研产品,产品数据可靠可信可控。

三、应用成果及效益

结合多样化的市场需求,联通雁飞AI云广播产品目前已覆盖到乡镇、林业、交通、消防、大型综合体等多个应用场景。当前正处于疫情防控的关键时期,通过联通雁飞AI云广播可以及时将疫情防控要求和政府重大举措传达给村民,并通过政府的权威信息发布,让村民居民及时做好防护管控措施,对防止各地疫情扩散起到帮助,广受政府和居民、村民的欢迎。该产品自上线以来,截至2021年1月,在江西、山东、河南、陕西等省实现规模销售,实现销售合同累计突破1 800万元。该产品由联通物联网有限责任公司与中国联合网络通信有限公司江西省分公司联合研发,并在多次市场需求中持续迭代优化产品功能。该产品已经被纳入中国联通集团自研产品目录清单,并由各省联通持续组织推荐销售。

大喇叭

农产品市场风险智慧监测预警服务平台

南京绿色科技研究院有限公司[①]

一、基本情况

相较于美国和日本等发达国家，我国农产品市场风险监测预警体系还不健全，信息不对称问题仍然突出。近年来，随着市场化、国际化程度逐步提高，农产品市场与国际市场联动性增强，市场波动加剧，多个地区出现买难和卖难交替出现困境，价格暴涨暴跌时有发生，构建数字化农业市场监测预警服务平台，具有极其重要的现实意义。产品基于人工智能、大数据、云计算和移动互联等先进技术，聚焦农产品市场流通风险，研发智能监测、评估、预测和预警算法、模型和软硬件服务平台，帮助用户及时有效辨识市场风险，为政府进行市场调控提供决策依据，为农企农户规避风险、调节生产、加工和销售策略提供决策指导。产品通过AI赋能，在核心技术和服务模式方面具有显著创新性，已服务全国100多个市县，有效提升了当地农业农村信息化水平，为农业农村生产经营、管理服务数字化注入新动力和新活力。

二、创新点

智能采集：通过设计分布式采集算法构建云采集平台，每日自动采集发布于权威涉农网站的农产品价格数据。支持单机多线程和多级多线程采集。

深度学习：基于深度学习技术，构建农产品价格走势预测模型，对短期日价格、长期周平均价格和月平均价格及相应的波动置信区间进行可靠预测。

关联聚类：利用自动聚类技术对价格、交易量、供需比例系数等数据指标进行关联聚类，挖掘数据指标之间的分布关系，揭示数据指标之间的关联模式。

自然语言处理和文本挖掘：基于中文词法分析、句法分析、语义分析及命名实体

[①] 完成单位：南京绿色科技研究院有限公司。邮箱：sbsm15@126.com。获奖情况：获得吴文俊人工智能科学技术进步奖三等奖，获得科技部中国创新创业大赛全国总决赛优秀项目，获得软件著作权17项。

识别等系列算法对文章中含有的分析预测观点进行阅读理解，构建趋势预测模型，输出预测观点，提取趋势涨跌影响因素。

三、应用成果及效益

产品目前在全国10多个省份进行了规模化部署与工程应用，连续5年获得用户的高度认可，体现出产品自身的高品质与相关服务的可靠性与稳定性。产品已经累计采集监测全国批发市场和主要农产品产区10年的数据，每日保持数据自动采集更新，从提供行情数据走势分析、短期预测、中长期风险评估进行不断创新发展，目前已经在江苏省（南京市农业农村局、温州市农业农村局、连云港市农业农村局、宿迁市农业农村局）以及山东省（寿光、临沂）、吉林省、内蒙古自治区、新疆生产建设兵团（14个师）、贵州省（88个县农业信息服务）、陕西省、甘肃省等多地政府部门连续5年以上提供农产品价格风险评估服务，同时通过手机APP农价云服务全国超过15万名农民，在帮助企业和农户了解市场波动，产销对接和匹配方面发挥了重要价值和作用。

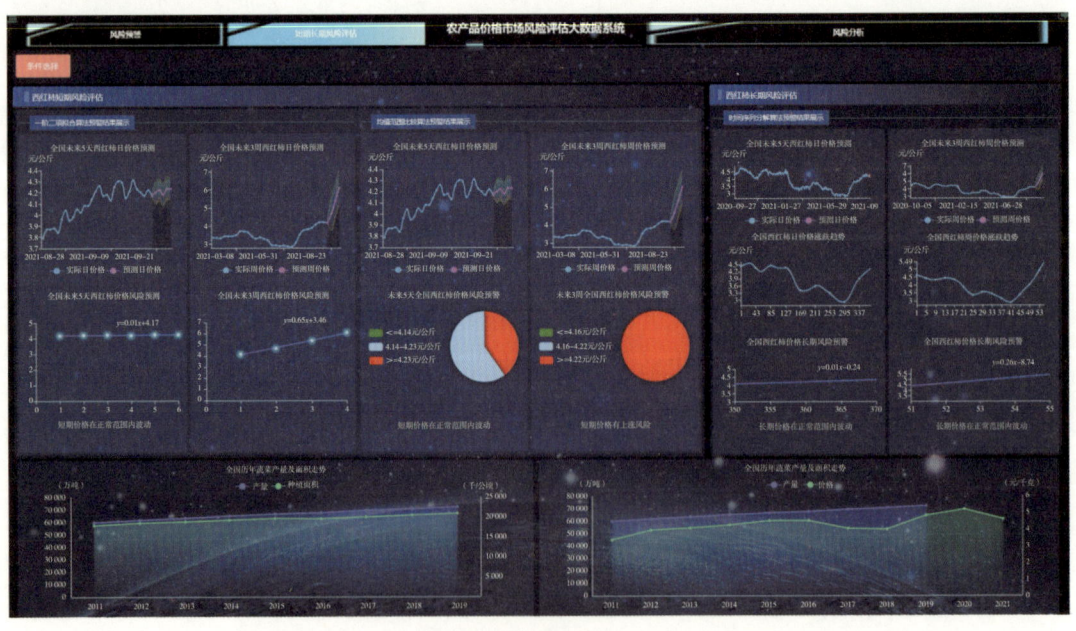

产品功能截图

粮食生产中农机全程数字化应用

平湖市农机管理服务站[①]

一、基本情况

通过建立平湖市农机社会化服务智慧管理平台，在拖拉机、插秧机、植保机、收割机等粮食生产机械上安装农机北斗管家，在粮食烘干中心安装智能测温装置，实现粮食生产全过程中的农业机械、农机作业、农机安全及农机管理等数字化应用全方位覆盖，通过平台数据中心、农机化生产管理、农机合作社管理、农机质量监管、农机补贴查询分析、农机监理查询分析、农机物联网监控管理、农机化社会服务等模块应用，可实时掌控平湖市粮食生产机械购置分布概况、农机作业具体情况、农机服务需求等，为本地区农业政策制定、农机作业调度、农业安全监管等提供数据支撑。

二、创新点

一是实时掌握农机动态数据，农机政策制定更加精准。将所有购机补贴系统里的原有数据导入到农机智慧管理平台，所有的字段均保持一致，并在原有的基础上升级打造，不仅将原有的老数据统一更改为国家标准的新数据，还将原有的系统数据打通关联，即可在当年度购机补贴数据中看到的所有详情明细，也可查询同一主体历年的购机补贴明细。二是农机作业实现数字统计，补贴资金使用更加可靠。平湖市开展秸秆还田及机械捆扎等作业的机具统一安装农机北斗管家系统，通过对农机耕作图对比、作业监控图片、作业审核等，可准确确定每一台作业农机的当日作业地点和作业面积，对秸秆还田及机械捆扎等作业补贴面积测算更加精准，资金使用更加可靠。三是应用农机智慧装备，安全监管更加智能。通过在烘干车间加装智能测温报警设备，平台可在烘干机设备工作出现烟火时，及时报警提醒，工作人员能及时排除处理险情，以规避或减少事故的发生。四是实现农业智慧管理，服务效能提升。农机手可通过手机APP实时查看平湖

[①] 完成单位：平湖市农机管理服务站。邮箱：1147834746@qq.com。

市农机分布和经销商、维修站、育秧中心、飞防植保、烘干中心等服务网点分布,并可快速定位您所在的位置,查看附近服务网点的服务内容以及营业时间、联系方式、详细地址等,实时显示服务网点距离,快速查找自身想要的服务。

三、应用成果及效益

2020年平台系统管理粮食生产面积62.65万亩次,其中通过平台审核秸秆还田作业补贴面积17.8万亩,节省面积核查资金62.3万元;平台管理大中型拖拉机年完成耕作面积40.04万亩次,平均每台作业量达到1 477.5亩次,每台平均年作业收入超过8万元,比平台建立前增加收入1.5万元/台,平湖市271台拖拉机总增加收入406.5万元。平台通过加强对补贴机具监管,提升农机使用效率,实现财政补贴资金绩效的提升;农机手通过手机APP实时查看平湖市农机分布和经销商、维修站、育秧中心、飞防植保、烘干中心等服务网点分布,实现服务效能提升;通过加装智能测温报警设备,平台可在烘干机设备工作出现烟火时,及时报警提醒,实现安全监管能力提升。平台建设具有良好的经济和社会效益。

"粤农情"数字赋能广东乡村振兴

广东省农业农村厅、中国联合网络通信有限公司广东省分公司、
广州健坤网络有限公司、数字广东有限公司 [①]

一、基本情况

"粤农情"是广东省农业农村大数据应用服务平台项目,初步实现了厅内各业务系统数据、厅外有关省直单位的数据融通共享,并且逐步拓展到了商业数据。"粤农情"通过汇聚政府管理的政务数据、农业农村系统业务平台产生的业务数据、合作伙伴(公司、平台等)共享共治的市场数据,不仅能让政府的宏观调控作用与市场有效引导高效结合起来,又能让市场数据与政务数据、行业数据相互佐证,提出更精准的参考依据,利于管理者决策。从政府的角度,把数据治理与社会信用保障、多维度精准测算等市场运营思路结合起来,通过开展"数据授信""数据担保"适时高效解决农业企业、种养大户、流通大户、个体户等贷款难、贷款慢等问题,通过"粤政图"、多维度"数据测算"相互佐证的依据,为推进农业保险增值提效奠定了基础。

二、创新点

采用先进的大数据技术架构。大数据平台采用业内目前先进的技术架构,采用微服务组件方式,支持大规模数据离线批处理、实时数据处理、元数据管理等功能。

采用成熟的数据治理体系。项目运用成熟的数据治理体系,分为ODS(操作性数据)、DW(数据仓库)、DM(数据集市)层进行数据治理和分析,全面提升数据质量和数据标准规范。

实现了政务与市场等涉农数据的共治共享。不仅实现了厅内51个业务系统的数据汇聚,涵盖畜牧业、种植业、种业、水产渔业、农村三资等数据,解决了厅内业务系统

[①] 完成单位:广东省农业农村厅、中国联合网络通信有限公司广东省分公司、广州健坤网络有限公司、数字广东有限公司。邮箱:18769768@qq.com。

因烟囱式建设导致的数据不共享不互通问题；同时与广东省政务大数据中心对接，与广东省直属相关部门的系统对接，采集广东省涉农企业数据。

粤政易、粤政图创新应用。通过广东省政府的"粤政易"实现了统一身份认证登录，为广东省农业农村政府部门人员提供便捷、安全的登录方式。与广东省政府的"粤政图"对接，可适时共享地图资源，通过多类地图资源直观地展示了广东省现代农业产业园、动物防疫检疫站等地理信息。

数据与金融的相得益彰。通过对政务数据、行业数据、市场数据的治理提升，为探索推进数据授信、银行放款深入试点提供了保证，通过"数据助力保险"，促进农业保险的健康发展。

三、应用成果及效益

目前大数据应用服务平台面向全厅30个内设机构和20个直属机构，广东省政府人员及21个地市级农业农村局有关科室提供数据上报服务。通过对种植业、畜牧业、水产渔业等领域的大数据分析，有效提升广东省农业生产监管和宏观决策水平。通过对历史扶贫数据的治理，评估个体、区域返贫监测指数，为乡村振兴提供重点监测和风险预警。通过数据智能上报系统，提升数据服务效率、快速生成数据统计分析结果和提供便捷的数据查询导出功能，极大地缩短了数据上报的工作量。通过"数据授信""数据担保"，解决了涉农企业、种养大户、流通大户等的贷款难、贷款慢，通过"大数据""粤政图"，为农业保险增值提效奠定了基础。

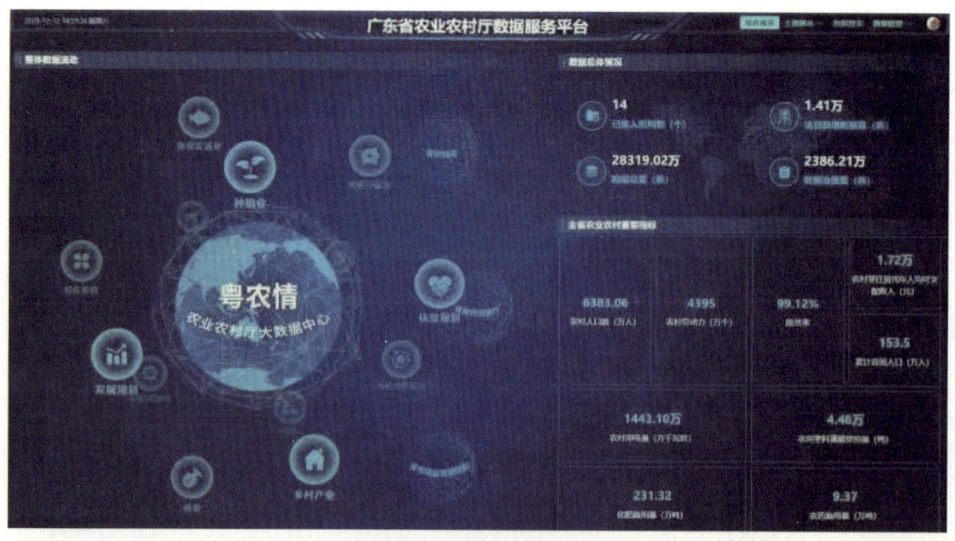

广东省农业农村厅数据服务平台

陇南乡村大数据平台

深圳市布博卡科技有限公司、甘肃省陇南市大数据管理局[①]

一、基本情况

乡村振兴是综合性系统工程，需要连接和整合各方面资源，汇集在一起拧成一股力量，共同推进社会发展和经济发展。随着经济社会快速发展、人口快速流动和互联网时代的到来，需顺应当前群众"在手机上不在村上"的特点，充分发挥"互联网+"的优势，打破物理空间限制，通过一张信息网的平台建设，将市县镇村政企商农汇集到一个移动互联网平台，通过政府引领、社会协同、公众参与、城乡融合的"互联网+"模式，引导智慧服务、智慧生活向农村延伸。陇南乡村大数据平台是基于SaaS（软件即服务）的软件应用模式，通过云端工具，在管理端，管理用户可以通过选择配置自动生成市县镇村的各级移动互联网门户，功能应用可配置、布局可配置、风格样式可选择；在移动端，用户可自行设置应用，实现千人千面的个性化。

二、创新点

陇南乡村大数据平台的科技创新主要体现在"大、云、移、智"四个方面。

大：陇南乡村大数据平台是市县镇村政企商农综合性一体化信息服务平台，采用SaaS应用模式，一次性将全市8县1区199个乡镇3 287个村以及基层党组织体系、市县镇村管理员体系、新时代文明实践体系、电子政务、电子服务整合到一个移动互联网平台。

云：陇南乡村大数据平台在服务村民的基础上也是基层工作的云平台，涉及6 057个基层党支部近9万名党员的日常工作、涉及全市9 000多名各级领导干部的工作通知和部署、涉及4 000多名市县镇村的各级管理员的运营管理工作、涉及1 000多个志愿者团队的公益活动开展等基层工作。

[①] 完成单位：深圳市布博卡科技有限公司、甘肃省陇南市大数据管理局。邮箱：billy@buboca.com。获奖情况：入选"大数据+扶贫"中国国际大数据产业博览会十大应用案例，入选"2019年中国网络理政十大创新案例"评选活动十大创新案例，获得软件著作权1项。

移：通过陇南乡村大数据平台，从上而下可将党和各级政府的资讯、政策、服务直接进村入户；从下而上可以汇集民声，防微杜渐；在平台上人与人、村与村、镇与镇、县与县互联互通。推进乡村治理能力和治理体系的现代化。陇南乡村大数据平台充分利用微信的使用便利性和传播优势，以微信公众号为入口，以HTML5和微信小程序为载体，无需下载即可使用。

智：陇南乡村大数据平台将全市下辖的8县1区199个镇3 287个村、127万实名用户以及各部门的民生服务汇集在一个平台上，通过统一用户授权和埋点数据采集，自动记录每个用户的行为（人、时间、地点、事件）从而获取海量的最小颗粒的数据，实现多维度数据分析，为政府科学决策提供数据支持。

三、应用成果及效益

陇南乡村大数据平台不仅是甘肃省乃至全国面向农业农村影响力最广、用户量最多、数据量最大的区域性信息综合服务平台，更重要的是平台在促进农业经济发展中起到极大的推动作用。民间交易信息发布量达15万多条、商户5 000多家、运输车辆3 000多台、农民工技能培训4万多人等数据反映出平台强大的生命力。该平台现已在山东、云南、河南等地部署应用。平台提供几十项功能应用，涉及为民便民惠民的方方面面。至今游客访问数已达915多万次，实名认证用户127多万，占全市287万户籍人口的44%。基本覆盖到每个家庭，日均PV量（浏览量）500多万次，日均产生数据量超10G。

牧原智能养殖机器人应用

河南牧原智能科技有限公司[①]

一、基本情况

智能化养猪装备包括：①智能饲喂设备，设备是基于智能化硬件基础，应用自主研发的下料控制芯片来精确控制下料量。根据不同时期的猪群的营养需求不同下发不同的饲喂方案，通过智能混料系统、智能饲喂系统做到精准饲喂。②板下清粪机器人，板下清粪机器人主要用于代替人工进行猪舍单元板下清扫工作，具有清扫效率高、速度快等优点。③消毒弥雾机，主要用于畜舍、仓库、车辆洗消点等密闭空间消毒，采用高效率加热器，消毒剂雾化能力更强，设备体积小巧、方便运输，具有自动清洗功能。④智能赶猪机器，机器两侧设计有激光测距仪，可以根据两边的距离控制两边的伸展臂形成赶猪临时墙，设备的上侧设计有拍打机构，前下方有踢猪脚和电击模块，从而实现多维度全方位的赶猪效果。⑤智能捡猪机器，滚齿捡猪机器通过激光雷达自主导航加上遥控操作可以准确找到意外死亡的猪只，运送到单元外，死猪捡运过程全程实现无人接触。其他智能化养猪机器，如自动清洗机器、自动刷圈机器、智能公猪牵引车、诱情公猪机器、智能充电桩等。

二、创新点

一是降低生物安全风险。项目所述的智能养殖机器人集成了多种类的传感器，能够基于物联网平台进行远程操控、按需调配，提高养殖场的生产效率，同时能够保障养殖场的安全生产，最大限度地降低了生物安全风险。通过智能化设备对传统人工的替代，降低劳动成本、降低了人的劳动强度，人机协作将成为养殖场未来发展的主要趋势，以此来减少人为因素对养猪生产过程所造成的影响。二是提高生产效率。公司通过

[①] 完成单位：河南牧原智能科技有限公司。邮箱：hudong@muyuanfoods.com。获奖情况：2020年10月获得河南省科技进步奖一等奖。

研发智能饲喂、智能环控、养猪机器人等智能装备，为猪群提供高洁净生长环境，提高猪群健康，实现安全生产。同时，公司通过人工智能技术，建立猪病预测模型，实现疫病实时监测与有效控制，养殖过程数据自动采集与分析，对部分猪病进行提前预警，辅助兽医进行远程诊断。养猪装备的不断升级，生产效率高于国内行业平均水平。三是实现工业化与信息化的融合。公司的智能化养殖装备均为自主研发，让自动化与信息化结合，发挥最大功效。通过信息反馈系统，高效、准确的采集数据，提高管理信息系统中数据的可靠性，提升了对生猪养殖环节的管控能力，可以实现对养猪产业链的全流程追溯及可视化管理，全面保障生产安全，真正实现高能效、高质量的生产水平。

三、应用成果及效益

智能装备的应用提升了生猪养殖技术进步，推动牧原生猪养殖技术向生态友好转变，促进当地农牧业可持续发展；减少了人畜接触，有效阻断疫病传播的途径，降低养殖过程中人对生猪的影响，可以实现病原零传播；可以辐射周边畜牧养殖业，起到农业示范的作用，带动现代畜禽养殖高科技化的发展，极大地提高了资源利用效率，有助于企业管理部门、管理者及时、准确地掌握全公司牲畜养殖及全生产链条的运行动态和经营信息，并制定出科学的宏观决策，极大地提高了运行效率。

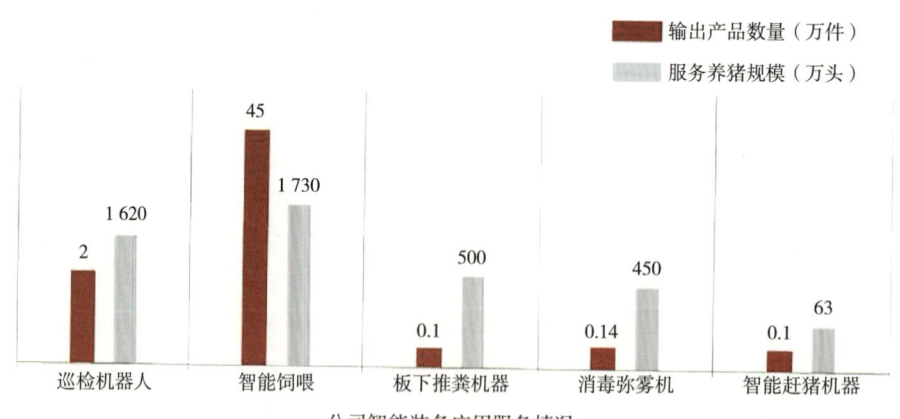

公司智能装备应用服务情况

基于区块链技术的"认标购茶"溯源平台

一泽信息科技(上海)有限公司[①]

一、基本情况

农产品区块链溯源基于区块链和新一代物联网技术,进一步打通了各个环节的信息,建设面向消费者的溯源体系,通过对区块链技术的应用,重新打造企业端、政府及监督机构端和消费端等多方的信任关系,进一步规范和提高行业监管,为农业供给侧结构性改革、农业高质量发展提供了新动能。建设成果基于区块链技术的"认标购茶"溯源平台是推进茶叶生产结果调整和促进茶农增收、茶企增收的迫切需要,是发展特色、高效协调绿色农业,为农业经济发展增强后劲的需要,是推进质量兴茶、科技兴茶,促进茶叶产业可持续发展的需要。

二、创新点

项目建设主要以实现现有的茶叶等农产品追溯系统数字化为主,为企业端、政府及监督机构端和消费端提供区块链追溯相关服务。主要创新体现在三个方面:一是集成应用创新,采用原产地软硬件结合的方式,追溯码具有可辨识性,极大地提升了造假的难度和成本;二是架构创新,充分考虑供应链上的信息共享,单条供应链上的企业可以向上下游企业提出追溯要求,企业可以结合上下游企业提出的追溯要求和自身的追溯需求,来建立或扩展追溯系统;三是应用创新,采用传统存储与区块链相结合的方式,应用企业可以根据自身可承受的成本压力以及具体交易的重要性,选择采用哪种存储方式。

项目充分利用区块链的信息可追溯、共享账本、不对称加密的特征建设业务协同可信溯源网络,溯源业务平台采用SpringMVC+Shiro+Mybatis+Nui框架+MySQL数据库

[①] 完成单位:一泽信息科技(上海)有限公司。邮箱:15216699803@163.com。获奖情况:获得软件著作权2项。

组合，区块链平台采用Hyperledger Fabric作为开发模块化体系结构的平台程序基础。为优质的茶叶等生鲜农产品生产商提供有效的原产地证明服务；为茶叶等农产品生产流通环节的交易、信息交换等活动提供存证、验证、赋码、追溯查询、征信以及其他信息服务；为第三方提供信息存储、检索、分析等服务。

三、应用成果及效益

项目成果主要落地应用于福建省武夷山市茶叶溯源领域，茶产业引入区块链溯源技术，形成茶叶采摘、初制、精制、包装和茶人加持全流程可追溯体系，不仅可以规范化、标准化、数值化茶叶生产管理，将工业化的效率引入，也可以按意愿将茶叶生产的各个环节数据透明给消费者，提高消费信任，从而保障产地茶叶的品牌形象，让真正的茶叶产品有价值、有市场。截至2021年9月23日，基于区块链技术的"认标购茶"溯源平台注册茶企38家，发布产品277件，茶人数量8人，赋码数量6 414枚，区块高度23 974，总用户数820个，前期主要节点设置包括了数字武夷、茶业局、溯源系统、市场监督局、品牌方（茶企）、认证专家。

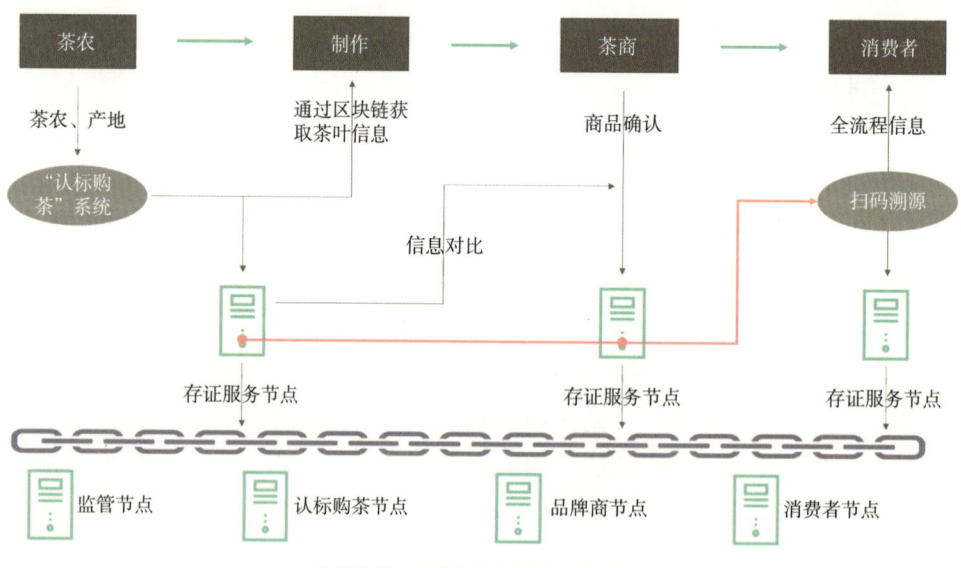

认标购茶·区块链溯源平台业务流程

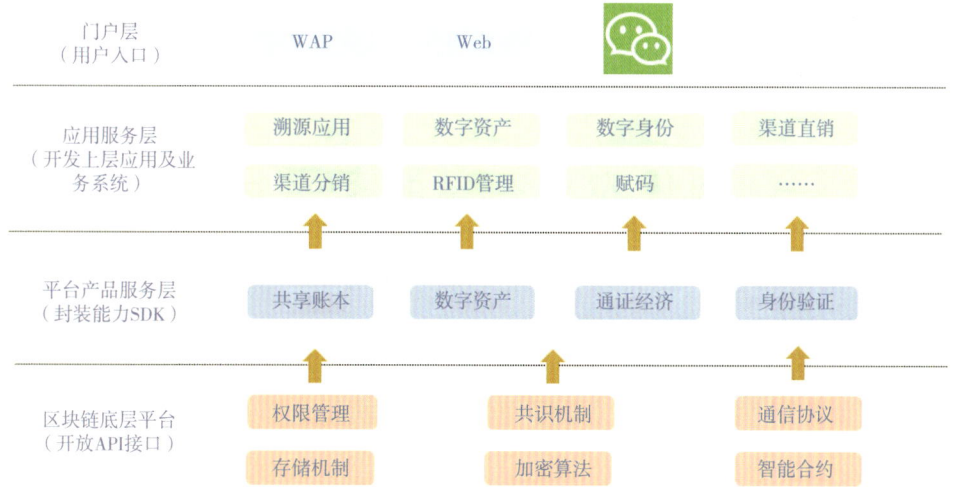

区块链溯源平台技术架构

现代农业智慧服务平台

山东农大肥业科技有限公司 [①]

一、基本情况

平台按照实施数字中国战略、乡村振兴战略、数字乡村战略的总体部署，以产业数字化、数字产业化为发展主线，以数字技术在农业生产管理中的应用为主攻方向，以数据采集分析与处理决策为关键要素，着力建设农田信息采集体系，加强数字生产能力建设，加快农业生产管理、技术服务数字化改造，强化关键技术装备和数字化工程设施建设，推动农田作物信息、农机管理信息等与公共智慧化平台的互联开放共享，全面提升农业生产智能化、经营网络化、管理高效化、服务便捷化水平，用数字化引领驱动农业农村现代化，为实现乡村全面振兴提供有力支撑。平台突出实用、高效的特点，通过传感器、农用机械、智能设备的合理设计，使功能与形式有机结合，充分体现既最大限度地满足使用要求，又尽最大可能降低运行费用。

二、创新点

实时数据采集设备研发使用。研制并投入使用田间多源异构信息快速采集物联网设备，可定位于信息采集地块，针对多项田间实时数据进行全天候采集。通用物联网感知终端主要完成农业生产信息的全面感知，采集信息包括：空气温湿度、土壤温湿度、土壤pH值、CO_2浓度、光照强度、风速风向等。

大数据服务平台开发使用。通过大数据平台服务的开展，集成各项大数据研发成果，建成终端服务平台APP，用户可通过手机终端实现农田一键上线，并自动建立种植档案信息，展示地块数据信息，并实时推送地块管理决策内容及灾害预警信息，提高种植管理效率，节省投入成本。同步开发农业大数据可视化平台，展示农业发展现状，记

[①] 完成单位：山东农大肥业科技有限公司。邮箱：651832268@qq.com。获奖情况：获得专利36项、软件著作权2项。

录变迁情况，并依据大数据服务区域农业发展。

建立基于卫星遥感影像的作物产量预测模型。以卫星遥感影像为判定依据，整合气象、土壤、地形、经纬度等多个变量，建立作物产量预测模型，并采用机器学习算法估算的作物产量，平均误差达到35千克/亩以内。

基于无人机遥感的作物关键参数获取。通过无人机遥感反演作物长势，获取作物各生育期叶绿素含量、NDVI（归一化植被指数）、氮素含量等关键参数，指导农事生产调度，进行区域管理，提高管理效率，节省管理成本。

三、应用成果及效益

山东农大肥业科技有限公司为种植户、农场、专业种植园区、设施农业等不同应用场景提供专业大数据服务，目前平台已推广至山东、河南、江苏、河北、吉林、辽宁、黑龙江、内蒙古等18个省（区、市），应用面积达30万亩，1 000多个规模种植农场，平台内置了10多种大田作物的种植方案。针对农田进行数字化改造后，劳动生产率提高50%以上，节约劳动成本100余万元；肥水药使用降低10%以上，节约劳动生产资料投入80万元；单位面积产量提升10%以上，区新增效益600万元。运用数字化种植模式，辐射带动周边地区种植户，以小麦为例，每亩可增产100千克计算，加之劳动力成本降低、生产资料投入成本降低、小麦品质提升等综合因素，可获得3亿元的经济效益，社会效益巨大。

中国移动河南公司蓝天卫士平台建设项目

中国移动通信集团河南有限公司[①]

一、基本情况

河南省18个地市1.23亿耕地亩全覆盖，共安装蓝天卫士摄像头1.97万部，建成省市县级三级视频监控平台130多个、乡级视频监控平台95%以上，各地共组建起应急分队超过3.5万个，基本实现了蓝天卫士对省域农区的业务全覆盖。同时河南省农业农村厅结合五级责任体系组织开展了河南省蓝天卫士监控快速处置演练活动，完善并发挥蓝天卫士管控机制作用，组建应急处置小分队，实行省、市、县、乡四级24小时值班制和相关领导带班制，通过技防人防相结合，确保出现火情后第一时间传递信息、快速到位、有效处置。蓝天卫士业务基于河南移动CMNET网、城域网和传送网的高速网络，依托省中心视频监控大数据平台，利用河南移动无线网络铁塔基站全覆盖的独特优势，创新大数据分析新算法和新型模型，通过图像自动分析、烟雾检测、智能学习，发现疑似烟雾，实现对农田秸秆焚烧场景的自动识别并预警。客户侧，通过PC客户端和手机APP方式，实时获取监控预警图像和告警通知。

二、创新点

蓝天卫士业务通过图像自动分析、烟雾检测、智能学习，发现疑似烟雾，实现对农田秸秆焚烧场景的自动识别并预警。在组网技术、安全防护和平台搭建方面均实现了技术创新。

组网技术方面，该项目创新性使用大二层技术进行资源池网络搭建。安全防护方面，根据基础网络集群虚拟化发展的趋势，本期工程利旧的核心交换机设备支持网络交换虚拟化、NFV和SDN技术，为后续多个虚拟资源池资源整合奠定了技术基础；采用分布式存储技术，使用大容量X86服务器和分布式存储软件构建虚拟存储资源池，通过

[①]完成单位：中国移动通信集团河南有限公司。邮箱：yuanzhouyang@ha.chinamobile.com。

采用分布式存储技术，使云计算虚拟存储资源池具备良好的扩展性和可靠性。采用层次清晰、结构完整、开放共享的技术支持框架，采用Openstack开放云计算架构以及X86开放硬件架构，实现从目前条块分割、封闭的架构迈向统一、协同、开放的架构，打造河南省信息的资源整合中心和信息交换的中央枢纽，以持续、稳定、安全的技术架构支撑政府公共服务一体化、个性化、决策智能化。

三、应用成果及效益

"蓝天卫士"项目一期采购摄像头只覆盖到河南5个地市，分别是周口248个点位、安阳248个点位、商丘260个点位、许昌30个点位、新乡72个点位，在禁烧期发现102个烟火点，截至8月30日发现695个烟火点，有力推动禁烧工作开展。获得《河南日报》《人民邮电报》以及网络媒体如搜狐网、光明网的一致好评。"蓝天卫士"项目在商丘永城、安阳汤阴等地实现全覆盖，夏季禁烧期效果实现"零火点零通报"，客户满意度非常高，并得到河南省农业厅及省综合禁烧办的关注，准备联合河南移动召开河南省现场会，在河南省推广。

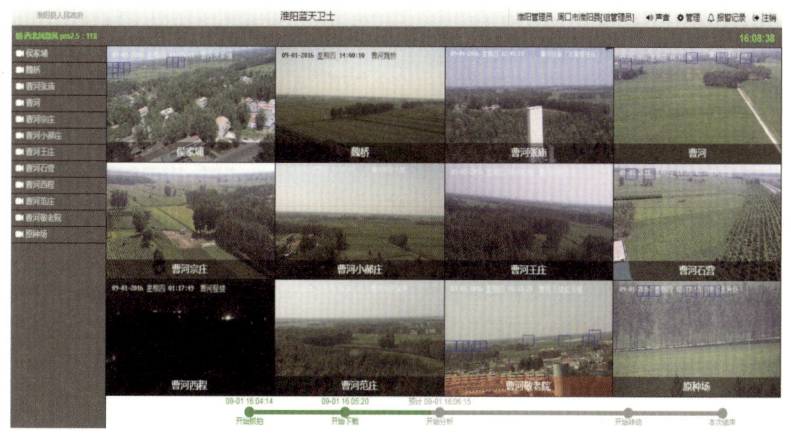

淮阳蓝天卫士图

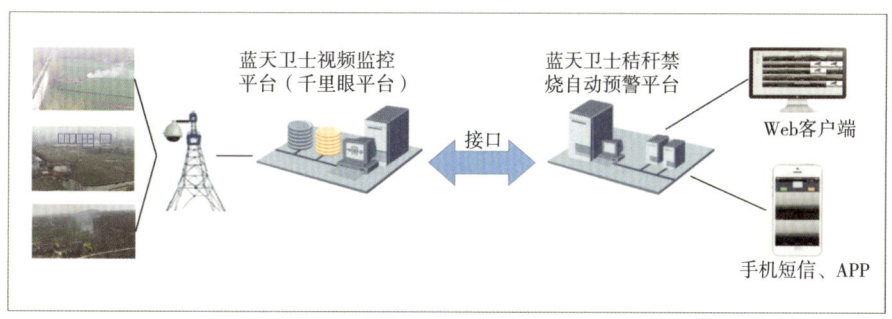

蓝天卫士系统

基于农业智能设备的设施番茄基质生产技术

辽宁先丰农业科技有限公司[①]

一、基本情况

目前传统耕作方式，长期依赖土地，由于高强度的耕作和大量施用化肥，造成土壤团粒结构破坏，亚硝酸盐积累。而且，长期耕作造成土传病虫害日趋严重，农药使用量加大，农残风险加大，从而影响了消费者的信心。当前中国的蔬菜生产90%以上仍然是以经验为主的传统生产方式，技术和经验不分，体力劳动和经验不分，体力劳动和脑力劳动不分，因而造成工作劳动强度大、收入低、成本高、土地污染严重，劳动力老龄化，缺乏年轻的新一代农民，农业可持续发展面临困难。经过实践证明，基于农业智能设备的基质生产技术的应用，能够对作物生长全部环境条件进行精密控制，从而使得农业生产有可能彻底摆脱自然条件的制约，完全按照人的愿望，向着农业生产自动化、机械化和农业管理数字化、工厂化的生产方式发展。

二、创新点

基质栽培模式，绿色环保，无公害。基于农业智能设备的设施番茄基质生产技术采用橄糠作基质，它具有清洁、无污染、无病虫害、通透性好、保水保肥、提高根系温度，适合蔬菜根部发育成长，可反复使用，成本低，可控性好等优点。更重要的是不会造成水污染、水资源浪费、土壤污染土壤结构破坏、有害物质积累等现象。

水肥一体化，水肥灌溉精准，生产规模提高。新一代水肥一体化施肥机，为国家注册的专利产品，采用现代工业的自动化控制技术、物联网技术、GPS通信技术和现代信息化技术，并结合中国情况，适合中国农民、家庭农场和大型蔬菜基地使用。

环境监测控制系统，保障作物生长环境。温室农业环境监测系统由环境数据监控

[①] 完成单位：辽宁先丰农业科技有限公司。邮箱：lnxf4001172227@sina.com。获奖情况：获得专利1项、软件著作权3项。

器、传感器等组成,可以实时采集空气温度、空气湿度、光照强度、二氧化碳浓度、土壤水含量、土壤温度等农业种植环境参数,以直观的数据、图形等方式显示给用户,并提供声光报警、短信报警功能。

工业化模式,一劳永逸,成本低。该技术采用工业化操作流程,施工简单,整地做槽只一次,可以长期使用。免去了年年整地使用农家肥改良土壤的麻烦,省工、省时、省力,减少土壤和水环境污染。

三、应用成果及效益

自公司成立以来,我们立足辽宁,不断提升和发展。目前,我们的用户已发展至黑龙江(大庆)、新疆(塔城)、内蒙古(科左后旗)、上海、江苏(南京、连云港)等地,用户包括政府单位、农业企业、科研单位等推广面积已达到5 000余亩。根据实施多年的统计数据表明,该技术每亩节水率高达50%左右,肥料利用率提高35%~55%。茄果类作物,平均增产30%以上,同样品种提前7~10天上市,亩效益提高40%以上。采用这一技术产量提高30%以上,节省3亿亩土地,中国60亿亩的盐碱地、荒漠地、板结地、污染土地可以变成高产田,增加城市菜篮子基地,彻底解决我国土地制约问题。同时农民收入增加一倍,释放劳动力120万人,解决劳动力短缺问题。

数字乡村综合服务平台

中国工商银行股份有限公司[①]

一、基本情况

助推农村集体产权制度改革。搭建农村集体三资数据可视化系统和全链路的数据采集平台，助力构建归属清晰、权责明确、保护严格、流转顺畅的现代产权制度，协助政府部门建立阳光透明、触手可及的闭环监管体系。盘活农村沉睡资产资源。平台依托"一触即达"的信息撮合优势精准匹配交易对象，提供农村产权交易和农产网络销售渠道，激活主体、激活要素、激活市场，实现农业增效，农民增收。创新智慧村务运营。将村务运营紧密连接在统一、开放、共建的信息化平台，以数字经济理念、技术和模式助推实现乡村有效治理，乡村公共服务便捷高效，构建"一村一特色"的"智慧乡村大脑"。打造新型农民金融服务体系。为涉农企业和上游农户提供产业信息化升级、物联网技术应用、在线无抵押免担保普惠融资服务，协助做好农民个人的信用体系建设，扩大惠农服务半径。

二、创新点

"银农链、产权链"树立"农村三资领域"创新引领新标杆。同业首创区块链+农村三资的解决方案，有效加强多方信息的安全、互信机制，提升用户体验，降低交易成本，提升监管机构对数据的高效监管，助力构建农村金融服务生态。

通过SaaS、API服务灵活组合模式，支持多银行、多公司的快速拓展。采用交互界面、业务功能和数据访问的多种服务灵活API输出，与浪潮集团、杭州新中大科技股份有限公司、苍穹数码技术股份有限公司、北京云讯科技有限公司，农村商业银行、中国农业发展银行合作共建。

[①]完成单位：中国工商银行股份有限公司。邮箱：19584069@qq.com。获奖情况：入选可信区块链峰会十大高价值案例。

基于行业独家的伞状账户体系，满足多层级的产权交易流程监管要求。对于竞价式标的物，买受人经实地考察后，经平台完成招投标操作后，中标者由中心完成买卖双方的相关转让手续后，通过平台将资金划拨至卖方指定的银行账户；未中标者通过平台将保证金原路退回买受人的原支付账户。

自主可控的金融云服务技术安全体系。利用云计算、分布式等新技术手段，基于开放平台集群系统与大型主机有机结合的基础架构，构建起面向未来业务发展的全新技术体系框架。

基于两地三中心的生产安全灾备体系，支持业务的不间断运行。当发生地域性灾难事件，同城双中心同时发生灾难不可用时，全行业务在2小时内切换到北京的异地灾备中心运行。

三、应用成果及效益

截至2021年2月末，中国工商银行已与农业农村部及13家省级农业农村厅签署战略合作协议，与525家区县级农业农村局达成平台合作，市场占比高达28%，大幅领先同业。覆盖全国31个省、157个地市，8.3万个村集体和农村股份经济合作社。平台采用"软件即服务"的建设模式，实现对客的IT零投入。相关客群基于互联网通过"PC机/手机+账号密码+动态验证码"即可使用平台服务，无须配备专业IT人员，无须投入软硬件设备，真正实现零投入。

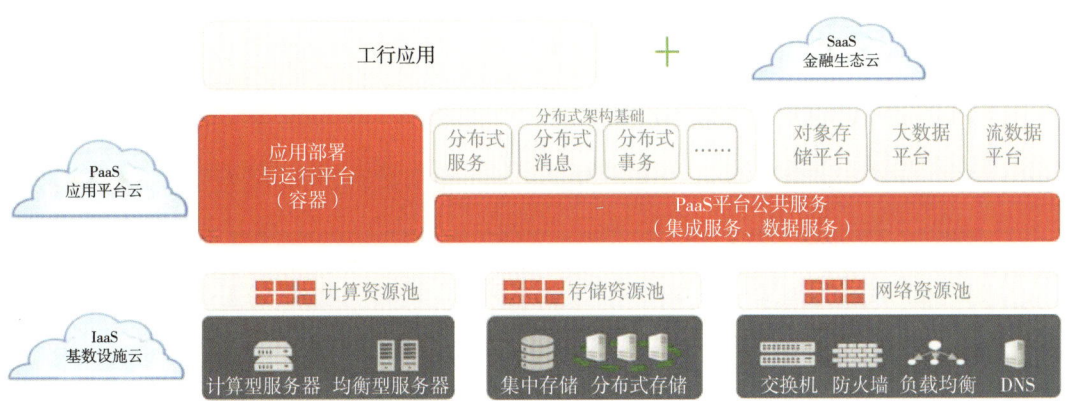

金融云生态服务体系

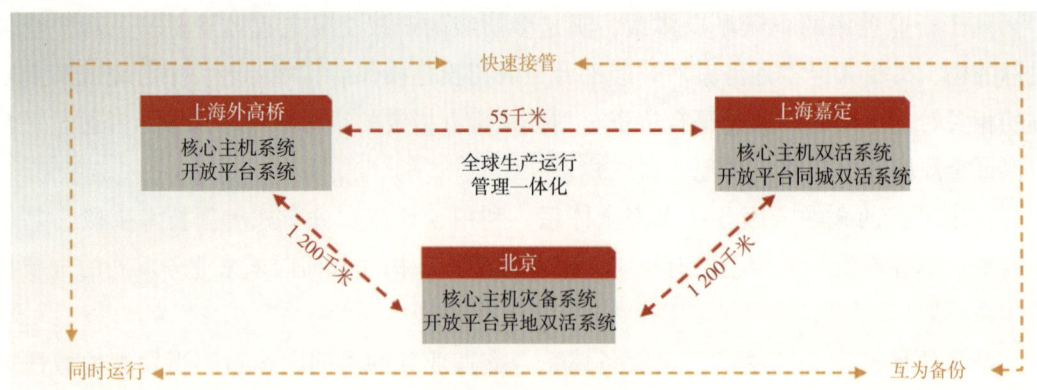

"两地三中心"灾备架构图

类球形果蔬智能"三去"机和分离设备

广州达桥食品设备有限公司[①]

一、基本情况

类球形果蔬智能"三去"机和分离设备,是一种光机电一体的数字式机械,有柔性,带程序和远程控制。因此一机能兼容近30种果蔬完成保持固态去皮/籽/核和初分离,国内外售后服务都能通过手机互联网进行。加工线都由前处理—中间制造—杀菌包装"三段组成,后两段早已机械化,唯独前处理工段落后,特别是"三去"(去皮、去籽、去核)目前国内外都基本靠人工,是公认的"血汗工种",急需机器换人。但是类球形果蔬形状极不规则,传统刚性机械缺乏柔性,很难做到保持固态"三去"和分离,本成果系列化数字式智能机器初步解决了这一难题。

二、创新点

数字式大果削皮机。数字式大果削皮机由一种果蔬高度自动检测装置及方法、一种果蔬传送装置及传送方法、双刀式自动去皮去果眼机三项专利构成,结构包括机械手、触摸屏、找中灯、削皮机构、定果叉、削皮刀、传感器等组成,用压缩空气为动力的机器。定果叉有上下两个,削皮刀有前后两把,削皮厚度人工调节,单刀削还是二刀削可以点击设定。瓜果用机器或人手放进料口,激光灯指示果柄或果脐找到最佳受力中心,预防定果被压扁、压爆,同时预防削皮扭断。

数字式中果削皮机。数字式中果削皮机由机电一体全自动削皮机及其削皮方法、一种果蔬高度自动检测装置及方法、一种果蔬传送装置及传送方法三种专利构成,结构包括触摸屏、放果座、激光找中灯、输送链、削皮机构、切端刀、捅核及切瓣刀、清洗球等组成的机器。输送链上有叉果针,切端刀有上下两把,捅核刀与切瓣刀相连。点击

[①] 完成单位:广州达桥食品设备有限公司。邮箱:gzdaqiao@163.com。获奖情况:获得广东省科学技术奖一等奖,入选中国农业农村重大新产品新装备,获得专利55项、软件著作权3项,获得中国农学会"十大新装备"荣誉。

触摸屏设定好动作,将果放入果座,激光灯指示果柄或果脐找到最佳受力位置,机器按程序完成送果—定果—找高—找粗—削皮—切头尾—捅核—切瓣—出料。因有位置和压力传感器探测指示和计算机控制,削下来的皮厚度基本相同。

数字式果粒无损分离机。以石榴为例,本机能把石榴粒一颗一颗"抠"出来,得到果肉完好的粒粒石榴。它是加工高品质果汁、酱、酒、醋必不可少的设备。在石榴、柚子、百香果、仙人掌果等行业已广泛使用。为攻克柑橘加工脱苦世界难题开辟了新方法。

三、应用成果及效益

2008年研制到今已在苹果、橙子、南瓜、柚子、马铃薯、石榴、海棠等100来种果蔬中应用,目前用户遍布中国各地,卖到亚、非、拉、美、欧等30余国。机器已发展成数字式大果削皮机、中果削皮机、小果捅核机、微果去皮机、果粒无损分离机、无伤盲刷洗机、分切机7个系列。经过不断迭代,已集成无人化前处理生产线,为净菜、罐头、果干、速冻、果鲜切等保持固态加工提供了硬件支撑。

物联网 + 痕量灌溉技术应用研究与推广

沈阳市现代农业研发服务中心（沈阳市农业科学院）[①]

一、基本情况

本课题研究的物联网+痕量灌溉技术，是一种适合沈阳实际情况，将高效节水灌溉系统与物联网有机结合的技术。能够实现地块的气象、墒情、苗情的远程监测、智能灌溉，做到实时监测、智能分析、自动控制、精细化管理，从而实现灌溉水资源的高效利用和精准灌溉。能够有效提高作物的产量和品质，增加农民收入，减轻农民的劳动强度。与农业农村信息化、数字农业农村工作紧密结合。与普通滴灌相比，应用物联网集成痕量灌溉技术后，可达到节水80%、节肥50%、节药30%、增产30%以上。管护人工节省90%以上。

二、创新点

将痕量灌溉技术与物联网控制技术相结合，实现自动分析作物的实时需水情况，提出节水灌溉方案；同时引入大数据管理理念，由物联网系统自动进行参数分析优选，提出痕量灌溉制度的最优方案。

数据自动观测技术。原有实验观测中，针对不同示范区作物及种植方案，分别制定人工观测记录方法，包括观测周期、观测项目、产量测定方法等。应用物联网控制技术后，可由系统自动记录生长期用水量、施肥量、土壤含水率、环境温湿度等数据，再与人工观测数据进行对比校核，确保实验结果客观有效。

灌溉自动控制技术。应用物联网控制技术后，通过自动采集系统，分析当前作物的生长情况和需水情况，提出节水灌溉方案。由用户管理平台发出指令，实现田间灌溉的智能化操作。

[①]完成单位：沈阳市现代农业研发服务中心（沈阳市农业科学院）。获奖情况：获得辽宁省水利科学技术二等奖，获得辽宁省科技进步三等奖，获得软件著作权3项。

灌溉制度智能化技术。对项目区多种种植方案建立了不同的节水灌溉制度，尤其是在滴灌、微喷灌的基础上，还对痕量灌溉制度进行了研究制定。之后又应用物联网技术对痕量灌溉制度进行研究，引入大数据管理理念，由物联网系统自动进行参数分析优选，提出灌溉制度的最佳方案。

灌溉控制平台技术。课题应用物联网技术研发出面向用户的登录界面、信息显示、远程控制系统，作为用户与物联网控制系统的交互平台。尤其是开发了手机APP访问软件，极大地提高了痕量技术的灌溉效率。

三、应用成果及效益

本项目研发阶段分别在沈阳市沈北新区、苏家屯区、于洪区等地建设多处高效节水灌溉示范区，累计推广面积230余亩，其中进行物联网集成技术配套的面积约40亩。截至2018年，应用本项目技术完成推广面积累计5 600亩，其中辽中区3 600亩，苏家屯区2 000亩。经测算，项目改造后预期亩效益217.45元，总收益为108 718万元。其中预期平均亩增收198.4元，增产效益99 198万元；平均节水11.1元/亩，节水效益5 550.8万元；平均节肥7.94元/亩，节肥效益3 969.2万元。

日光温室油桃高效节水示范

日光温室玫瑰花高效节水示范

物联网控制平台界面

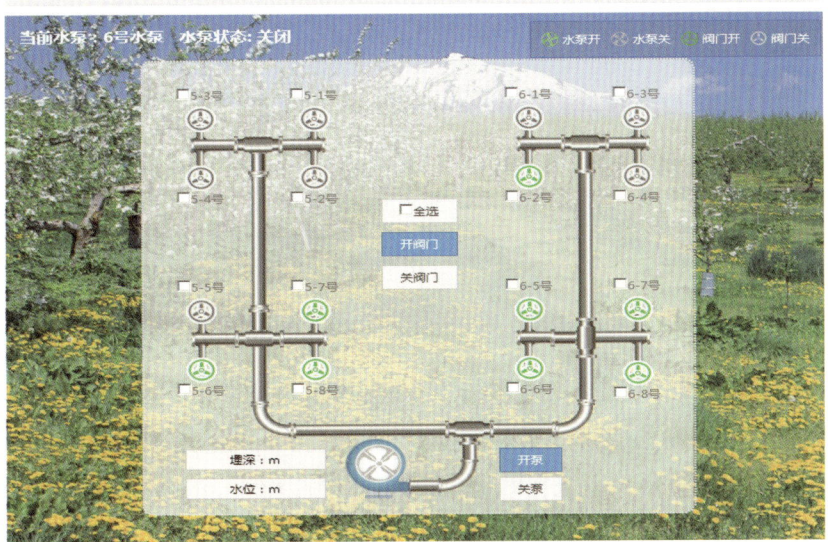

物联网系统自动控制界面

Corewell-436 在线式智能型水肥机

南京科沃信息技术有限公司 [①]

一、基本情况

Corewell-436在线式智能型水肥一体机是基于华NB-IoT通信芯片研发的新一代云上智能灌溉系统,根据设备应用场景的不同,可以自由下载不同的灌溉、施肥策略,同时根据自身配置的传感器,可以在本地自动调节水肥比例、浓度。最多可以支持240个阀门精密混肥系统,精确调节,节约灌溉用水,单路混肥流量最高600升/小时、EC/pH传感器自反馈控制系统,同时通过PID控制算法,响应迅速。本产品还结合了番茄生长养分及产量效应模型,进行了灌溉策略、模型的设计,采用养分、产量非线性的模型函数,进行了初步的尝试。本产品可以无缝对接云平台,结合养分产量效应作物模型,进行适合不同作物、不同生长阶段进行智能化的灌溉模型设计。人机交互方面融合了多维可视化工具,为客户使用提供更好体验感。

二、创新点

Corewell-436在线式智能型水肥一体机是基于瘦客户端应用方式前提下,结合番茄全生长期养分需求量函数,进行施肥量的控制和指导,根据作物应施肥、作物需肥、肥料利用率、土壤养分供肥量基础函数,进行灌溉策略模型设计。同时,通过移动通信方式,下载灌溉策略结合水肥机工作实时监测传感器,可以动态调整水肥浓度和比例,实现更精准的用肥、用料控制。实时在线传感采用NB-IoT通信方式,并且支持Wi-Fi通信兼容,硬件部分采用TI公司超低功耗芯片为核心处理器,由NB-IoT通信模块等外围电路组成,外围模块包括电源模块、电池充放模块、采集模块等。多模块集成连接组成采集传输、控制终端,硬件结构设计既考虑了未来物联网技术发展新技术应用与方向,又考虑了系统的功能多样性与实用性,结合大数据平台的作物模型,尽可能优化灌溉

[①] 完成单位:南京科沃信息技术有限公司。邮箱:guanlianyong@corewell.cn。获奖情况:获得匠农杯"2018智慧农业领航创新项目/产品奖",获得第四届国际智慧农业博览会智慧农业创新产品奖。

方案,同时,还兼顾到后期系统功能的扩展。主要包括系统主程序、A/D采集转换子程序、通信等子程序,实现灌溉过程中的一些压力、流量、pH值、EC值等数据采集、通信连接、传送等功能。最后将由该产品物联网通信终端设备接入物联网开放平台,利用云平台优势对数据进行分析存储和设备的远程控制管理。

三、应用成果及效益

根据作物的实际需要和土壤的实际情况,来制定利用该产品开展滴灌施肥作业,可以将水肥的价值实现最大化,实现灌溉过程的远程智能化、数字化,平台化管理,显著提高农作物的产量和品质。显著提高肥料利用率,与常规施肥相比,可节省肥料用量50%以上,省水用量70%以上;大量节省施肥劳力,不用下地,不用开沟、覆土,速度快,上千亩的面积可以在一两天内完成,比传统施肥方法节省劳动力90%以上;灵活、方便、准确地控制施肥时间和数量;显著地增加产量和提高品质,增强作物抵御不良天气的能力;通过不同的灌溉方式施肥只湿润根层,行间没有水肥供应,杂草生长也会显著减少。

橡胶数字化生产销售模式

海南省白沙黎族自治县橡胶产业发展中心①

一、基本情况

天然橡胶是资源约束型产业，是重要的工业原料和战略物资。全国橡胶主要分布于广东、海南和云南，规模分别为60万亩、840万亩和900万亩，其中干胶产量仅有80万吨，远低于国家对天然橡胶使用需求，由于供需缺口大，我国天然橡胶进口量一直保持高位。橡胶数字化生产销售模式的推出，一方面解决农村地区大宗农产品信息持续精准采集问题，另一方面建立的产业支付利益联结体系，符合基层实际情况，非常适合在广东、海南和云南等省份推广实施。全国橡胶种植大县有11个县，如使用上生产销售系统，将掌握精准详细橡胶生产数据，为国防军工和国民经济关键领域用胶提供基本保障。

二、创新点

构建支付利益联结体系。以政府为主导，由县金融办、县橡胶产业发展中心、中国银联、海南邮政储蓄银行、白沙橡胶协会、胶农组成利益联结机构，形成科学完备的工作体系。

发行"橡胶丰收卡"。由中国银联牵头，银盛机构具体实施，支持海南邮政储蓄银行发行白沙"橡胶丰收卡"，免去胶商和胶农交易信息费、年费和跨行取钱手续费。

精准采集橡胶生产信息。白沙橡胶生产销售管理系统覆盖全县各个村委会民营收购点，彻底结束白沙民营橡胶手工录入台账的历史。收购商和胶农通过手机微信关注"白沙橡胶"公众号后，可实时查看交易数据，实现数据电子化。

构建橡胶销售新模式。将收购商、胶农的银行卡号信息导入橡胶生产销售管理系统，实现"一次采集，长久使用"。胶商利用终端系统录入胶农售胶记录时，在最后系

---

①完成单位：海南省白沙黎族自治县橡胶产业发展中心。邮箱：Bsxnfb180@163.com。

统支付环节提供"现金支付"和"转账支付"两种支付方式。

数智赋能产业提质增效。白沙橡胶生产销售管理系统正在开发通过人脸识别为胶农进行采集售胶数据。在每次卖胶的时候，通过人脸识别自动显示胶农的基本信息，并根据电子秤蓝牙传输重量数据，自动结算应付金额，实现人脸支付。

三、应用成果及效益

通过支付利益联结体系，引导银行参与地方农业发展，探索橡胶产业"收购贷款增信"交易，一方面有利于胶商、橡胶加工厂授信可信度，便于个体户和小微企业贷款，解决无抵押物、无担保困扰；另一方面，有利于减少银行对农民的验资工作。例如当前白沙胶农持有邮储丰收卡已经达到2.3万张，涉及白沙县11个乡镇83个村居委会，覆盖面高达95%左右；邮储丰收卡对收购商的覆盖达92%左右。即可作为邮储银行征信，亦可作为其他商业性银行征信，有利于金融机构服务"三农"。通过数字闭环，为政府制定政策提供数据支撑，2020年白沙县发放政策性奖励资金0.145亿元惠及胶农2.4万户次，极大激发胶农生产积极性。

白沙县橡胶生产销售管理平台

"齐力农邦"农服信息化服务平台

山东齐力新农业服务有限公司[①]

一、基本情况

"齐力农邦"农服信息化服务平台是利用信息化的手段来解决新形势下农业服务及生产管理中所面临的问题,其主要内容、运行方式、工作模式均与农业农村信息化、数字农业农村工作高度吻合。创新性地建立了服务主体与经营主体两种用户类型,服务主体可发展服务多个经营主体,经营主体亦可选择服务主体。真正实现了托管大户或服务型合作社与基层农户的业务对接,提高了效率。"齐力农邦"农服信息化服务平台解决了农业生产大户、托管大户以及服务型合作社等的内部生产高效管理的问题,以及对外高效服务的问题,目标任务清晰,满足了各类新型农业主体的需求,其适用性较广。

二、创新点

农田生产各类信息自动上传,智能分析,生产管理更高效、更智能。借助农田作物信息采集及管理设备,实现了手机APP端农田作物长势、农机作物面积、农机状态等信息的实时呈现。实时掌握农机或无人机作业面积、作物位置,自动量化工作人员的工作量,减少了人为的干预,降低了人工成本,提高了工作效率。

对外服务线上化,一对一服务,突破原有模式的滞后性,服务性更强,服务范围更广。平台立足于服务的现状,以服务高效化为基本原则,将各类服务线上化,实现沟通实时,解答实时,服务实时。

对外服务标准化,精、细、准服务,突破原有的笼统性服务模式,服务性更准,服务效果更强。该平台以标准化的服务作业为基础,针对农田的不同管理需求情况,制定对应的管理技术,以达到最初想要的服务效果。

[①] 完成单位:山东齐力新农业服务有限公司。邮箱:346559630@qq.com。获奖情况:入选2016—2020年重点龙头企业、入选"守合同重信用"企业,获得专利15项。

平台用户类型简单,管理高效,用户接受度高。平台立足于实际应用便于推广的基本原则,将用户分为服务主体和生产主体两类,用户在注册时进行选择。服务主体一般为托管大户、农机合作社、农资销售大户等,生产主体一般为基层农户。

平台模块化设计,可任意添加其他功能模块,丰富服务功能。根据用户的实际需求,可任意增加功能模块,为用户提供更便捷的服务工具。

三、应用成果及效益

平台已在齐河县山东齐力新农业服务有限公司以及天津保农仓农业服务公司进行了示范应用,应用效果显著,极大提升了公司的管理效率,得到了公司的广泛认可。对外服务方面,服务农户近100多家,服务面积达到了4万余亩,利用无人机可随时监测到大面积农田的作物长势,为后续管理服务提供了数据支撑。劳动生产效率提高13%左右,合计节本增效约260元/亩。山东齐力新农业服务有限公司致力于推动农业标准化生产,创建了齐力特有的"6S"服务模式。公司现有全程化服务标准682项,其中采纳了国家、行业、地方标准579项,公司制定企业标准103项,成为农业服务行业标准化最全、最细、最精准的服务组织代表,并于2018年率先通过了山东省省级标准化试验项目验收。

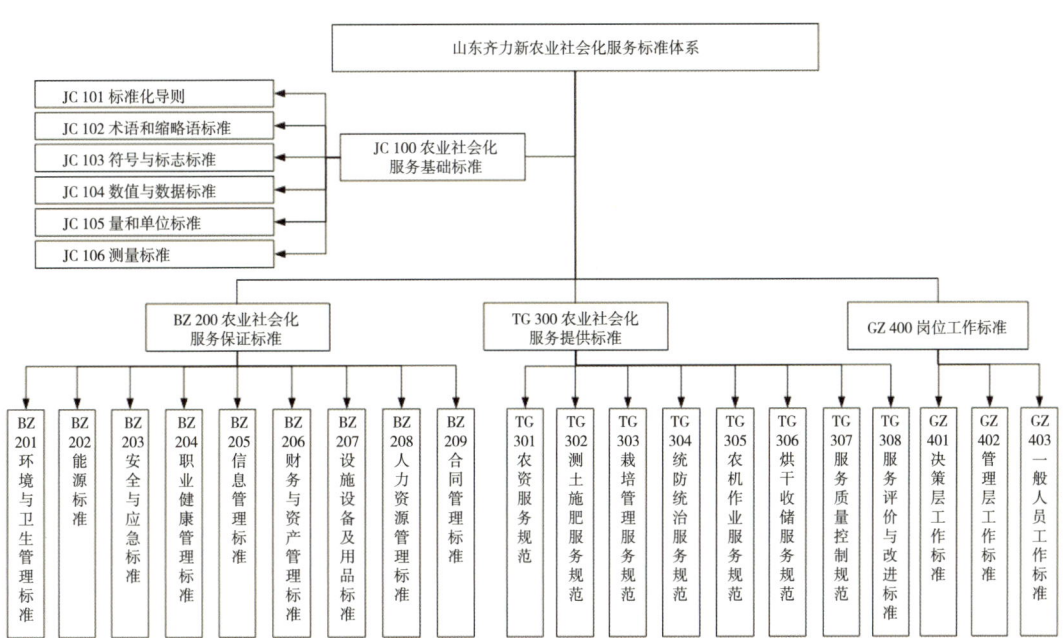

山东齐力新农业服务有限公司"6S"标准化服务模式

猪易通 APP

北京日普乐农牧科技有限公司[①]

一、基本情况

家庭猪场可以通过猪易通APP,解决养猪生产生活遇到的所有问题,提升家庭猪场养猪效率,目前已服务全国200万家家庭猪场,是养猪行业下载使用用户数第一的APP。随时随地查猪价,手机拍照/视频问猪病,养猪人交友互助家园买兽药、买饲料、买设备这里都有,让养猪人不花冤枉钱,猪易商城承若,所有商品假一赔十,猪易商城先行赔付。看行业头条新闻,最新行情分析,最全养猪技术,最新行业政策及热闻,更有养猪人最爱看的视频。每天一场养猪技术授课,一线养猪高手,养猪专家在线面对面教你如何养好猪,还可以足不出户看行业会展、高端论坛、产品发布等。养猪没时间看手机,不用担心,一边喂猪,一边听/看养猪知识,养猪新闻,在忙碌中也能给自己的养猪生活充充电。发布生猪供求信息,找靠谱的猪经纪,发布养猪行业求职招聘信息,发布信息,快速有人响应,让供求变的更高效。

二、创新点

猪易数据,通过全国范围猪价数据收集,通过大数据技术和人工筛选,最终通过猪易数据分析师呈现每日全国猪价数据,截至目前,猪易数据已成为行业专业的猪价数据平台。

猪易问答,通过整合全国执业兽医、农业院校老师、规模猪场长等,通过猪易问答在线帮助家庭猪场解决猪场遇到的猪病和养猪难题,通过远程图文、视频、直播、语音等形式,高效地解决了家庭猪场找兽医难、成本高的问题。

猪易公开课,整合国内养猪实战专业、农业院校老师,通过在线直播和视频录制,输出专业的养猪知识视频系列课程,让家庭猪场人员足不出户就可以学习到专业化、体系化的养猪知识,提升养猪技能,用知识赋能养猪人。

猪易商城,通过整合上游生产型农牧企业入驻开店,通过猪易商城,家庭猪场可

---

①完成单位:北京日普乐农牧科技有限公司。邮箱:dangb@zhue.cn。

以在线采购生产资料,如饲料、兽药、添加剂、猪场设备、种猪以及劳保用品。提升商品流通效率,降低流通成本,进而节省家庭猪场生产资料采购成本。

养猪百科,猪易通APP通过整合专业的养猪知识内容,形式有文字、图片、问答、视频、直播等,通过知识图谱技术和大数据技术,未来将输出人工智能产品。

猪易通

三、应用成果及效益

猪易通APP已有200万用户,是养猪行业下载用户数最多的APP,用户覆盖全国2 678个县。同时服务全国300多家农牧企业,使其流通销售业务电商化。猪易通APP通过在线化工具,大大提升了家庭猪场养猪效率,解决了养猪行业信息不对称的问题,通过整合养猪行业闲散资源,将其充分利用并发挥价值,解决了家庭猪场找兽医难,问病难等问题。猪易商城上线至今,累计交易额已破10亿元,线上采购可节省家庭猪场10%~30%的采购成本,累计为全国家庭猪场节省上亿元。

数字农业农村食药用菌种植标准化示范基地建设

广西小草信息产业有限责任公司[①]

一、基本情况

小草数字农业农村食药用菌种植标准化示范基地建设是以数字化农业技术手段改变传统农业粗放式管理模式为精准化管理模式，所建立的管理模型与精准的成本控制手段可以在现代化农村农业生产中降低成本、提高产量、提升品质。产品集成的专家系统芯片还可以通过行业专家的技术经验，直接指导农村生产，提升生产力，弥补农村技术不足的缺陷。小草数字农业农村食药用菌种植标准化示范基地建设系列产品由广西小草信息产业有限责任公司自主研发，具有独立自主知识产权。产品从云端大数据、嵌入式专家系统服务器、现场监测控制专家系统、采集与控制装备到应用软件系统、移动应用系统均体现了高度的创新性，是信息技术与传统农业生产工艺和生产方式结合的典型应用。

二、创新点

专家系统数据分析：整个系统以小草数字农业智能监控专家系统为运算核心，通过对多个智能传感器网络的实时参数分析，结合不同产品、不同生长周期的环境要求，自动评估、综合分析、优化判断并自动生成调控方案。

精准采集、智能控制：系统中的传感器可以针对产品育种、生长、仓储、运输、加工等不同过程中空气环境中的温度和湿度、光照强度、氧气、二氧化碳浓度、土壤环境中的温度和湿度、水分含量、水质环境的温度、pH值、电导率等进行实时、精准采集；根据不同的传感器及其使用时间有针对性地进行三点修正、查表修正、曲线拟合修

[①] 完成单位：广西小草信息产业有限责任公司。邮箱：ysp@xaocao.com。获奖情况："小草数字农业"荣获第八届中国—东盟博览会农村先进适用技术暨高新技术展优秀参展项目奖；"数字农业类产品"荣获第十届中国—东盟博览会先进技术展优秀参展项目奖；"小草现代农业智能监控专家系统"获广西"优秀软件产品"，获得专利4项、软件著作权15项。

正等后处理，根据传感器网络的综合分析科学地反应出产品的实际环境。

远程管理、实时预警：系统架构中配有远程管理服务器软、硬件，可以接受远程查询、控制、远程升级与维护等管理。管理员通过权限管理功能可以使不同权限的移动终端设备接收到不同级别的预警信息，实时传输的预警信息便于用户对产品生长情况实时了解、实时控制。

信息联动、产权自主：通过专家系统可以将产品实际生长环境的各项参数传递到各技术支持网络与科研网络终端，得到广泛的技术支撑与信息联动，对适应现代化产品生产、销售起到更好的作用。结合不同地域、不同品种的实际种植情况，可以将自己种植的经验数据保留在具有自主知识产权的芯片内，科学使用精确数据进行现代化的产品种养，全面提升品牌价值，提升品牌品质与产量。

三、应用成果及效益

小草数字农业农村食药用菌种植标准化示范基地建设系列产品从2018年开始立项研发，经过不断升级现在已是第四代产品，产品已覆盖了包括国内所有省（区、市），市场反馈良好，产品运行稳定，具有广泛的推广价值。根据用户实际使用与相关调查资料统计分析，采用精准化管控手段对电力成本、人工成本、时间成本、管理成本、感染率均会有明显降低，成本降低幅度根据原来生产程度对比，降幅在10%~30%不等；引入精准管控与信息技术后，食用菌品质与产量也会出现根本提升，年折合经济效益提升幅度在5%~30%。

基于牛胃电胶囊牧场数字化管理系统

内蒙古基硕科技有限公司[①]

一、基本情况

基于牛胃电胶囊牧场数字化管理系统通过"牛胃电胶囊"可以实现对牲畜的体温、胃部pH值、体位、步数、加速度、胃部压力等部分生理信息的自动感知、数据自动获取，通过数据平台进行分析、判断、预警。本系统可以获得牲畜进食、饮水、活动、体温等信息，进而可以对牛的健康状况、发情、怀孕、分娩进行监管，对预防牛的疾病、准确判断牛发情期、实现牛的追溯、进行精准饲养、保障乳制品质量安全、减轻饲养者劳动力强度有限大帮助，从而提高工作效率，达到提升牛养殖企业经济效益的目的。该胃电胶囊可通过通信模块与网关进行数据传输，在牧场环境下最大覆盖范围可以达到5～10千米，支持Wi-Fi、4G LTE及以太网上传数据。牛胃电胶囊通过吞咽式投放到胃部，终身携带，非人工剖腹不会自动脱离牛体。采用医药级材料，环保健康，电池寿命平均为5年，可以满足大型牧场对牲畜信息长期监测的需求。

二、创新点

国内首次研发。它是仅次于美国、世界第二个的自主研发牛胃电胶囊。它集多种传感器与一体（定位、体温、体位、加速度、计步、pH值、压力、甲烷等），体积小（为 ϕ 2.3厘米×8.6厘米圆柱体）。体内投放式。牛胃电胶囊利用投药器通过食道轻松投放，终身携带，避免了穿戴式传感器的易损、易脱落、怕水等缺陷。研发一种牲畜信息远程传输系统，该系统采用星形网络架构的低功耗远距离的LoRa技术，简化了野外网络部署，一个中心网关即可覆盖方圆5千米的牧区，避免电池更换（电池使用寿命5年以上），可以满足大型牧场对放养牲畜信息长期监测的需求。

---

①完成单位：内蒙古基硕科技有限公司。邮箱：185011427@qq.com。获奖情况：获得内蒙古科学技术奖，软件著作权7项。

三、应用成果及效益

目前，开始在内蒙古巴彦淖尔市临河红星牧场试验，试验检验传感器的功能，并取得了很好成果。我国的奶牛通过"牛胃电胶囊"能够实现科学合理的养殖，使牛的平均寿命延长2年，我国有奶牛610万头（2019年），每头牛一年能为农户带来8 000元左右的收入，将为我国带来976亿元的收入。通过"牛胃电胶囊"能够实现科学合理的养殖，可以提高牛奶的产奶量，预计每头奶牛的年产奶量可以增加800升；同时利用瑞安公司的胃电胶囊对每头奶牛的发情期进行合理安排，又可节省了2 400元，一头牛一年可为农场主多带来5 400元利润，以2019年奶牛610万头来计，一年将为我国增加约329.34亿元的收入。本项目实施后，在本地建厂生产，有利于当地的产业化结构调整、农牧业数字化发展，增加本地税收2亿~3亿元，解决当地就业人员约1 000人。

临安山核桃特色产业云平台

杭州市临安区农业农村局[①]

一、基本情况

"临安山核桃特色产业云平台"以构建产业长效发展机制为核心,深化农业管理、科技推广、质量安全、产业监管等业务的数字应用。"一产+数字"重点实施山核桃生产标准化与智能化、管理数字化,建设山核桃产业标准模型,建设一批产业数字化生产示范基地,推广一批节本增效山地特色数字农业应用模式。"二产+数字"重点提升山核桃产品原料管理、生产加工工艺数字化管理水平,强化产品质量安全全程追溯和投入品监管,推动产品生产、流通过程数据自动化、智能化采集,应用区块链技术使追溯数据上链,增强平台可信性,提升临安山核桃产业全链条、全流程、全领域质量安全监管能力。"三产+数字"重点围绕品牌+科技+电商+公共服务,实现产业融合发展,挖掘产业大数据商用、政用、民用价值,服务于政府、服务于市场、服务于公众,促进产业提质增效。

二、创新点

本平台应用了卫星遥感测绘、物联网、大数据挖掘分析、区块链、云计算、数字签名加密、模型预测、病虫害图片AI智能识别、GIS、网络爬虫等技术。

6个数字示范基地制作数字证书,主要是对山核桃林地基础属性、地形地貌、土壤数据、气象数据、地表覆盖、山核桃植株、工程条件等全要素进行数字化处理,对各要素进行量化评价,并形成完整的评价体系,确定山核桃林地的要素属性和经济价值。动态的山核桃数字证书将作为山核桃林地的金融凭证,为种植户在经营山核桃林地过程中的抵押或贷款行为提供基础性数据支持。

[①] 完成单位:杭州市临安区农业农村局。邮箱:1186543335@qq.com。获奖情况:获得软件著作权1项。

3个孕灾环境敏感性和承灾体易损性指标，建立灾害评价模型，分析山核桃主产区自然灾害综合风险，绘制自然灾害风险分布图，预报气象致灾因子的强度等级及分布范围，根据山核桃林地的生态脆弱性，得出林地的风险指数，最终进行网格化的量化评价，为政府开展山核桃生态化治理提供数据支撑。

平台为林农开发了数字服务系统，提供日常种植生产指导服务，如标准化生产模式图、病虫害图谱、测土配方服务等。平台应用病虫害图片AI智能识别技术，林农只需拍照即可识别病虫害，找到防治方法，也可以通过智能问答系统或线上与专家实时交流，实现双向良好互动。

三、应用成果及效益

本平台已在规模基地、合作社、龙头企业、区农业农村局植检站、农技推广中心、浙江农林大学、山核桃产业协会等单位进行推广应用，6个示范基地已使用农事管理系统，150余用户使用数字管理系统，20余家龙头企业入驻品牌管理系统。以2019年山核桃产业链产值41.6亿元为基数，山核桃产业链产值按10.0%递增。2022年，山核桃产业链产值达到55.3亿元。通过山核桃数字赋能示范建设，辖区内农业产业结构更趋合理，预计到2022年农民人均纯收入将达到4.1万元，比项目实施建设前2019年的3.1万元，增幅1.0万元，增长33.0%。

基于GIS大数据的高标准农田设施网格化管理平台

河南汇众基业农业科技有限公司、中国测绘科学研究院、
山东农业大学、临颍县农业农村局[①]

一、基本情况

为破解农田基础设施管护难题，确保高标准农田设施良性运行，河南汇众基业农业科技有限公司受临颍县农业农村局委托开发基于GIS大数据的高标准农田设施网格化管理平台，将全县高标准农田设施精准上图入库，实施监控所有农田设施使用现状，通过平台构建政府、基层组织、农户多方参与的可视化管理系统，从而建立农田基础设施长效管护机制。基于GIS大数据的高标准农田设施网格化管理平台以可视化为核心，平台可以及时接收来自多源的报修申请，快速定位报修设施的精准位置，查看设施问题及历史巡视和管护数据，判定维修主体，评估维修资金，及时高效监督管护过程。通过管理平台，政府主管部门可及时全面地掌握农田设施运行状况，又能使设施问题得到及时高效解决，解决了建后"管好用好难""管理成本和资金成本高"等问题。得到了主管部门和农户的一致认可。

二、创新点

设施管护平台化、网格化、数据化、可视化。通过建立设施网格化管理平台，将全县所有农田以变压器（台区）为单元划分网格并上图入库，建立网格化管护组织数据库，为每个网格农田设施建立数字化档案并上图入库，以此建立可视化管理业务系统。

农田设施和地理信息的有机结合。平台充分利用GIS技术，将最新遥感数据、无人机高精度数字影像作为数字底图。通过对遥感数据、无人机航拍数据、高标准农田、

[①] 完成单位：河南汇众基业农业科技有限公司、中国测绘科学研究院、山东农业大学、临颍县农业农村局。邮箱：18939591278@qq.com。获奖情况：获得5项软件著作权。

土地确权、两区划定、耕地地力评价等数据资源的整合利用，并通过对以上数据的处理分析和人工辅助采集，将农业各种资源要素上图入库，从而形成农田设施GIS资源一张图。

创新了农田设施管护模式。借助管理平台，管护人通过手机APP下发的巡检任务，按图索骥，对每个设施进行精准巡视，拍照记录设施状况，发现问题及时上报。

建立"互联网+高标准农田网格化管理"体系，提高了高标准农田管理的信息化水平管理。平台融合了先进的信息技术，包括GIS、北斗、云平台、云计算、云存储、物联网、智能化处理、4G/5G等先进的技术手段，形成了"一图统管、一网通办"的农田设施管理体系，为确保高标准农田设施良性运行，加快推进农业高质量发展和乡村振兴提供有力支撑。

三、应用成果及效益

平台上线运行以来，已有1 000多个三级网格、10 000多眼机井、1 000多台变压器、5 000多座桥涵、2 000千米农田道路上图入库，涉及高标准农田面积达50多万亩。通过充分发挥基层组织的作用，给每个网格的网格长、管护人员都安装了APP并进行了培训，并指导管护人员到田间进行巡视，拍照记录农田设施状况，对发现损坏情况平台及时派发维修任务。截至目前，平台已接收200多出损害情况并及时高效地进行维修维护。

一亩田农产品电子商务交易平台

北京一亩田新农网络科技有限公司[①]

一、基本情况

批发是农产品出村进城的重要方式,产地80%以上的农产品通过批发实现出村进城,围绕农产品产地搭建服务于产地的农产品产销对接平台,让其更广泛更便捷地对接全国的采购商,将有助于加快农业农村信息化,推动产地农业产业的发展。一亩田作为国内领先的农产品电商综合服务平台,在促进农产品流通,推动农产品出村进城方面发挥了重要作用。一亩田采用的B2B电商业态,能够有效解决一般农产品电商形态下单位业务量偏小造成的交易成本过高的问题。自主研发"天机"农业大数据系统,辐射全产业链,可以更好提升整个行业的数据化、信息化。一亩田农产品电子商务交易平台已经历了市场和用户的验证并形成了一定的用户规模,在数字农业示范应用上,完全具备推广的可行性。

二、创新点

构建农产品信息库,实现大宗产品流通信息化和标准化。构建一个相对较全且动态更新的产品命名体系。实现经营主体数字化,让农业经营实现数据化。构建农业领域的经营主体诚信保障体系,目前已建立经营主体诚信数据库、诚信评价系统和诚信管理制度。同时在上述基础上建立了一套诚信管理制度,以保护平台用户的合法权益,维护平台的正常秩序。引入前沿技术,提升农业产销对接效率。个性化推荐系统的推荐引擎在个性化算法的框架基础之上,还引入场景引擎、规则引擎和展示引擎,形成全新的推荐引擎的技术框架,依托自身技术优势和产业优势,开创性搭建数字化农批代卖对接服务平台,帮助产地的生产经营主体更便利地对接全国各大销地市场。通过该代卖服务体

[①]完成单位:北京一亩田新农网络科技有限公司。邮箱:chengjunfei@ymt360.com。获奖情况:获得高新技术企业认证、入选"2017年中国B2B企业百强"、获评农业农村部"最受农民欢迎的农产品电商APP"、世界数字农业大会上荣获"数字农业先锋企业",获得软件著作权3项。

系拓展了每个货主的销售市场范围,更是极大降低了批发市场对接的成本和门槛。该服务中的智能派单系统可以根据所掌握的各类信息,从全局和货主两个角度制订出当前较优的市场对接方案。通过引入视频智能验货系统提升发货和收货等环节的交收效率,该技术是计算机视觉与数字图像处理技术在农业服务智能化中的一次重要实践,可以准确对视频中的货品和包装物等目标进行货品品质等级划分。

三、应用成果及效益

平台B2B模式应用广泛,助农效果明显。一亩田移动端APP在各大应用商店下载次数达到数千万次。平台供货商超过1 000万人,众多的大学生、外出务工人员、退伍转业军人等群体通过利用互联网优势,将家乡产品推往全国各地,在返乡创业的道路上找到了成功的希望。织就庞大智能化市场网络。市场网络化是平台对农产品批发市场的改造,一亩田已打通全国54个一二级大型批发市场,3 000多个档口的销售服务渠道,积累了庞大的市场数据,可以帮助种植者根据全国范围市场的数据变化,灵活匹配批发市场,货卖全国。

鱼菜共生技术

农政齐民科技（天津）有限公司[①]

一、基本情况

鱼菜共生技术通过互联网技术平台应用，通过环境信息自动采集设备、自动控制设备、视频实时监控系统，对温室生产全过程实施监管和自动化控制，使温室环境可控，提高蔬菜产量和鱼类产量，有效减少了能源消耗、节省了劳动力、降低了工人强度。鱼菜共生技术就像手机或电脑由硬件和软件两部分组成，而每种鱼菜的搭配就像一个专用软件，管理的人只需要根据说明操作即可，应用只需要简单的培训，完全无门槛加盟。鱼菜共生技术全过程实现了养鱼不换水，种菜不施肥，而且是零土壤、零化肥、零农药、零营养液、零排放和零激素。

二、创新点

鱼菜共生技术养鱼种菜的各个生长环节，都用上了数据分析、全链条追踪和人工智能服务。比如，鱼菜共生系统循环过程中，养鱼池排出含有鱼粪便的污水，经过分解后，里面的营养成分被蔬菜吸收，当蔬菜从鹅卵石缝里吸收营养后，剩下的污水，经过鹅卵石的层层过滤净化，在动力回收系统作用下，又回收到鱼池继续循环使用。一次排水回收循环过程，仅需7分钟就能完成。通过对此时间数据的采集，就能准确判断系统是否正常运转，从而保障对鱼与菜的正常生产环境的控制监测。

鱼菜共生系统全程使用循环水养殖，鹅卵石栽植，不使用土壤，且该系统使用对土地无任何要求，废弃厂矿土地，只要达到三通一平（即水、电、路）等条件，即可实施鱼菜共生项目；和传统大棚相比，鱼菜共生技术四季无间歇产出，种植过程中全程不使用任何化肥、农药及营养液；和传统养殖业相比，鱼菜共生技术的运用一个产

[①] 完成单位：农政齐民科技（天津）有限公司。邮箱：nzqm001@163.com。获奖情况：获得专利10项、软件著作权6项。

出50 000千克鱼+200 000千克菜的养殖基地，在人力资源管理上只需要4~6人；和传养殖养殖相比，鱼菜共生相当于只需要传统坑塘水量的10%。它是封井之后的理想解决方案；农政齐民鱼菜共生系统大数据平台，可做到7×24小时全天候数据可查，产品可进行全生命周期追溯，真正做到一鱼一码。

三、应用成果及效益

鱼菜共生技术比传统鱼塘里养鱼节水90%，比普通蔬菜大棚节约土地80%。可以做到传统农业种植蔬菜5倍的产能，传统养殖610倍的产能。农政齐民鱼菜共生技术最早落地天津市北辰区双口镇线河村。基地占地约24亩地，项目以研发及生产为主。历时两年，基地成功养殖了清江鱼、鲤鱼、罗非鱼、鲈鱼等品种，且各类鱼种都经过了检测机构的检测，检测结果为各项有毒有害物均未检出，鱼的口感亦得到官方认可。鱼菜共生固定投入成本主要为养殖设施、物联网设备及鱼苗、鱼饲料等，基地后期运用通过现代化设备及技术的引进，一是生产人员能够降低劳动强度70%以上，年节省劳动成本50%以上；二是可提高产品质量，增加产能，单亩地年收入约41.24万元，预计投资回报率为82.48%。

数字化桑园绿色防控技术及配套设备的研发集成及推广应用

华南农业大学[①]

一、基本情况

本成果利用互联网、大数据、人工智能和物联网等信息技术与蚕桑产业的深度融合，使原本高强度的体力劳动被智能化的机器设备取代。点开屏幕，桑园实时环境温湿度、气象环境走势、病虫害发生情况、害虫爆发预警走势等尽掌握中。不仅如此，从病虫害的监测、诱捕、杀灭、收集、分析、预警预报，整个病害防控流程数据化管理，既精细、高效又环保，从根本上转变了桑园的病虫害防控方式。本成果实用、可行、便于推广，经与各级技术推广机构和生产企业合作，在广东广州、广西忻城等地开展了示范推广，逐步推行数字化绿色防控替代化学防治，保证蚕作安全，为数字乡村建设打下良好基础。

二、创新点

互联网太阳能智能虫情预警预报系统和监测设备，具有实时监测、准确率高、省工省力、智能控制、预警预报的特点和优势。设备采用先进的微型控制技术，同时监测空气温度、空气湿度、土壤温度、土壤含水率、风速、风向、光照度、气压、结露、太阳总辐射、光合有效辐射等16项气象环境数据。同时，配置户外显示设备屏幕，数据采集软件可以自动分成：空气、土壤、水体三大类数据，并在屏幕上实时显示。接入虫害计数设备、摄像头、自动化控制设备等物联网设备和农业自动化控制设备，对桑树种植基地气候条件、病虫害发生情况等进行远程实时监控及预测预报。

智能自动变频太阳能杀虫灯和互联网性诱害虫监测识别计数诱捕器，具有高效灭

[①] 完成单位：华南农业大学。邮箱：Liujiping@scau.edu.cn。获奖情况：获得广东省农业技术推广奖三等奖。

虫、智能控制、高清拍照、自动识别、精准计数、自动清虫、预警分析、节省人力等优势特点。利用太阳能杀虫灯的布置高度、灯泡波段及颜色等不同因素相结合提供桑园病虫害防控的最佳方案，标靶害虫可通过靶向诱集，害虫种类可控。害虫计数器能够记录诱集到的害虫数量，相邻两次害虫的计数间隔不小于4秒；主机具备数据远程自动报传功能，数据涵盖：害虫数量、诱捕时间、GPS信息、温湿度等内容，并可远程设置不同报传方式。

三、应用成果及效益

本成果已在广东广州以及广西忻城等基地开展数字农业示范基地建设，初步建立了桑树病虫害预警体系，并开展了试验示范。本成果在桑园基地的应用，病虫害综合防治效果达85%以上，平均每亩减少农药使用次数4次，化学农药平均使用量下降45%，大幅度降低病害发生率和农药残留量，亩桑产叶量大幅提高3 000千克以上，亩桑产茧量最高可达200千克及以上。桑叶产量和质量的提高，进而保障了蚕桑的安全生产，各示范点蚕种场原种和（或）一代杂交种产量、发种量也相应增加5%~10%。桑叶质量的提升，可间接挽回蚕病损失，提升养蚕总体效益。桑叶的农药残留的降低，保障了养蚕生产和桑叶多元化利用产业的原料安全。

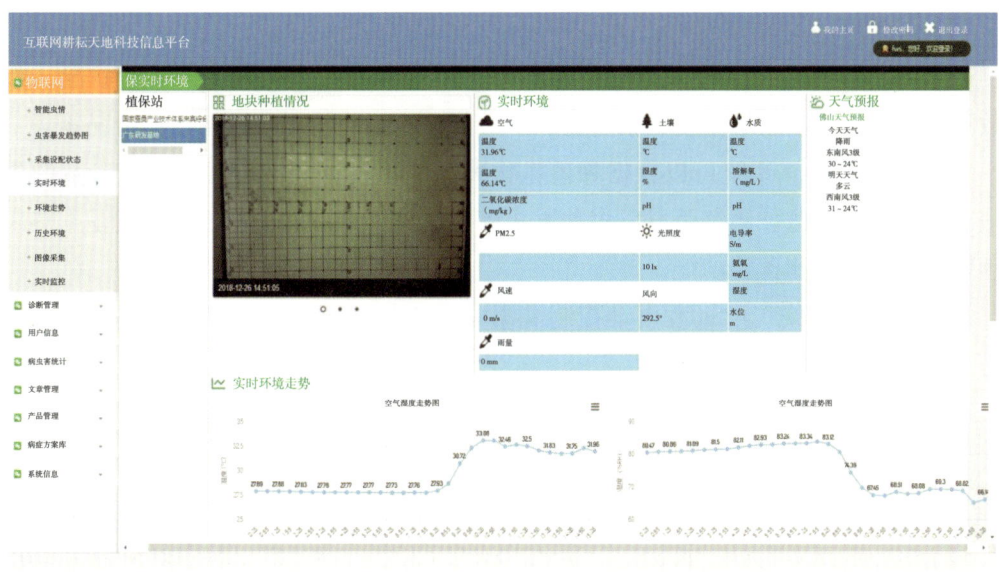

平台"实时环境、气象环境"走势图和历史环境记录

锐利特科技数字农业综合管控平台

河南锐利特计算机科技有限公司 [①]

一、基本情况

平台涵盖了水肥一体、耕地质量监测、墒情监测、气象监测、高标准农田水价改革、安全追溯等，不仅为农业生产提供技术上支持，也为促进农业供给侧改革、转变农业发展方式，提供了有力的数据支撑。平台已在河南省大田种植领域、设施农业领域取得了大范围实际应用。物联网水肥一体化系统已在河南省1/3的示范县区投入使用；自动墒情监测站系统覆盖河南省大部分地区，数据已经并网接入全国土壤墒情监测系统；国家级耕地质量自动监测系统在豫南、豫西、豫东、豫北进行了推广应用；安全追溯系统及电商平台在农产品质量安全县、现代农业产业园相关县区进行了推广应用。

二、创新点

现场环境实时监控。通过电脑或手机客户端远程查看大田现场的实时状况，如气象数据、土壤温度、土壤湿度、水流量、管道压力、施肥情况、设备运行情况等。

智能报警系统。系统可以根据种植作物种类的不同，灵活配置各不同参数的告警阈值。一旦超出阈值，系统可以以多种方式提醒相应管理者。创新性的研发了干热风监测预警，倒春寒监测预警功能。

智能控制。系统能够远程自动控制灌溉电磁阀、施肥机基础设备，提高了工作效率，减轻工作强度。

历史数据分析。与不同作物数据建立统一的数据模型，系统通过数据挖掘等技术

[①] 完成单位：河南锐利特计算机科技有限公司。邮箱：lmx@rainet.com.cn。获奖情况：获得"创青春"全国大学生创业大赛第九届"挑战杯"大学生创业计划"铜奖"，获得第三届中国创新创业大赛河南赛区暨"河南省科技创业雏鹰大赛"三等奖，获得"创青春"河南省大学生创业大赛特等奖，获得第三届中国创新创业大赛河南赛区暨"河南省科技创业雏鹰大赛"大学生优秀项目奖，获得第二届中国"互联网+"大学生创新创业大赛铜奖，获得软件著作权14项、专利14项。

可以分析不同环境下作物的生长状况，提供最适宜生长环境，辅助决策。

种植专家指导功能。大田种植专家系统具有大量种植知识与经验的计算机数据系统并具有在线诊断及远程指导的功能。它应用人工智能技术依据一个或多个大田种植专家提供的特殊领域知识、经验进行推理和判断模拟不同专家就某一复杂问题进行指导。

地理系统。支持基于WebGis的地理信息系统，可视化的展现项目区的位置及种植分布、管网布设信息。

远程视频查看和远程配置功能。用户可以在任何有网络的地方通过移动客户端或PC客户端查看相关视频信息，并可通过云平台控制相关生产摄像头调节所要查看的视频信息。根据种植种类不同的需要可以远程对设备的参数进行远程配置调试。

数据挖掘功能。根据监测到的现场数据挖掘数据库的相关作物数据，模拟生成作物最佳生长环境为作物生长环境的调控提供参考。通过计算参照蒸腾量，结合天气预报和监测站历年的数据对未来一段时间的墒情进行预报。为农业种植提供数据支撑，达到提前灌溉、减少干旱造成的损失。

太阳能供电功能。由于种植区域较广且地势复杂供电线路较远，所以现场的设备供电均采用太阳能供电系统供电，减少了工程量，节约了能源。在设备功耗弹性管理模式下，在光照不充足、电量过低的时，设备自动调整采集数据频次，减少内部模块供电时长，来达到最大限度的延长设备工作时间，保证设备在极端天气情况下工作的有效性。

三、应用成果及效益

目前该平台已在河南多个单位和地区使用，通过应用锐利特科技数字农业综合管控平台，示范区实现亩节水80~120米^3、亩节肥20%~30%，经济作物增产15%~30%，亩节本增效1 500~3 000元；设施栽培一般亩节省投入400~700元，其中，节水电85~130元，节肥130~250元，节省农药80~100元，节省劳力150~200元，增产增收1 000~2 400元。

空天地一体化智慧果园

广州市健坤网络科技发展有限公司[①]

一、基本情况

为解决华南丘陵山地果园现代化种植问题，广州市健坤网络科技发展有限公司、广东省现代农业装备研究所探索出一整套"空天地"一体化智慧果园种植模式，聚焦果园种植标准化、机械化、信息化、智能化"四化"建设，有效解决丘陵山地果园"未来谁来种地"和"提质增效"问题，推动华南丘陵山地果园种植迈向数字化、现代化快速发展。2020年5月20日"空天地"一体化智慧果园种植模式在中国荔枝产业园大会上正式亮相，获得业内高度评价。该模式围绕传统丘陵山地果园"标准化、机械化、信息化、智能化"改造，应用北斗导航、无人机、地面农机、环境监测、智能灌溉、智慧植保、绿色防控、果园大数据等装备与技术共同构成"天空地"一体化智慧果园物联网，推动丘陵山地果园种植机械化和信息化融合，实现良种与良法相配套、农机与农艺相结合，以生产大数据服务智慧果园精准管理，实现机器换人、节本增收，全面提升丘陵山地果园现代化种植水平。

二、创新点

"空天地"一体化智慧果园，首创以16项数字农业装备技术和现代丘陵山地农机为依托，实现农机装备代替人力，数字农业技术赋能果园种植，构建农机与农艺、机械化与信息化相融合的一整套智慧果园种植生产体系。有效降低劳动强度，实现提质增效。通过果园机械、智能灌溉系统的应用，节约劳动力投入，提升作业效率。果园两减一控，实现种植绿色高效升级。通过智能灌溉系统、太阳能蓄水系统、智能杀虫灯、病虫害防治预警系统、果园机械、环境监测物联网等装备技术的应用，实现果园的水肥药

[①] 完成单位：广州市健坤网络科技发展有限公司。邮箱：xieqb@e-jiankun.com。获奖情况：2015年荣获广东省农业技术推广奖二等奖；2017年荣获广东省农业技术推广奖三等奖。

精准控制、绿色防控、碎枝还田，达到两减一控（减肥、减药、控制用水），建立绿色高效种植模式。机械化信息化融合，赋能果园农机智慧作业。引领区域种植示范，吸引社会各界关注。通过全方位集成先进装备和技术，实现了果园良种与良法相配套、农艺与农机相结合的综合应用示范。传统果园标准化改造，焕发丘陵山地农业活力。传统丘陵山地宜机化改造，配合地形、日照、风向条件，进行植株间距、行距设计改造，选育矮化植株，提高土壤及光能利用率。集成16项装备技术，推动果园种植现代化。

三、应用成果及效益

据广东首个"空天地"一体化智慧果园生产数据统计显示，2020年该荔枝果园平均荔枝亩产917.5千克，平均亩产值达到10 000元/亩，农事作业效率提高100%，减少农药化肥施用量43%，减少用水量39%，节约劳动成本300元/亩，荔枝售价比周边竞品高出33%，带动休闲乡旅和科技培训到访人次增幅500%。该模式已初步验证并探索出丘陵山地果园现代化建设路径，让更多从"小特产"升级为"大产业"，以水果产业"小切口"推动农业产业"大变化"，为推进乡村产业振兴奠定坚实基础。

智慧果园现场

荔枝种植智慧果园云大脑

基于3S技术的农业建设项目管理平台研发与应用

农业农村部工程建设服务中心、北京航天丰益信息技术有限公司[①]

一、基本情况

农业建设项目信息化管理平台，是农业农村部农业建设项目管理的唯一信息化平台，实现了与国家重大建设项目库互联互通，对促进农业建设项目全流程监管发挥了重要作用。一是建立了农业建设项目监测监管技术体系。3S（RS、GIS、GPS）技术贯穿于项目申报、项目实施、竣工验收、后期管护与绩效评价的全流程管理，为强化农业建设项目监测监管工作提供了重要技术支撑。二是解决了农业建设项目监测监管工作中的技术难点。借助以3S技术为核心的空间信息技术，开展了基于多源数据融合技术的农业建设项目综合数据库建设与应用研究，提高了农业建设项目监测监管工作质量和效率。三是促进了空间信息技术在农业建设项目行业中的推广和应用。平台已在全国32个省级以及所属市县级农业主管部门，约25 000家项目建设单位广泛应用，提高了农业建设项目行业监管信息化管理水平。

二、创新点

一是创建三个自定义模式，实现用户分权限管理。应用先进的技术理念，平台研究创建流程自定义、用户自定义和报表自定义三种模式。流程自定义是各级农业主管部门可根据本地区不同类型项目的实际要求，基于平台内置的工作流引擎技术定制特殊的项目管理流程；用户自定义是各级农业主管部门可根据本地区的业务办理需要设置用户，分配相应权限；报表自定义是各级用户可根据工作需求，在平台提供的基础报表上将特定的业务指标定制成新的表单项，满足不同场景的数据管理需要。二是构建资源共享模块体系，实现信息资源一键共享。平台内置资源共享模块，确立包括项目基本信

[①]完成单位：农业农村部工程建设服务中心、北京航天丰益信息技术有限公司。邮箱：yaoyan0919@126.com。获奖情况：已取得软件著作权3项，发表论文1篇。

息、审批事项办理结果信息、项目建设信息和项目异常名录共四大类60个详细数据项的共享范围，建立起资源目录编制和数据对接机制，将共享数据以数据服务（API）方式进行封装，实现与农业农村部共享平台的无缝对接。三是构建大数据分析模型，实现项目的实时在线监测预警。平台基于10多年积累的不同类型、不同规模项目数据，利用大数据分析技术构建出一套符合现实情况和管理要求的分析模型，实现对存疑项目的自动监测预警和动态分析。

三、应用成果及效益

至2019年正式投入使用来，在整合历年项目数据的基础上，实现全国范围内农业建设项目的申报和管理，截至目前系统中共有各类农业建设项目为26 000余个。平台在各类项目申报、项目技术资金计划分解下达、项目日常调度、项目监测分析、现场核查、绩效评价以及与国家重大建设项目库衔接等业务工作中发挥了重要作用，实现了各类农业建设项目全流程信息化管理，提高了项目全过程管理水平。

村村享——农村水务智能化管理平台

中国电信集团有限公司、兰州飞天网景信息产业有限公司[①]

一、基本情况

村村享——农村水务智能化管理平台应用信息化技术手段，主要解决农村饮用水水质超标问题，以及水资源严重匮乏的问题，群众生活用水量不足，通过乡村水务水质安防检测、水表远程集抄营收、水生产智慧化管理、泵站远程检测、供水调度管理系统等智能化应用，帮助供水管理企业在水生产方面实现净水降本增效的能力，在供水方面，实现水资源的合理分配以及节水的效能，有效降低净水企业的生产成本，提高企业水生产的效能，同时提升企业的服务能力。在用水用户方面，通过一个标准服务入口，实现用户用水的便捷化管理，包括查看用水详情、个人账户信息、水务公告以及在线远程缴费，从根本解决用水用户安全用水以及便捷用水的需求，大大提高城市基础民生服务能力。

二、创新点

一是基础信息采集。智慧水务信息主要采集社会水循环信息，即在"取水—输水—供水—用水—节水"等环节的测控信息，达到实时采集水源信息，供水信息，用水信息。对其中的水量和水质进行定量的监测和监控。二是供水管理。智能远程监控终端是生产过程控制应用体系的基础，具有遥测、遥信、遥调、遥控等功能。结合自来水生产各环节复杂程度，合理选取监测点，升级智能远程监控终端，对城镇自来水取水、消毒、沉淀、过滤等一系列生产加工过程进行实时数据采集与监控，接入村村享——农村水务智能化管理平台。三是节水管理。节水管理业务主要分为两个版块，分别为乡村居民小区和管网为节水（漏损控制）单位的业务。四是集抄营收。根据水务有限责任公司现状，进行城区整体水表改造，将原有机械表具改造为新型NB远传水表，通过村村

[①]完成单位：中国电信集团有限公司、兰州飞天网景信息产业有限公司。邮箱：18143725982@189.cn。

享——农村水务智能化管理平台集抄及营收系统，实现不同厂家设备的统一接入，打破原有的数据壁垒，实现水表集抄及营收。五是智慧服务。供水企业的核心业务和价值主要体现在给客户提供符合国家标准的饮用水的同时，还能确保企业良性发展。客户服务系统的建设应是面向客户的全方位管理。

三、应用成果及效益

村村享——农村水务智能化管理平台整体是云平台架构，具备快速迭代，快速部署的优势，平台整体始终处于迭代优化的状态，在面向全国客户市场进行产品推广的同时，产品也在积极收取客户的各类业务需求以及行业需求，为保证产品可以始终满足绝大部分客户需求以及推进市场技术发展的同时，平台始终在进行架构及功能的迭代优化。产品2019年进行甘肃省推广，总共落地33个县区，平台接入设备已达到10万块设备。产品在甘肃省内农村水务市场，飞天营收系统已占据50%以上份额。有效解决了项目区域供水资源不足，水安全无法得到保障的难题。

礼县农村水务有限公司智慧水务运营平台

第二篇　国内精选案例

陇西县智慧水务综合管理平台

常熟"智慧三农"农田地理信息应用

常熟市农业农村局[①]

一、基本情况

常熟"智慧三农"农田地理信息是立足县域定位,为率先基本实现农业农村现代化,实现涉农资源要素归集、应用、分析的应用平台。基于常熟"智慧农业""124+N"整体架构,借助航拍和卫星遥感等技术手段,对常熟市农业用地及存在种养殖行为的非农用地进行适宜的最优单元划分编码,持续归集各类地块属性。构建"一码一证一档案"模式,对应"地"(地块编码)、"物"(食用农产品电子合格证)、"人"(主体档案),逐步实现地、物、人、事等要素多维协同管理。借此,常熟市建立健全农业农村基础数据标准,已梳理出"11类、219项、1 914个数据字段"符合县域实际的数据标准。通过市镇村三级联报、科站所汇总两种方式并行更新,79项数据已对接至常熟市大数据基础平台,逐步实现省、市、县数据互联互通。深度挖掘数据价值,完成常熟市14个板块,229个涉农行政村的涉农资源采集工作,形成种养殖布局、高标准农田(池塘)规划及现状、两区划定等72张专题图层。服务于常熟村庄人居环境整治、农药销售管理、水环境专项整治、第三次全市国土调查、综合移动执法等工作。

二、创新点

一是"化整为零"。该应用借助高清卫星遥感(0.5米)、飞机航拍影像(0.1米),对常熟市所有涉农用地(含存在种养殖行为的非农用地)进行适宜的最小单元划分编码,农田(池塘)精准到田埂级别(精度0.1~0.3米)。二是资源编码。对已划分的地块按照"12位"村级行政区划编码和"5位"顺序号对地块进行资源编码,作为信息主要载体,赋予地块面积、土地分类、两区划定、高标准农田等基础属性。三是"统

[①] 完成单位:常熟市农业农村局。邮箱:419374254@qq.com。获奖情况:2020年10月入选江苏省数字乡村试点地区;2020年9月入选苏州市十佳智慧农业品牌案例;2019年4月入选全国县域数字农业农村发展水平评价先进县。

筹联动"。将采集到的数据中农业经营主体身份证号码或统一社会信用代码作为唯一主键,从各业务系统持续归集常熟市涉农主体的相关行为信息。四是"交叠可视"。在农业一张图中,经过前期调研,共计归集基础图层3张、影像图层1张、专题图层68张。五是"功能拓展"。为充分利用已归集的涉农数据,满足日常业务工作需要,对农田地理信息应用部分功能点进行拓展提升。六是"应用延伸"。项目以资源编码为基础,延伸开发出全面记录生产、加工、仓储等行为数据的食用农产品电子合格证、汇集涉农主体土地承包、种养殖、涉农补贴、投入品使用等行为信息的经营主体档案。

三、应用成果及效益

常熟"智慧三农"农田地理信息应用共归集已编码地块341 771个,涉及图斑面积793 525亩,地块属性一部分以涉农行政村为单8位逐级上报,实现种养殖属性、土地流转发包、经营主体基础信息等数据实时更新。传统农业的发展模式已无法满足当前社会的快速发展,农田地理信息应用依托"互联网+"模式,着眼"数据"赋能发展,有效实现资源的集约化利用,减少农业投入成本,优化产业结构,保障食品安全,加强监管力度。

框选查询项目区用地属性(种养殖、土地利用规划、土地利用现状等情况)

田块基础属性查看（含田块编码、土地利用规划等）

部分业务应用——水稻生态补偿补贴发放

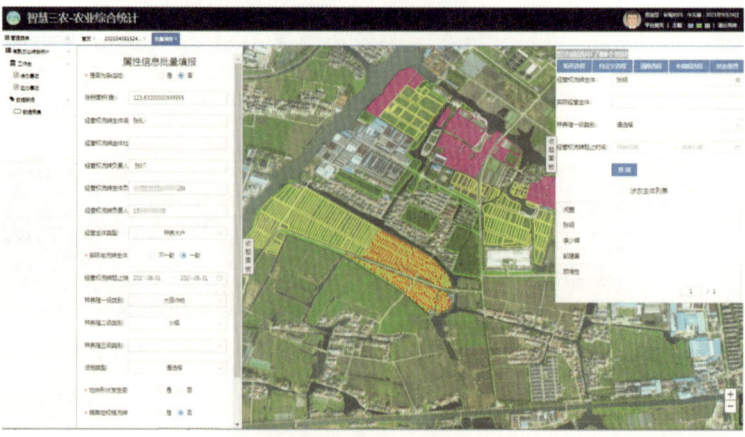

种养殖属性村级填报（维护）界面

梁平区数字化乡村治理新模式

重庆市梁平区农村经济经营管理站[①]

一、基本情况

重庆市梁平区数字化乡村治理模式主要利用信息化手段提升乡村治理能力，涵盖四大板块：一是数字化积分制管理，二是智能化"三资"监管，三是线上全流程农村宅基地审批，四是农村承包地"三权分置"信息化平台。数字化积分制管理。充分利用乡村钉钉平台，围绕乡村治理的重点任务和突出问题，33个乡镇（街道）318个村（社区）均制定符合实际的积分内容、评分标准、奖惩措施等，积分标准，建立起科学合理的动态积分体系发布在钉钉平台中；智能化"三资"监管。利用乡村治理的乡村钉钉平台每季度一次村务线上公开，确保村民无论在何时何地都能看到村集体发展和管理情况。通过"银农直联"对村集体银行账户进行监管，村集体管理人员在银行发生的业务均会自动生成会计凭证。线上全流程农村宅基地审批。建立宅基地管理平台系统，共享自然资源部门数据，集成梁平区农村28万户宅基地全过程的地籍信息、村庄规划、成员资格、一户一宅、违法处罚等数据。农村承包地"三权分置"信息化平台。充分利用承包地确权登记颁证成果，实现梁平区22万户120万亩耕地土地承包合同、登记簿和权属证书的管理信息化。

二、创新点

一是创新将村级事务标准化数据化。利用乡村钉钉数字化平台推行积分制管理，对农民日常行为进行评价形成积分，将乡村治理各项纷繁复杂的村级事务标准化、具体化，解决了乡村治理工作"没依据、没抓手、没人听"的问题。

二是创新将农村"三资"与银行端实时监管。将梁平区2亿流动资金、18亿固定资产资源纳入平台监管。协同银行开展实时审批，大额支出需要授权，保证资金安全，减少廉政风险。

三是创新农村宅基地数据"一张图"。集成农业农村、规划资源两部门的基本农

[①]完成单位：重庆市梁平区农村经济经营管理站。邮箱：386213612@qq.com。

田、生态红线、地质灾害点、村庄规划、成员资格、一户一宅、利用状况、违法处罚等数据，掌握梁平区22万户28万处农房利用情况、闲置情况、流转意向，为下一步闲置宅基地利用提供数据支撑，为全国宅基地制度改革打下基础。

四是创新农村承包地经营权撮合交易。将验收通过的确权成果逐级汇交建库，建立上下互联互通的信息应用平台，实现土地承包与流转合同网签备案、土地流转监管、新型经营主体培育、纠纷仲裁调解等业务数据和确权数据协同管理，完成关联业务有序衔接。与重庆市农业担保集团、重庆市土地交易所联合建设重庆市农村产权交易中心，撮合农村产权交易。

三、应用成果及效益

乡村钉钉数字化平台已于2021年1月建设完成并将梁平区约18万户农（居）民通信录导入组织框架结构，在梁平区全面运行，包括村民通信、疫情防控、积分管理、村级财务公开等内容，目前日活跃次数5万次以上。梁平区343个村（社区）统一使用"三资"管理平台进行账务处理与资产资源登记，已登记资产资源资金20.1亿元，梁平区318个涉农村（社区）初步使用"银农直联"系统平台，暂未发现资金方面问题，村（社区）按规定每季度通过乡村钉钉公开村级财务数据，实现梁平区智能化"三资"监管。

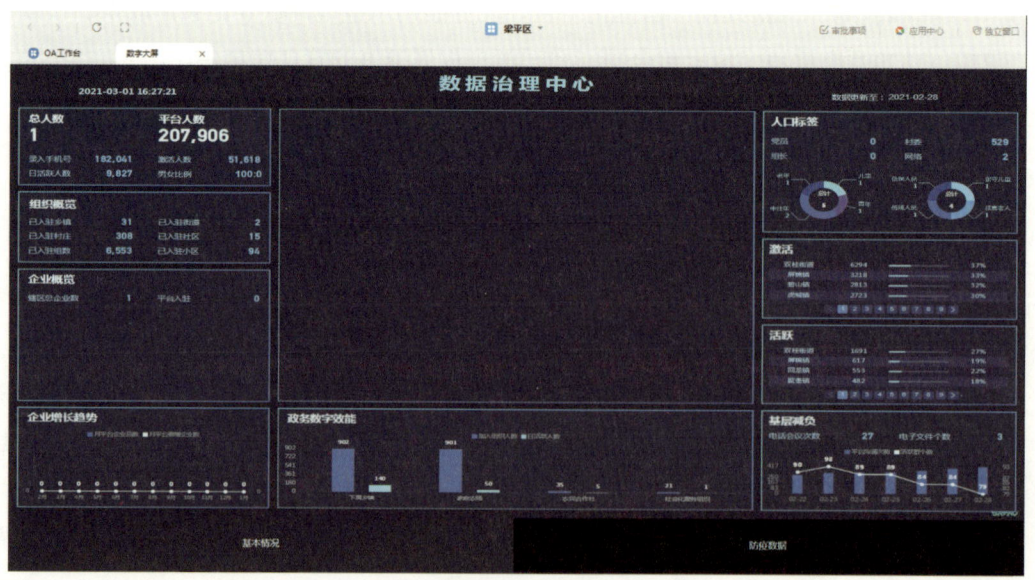

数据治理中心界面

农村宅基地管理信息系统

农场 3D 可视化 SaaS 技术

秦皇岛小马物联网科技开发有限公司 [①]

一、基本情况

"农场3D可视化SaaS技术"是在原有的小马智农整体技术基础上做了进一步的优化，原本监测到的大棚现场只是一个平面形象，而通过农场3D可视化SaaS技术则能够打造出一个立体化的现场，工作人员可以通过远程操控进行360°无死角立体化监测。"农场3D可视化SaaS技术"最后实现的主架构分为外部、内部两层。在第一层级的外部场景下，主要实现园区内重要数据的实时呈现与分析，帮助客户宏观地分析生产情况。在第二层级的内部场景中，以1∶1模型为基础，构建农业大棚管理设备物联网，将各类设备接入系统，主要实现即时操作以达到远程生产的功能，以提高农产品的生产效率，让用户实现足不出户，尽在"掌"握。

二、创新点

农场3D可视化SaaS技术"最终实现的产品主架构分为外部、内部两层。在第一层级的外部场景下，主要实现园区内重要数据的实时呈现与分析，帮助客户宏观地分析生产情况。在第二层级的内部场景中，以1∶1模型为基础，构建农业大棚管理设备物联网，将各类设备接入系统，主要实现即时操作以达到远程生产的功能。创新点1：产品设备模型及场景均采用Web端编辑设计，能够快速开发物联网3D可视化应用。创新点2：能够实现与实际农场中的硬件相交互，能够实现真实场景动态感知。创新点3：还可结合DataV技术制作整个平台的UI界面和相关数据显示图表。创新点4："可对接业务数据，支持WebSocket、MQTT、HTTP等多种协议。创新点5：能够实现多种部署方案，让农场在线托管，让客户可以实现私人农场的私有化部署。创新点6：具有丰富多

[①] 完成单位：秦皇岛小马物联网科技开发有限公司。邮箱：xiaoma@xiaomaiot.com。获奖情况：获得第三届"中国创翼"创业创新大赛河北赛区秦皇岛选拔赛创新组一等奖；获得中国创新创业大赛二等奖。

样的模型、场景和动画物料库,最大程度上满足用户的使用要求,为用户提供人性化的用户体验。

三、应用成果及效益

"农场3D可视化SaaS技术"已经在多个项目中进行实际推广。在咸宁市农高区农业高新技术研发试验区智慧农业物联网建设项目中,通过利用3D农场可视化平台园区管理者可以实现数据的可视化,还可实时查看远处内各种设备的状态。"农场3D可视化SaaS技术"为提升农业可持续发展水平,推动农业全面升级、农村全面进步、农民全面发展,助力打造高技术农业、新型农业、科技农业和特色农业。用户通过"农场3D可视化SaaS技术"实现的产品平台能够对温室内的环境情况进行实时可视化的了解,并及时对温室内的智能控制指令进行线上的及时更改,降低农业生产过程中人力成本的投入,提高农产品的成果转化率。

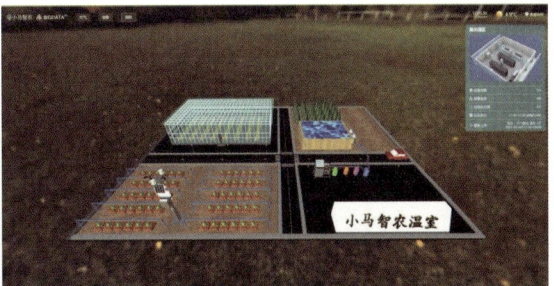

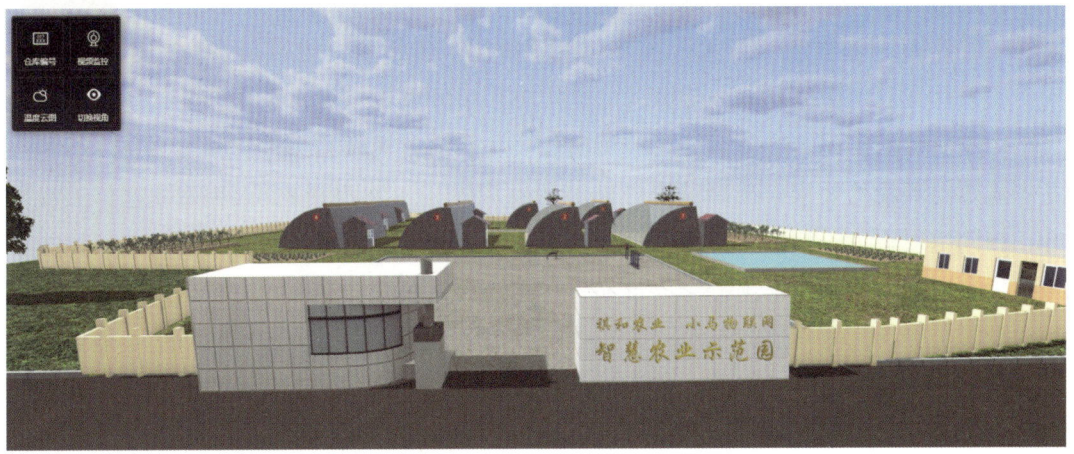

智慧农业示范园

稻虾种养环境实时在线监管与溯源技术

安徽省全椒县农业农村局、安徽省农业信息中心、安徽农业大学[①]

一、基本情况

稻虾种养环境实时在线监管和溯源技术是针对稻虾种养环境监测控制和消费者对稻虾产品质量安全高度关注的两个关键问题,研发的稻虾种养数字农业新技术。该技术按照稻田环境和水体水质信息采集、传输、处理、应用四层架构设计,由稻田气象环境、水体水质信息传感器采集、视频图像信息采集,信息有线无线传输,软件系统智能化分析处理,终端设备信息查询,生产设备远程控制和二维码信息溯源等技术组成,实现了稻虾产业的增产、提质、节本、溢价、增效的目标。该技术通过数据采集、传输、处理、控制、溯源等信息技术与稻虾种养技术融合,改善生产环境、降低疫病风险、促进生长发育、提升产品品质、提高工作效率,便于消费者了解稻虾的生产全过程信息,增强消费者信心,推动稻虾综合种养产业绿色生态发展。

二、创新点

一是稻虾种养物联网技术体系。包括感知层、传输层、处理层和应用层,其中视频传输采用无固定IP地址网络传输。二是实时采集环境数据。本技术使用传感器实时采集稻田水质数据、田间气象数据,应用摄像头获取实时视频和图片。根据水稻生长和小龙虾养殖对环境的要求,选择监测虾田溶解氧、pH值、水温、水位4项水质水体关键指标,田间空气温度、湿度,光照强度、气压、风速、风向、雨量和土壤温度、湿度9项重要气象数据指标。三是预警与设备远程智能管控。应用者在系统中根据稻虾生长发育要求设置监测指标的阈值,当监测的数据不在阈值范围内时,系统通过短信、微信等方式发送文字、语音的预警提醒,并记录预警的时间、内容。生产者在收到预警提醒后,

---

[①] 完成单位:安徽省全椒县农业农村局、安徽省农业信息中心、安徽农业大学。邮箱:Jmsh1234554321@163.com。获奖情况:2019年12月取得软件著作权,《稻田共养生态物联网技术规程》于2021年1月获批安徽省地方标准,2021年2月获批安徽省科技成果。

及时分析，立即处置，使小龙虾一直在良好的生产环境生长。增氧机是稻虾种养中的主要生产设备，一般采用循环流水增氧方式，电源开关安装在田间地头，人工现场开关不方便且费时。四是稻虾种养信息全程溯源。物联网系统将传感器采集的水质、气象数据信息，摄像头的视频信息以及生产者录入的生产过程等信息自动生成二维码，消费者扫描该二维码，可查询产品的生产企业、质量、环境、投入品、生产过程的图表、图片、视频等全周期信息。

三、应用成果及效益

该技术已在安徽省内滁州、芜湖等区域得到应用，其中全椒县内规模较大的应用基地有：赤镇龙虾养殖经济合作社应用13 000多亩，潘氏生态农业有限公司应用12 000多亩，金顺家庭农场应用1 000多亩，茅草洼生态农业公司应用500亩，王珏家庭农场应用1 300多亩。该技术取得了满意的效果，很多用户被评为安徽省农业物联网示范点。

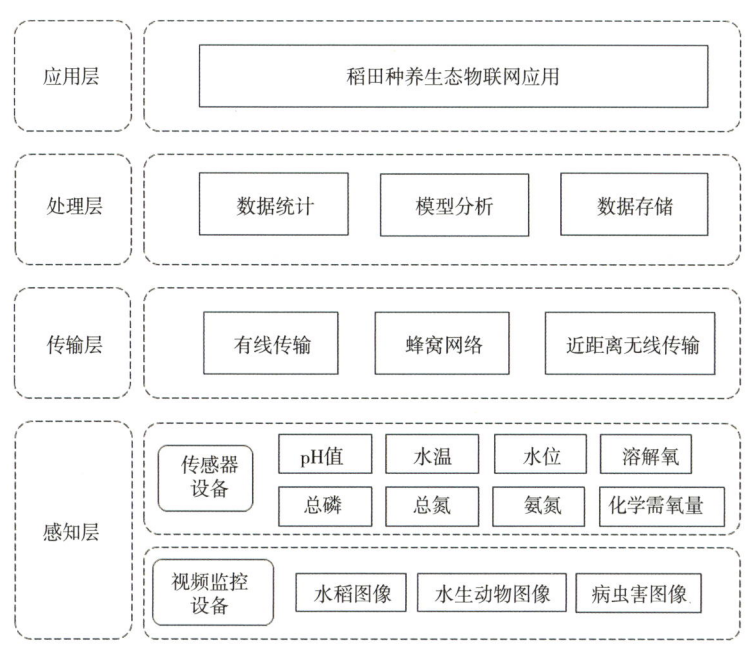

种养物联网技术体系

河蟹'诺亚1号'绿色养殖关键技术及产业化

江苏诺亚方舟农业科技有限公司、中国水产科学研究院
淡水渔业研究中心[①]

一、基本情况

河蟹'诺亚1号'绿色养殖关键技术及产业化成果以'诺亚1号'河蟹苗种为基础，以"863"河蟹生态高效养殖模式为核心技术，以ERP水产生态数据链为科学管理工具，获得优质大规格成蟹，实现数据采集终端和业务流程的集成，为企业管理层及行业提供数据支持。"863"河蟹生态高效养殖模式即亩放800只扣蟹，收获600只以上成蟹，亩效益3万元以上，同时养殖过程应用菌藻定向调控技术、水草交叉栽种养护技术、生物原位修复技术3种核心养殖技术。ERP水产生态数据链立足于河蟹全产业链（从苗种的培育，到成蟹养殖，投入品管控，暂养，到销售），改变了传统纸质数据记录模式，建立了各环节数据的链接，正向实现了生产数据的采集与分析，提升了生产决策科学化水平，同时反向实现了产品信息的深度追溯，确保了产品质量安全。

二、创新点

项目提出的"863"河蟹生态高效养殖模式立足于"优质大规格"目标，通过控制投放密度，精细化定制投喂，养殖过程创新复合水草交叉栽种，菌藻定向调控，生物原位修复技术，使得水越养越清，蟹越养越大。养成的蟹大规格率（雄蟹200克以上，雌蟹150克以上）在60%以上，回捕率达75%以上。项目开发的ERP系统，从苗种投放、到投入品供应商管理，采购，到养殖投喂，捕捞、暂养、清洗、销售，到最终的财务结算，成本核算实现了全产业链的数据监控及预警分析。河蟹质量安全监管模式是根据河蟹生长阶段的关键控制点，通过建立河蟹从水质、底泥、到苗种检疫，成蟹质量风险

[①]完成单位：江苏诺亚方舟农业科技有限公司、中国水产科学研究院淡水渔业研究中心。邮箱：465067631@qq.com。获奖情况：2017年4月13日评为国家新品种——'诺亚1号'；2019年6月28日获得软件著作权——水产养殖系统；2019年12月6日获得神农中华农业科技奖三等奖。

指标自检自控标准化监测体系,将该标准化检测体系融入农产品质量安全管理平台,检测数据实时上传至质量安全管理平台,将养殖数据、检测数据、监管数据集成最终的产品合格证二维码,消费者可通过河蟹的"身份证"查看企业信息、养殖信息、检测信息等。

三、应用成果及效益

该项成果在养殖技术上充分契合了绿色养殖发展理念,通过生物制剂介导的调控技术,建立了养殖技术规范、产品质量规范,实现了养殖与管理过程的标准化。该项成果目前已在常州、苏州、淮安、镇江等全国多地进行推广,累计推广应用面积5万亩,近2年主要推广应用单位新增收益1.62亿元。通过示范基地的技术输出形式,每年为社会培养了新型职业农民400人以上,带动周边省市农户500余人,提供大量就业岗位、带动餐饮物流、饲料等行业发展,支撑渔民脱贫致富。

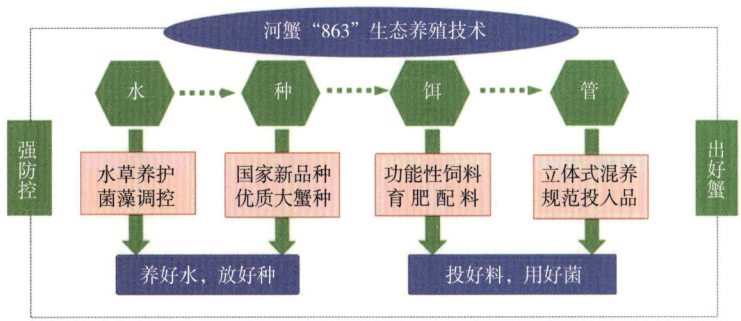

"863"河蟹生态养殖技术模式

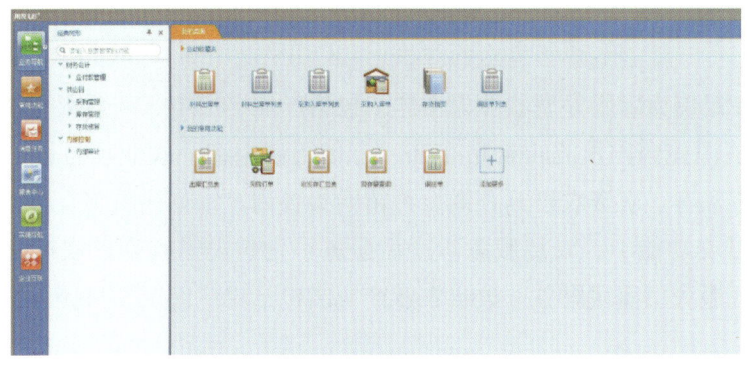

ERP系统应用界面

AI 数字农业 APP "农嗨" + 数字农业产业园

山东地主网络科技创新有限公司[①]

一、基本情况

AI数字农业APP"农嗨"是全国首家基于AI数字农业的应用APP，是农业移动互联网应用、农业物联网、农业大数据等集成应用服务型平台，利用移动互联网、物联网、云计算把与公司相关的资源进行整合，对农业产业链进行跨界融合，同时利用大数据建模等来为种植户从种植原点到种植过程管理及后端销售提供全方位、全过程、一体化的解决方案。农嗨互联网+农业生态圈是前端以提供个性化定制农业项目方案为基础，后端以农产品销售为突破口、以大数据信息化为技术支撑、以金融服务为杠杆、以地主网农产品流通服务实现品牌营销为手段的五位一体战略发展模式。农嗨APP定位为以服务型软件为主体，包括产前、产中、产后服务三个环节。数字农业产业园将落地实施数字乡村战略，以精准扶贫为目标，创建农业新产品、新技术、新成果孵化示范基地；打造数字化种植、标准化生产、订单化销售为一体的数字农业先行示范区；争创现代农业产业园；带动当地数字农业及互联网+现代农业发展，探索乡村振兴的"数字模式"。

二、创新点

农嗨APP定位为以服务型软件为主体，包括产前、产中、产后服务三个环节。产前服务：土地资源整合以及流转补贴查询、市场行情查询、农业项目补贴查询。产中服务：种植标准参考、农资农机具查询、种苗购买查询、常见病虫害查询以及解决方案、农业社群（社交功能）、农技服务。产后服务：销售渠道查询、农产品加工查询、运输查询、追溯服务、商城服务。数字农业产业园包括"三区""三园"加"一体"。三

[①]完成单位：山东地主网络科技创新有限公司。邮箱：sdfddd8@163.com。获奖情况：获得专利15项，制定相关标准5项，发表论文32篇，获得软件著作权25项，商标权2项，形成研究及咨询问答科普书籍7部。

区：订单农业生产区、高效农业发展先行区、优势农产品加工示范区；三园：数字农业产业园、科技园、创业园；一体：田园综合体。以物联网、移动互联网、云计算、人工智能AI等技术为基础，搭建数字农业信息化平台，实现农业资源与环境数字化、种植过程标准化、管理数据化、产品可追溯的数字农业体系。

三、应用成果及效益

目前已经搭建了21个基于数字农业的产业园，并且服务了农产品基地28.8万亩，为16 000亩的基地提供了标准化、数字化、订单化全产业链服务。AI数字农业APP农嗨体系衍生四个产品：农嗨APP、农嗨云眼、农嗨云棚、农嗨云田。目前农嗨集聚了1 240种农产品的基本信息，6 370套农作物的生产标准，整理了17 000多个病虫害的数据，包括用药用肥的解决方案，还有70万条农业知识数据，以及在全国130多个市场采集的流通数据和市场行情数据，为产业园从标准化种植到数据化管理，到订单化销售提供全产业链服务，目前已经搭建了一体化业务支撑体系，形成了农业产业体系，并制定了完善的农业体系标准，促进了园区农业信息标准化。

番茄小镇数据采集平台

农产品质量安全智慧监管平台开发与应用

广元市农业农村局[①]

一、基本情况

本项目充分运用移动互联网等信息技术，突出问题导向，开发了农产品质量安全智慧监管平台和四个系统（移动巡检、农资条码、质量追溯、标准查询），架构了系统设计参数和技术方案，确立了"三入三化·智慧监管"模式，推进农产品质量安全全程信息化监管，取得了计算机软件著作权登记11项，从剑阁县开始试点并全面推广应用。2020年，广元市农产品信息化监管入网信息702 320条，基本实现在线可视、可判、可控、可推，有力地提升了基层监管效能，增强了农产品市场消费信心，在互联网与农产品质量安全深度融合上进行了成功实践。该项目技术成熟、国内领先、国际先进，先后推广到四川省内外12个单位或地区应用，取得了良好的经济、社会和生态效益，对深入贯彻落实党的十九大精神，助力质量兴农、产业发展、乡村振兴等方面具有广阔的市场应用前景。

二、创新点

一是分级管理：平台统一了身份认证，实现多用户多权限分级管理，市、县、乡和新型经营主体只可查看相应权限的内容，实现监管责任的打桩定位，落实了责任主体。二是软硬结合：兼容目前各类主流手机、速测仪、视频设备等，避免重复建设，并可外接LED显示器、触摸屏、无线设备等。三是自动采集：农资销售、现场巡检、检验检测等数据自动采集，减少人工干预，确保数据的真实性和时效性。四是无线传输：利用互联网或GPRS（无线网络）、PRID（无线视频识别）、GNSS（全球卫星导航系统）、GIS（地理信息系统）等将数据传输至监管平台，减少中间环节。五是统一调

[①] 完成单位：广元市农业农村局。邮箱：390387147@qq.com。获奖情况：2018年4月18日完成四川省科学技术成果登记；2019年3月29日获得广元市人民政府广元市科学技术奖三等奖。

度：通过移动应用程序调动监管人员至"单兵"，监管人员收到推发的监管调度信息后可以及时响应，并反馈回执给平台端，按通知要求及时开展工作。六是量身定制：依据广元市农业发展和农产品质量安全监管需要，编制了智慧监管平台建设方案，软硬件采购计划、采购标准，按需求量身定制。

三、应用成果及效益

项目建设了广元市农产品质量安全智慧监管平台及7个县区分平台，购置了移动巡检设备154台套，农资在线销售213台套，280家农业经营主体实现追溯管理，20万亩生产基地实现在线监控，6万多个涉农标准在线查询推广，市、县区应急会商系统建成并投入使用。效果：一是提升了监管效能。通过线上监控和线下监管结合，做到有的放矢、精准监管，乡镇一线监管人员足不出户实现远程监控，一人顶三人用，下足了"绣花"功夫（精心、细心、恒心），揭示了"管"的要义。二是落实了主体责任。通过"电子化""身份证"管理，有效降低农产品质量安全信息的不对称，让危害质量安全的行为"无处遁形"，加之微信举报、农业质量标准在线普及推广等倒逼生产经营者完善内部管理、按标生产、规范经营，保障农产品质量安全，阐述了"产"的本质。三是提升了消费信心。为广大消费者提供实时、便捷的查询渠道，提升消费者查询维权意识，改善农产品消费预期，提振消费信心，保障了大众对"吃"的期盼（吃饱、吃好、吃得健康安全）。

连云港市农业卫星遥感监测项目

连云港市农业信息中心[①]

一、基本情况

连云港市农业卫星遥感监测项目，利用遥感技术补充现有农业数据采集手段，采用Modis、Landsat30m、Sentinel10m、高分一号16米及SMAP微波遥感数据融合技术，比对气象数据和作物生长模型数据，在领导决策、农田资产管理、作物种植监测、精准气象服务、农情监测预警、辅助决策报告等场景下实现综合应用，打造了江苏省内首个市级农业卫星遥感监测平台。该项目通过卫星对地标地表信息的周期性收集，基本满足了大范围农业资源遥感监测估算的需求，并且也兼顾了一定的经济成本。该项目有助于行业人员对农业生产环境、农业自然资源拥有与使用情况的分析与掌控，为农作物识别、农作物生长管理、农业气象规划、农业灾害评估等提供信息支持，提升农业现代化管理。同时，强化数据信息宣传矩阵建设，通过连云港市农业农村局官网、官微和业务条线工作报告，发布相关监测报告，丰富农业综合信息服务内容，进一步推动连云港市数字农业发展。

二、创新点

一是监测预警动态化、便捷化。遥感影像实时记录作物不同阶段的生长状况，以一种更高效的手段实时掌控农作物的生长状态，动态呈现各类作物的种植分布区域，以及作物在关键生育期的长势情况。同时，平台实时采集各类气象数据，并对历史灾害情况进行统计，实现对农事风险的及时预警。相对传统的人工田间苗情、虫情、墒情、灾情调查，数据采集更加省时省力。二是资源信息图像化、可视化。通过农业卫星遥感监测，水稻、小麦、设施蔬菜等品类作物的种植分布、农作物长势、病虫害监测、气象监测以及面积变化趋势等关键数据信息以可视化的方式清晰呈现，方便农业行业管理部门

[①]完成单位：连云港市农业信息中心。邮箱：lygnyxxzx@163.com。

适时查看了解相关情况。三是行业决策数字化、精准化。农业卫星遥感监测，有助于行业管理部门根据作物类型、面积规模，决断农资投入、管理投入的量；为生产者提供农作物种植面积及其区域分布信息，农业企业和种植户根据当地及周边作物的种植情况，选择种植合适、适度面积规模的作物，便于分析市场竞争力和成本效益决断；为贯彻执行农业供给侧改革、种植业结构调整、农作物、水利基建科学布局提供数据依据。

三、应用成果及效益

本项目自2019年实施以来，成功打造了江苏省内首个市级卫星遥感监测平台，对连云港市9.58万亩大棚、332.84万亩冬小麦、307.66万亩水稻、56.51万亩夏玉米进行动态监测。平台以遥感技术为核心，动态监测小麦、水稻、玉米等重要农作物的种植类型、种植面积、土壤墒情、作物长势、灾情虫情，及时发布预警信息，提升种植业生产管理信息化水平。同时，利用数据优势、算法优势发布关键生长时期的灾害报告、产量报告、效益分析报告、种植业结构调整报告等，推动连云港市数字农情发展。为有效利用数据信息价值，强化数据信息宣传矩阵建设，通过连云港市农业农村局官网、官微和业务条线工作报告，发布相关监测报告，增强农业综合信息服务能力。

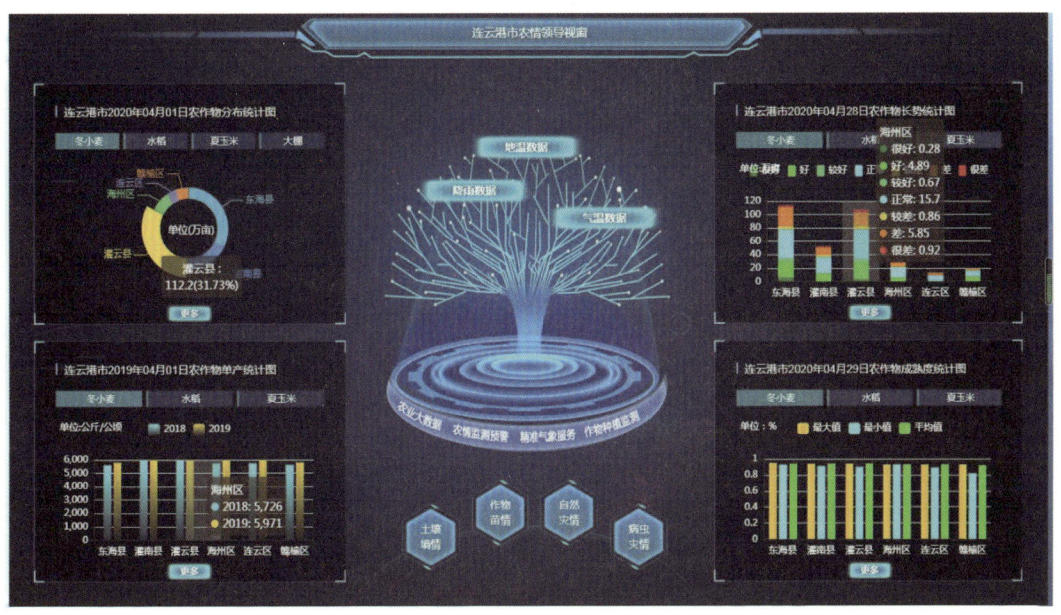

连云港市农情领导视窗

青岛市智慧农业大数据平台

青岛市智慧乡村发展服务中心[①]

一、基本情况

青岛市智慧农业大数据平台是青岛市农业农村局为推进青岛市农业农村现代化建设，加快物联网、大数据等现代信息技术在农业农村领域的应用，由青岛市智慧乡村发展服务中心具体实施建设的山东省首个综合性农业农村大数据平台。青岛市智慧农业大数据平台实行"1+3+1+N"布局（一个大数据中心、三个服务系统、一张图、N个业务系统），平台数据主要来源于农业农村局现有业务系统数据、横向到边纵向到底对接数据、互联网爬取数据、物联网数据、卫星遥感数据等，形成共享数据4 361万条，数据总量130GB以上。通过青岛市农业农村系统数据目录梳理，规范制定，汇聚农业农村系统相关数据，形成农业农村大数据中心。平台依据数据目录梳理数据，为上层数据分析应用提供数据支撑。上层数据分析应用对接中心数据，运用遥感影像识别等技术实现农作物生长监测、畜牧业无害化处理等专题的数据分析。平台实现了多种数据融合共享，基本摸清了青岛市农业农村工作的数据资源家底。

二、创新点

充分利用物联网、大数据等现代信息技术，创新性地建设了集决策、监管、服务等功能于一体的青岛市智慧农业大数据平台。一是进行大数据平台建设，依托大数据平台的三个系统（大数据汇聚治理系统、大数据资源管理系统、大数据资源服务系统）加强智慧农业信息资源全面、高效和集约管理，推进农业大数据在精准生产、质量监管、态势感知、综合分析、预警预测、辅助决策等领域的智慧应用。二是进行农业可视化监测，利用人工智能技术对高分辨率卫星遥感影像进行图像解译，实现对青岛市主要农作

[①] 完成单位：青岛市智慧乡村发展服务中心。邮箱：qdzhny01@qd.shandong.cn。获奖情况：入选2020青岛信息化典型案例（2020年11月）；入选2020青岛新型智慧城市典型案例（2021年1月）。

物（小麦、玉米）的精确识别，并计算和统计作物的实际种植面积及分布情况，种植面积识别率可达98%以上。三是动物数字标识可追溯系统，为修补畜产品安全监管漏洞，建立从畜禽养殖到屠宰、流通等各环节的一体化全程监管体系，打造了动物数字标识可追溯系统。通过系统记录青岛地区每一个耳标的发放信息、免疫信息等信息，构建动物数字标识追溯链条，形成完整的从养殖—无害化—产地检疫—屠宰—产品检疫等动物整个生命周期的全程可追溯，保障畜产品质量安全。

三、应用成果及效益

青岛市智慧农业大数据平台自上线以来，受到了社会各界的关注和好评。多次和海尔卡奥斯、海信通信、九天智慧等多家高新技术企业座谈交流，向企业推介平台，并听取企业专家的意见和建议。在"青岛网信服务系统"搭建的青岛信息化案例网上展厅，展示平台的建设成果，并成功入选青岛市百佳信息化典型案例。向淄博市农业农村局等山东省内单位演示了平台的相关功能，得到业内同行的一致好评。

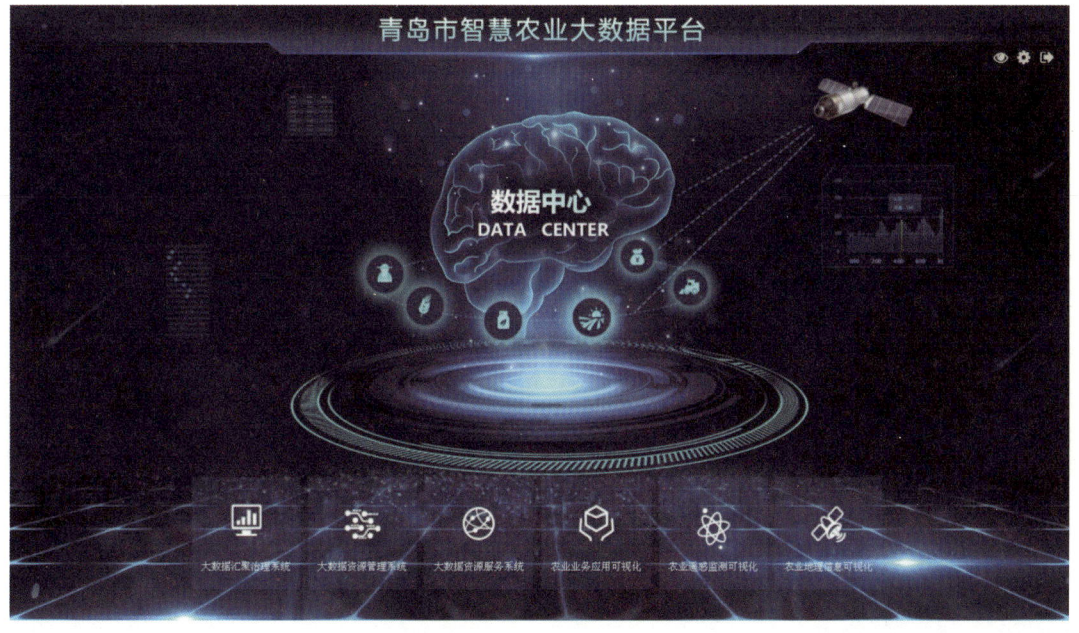

青岛市智慧农业大数据平台数据中心

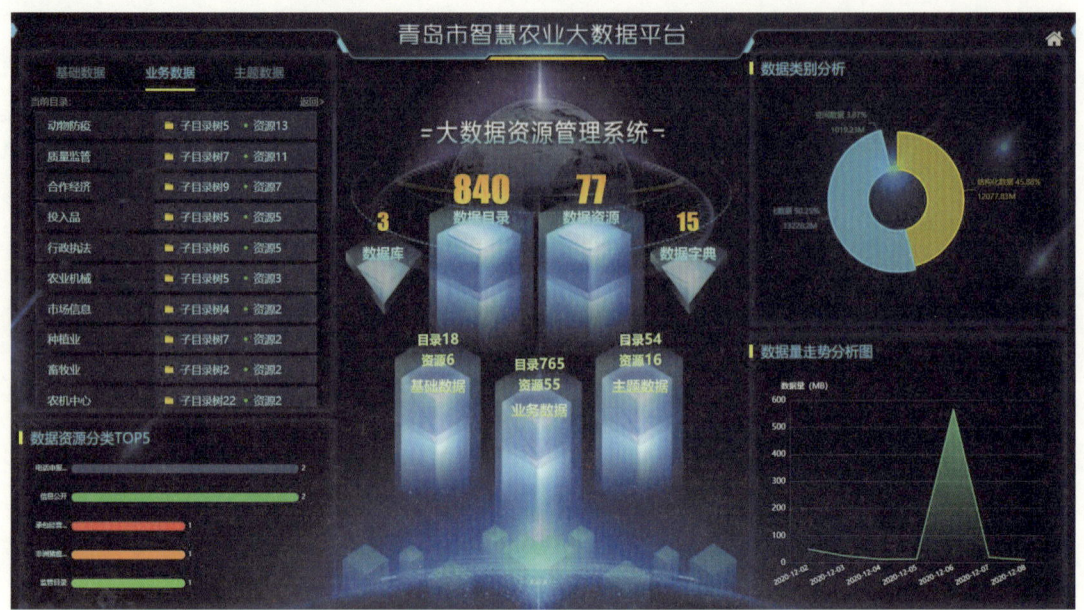

大数据资源管理系统

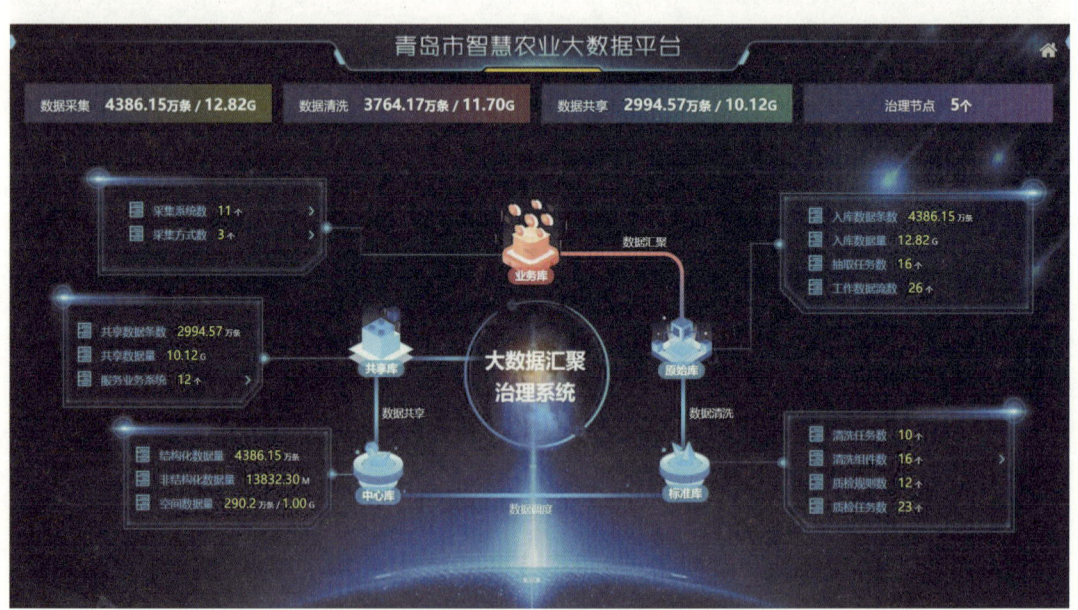

大数据资源汇聚治理系统

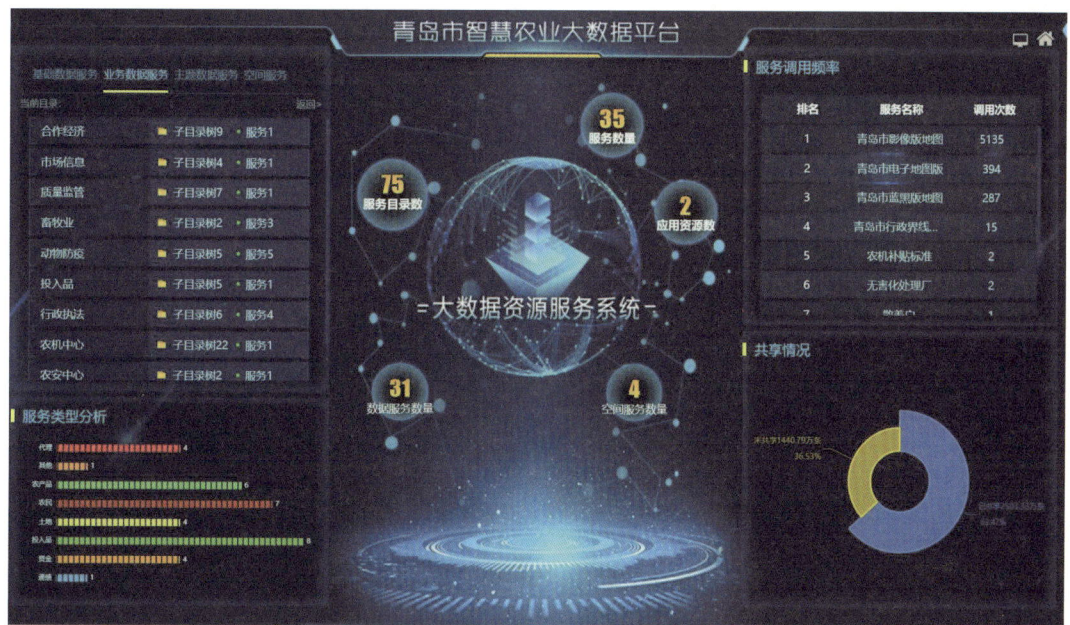

大数据资源服务系统

基于5G的智能无人机及其管理平台

拓攻（南京）机器人有限公司[①]

一、基本情况

基于5G技术的智能无人机及其管理平台，打破现有无人机作业模式，以5G网络技术、云计算技术等最新的信息技术为支撑，搭建一套由无人机生产厂商、植保服务商、农民用户、政府监管机构、保险公司等多主体共建的、资源共享、能够实现共赢的、开放的一种生态系统，将无人机植保数据与大数据相结合，充分利用获取的数据，丰富农业数据的来源以及数据种类，提供以用户为中心的、人性化的智慧农业大数据服务，构建横向有效融合的智能无人机农业信息化平台与服务模式，提高无人机数据信息化平台的可扩充性。该平台提供植保作业、作业管理、作业效果评估管理、无人机管理、无人机监管、无人机培训、大数据应用等功能，为广大农户完成喷洒药剂、施肥、播种或授粉等农林植物保护作业服务，利用对飞行数据、无人机信息、气象信息、地磁环境、地理空间信息、行业应用等海量数据的实时采集、传输、管理、挖掘处理、分析，提供科学合理的精准航空植保作业方案，打通农业数据的全程管理，有效提高无人机农业服务质量，避免新的信息孤岛的产生，服务农业生产。

二、创新点

一是打造植保无人机大数据运营平台，形成数据驱动型创新生态体系，通过数据与服务为纽带促进行业间深度融合，为行业提供监管、数据等衍生服务。二是建立全自主飞行信息化服务平台，适应复杂农田环境下的作业模式，实现厘米级的精确飞行。同时基于信息化平台，可以对作业亩数、作业架次、喷洒药量、作业时间等数据进行信息化采集和管理，为后续决策及精准农业提供数据支撑，形成科学的农业作业技术标准，有力提升国内

[①] 完成单位：拓攻（南京）机器人有限公司。邮箱：zhjin@topxgun.com。获奖情况：获授权发明专利4件，入选亚太地区TOP100科技农业创新公司，受到国际知名科技杂志 Enterprise Tech Review 评选。

航空植保行业及企业的国际竞争力以及行业管理水平。三是建立植保无人机硬件生产、组装、测试、入库、使用等全生命周期数据跟踪规范，以现代化大数据技术保障无人机工程转换成果的无间隔状态预测。实现生产可视化、知道精准化、服务信息化。

三、应用成果及效益

本项目基于农业数据统计分析、仿真模拟、作业效果评估，提供科学合理的作业方案，指导农户采取正确的措施提高自然灾害、病虫害的预测预警和防灾减灾能力，进而提高农作物的产量、质量、效益。截至目前平台作业面积已近4 500万亩，飞行架次已达63万次。仅无人机喷洒作业就具有超高的工作效率和高效使用农药，无人机每天可作业喷药800亩，对比人工打药，效率提升100倍以上，并且用药量可减少50%，全自动作业，对人员生命安全不构成威胁，并能够大量节省劳动力；通过遥感和多光谱数据进行及时的病虫害分析及预报，也可减少农药使用。最终节约农业投入成本，增加农户的经济效益。

基于5G的智能无人机

数字化赋能温室环境控制和运营技术

德州财金智慧农业科技有限公司[①]

一、基本情况

智慧温室主导功能是作物的规模化、标准化生产,通过数字化建设和数字化赋能,实现生产过程中的低碳环保和绿色无害,具有规模化、高产、高品质、高效节能、高均匀环境等特性。通过充分与荷兰骑士集团(Ridder)、阿里云及钉钉合作,为企业提供可靠数据处理和计算能力,为企业进行数字化建设和赋能。利用物联网、大数据等信息技术,实现温室全过程智能感知、智能预警、智能分析、智能决策,对温室内的温、光、水、气、肥等全面管理。通过布局在温室的传感器,实时收集温室内的温度、湿度、二氧化碳、光照强度、灌溉液EC、pH值,并将这些数据传输给中央控制室的工业电脑进行自动的数据处理和分析,经智能分析形成自动化操作指令,输出给温室内的设施设备,如开窗系统、垂直风扇、喷雾系统、锅炉加热管等,控制这些工艺设备的开启和关闭,将各环境因子调整到植株需求的最佳状态,确保为植株生长提供良好的生长环境。

二、创新点

物联网技术赋能农业生产全过程,实现全程数字化管理。运用独特的大数据、物联网技术,实现全过程智能感知、智能预警、智能分析、智能决策。系统对温室内的风、光、水、气、肥等全面管理,实现精准控制浇水量、施肥量、温度、湿度等,使传统农业更具"智慧"。一是应用物联网技术。传感器盒悬挂在温室内,可反映水平位置周围的温度、湿度和CO_2浓度,为系统提供准确、实时的数据,服务系统做出最佳的判断和策略。二是智能天窗系统。天窗系统,采用超白压延玻璃,顶部安装电机为动力,顶部支架、能精准反馈天窗开关角度。三是智能天窗系统。幕帘系统有两层幕布,分别

[①]完成单位:德州财金智慧农业科技有限公司。邮箱:dzcjzhny@163.com。

是保温幕布和遮阳幕布，包括侧边墙幕布，通过电机拉动铁丝为驱动，可根据系统的模拟信号执行并反馈铺展/收拢面积程度。四是智能喷雾系统。使用纯净水为水源，高压三重过滤后，运送进温室内，经喷头雾化。五是灌溉系统采用水肥一体化方式进行灌溉，利用文丘里效应，极大地节约肥、水的成本。六是智能供热系统，采用天然气加热水循环的方式，同时将燃烧产生的CO_2进行回收利用，供应到温室内，供植株进行光合作用。

三、应用成果及效益

德州智慧农业产业园正在逐步实行数字化全覆盖，在能源管理、种植管理、环境控制等环节推广应用，同时向周边区域覆盖。经济效益方面，通过农业数字化，运营成本降低15%以上，直接经济效益达400万元以上。一是降低能源消耗，实现节约水资源，节约热量，节约CO_2供给等；二是提高产品经济效益，通过数字化赋能，精准预测产量，采收合格率达到97%以上。社会效益及生态效益方面，通过数字化赋能以后，实现了环境友好型转变，改变了传统农业大水漫灌的方式，收集雨水，收集回液，重复利用，对周边环境友好；使用无土栽培技术，保护农民土地。

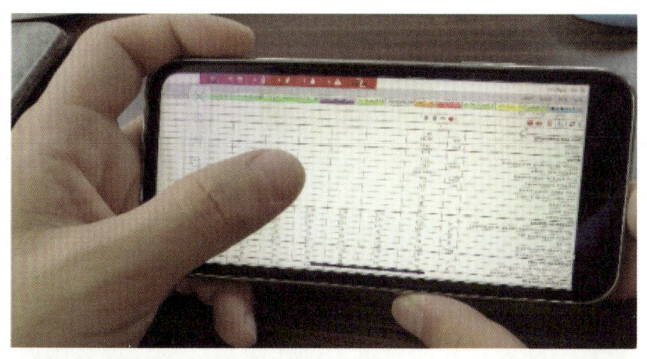

数字化赋能温室环境控制设备

精准智能水肥机

河北水润佳禾现代农业科技股份有限公司 [①]

一、基本情况

精准智能水肥机是一套农业施肥灌溉的智能化自动控制产品。本产品为应用于温室和大田灌溉系统的，结构精巧且操作简单的自动施肥控制系统。本产品可检测水肥管道内的电导率及酸碱度，并通过PID运算方法控制不同肥料通道吸肥泵的转速，从而精准地把肥料养分注入灌溉主管道中，最终到达作物根部，实现精准施肥。该设备具备定时、定量灌溉功能，可设置多个灌溉区域，每个区域可以使用不同的灌溉方案。针对无土栽培的特点，提供一天多次的定时灌溉模式；针对普通种植，可以提供多天一次的定时灌溉模式，满足客户的多方面的灌溉要求。本设备在系统内植入多年的"作物生长模型"数据库，设备使用时，使用者只需要输入种植基础数据（作物、茬口、种植方式、灌溉方式等），系统通过自动计算，并结合工作环境完成智能化灌溉施肥，同时通过不断"学习修正"，完善参数模型，从而真正达到自动化灌溉施肥的目的。

二、创新点

本产品由监测系统、中控系统、执行系统组成，根据与现代温室农艺生产需求，将软硬件相结合，研发一种人机界面显示，操作简单，符合现有国内农业发展趋势的蔬菜高效智能水肥一体化控制系统，产品技术已处于国内领先水平。创新点1：本精准智能水肥机内置构建多种蔬菜生长水肥需求模型。通过应用水肥一体化自动精准灌溉施肥技术，针对不同蔬菜种植茬口、种植方式、灌溉方式不同，通过营养液配方、灌水量、灌溉周期等调控，构建多种蔬菜生长水肥需求模型，研发基于蔬菜栽培智能化灌溉控制系统。创新点2：本精准智能水肥机在蔬菜水肥灌溉控制过程中能够达到真正智能控

[①] 完成单位：河北水润佳禾现代农业科技股份有限公司。邮箱：1459965095@qq.com。获奖情况：本精准智能水肥机技术成果已形成软件著作权和专利技术产品。

制。在原有水肥一体化技术的基础上，将监测系统、中控系统、执行系统相结合，在设备安装后输入种植基础数据，并结合工作环境完成智能化灌溉施肥，实现远程电脑、手机平台查看、设置数据，支持远程维护、升级服务，从而真正达到自动化灌溉施肥。

三、应用成果及效益

目前，精准智能水肥机已经由局部试验、示范推广，发展为大面积推广应用，辐射范围从华北地区扩大到西北旱区，产品应用覆盖设施栽培、无土栽培、果树栽培，以及蔬菜、花卉、苗木、大田经济作物等多种栽培模式和作物。对提升我国现代农业生产技术水平起到极大的推动作用，为农业高质量发展提供了新动力，加速推进了现代农业的快速发展。高效用水引领农业节水，精准施肥控制，避免肥料过量使用，具有良好的生态效应。

农业生产托管服务平台

黑龙江农投大数据科技有限公司 [①]

一、基本情况

  农业生产托管俗称"土地托管",是一种新型农业生产社会化服务方式,农民与合作社等托管主体签订托管合同,由他们代为进行农业生产,农民支付托管费用,产出的粮食归农民所有,政府履行监管责任。农业生产托管服务平台为农民、托管主体等提供全线上的农业生产托管服务,平台与建行贷款、支付、资金监管等相关数据打通,形成平台内资金支付、申请、审批、查询等全线上闭环链路,提高用户使用效率,提升用户使用体验。目前平台建设包含移动端APP(裕农宝)、企业管理端、政府(监管)端、数据平台。可以实现农户使用手机即可完成农业生产托管的线上下单,对于没有资金进行托管的农户,平台支持线上土地托管贷款业务,贷款仅可用于支付托管服务费用;同时托管公司可以实现线上接单、拒单,保证服务的匹配性、可行性;政府监管部门可以对托管服务资金进行监管,托管公司线上发起资金申请,监管部门线上完成资金审批,保证资金出口及流向。

二、创新点

  一是研发农业生产托管企业管理系统。以土地确权信息、经营权流转信息、为系统提供托管服务订单数据有效的数据校验,为金融贷款产品研发的核心支撑数据,为生产托管提供线上规范化管理,并与建设银行"新一代"系统进行直连对接,实现托管快贷等创新产品快速上线,实现申请、审批、签约、支用、还款等线上自助操作。二是研发农业生产托管监管系统。该系统为监管主体规范化管理能力与充分发挥监管职能提供了有效途径。并与建设银行资金监管系统直连对接,实现准入监管与资金监管提供线上

---

  ① 完成单位:黑龙江农投大数据科技有限公司。邮箱:196658038@qq.com。获奖情况:获得国务院第七次大督查通报嘉奖;获得"三农创新榜"第三名。

化处理渠道。三是研发托管服务手机APP。通过手机APP客户端，农民、托管服务主体可以在线上化实现便捷的托管关系的建立，已经托管过程的追溯与查看。实现人不在，地在耕，粮在产的生产场景。四是加快了土地确权改革成果的转化，该平台释放了农业大数据价值、提高农业竞争力、促进农民增收、成功破解农业规模化生产与农业增收的困境。

三、应用成果及效益

农业生产托管平台投产，受到了全国100多个极具影响力的中央级媒体及网络媒体的关注和大力支持，新华网、中国网、凤凰网等媒体参与报道，在农视网、央视频、央视新闻、今日头条等十余家平台进行同步直播。同时，农业生产托管服务平台模式，有利于提高农户的生产经营水平，增加农民收入。促进农业生产节本增效，引领小农户与现代农业发展有效衔接。按照试点情况，每亩地能比流转出去土地增收300元左右，促进农民增收，加强技术创新和金融创新在农业领域的成果转化和应用，推动农业产业升级。

低成本下的农产品全产业链溯源技术应用与推广

天津亲者仁农业技术推广服务有限公司 [①]

一、基本情况

有田人农场溯源系统可通过手机扫描"二维码"呈现出农产品全产业链溯源过程的各个节点,让消费者对买到的农产品"看得见生产过程""看得到检测结果"。该成果用手机对农产品生产、加工、物流、销售全产业链信息给予采集,通过连接在微信公众号的免费软件进行汇总并通过免费软件平台对数据进行汇总和整理,使之生成可承载文字、图片的二维码。为农产品低成本全产业链溯源提供了一个简易可行,便于推广的版本。经一年时间的实地调研和内部测试,"有田人农场溯源系统"于2017年5月初首次试用,建立了文字与电子两部田间档案,从水土采样到育苗,从移栽大田到收割,从稻谷脱粒到包装销售,对水稻全产业链流程给予记录,逐一上传至系统,形成了一套包含水土检测、选种育秧、物理防控、成长节点、生产包装全产业链可控可查的电子档案,经过制码,消费者通过手机扫描产品包装上的二维码即可便捷直观地了解到水稻从一粒种到一袋粮的全过程,满足了消费者追求安全、生态、健康的农产品需求。

二、创新点

一是田间档案电子化,手机填写一键上传。"田间档案"是农户田间生产的记录,一份完整的档案,记录了农产品种植品种、地块编号、生长过程、天气与气象情况、有无灾害天气发生以及用药情况、病虫害防治情况、采收时间、种植者、加工者等信息,对农业生产的整个流程都记录下来。二是信息处理自动化,提问解答一应俱全。每次通过手机提交的电子"田间档案"都会在"问卷星"网站后台按照不同分类进行自动汇总,通过使用密码登录,可以调阅所有信息,如农产品各个关键节点的视频、图片资料、整个生长过程的每日温度,水肥管理周期与药物用量等均可按需呈现,方便管

---

① 完成单位:天津亲者仁农业技术推广服务有限公司。邮箱:yxt@ytrnc.cn。

理。三是生产全程可视化,查询快捷一码溯源。通过以上对农产品生产、加工、物流、销售信息(含电子表格、视频、图片)的采集,以及"问卷星"平台的汇总,再加上对水源土壤以及成品的送检结果,全产业链的信息都汇合在了一起。信息化时代的"生产有记录、信息可查询、质量有保证"。

三、应用成果及效益

有田人农场溯源系统"的应用,通过手机扫描,使消费者了解水稻的生产、加工、流通等过程,特别是稻蟹立体种养绿色化标准化种植过程,提高了消费者对大米的认知度和可信度,农产品全产业链溯源系统的应用,使应用单位的水稻、谷物杂粮、水稻、黄冠梨、冬枣等农产品的标准化和信息化水平明显提高,有效提升了农产品"从田头到餐桌"的质量安全水平,也有效改善了农村生态环境,品牌竞争力也明显提升,规模化效应明显,土地流转提升了经营主体联农带农能力。

光明水产智能养殖技术集成与应用

光明渔业有限公司[①]

一、基本情况

光明水产智能养殖系统功能主要包括自动投饲集中控制系统、自动增氧集中控制系统、视频监控管理系统、水质在线监测系统、气象在线监测系统、养殖生产管理等多个系统。推进户外标准化池塘水产养殖的数字化、精准化、自动化、生态化管理，实现了人均养殖面积数十亩到数百亩的跨越。随着现代农业的不断发展，信息技术不断的渗透至现代农业的各个领域，渔业生产养殖模式的改变是发展的必然趋势，智慧渔业养殖系统的建设是应运而生的。智能养殖系统首先解决了水产物联网推广成本高昂的问题，从前几年水产物联网建设平均投入4 000～5 000元/亩的建设成本降低至1 600元/亩。其次重点关注了水产养殖中的劳动强度高和劳动效率低等业务特点。智能养殖系统是对传统标准化水产养殖进行智能化改造，在不改变传统水产养殖投饲、增氧等作业方式的前提下，通过物联网技术、计算机技术将养殖区内的人员、设备、资产的作业关系紧密连接，提升人员管理水平、提升设备运行效率、提升资产安全保障。

二、创新点

智能养殖系统创新点围绕四化管理：养殖过程数字化、养殖作业精准化、养殖设施自动化、养殖方式生态化。

1. 养殖过程数字化

"苗种、养殖、加工、销售"全过程数字化信息采集，精准采集相关投入品使用、水产品打样、死淘记录、销售管理等关键环节操作信息与参数，自动生成相关饲料系数、亩成本、净利润等分析数据，实现数字化养殖。

---

①完成单位：光明渔业有限公司、盐城市沿海水利工程有限公司、光明食品集团上海农场有限公司。邮箱：936694667@qq.com。

2. 养殖作业精准化

利用水质监测传感器、视频监控摄像等功能对养殖过程进行全面可视化管控（水质可视、鱼情可视）精准控制饵料投喂、增氧机启停，实现精准化养殖。

3. 养殖设施自动化

通过各类参数阈值设置，实现饵料投喂的定时、定点、定量、定速；实现增氧设备定时启停、自动启停（水质参数触发）；实现视频监控设备定点巡视、自动巡视，实现自动化养殖。

4. 养殖方式生态化

利用各类设施设备与系统的全面使用，精准控制养殖过程，减少相关投入品与电力资源浪费，避免因投入品滥用导致的水体污染，从而提升水产养殖环境质量，实现生态化养殖。

三、应用成果及效益

水产物联网智能养殖系统在2015—2018年共计改造500亩，涉及改造塘口10个；2020年共推广应用12 000亩，涉及改造塘口90个；2021—2025年计划继续推广5万亩左右标准化塘口。2020年系统运行期间，使用集中控制投饲、增氧的方式进行水产养殖管理，节约部分水产品生产成本共计388.5万元，平均每亩成本降低472元左右。系统所采集池塘养殖水质参数、管理模式等数据将为淡水养殖行业提供大量的科研数据，也为各个品种的生长模型建立奠定了坚实的基础。同时，通过精准科学的数字化控制手段进行养殖生产和管理，可以有效避免用药行为的过度化和滥用，从而避免对生态环境的破坏，起到保护生态环境的目标。

通过坚持"养殖过程数字化、养殖作业精准化、养殖设施自动化、养殖方式生态化"的"四化"要求，不断积累养殖管理经验和数据，不断探索自动化、智能化、无人化养殖管理经验，为现代化水产养殖产业转型提供数据支撑。

德清县乡村治理数字化平台

德清县大数据发展管理局、德清县农业农村局[1]

一、基本情况

德清县围绕推进县域治理体系和治理能力现代化，以"整体智治"理念为引领，立足县域经济社会发展优势以及地理信息、人工智能等数字产业发展的先行优势，打造乡村治理数字化平台，成功构建了多元共治的基层治理新格局，实现了从经验走向科学、从局部走向整体、从低效到高效、从被动到主动的治理能力提升。一是松绑了基层干部的手脚，工作效率全面提升，重复性劳动极大缓解，村社干部有更多时间和精力走村入户，及时处理和代办群众事务。二是转变了百姓群众的角色，老百姓都能随地发现问题、随手拍照上报、随时督查进度，"人人都是网格员"良好氛围切实形成，活跃在群众沟通议事应用"我德清"上的用户数超全县半数人口，满意率达98%。三是充分提升了政府效能，全面整合涉及乡村的各部门信息数据，归集了58个部门近10亿条数据，完成30个具体业务图层覆盖，全面协同10余个领域重点业务，信息内部流转速率提高20个百分点，真正实现了智治决策、全面协同。

二、创新点

一是以整体为理念优化重构乡村数字治理框架体系。始终坚持"整体智治、唯实惟先"，以数字化重塑乡村治理思路、路径及空间形态。二是以智治为核心大力推进乡村治理可视化、数字化、智能化。依托地理信息技术，实现乡村治理可视化。以建设省域空间治理数字化平台德清试点为契机，叠加电子地图、遥感影像、三维实景地图以及各部门应用等18个图层，建成数字化"孪生"乡村，实现了基础设施可视化管理、线下工作数字化管理等。三是以唯实为导向注重实效丰富乡村治理场景。方案项目化。按

---

[1] 完成单位：德清县大数据发展管理局、德清县农业农村局。邮箱：1174811817@qq.com。获奖情况：入选浙江省观星台优秀应用；入选首批国家数字乡村试点地区名单；连续两年以全国第一的成绩获批全国县域数字农业农村先进县；入选全国数字乡村建设典型案例。

照决策科学、治理精准、服务高效原则，基于"一张图"量化建设乡村治理多规合一应用、人口动态迁移感知等20个重点实施项目。项目场景化。根据各村以及镇（街道）、职能部门服务管理实际需求，上线民宿管理、水域监测等120余项功能。四是以惟先为主轴创新再造乡村治理流程。打通一站式公共服务通道。构建闭环式民生治理链条。

三、应用成果及效益

一是守住了平安乡村的"家门"。创新实施"数字乡村一张图+健康码"图码结合的网格化精密智控模式，实时感知、精准定位每户村居的健康码状态，红黄绿码和无码人员动态变化一目了然，切实守好乡村平安"家门"。二是装上了全域智治的"天眼"。以"一张图"为底板，运用"天空地"一体化遥感监测体系和人工智能分析，融入浙政钉2.0，构建"天上看、网上查、地上管"的闭环监管链条。2020年发现问题点位10万余个，发现时间缩减86%，处置率达95%。三是连上了乡村产业的"Wi-Fi"。实现农业生产"一张图"管理。四是松绑了基层干部的"手脚"。融合各类感知设备，在"一张图"上预警各类设备故障、异常事件，减少村干部人工巡查频次。五是解锁了村民幸福的"密码"。推行帮办制，依托"浙里办"，引导村民就近在线办理社会保险、挂号就诊、交通违章处理等事项13.9万件。2020年，村民反映的20余万件问题基本得到解决，处置率达到97.2%。

苏胜种猪场智能养殖

扬州苏胜生态农业发展有限公司[①]

一、基本情况

针对养猪行业普遍采用人工喂养生猪的传统模式，扬州苏胜生态农业发展有限公司经过充分的调研考察，率先在苏北地区安装了自动投喂料线，总投资800多万元，使智能投喂料覆盖率达100%。为了实现养猪场智能化控制，采用数字化技术，通过手机APP实现了赡养室包括温度、湿度、氨气浓度、饮水、饮食等一键控制，覆盖整个猪场面积48.3%。并通过视频监控，对猪场饲料库、消毒室、所有安全通道等地进行全面监控，为便于外来参观者了解养猪场的养猪状况，还在养猪场1 000米以外场地竖立起大幅高清显示屏以便了解猪场实时状况，有效地防止了人为因素带来的病菌感染。2020年，为了加强养猪场外部环境的监控和生态智能化水平的提升，又新购了一台T20无人机，通过智能手段，不仅减少农田播种、施肥和喷洒农药等用工量，而且还有效地提高了工作效率，尤其在均匀度、播撒重量方面比人工效果更好。

二、创新点

苏胜种猪场智能养殖模式的应用，可以实现一名饲养员给若干栋猪舍喂料，节省劳动力，提高劳动生产率。猪场料线可根据猪生长的不同阶段，定时、定量饲喂，节省饲料。有效避免猪群发生应激，实现同一栋舍内的猪可以同时饲喂。使用自动化喂料系统，饲养人员可以不进入猪舍内而直接喂料，切断疫病传播途径。猪场全自动化投喂料线应用的主要优势：①使用年限长达10年以上，有效地节省人工和设备本钱；②缓解猪群应激，提高采食量，使用系统进行操作定时定量给料，控制母猪采食量，避免因人工饲喂时给料不准导致母猪应激；③饲料集中投喂管理，降低人工投喂的浪费及污染现象的发生；④有效保持猪舍的环境卫生；⑤满足猪群的不断采食，提高出栏率，给猪场

[①] 完成单位：扬州苏胜生态农业发展有限公司。邮箱：421471704@qq.com。

带来经济利益的总流入；⑥方便管理，降低猪场传染病的发生；⑦应用到母猪舍可提高怀孕周转率、减少存栏淘汰率；⑧配合定量杯喂饲母猪时，时间由30～60分钟降到10秒钟完成。喂料过程安静，减少母猪应激、流产、再发情、避免器械损伤；⑨配合转角轮，转弯方便，应用范围广。

三、应用成果及效益

苏胜种猪场智能养殖新模式，具有可复制、易推广的优势。此新模式的应用，不仅可以有效地节约人工成本，更高效及时地通过自动化料线给猪投喂，还可以对非洲猪瘟疫情起到预防的作用，尽量避免外来人员和车辆与场内猪只接触。同时，管理上易于操作，工作人员在场外就可以直接管理猪场，并可以通过视频监控，实时了解猪场内的状况。无人机的使用，更是可以给园区内配套的种植业提供高效的服务，扩大种养结合的能效，提升农业智能化水平。

苏胜种猪场平面图

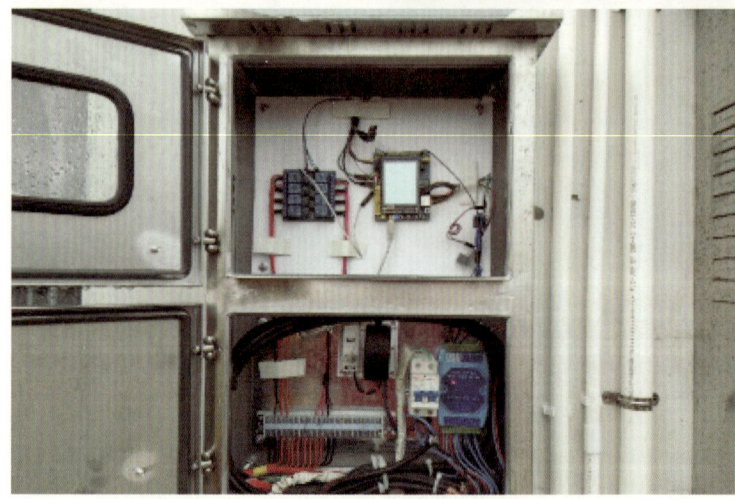

猪舍环境温湿监控系统

标准化智慧农业服务模式

山东思远农业开发有限公司[①]

一、基本情况

标准化智慧农业服务模式是以思远农业"标准化智慧农业+社会化服务"模式为原型，依托国家农业信息化工程技术研究中心专家团队，以标准化为基础，以数字技术与农业生产、经营、管理、服务深度融合为主攻方向，以数据为关键生产要素，以社会化服务为保障，强化关键技术装备创新，通过"标准化智慧农业+社会化服务"，全面提升农业生产标准化、经营网络化、管理智能化、服务便捷化水平，让生产者实现高产量、高品质、高效益，让消费者吃到绿色、安全、放心农产品，为乡村产业振兴提供服务支撑。目前，标准化智慧农业服务模式构建了较为完善的全程农业社会化服务标准体系，整个体系标准共包含319项，形成了20余种果蔬作物生产大数据、植保大数据、服务大数据，提供精准的农业标准化生产、服务、农资供应、教育培训、品牌流通等全方位、多层次的一站式服务。通过建立"一平台三系统"工程，打造农业数字化公共服务平台，构建大数据资源管理、物联网生产应用和标准化智能服务与推广三个系统，全面提升农业产业链的标准化、数字化、智能化以及品牌化水平。

二、创新点

一是建立了基于AI算法和物联网技术的作物生长模型及应用。通过7F（设施、土壤、种苗、栽培、环境、肥水、植保管理）标准化生产技术规程研制构建作物生长基础数据库，将作物生长与环境因子进行数据化。二是建立了以食品安全为核心的质量安全追溯体系。建立农产品产前、产中、产后全过程管理的标准体系，调动起农民生产的主体意识，实现农民科学种植，从源头确保追溯能操作、易落地。三是开发设施农业标准

[①] 完成单位：山东思远农业开发有限公司。邮箱：113220880118@163.com。获奖情况：2017年11月7日入选农业部农业农村大数据实践案例；2019年12月获得全国农牧渔业丰收奖农业技术推广成果奖一等奖；2020年9月14日获得2020年度山东省二星数字经济平台。

化服务管理系统农保姆、"齐稷通"农业物联网生产管理系统以及相关契合农民需求的智能装备,并广泛应用于生产实际。四是构建了以作物需求为核心的7F标准化技术体系。将设施、土壤、种苗、栽培、环境、肥水、植保管理等7个关键环节进行标准化。五是构建了以生产者为核心"六化三标准"社会化服务模式。以标准化为基础,市场需求为导向,信息化技术为支撑,从产业链源头做起,涵盖从田间到餐桌,包括农业研发、生产、培训、物流、加工、销售等多个环节,通过对各环节的有效组织和管理,为生产者提供产前、产中、产后一条龙服务,为农业发展注入强大的动力,促进小农户与现代农业有机衔接,推动设施蔬菜产业转型发展。

三、应用成果及效益

标准化智慧农业服务模式通过建立"一平台三系统"工程,在服务单位应用了保姆式设施蔬菜智能系统、设施生产环境巡检装备、温/光/水/肥/植保/采收关键环节管控作业等技术成果,通过不断地技术摸索和模式探索,实现了物联网、云计算、互联网、大数据、人工智能等现代信息技术与农业社会化服务、标准化生产的深度融合。通过农保姆APP推广(汇聚了20余种果蔬作物35个茬口全覆盖的标准化技术成果,包括2 800余部相关教学片,总资源量超100TB),促进了小农户与现代农业发展的有机衔接,助力了设施农业标准化生产、服务的数据化、精准化、智能化,推动现代农业健康、可持续发展。

智能水肥机

普渡智能施肥机

安徽普渡智慧农业装备有限公司[①]

一、基本情况

普渡智能施肥机分别开发出低配、中配和顶配3款不同产品。低配版适用于小型用户，成本低，具备基本水肥一体灌溉功能，控制方式支持远程手动控制和定时控制，控制结构以开环控制为主，控制灌溉面积一般不超过5亩。中配版本适用于规模企业用户，性价比高，可以自动反冲洗过滤、自动完成肥料配比、支持闭环传感器控制、远程手动控制和定时控制等，支持轮灌和循环入渗灌溉；控制灌溉面积最大可达500亩以上。顶配版本适用于高校院所用户在育种和栽培学过程中使用，该系统可按需供肥，控制方式灵活。该配置版本产品由环境智能采集、专家知识库支持、水肥一体化自动灌溉三部分组成。普渡智能施肥机系列产品实现的主要技术指标：与畦灌、漫灌相比亩节水率为30%以上；与传统技术施肥相比节省化肥40%以上；每亩农药用量减少15%以上，节省劳动力15个以上；增产15%以上，品质与经济效益显著增加。

二、创新点

一是具备高性价比灌溉采集控制器硬件设计。本项目灌溉采集控制器硬件产品采用二级微处理器结构。一级处理器通过无线或有线方式与远程控制软件进行交互，通过485接口与现场二级处理器进行通信，一级处理器的职能是仅完成对二级处理器和远程控制软件之间的数据通读功能；二级处理器连接传感器和控制单元，通过485接口与一级处理器外接，完成一级处理器命令解析和执行。一级与二级处理器之间通过标准485接口外接并利用自定义协议进行通信；同时，一级处理器支持标准协议与其他第三方控制软件进行交互。通过这种结构，本项目灌溉采集控制器硬件产品支持外挂多达256个传感器与灌溉控制单元。同时，本灌溉采集控制器同样适用其他需要采集数和控制作业

[①] 完成单位：安徽普渡智慧农业装备有限公司。邮箱：3082910972@qq.com。

的相似领域。二是具备营销特征的低成本灌溉行业专用组态软件技术。与其他厂家利用第三方通用组态软件或利用高级语言开发具体工程应用不同,本项目利用积累的技术,建立了灌溉控制系统全要素通用模型,并利用VC++开发了灌溉行业专用的组态软件,该软件可以让产品代理商根据不同用户需求快速构建起具体工程应用,为通过代理商快速推广本产品奠定了技术基础。

三、应用成果及效益

目前普渡智能施肥机已在阜阳、六安、江苏宿迁等推广应用,年销售300台以上,应用推广面积15 000多亩。普渡智能施肥机的应用与推广填补安徽省企业在设施农业种植产中环节智能装备的市场空白,为安徽省智慧农业和乡村振兴战备提供技术支撑;可以落实国家藏粮于技战略,提高安徽省设施农业水肥利用水平和作物产量与品质,提高安徽省设施农业企业竞争力;可以带动安徽省设施农业相关产业发展。

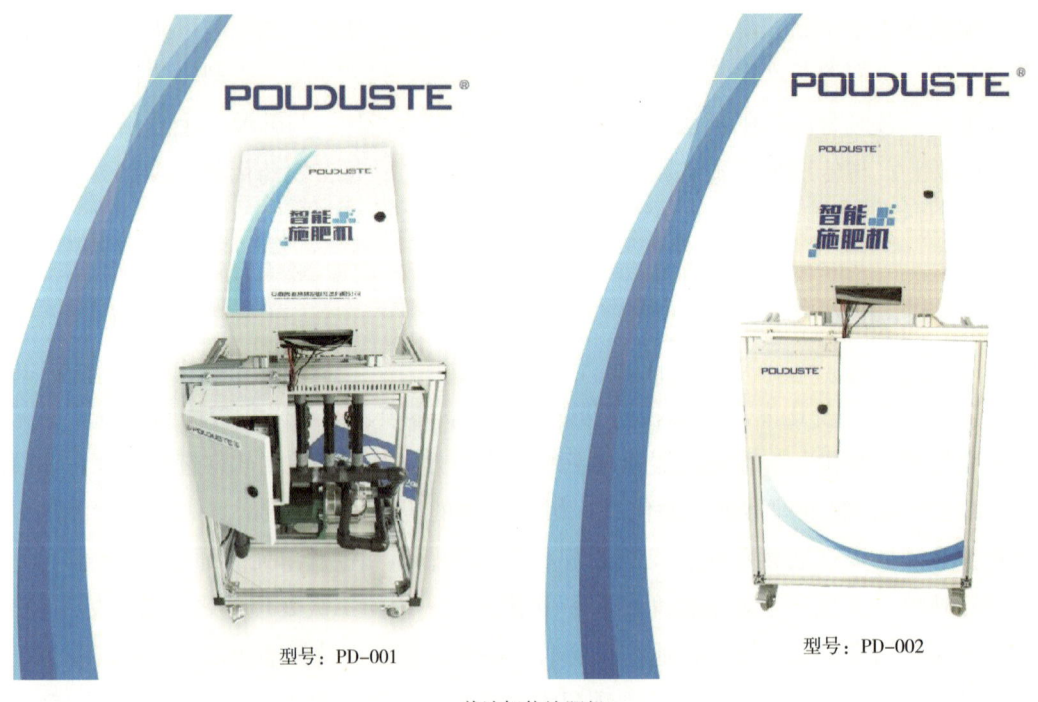

普渡智能施肥机

智能温室控制箱

河南元丰科技网络股份有限公司[①]

一、基本情况

温室智能控制箱（元丰云棚）是河南元丰科技网络股份有限公司专为广大温室大棚种植户打造的温室环境数字化监测及智能化控制终端，设备基于稳定可靠的工业PLC（可编程逻辑控制器）控制技术自主开发研制，支持连接卷膜机、卷被机、风机湿帘等温室环境调控设备及水泵等，配套有多合一农业气候和土壤传感器、农业物联网平台、移动端APP和遥控器，农民可以随时用手机APP查看温室实时环境数据，远程操作温室设备。借助内置环境和作物种植模型，系统还可以实现自动放风和卷放保温被。设备解决了当前温室设备手动操作费时费力、环境控制不精准等问题。基于智能控制箱，可实时记录温室环境数据和控制信息，APP支持记录农事操作，系统还可以对接农产品追溯系统和电商平台，为农户精准推送农业资讯、农产品价格等信息，专家可利用系统开展远程技术指导。本产品使广大温室种植户实现生产数字化和自动化，大大节省了人工，提升温室环境控制水平，生产效率和经营效益大幅提升。

二、创新点

本系统采用了工业级高性能控制器——PLC，它是一种专业的数字运算操作的电子装置。采用可以编制程序的存储器，用来在其内部存储执行逻辑运算、顺序计算、计时、计数和算数运算等操作的指令，并能通过数字式或模拟式的输入和输出，控制各种类型的机械或生产过程。它采用严格的生产工艺制造，内部电路采取了先进的抗干扰技术，具有很高的可靠性和抗干扰能力。这些特性都高度匹配应用场景，可以从容应对设施大棚生产现场的恶劣环境。系统采用灵活多变的输出控制，可以适应现场多种设备类

[①] 完成单位：河南元丰科技网络股份有限公司。邮箱：zwb779@163.com。获奖情况：2017年入选河南省物联网示范平台；2018年入选国家物联网集成创新与融合应用项目。

型，满足用户最大需求。特点有：①实现自由设置定义设备类型；②维修维护方便；③阈值控制，精确控制现场环境温度；④状态显示更新及时；⑤实现设备控制的微调功能；⑥具备报警功能。

三、应用成果及效益

产品已经在山东、河南、山西等地规模化应用，目前已经安装1 000多套。使用本产品，可以精准调控环境，如降低湿度，控制温度，使之不利于病虫害发生和蔓延，从而减少农药使用，农产品更安全。同时也可以应用本产品根据农产品特性有针对性调节环境而提升品质，比如增大昼夜温差增加果品甜度，精准调节温湿度控制甜瓜网纹形成，从而提升农产品质量，提高经济效益。应用本产品可有效防灾减灾，规避或减少灾害损失。依托本系统各地安装的气象站并整合气象站数据，可以提前做出灾害预警和提醒，同时温室也可以自动应对。比如大风大雨立即闭合通风口，避免大棚进水或损坏。

设施农业放风电机智能控制器

巴彦淖尔市瑞安网络安全有限公司[①]

一、基本情况

温室大棚温控放风对大棚农业生产至关重要。不仅影响着农作物的生长和产量，而且还影响着农产品的品质。以往采用人工放风来调节棚内温度，不仅不精准，还费工费力。设施农业温室、大棚智能放风系统能够自动控制温室、大棚放风，使广大大棚种者从繁重的劳动中解脱出来，提高生产效率，而从增产增收，提高经济效益。同时，该系统可配置多路传感器（空气温湿度、二氧化碳浓度、视频采集、室外雨水风速等传感器）和管理平台，利用终端设备、云服务器对上传的生产数据进行汇总建模，为生产企业的决策、农业行政管理部门的管理、科研部门的研究提供数据支撑，促使设施农业由传统的经验型管理向高水平的数字化管理转变。

二、创新点

一是采用温度跟踪法的风口控制方式。风口随着温度的变化，跟踪改变风口的大小。温度越接近上限时，风口越接近全开。反之温度越接近下限时，风口越接近全关。这样可以减少温度波动，控温更精准，更利于农作物的生长，从而提高农产品产量及品质。二是温控器采用遥控+触摸按键，不仅外观整洁，且操作面板无开孔，具有更好的防水性能。三是采用电动自行车专用MOS管（金属氧化物半导体场效应管）H桥驱动电路，做到可靠的无触点直流马达控制，比常见的继电器有触点方式并且有更长的使用寿命。四是采用双温度探头，一个数字温度探头，另一个为NTC（负温度系数）热敏电阻模拟温度探头，能有效地补偿校正温度测量偏差。同时也是一个双保险措施。

三、应用成果及效益

[①] 完成单位：巴彦淖尔市瑞安网络安全有限公司。邮箱：241056434@qq.com。

该产品目前已销往内蒙古、山东、甘肃、宁夏、河北、西藏、山西等地区，目前已经累计销售达10 000套，受到用户一致好评。研究证明，温室大棚看温湿度的劳动力投入占总劳动力投入的60%~70%，使得农民学习、交流、外出都受到很大的限制，"设施农业智能放风系统暨设施农业数字化管理系统"的使用可使农民从繁重劳动中解放出来，多学习新农业知识，促使农业向更高层次发展；采用"设施农业智能放风系统暨设施农业数字化管理系统"管理温室大棚之后劳动力人数投入比为1∶8，不但劳动人数降低、效率劳动强度变低且效率变高。农户有时间参与产品的销售，多了解消费需求和市场行情。为贫困户纳入产业扶贫降低门槛，使农民种植温室大棚的技术难度降低，劳动强度降低，又能增产增收。

惠州市农产品质量安全监管与追溯平台

惠州市农业农村局[①]

一、基本情况

惠州市农产品质量安全监管与追溯平台运用移动互联网、二维码等信息技术实现溯源信息的获取、存储、流转和查询。平台以提高农产品质量安全管理水平为目标,以"三品一标"农产品生产企业为应用主体,以二维码标签为载体面向社会公开企业信用及产品质量信息,满足消费者知情权,提高公众对"惠州生产"农产品的信心,打造绿色、安全、优质的惠州农业品牌。

二、创新点

一是方便实用是平台落地的前提。追溯平台在应用上采用电脑端和手机端"两端"数据同步操作,有效解决"田头"连线办公难题,农业从业人员通过微信客户端便可登记产品信息、批次信息、上传检验报告、绑定溯源标签。市民只需手机"扫一扫"便完成信息获取,这种简单便捷的操作方式,使系统具有较强的生命力。二是信息共享是系统管理的基础。本平台与市农产品质量安全信用管理平台、市农产品检测系统互联互通,追溯信息是质量安全信用体系实施监管的重要依据。通过追溯平台网站、官方微信及二维码标签将入驻平台的企业的信用记录、农产品产地、批次、检测结果等信息公开,充分保障了消费者的知情权、选择权,同时又使社会公众切实参与到产品质量安全管理中来,形成食品安全人人有责、全民参与的良好氛围。三是实行"一物一码"防伪管理。为了防止二维码被复制,平台采用了一品一码技术,也就是每一个产品实例包装上的二维码都是唯一的。四是实行二维码印刷和产品生产分离、按需激活的创新管理机制。平台采用"组织+企业"模式,先将二维码号段分配给各个规模化组织,再由组织

[①]完成单位:惠州市农业农村局。邮箱:14225601@qq.com。获奖情况:获得2016年度惠州市农业技术推广奖一等奖。

将二维码号段分配给提出申请的企业。企业获得申请到的二维码号段后，再将其与具体的产品和批次进行绑定。二维码的绑定功能实现的二维码印刷和产品生产相分离，一方面避免了因为产品产量无法准确控制而造成的二维码浪费和潜在的被挪作他用的风险；另一方面解决了各个企业单独印刷二维码所带来的成本过高的问题。

三、应用成果及效益

截至2021年2月，平台登记注册的行业协会5家，农产品生产经营主体672家，其中溯源示范企业95家；登记农产品902个，其中可溯源产品654个。平台登记生产记录可追溯农产品种植面积为32.34万亩，养殖规模为3.8万亩，加工规模69.21万米^2。惠州市农业农村局累计为企业发放二维码标签399.7万枚，标签作为惠州市农产品追溯平台的载体，通过粘贴在农产品包装上，向社会公众传递惠州市农产品质量安全监管的决心和信心，通过农业部门、协会组织、农业企业对农产品质量溯源平台的共同推广，打造"政府安心、企业用心、市民放心"的惠州品牌农业形象。

安化黑茶全产业链大数据平台

土流集团有限公司[①]

一、基本情况

安化黑茶全产业链大数据平台，通过运用5G、云计算、大数据、物联网、区块链、卫星遥感、人工智能等前沿技术，构建黑茶全产业链的数字化动态采集、分析和监控体系，将安化黑茶产业从空天地的环境监测、黑茶种植过程管理监控，到生产加工、仓储物流、销售流通等全产业链各个环节实现数据化、标准化，着力助推安化黑茶产业化、规模化和地域品牌化发展，全面采集、汇集、整合黑茶生产、加工、贸易、市场流通、消费及衍生服务的全产业链数据，实现黑茶全产业链信息资源的开放、共享、融合和深入应用，为黑茶产业从生产指导、经营管理、市场预警预测、科研和技术创新直至品牌建设创新等提供大数据服务，为政府及相关部门提供智能化、科学化、精准化的决策依据。

二、创新点

一是安化黑茶全产业链大数据可视化展示。结合安化黑茶种植区域现状，利用云计算、大数据、遥感、GIS等现代化信息技术，在统一的运维管理、技术标准和安全保障体系的支撑和约束下，以地理信息服务为核心，实现农业地理空间数据的开放共享，为各类农业应用系统提供统一的地理空间数据和功能服务支撑。二是安化黑茶流通追溯数字化。按照生产有记录、信息可查询、流向可跟踪、质量可追溯、责任可追究、产品可召回的基本要求，建成信息共享的黑茶流通追溯管理系统，将生产基地的质量安全信息、检验检测信息、产品质量及流向动态、黑茶生产、采收信息、部门监管信息等实现互联互通和资源共享，形成集生产、检测、监管、追溯于一体的管理方式，及时分析、有效决策。三是安化黑茶农技服务数字化。平台可以文档、科教视频等形式为黑茶产业

---

①完成单位：土流集团有限公司。邮箱：xuyongsheng@tuliu.com。

链主体生产经营活动提供专业技术支持。四是安化黑茶资源管理数字化。结合黑茶全产业链大数据平台数据对安化黑茶的生产、加工、流通、销售全产业链的资源管理。五是安化黑茶产品展销数字化。平台为安化黑茶统一对外展示安化黑茶公共品牌和公共品牌范围内私有品牌的唯一信息发布平台，同时也定期发布黑茶各类展销活动信息、企业产品信息，供用户咨询购买。

三、应用成果及效益

对于政府端，此平台有利于实现政府对与黑茶产业直接、高效的智能管理及智慧决策；对于企业端，有助于企业形成标准化的种植管理体系，降低成本，提高收益，提升品牌实力；对于市场端，则可以让消费者清楚知道一片茶叶来自于哪个企业、哪个茶园、哪个加工厂，实现产品全过程可追溯，真正意义上保障产品质量安全。同时，通过"数字茶政、数字茶企、数字茶园、数字茶农、数字茶仓、数字茶旅、数字茶市、数字茶人"八大数字化体系建设，形成了涵盖黑茶全产业链的数据体系，该数据体系在建立黑茶产业征信体系、产品溯源体系、产业智能决策方面都极具应用价值。

数字乡村综合信息系统

江夏区农业农村局、武汉正测地理信息有限公司①

一、基本情况

数字乡村综合信息平台是一个集农业生产、农产品质量溯源、农产品销售、党务、政务、事务等乡村治理、社会公共服务于一体，涉及农业农村山、水、林、湾、人、事、物等全覆盖的三农综合信息平台，平台主要有查询、统计、分析、监控、预警等各项实用功能。该平台从"系统互通便捷化、数据共享高效化、服务三农数字化"三个方面进行突破创新。采用大数据、云计算、3S等技术，实现一张图管地、管房、管人、管资源，平台功能上，实现以人查房、以人查地、以事查人，实现人、事、物互联互通；按数据用途分类建立三农大数据库含七大类、112子项数据；用三维实景模型直观展现农村人居环境；运用物联网设备和数字化技术手段，采集和监测土壤氮、磷、钾含量、土壤重金属含量、土壤墒情、水质、气象等专业数据用于农业生产指导；提供以农业生产管理、品牌推广、产品交易、资金结算在线服务；对食用农产品从生产、加工、存储、包装、运输、销售等各环节责任全过程质量在线追溯；通过数字乡村综合信息平台APP让农村居民便捷查询所需信息资讯、买卖相关产品、申请公共服务、申办相关业务等。

二、创新点

江夏区数字乡村综合信息平台在设计理念上摒弃了原有涉农信息系统建设存在系统繁多、不兼容、功能单一、数据条块分割不共享、操作烦琐、不实用等弊端。坚持实用、好用为原则，平台功能上实现了"系统互通，数据互用，物联互动，高效实用"的应用效果，其特点是：①系统互通便捷化。由于按照"系统互通"模式，平台就像人的大脑，子系统就像神经，可快速将所需要的数据发送至所需要的地方；②数据共享

---

① 完成单位：江夏区农业农村局、武汉正测地理信息有限公司。邮箱：415350600@qq.com。获奖情况：2018年12月3日取得软件著作权；2018年12月25日取得软件产品证书认证。

高效化。平台功能是互通的，那么进入平台的数据就可以共享互用，我们建设三农大数据库，按数据用途分为了共七大类、112子项数据全共享，极大提升了数据使用效能；③服务三农数字化。农业生产智能化、农业经营网络化、农产品质量可溯化、惠民服务便捷化、乡村治理数字化、政务服务高效化。

三、应用成果及效益

数字乡村综合信息系统将有关涉农数据进行统一归集和管理，形成一个综合性强、集多功能于一体的农业综合数据平台。数据平台的建设是发挥大数据助推作用的基础，该平台在设计建设中进行了系统化模块化设计，打造大数据监测采集体系、动态决策体系、大数据治理创新体系，形成支撑乡村振兴核心业务的信息基础平台，为乡村振兴注入新动能。针对乡村振兴涉及的各个行业，可通过系统平台数据中心一站式的服务，将核心技术进行产业化、个性化，为政府和不同需求的大众应用提供可持续的信息源，大力促进政府的精细管理，将大数据更好地服务于农业产业的转型升级和乡村振兴战略的实施。

"多库联动"大数据融合创新助力农业现代化

安徽省司尔特肥业股份有限公司[①]

一、基本情况

本项目充分发挥依托中国农业大学与司尔特联合创立的测土配方施肥研究基地积累的实验数据，通过"测、研、配、产、供、施"一条龙的测土配方施肥服务与平台的有机融合，将农业信息数据化，以数据指导农业生产发展，面向全国农户免费提供全方位、多样性、互动式的知识服务、测土服务、农资产品展销等个性化服务。通过建设中国农业大学与司尔特联合创立的测土配方施肥研究基地展示中心、科学施肥互动体验中心及数字展馆、安徽省化肥减施增效技术工程研究中心和国家认定企业技术中心，融合自主研发的"二维码上学种田"农业生产技术智慧服务系统、"季前早知道"大数据分析预测系统和"甜农网"电商平台，司尔特不仅能够实现技术人员对农户的当面指导，而且可以通过云平台上的农业生产技术智慧服务系统、大数据分析预测系统、数字展馆高效地与农户们线上交互，并依托电子商务平台将农业生产资料一站式配送到农户手中，同时结合线上反馈服务平台，为农户提供更加及时贴心的服务。

二、创新点

①针对农业种植结构、土壤养分、农业气候等大数据的数据海量、数据源异构、数据结构多样和数据变化快等特点，应用大数据去冗降噪、数据存储、融合技术、非结构化和半结构化数据的高效处理技术以及适合不同行业的大数据挖掘分析工具和开发环境等技术，根据农业种植分类标准定义主体的信息处理意向，开发农业大数据采集、转换、分类、清洗和聚类等智能分析系统。②参考本体论的数据关联分析、领域对象关系模型，开发决策本体系统，与领域专家配合，构建不同数据集之间的数据融合模型。

[①] 完成单位：安徽省司尔特肥业股份有限公司。邮箱：liuyq@sierte.com。获奖情况：2018年入选安徽省信息消费创新产品；2018年入选产业互联网TOP100；2019年获得世界制造业大会金奖；2019年入选大数据优秀产品和应用解决方案；2020年入选大数据产业发展试点示范项目。

③采用混合云模式。通过连通公有云和私有云实现云资源的互通和快速迁移，以公有云+私有云形成混合云平台的部署，实现全局资源的整合和利用。④利用基于多点互动、多通道融合、幻影成像、VR互动、虚拟漫游、传感器及DSP控制技术，通过动画讲解和技能训练，让受众系统了解和学习测土配方施肥相关知识、新技术、新方法。⑤搭建一体化的农资信息服务云，充分利用云计算的可扩展性、互操作性、虚拟化、经济性和个性化五大特点，实现了安全、完整、开放、个性化的农资信息服务。

三、应用成果及效益

自系统平台应用以来，已经为江苏、安徽、江西、河南、河北、湖南、山东等产品覆盖省份的15万种田大户提供了个性化定制服务、施肥指导服务和产量预测服务，为基础数据库反哺有效数据10万余条，生产指导数据达近万条，给其他应用系统反哺数据达万条。通过项目的深度推广运用，通过积极引导广大农民科学施肥科学种田，引导农民采取节本增效的耕作方式，促进农民增产增收近8%，为农民致富贡献着力量。

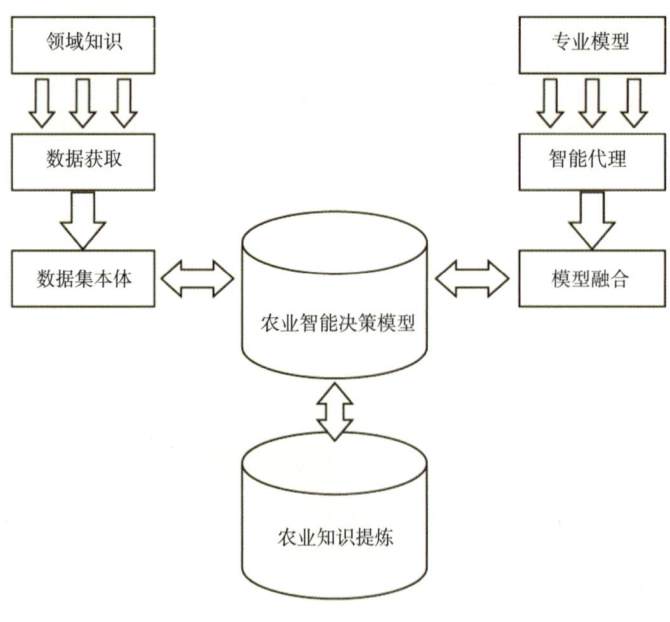

"多库联动"大数据融合

二维码上学种田支撑平台

司尔特科学施肥系列影片

山地柑橘智慧果园建设技术模式

中国科学院重庆绿色智能技术研究院、重庆市农业技术推广总站[①]

一、基本情况

山地柑橘智慧果园建设技术模式，针对果园田间感知数据稀疏、孤岛化和碎片化问题，应用自主高微稀疏大数据智能分析理论，研究形成集人工智能、大数据、物联网、云计算等信息技术，气象、土壤墒情、视频、近程遥感等感知技术和智能无人装备执行于一体的山地智慧果园建设技术模式。主要满足山区乡村劳动力紧缺，果树生长状态感知、作业调度孤岛化，各生产环节碎片化难以统筹管理等问题。重点依靠村村通骨干光纤网和4G/5G通信技术，建立果园田间自主无线局域网络系统和大数据管理服务系统，降低运维成本；依靠田间大数据云服务系统，打通产业链各环节"数据孤岛"，实现田间气象、土壤墒情、视频等传感器数据与智能装备的互联互通和生产调度"一张图"管理；支撑营养诊断处方化精准管理和远程可视监控，柑橘产量、熟期和长势的预测，气象、病虫害灾情预警，肥药水一体灌溉、无人机、无人拖拉机等智能装备的自主作业运行，并为区域柑橘单品大数据云服务和可视溯源预留接口，可提高果园标准化管护作业效率，降低柑橘生产对劳动力的需求，进而实现果园节本增产，巩固拓展脱贫攻坚成果，促进乡村振兴。

二、创新点

①果树生长状态智能分析系统。本系统智能、精准的感知、分析能力，可对果园中果树的生长状况进行全方位掌握，进而大幅减少果园日常管护所需的巡检等作业，并实现精准灌溉、施肥及打药，减少农药化肥施用，实现绿色发展。②山地果园智能作业管理系统。本成果在上一点的基础上，创新地将果园日常管护作业调度与乡村布局有机

[①] 完成单位：中国科学院重庆绿色智能技术研究院、重庆市农业技术推广总站。邮箱：Xdw@cigit.ac.cn。获奖情况：获得2019年重庆市自然科学奖一等奖；获得2010年重庆市科技进步奖三等奖。

结合起来，研发了一种基于地块划分的果园智能作业管理系统。③产品全流程数字化溯源系统。本成果在果园日常管护实现信息化、智能化之外，更进一步的将大数据覆盖范围扩展到整个产业，连通整个产业链的各个"数字孤岛"，实现整个产业链的数字化统筹管理，并建立完全的产品质量追溯体系。

三、应用成果及效益

2019年起已在重庆市开州区临江镇福德村全村3 300亩果园对山地智慧柑橘果园建设模式进行推广使用，建成的山地智慧果园运行效果良好，经用户方统计，果园年产量提高250千克/亩，降低人工成本45%，节约农资成本30%。自福德村山地智慧柑橘果园建成后，多方农业专家、多地领导前来视察，给予了高度评价。目前，本单位已与重庆长寿、渝北、垫江等多个区县达成协议，进一步推广本成果，意向面积已有2万亩以上。同时本单位也在积极拓展本成果的应用领域，在柑橘产业之外，本单位已与陕西省富平县有关部门达成协议，将本成果推广至该地柿子产业，建设涵盖富平柿子全产业链的柿子大数据平台。同时，本成果后续推广落实后，带来的劳动强度降低、收入提高等效益，可更进一步地让部分青壮年村民回流农村，为乡村注入活力，进一步促进乡村振兴。

纽澜地"数字牧场"

山东纽澜地何牛食品有限公司[①]

一、基本情况

以纽澜地为主体承建的"数字牧场",位于山东省淄博市高青县唐坊镇,项目占地面积2 000余亩,是纽澜地携手阿里数字农业、盒马鲜生共同打造的数字化智慧大牧场。目前,牧场已经完成了以现代信息技术为依托的产业智能化转型升级,基于数字化改造实现了黑牛育种、生态养殖、屠宰分割、精深加工、智能交易市场、冷链物流、终端配送等环节的监控管理,建设优质高青黑牛全产业链产业集群,通过追溯体系和数字监控平台,以智能芯片连接ERP,实现一牛一码、一猪一码、一羊一码的智能化、标准化养殖,并与阿里数字农业、盒马鲜生的追溯系统打通,实现一品一码、一盒一码,方便消费者在终端扫码获取全链路溯源信息。

二、创新点

牧场管理系统在三方面凸显了数字化创新的优势:一是牧场管理系统通过定点回传机制,将牛只健康状况、饲喂数据及成本消核数据等信息进行定时定点回传,实现牧场牛群管控、物资管控、财务管控等一体化,消除信息孤岛。二是管理系统可以分为多个不同的智能化设施子系统,包括智能养殖管理系统、TMR(全混合日粮)精准饲喂监控系统、自动称重分群系统、健康状态监测系统、养殖环控系统,系统自动生成预警报告和分析报表,为企业生产经营决策提供管理和支撑。三是管理系统通过分析收集到的各种数据,根据牧场的业务需要生成报告和图表,使牧场管理人员的工作变得轻松、高效,涵盖了牧场管理的各个方面,包括饲喂、种畜、自动称重、繁殖、兽医、产品质量安全追溯等,系统具有非常灵活的报告设计功能,牧场可以根据业务需要,自行设计满

---

①完成单位:山东纽澜地何牛食品有限公司。邮箱:52481136@qq.com。获奖情况:2020年,获得中国畜牧业协会颁发的"畜牧业数字化智能化转型样板场"认证。

足需要的报告。

三、应用成果及效益

纽澜地通过阿里巴巴的大数据，进行黑牛、黄牛的订单养殖合作计划，逐步建立起一套养殖、屠宰、分割、生产、深加工、物流配送全流程新鲜牛肉供应链体系，同时纽澜地也建立起在盒马鲜生平台的运营体系。为了满足盒马鲜生日益增长的市场需求和消费场景的需求，纽澜地引进日本食品工艺及生产技术自建研发团队，源源不断地研发出C端消费者供不应求的爆量大单品。数据显示，仅2019年上半年，纽澜地在盒马鲜生实现销售总额超3亿元，同比增长200%。纽澜地"数字牧场"通过规模经营主体带动现代农业向产业化、规模化、集约化的经营模式发展壮大，不仅提高了农户的组织化程度，促进了资源共享，同时打响农产品品牌，提高农产品品质和市场竞争力。

数字牧场

规模农场万亩基地"种管收"信息化技术集成应用模式

光明食品集团上海农场有限公司[①]

一、基本情况

上海农场创建的万亩无人农场示范区，在无人农场示范区内应用"数字化+智能化"的生产模式，集成应用"智能灌溉、无人农机、无人飞防、无人巡田、水肥一体和生产管理"六大类新技术，实现从"会种地"到"慧种地"的转变，减肥、减药10%、节约劳力80%、节水节电20%、增产5%。即应用智能灌溉系统，取代人工进排水，实现农业管水无人化；应用水肥一体化系统，实现生产用肥无人化；应用无人农机，建设智慧农机管控平台，实时监管农机作业数据，覆盖耕、种、管、收农机作业全过程，实现农机作业无人化；应用无人机飞防防治病虫草害，实现植保时间、匀度、轨迹的精准化，作业质量监测实时化，提高粮食全生育期病虫草害的防治效率和质量，降低农机作业对作物的碾压，实现农业植保无人化；构建"天—地—人—机"一体化的大田物联网测控体系，集卫星遥感、气象、无人机、地面气象监测、虫情监测和便携式手持作物健康诊断仪相融合的立体监测体系，全维度实时监控大田稻麦作物生长要素投入及生长过程，实现苗情监测无人化；搭建数字化平台，结合农业物联网系统的应用，打造集农业监管、监测、服务、决策为一体的农业资源数据库，为农业生产提供精准化种植、可视化管理、智能化决策。

二、创新点

一是智能灌溉系统的应用：主要包括智能扬水站、新型闸门改造、无线灌溉控制以及大田智能灌溉管理平台等，对水稻、"两麦"等大田粮食作物种植从扬水站泵房、

[①] 完成单位：光明食品集团上海农场有限公司。邮箱：405857144@qq.com。获奖情况：入选2018年度上海市计算机用户优秀创新成果案例。

干渠进水到田间进排水的智能化控制和管理,真正做到了一人万亩,水、电资源利用率提高20%,降低人工80%,省时省力省本。二是水肥一体化技术:在无人农场示范区内施用一次缓控释肥作为底肥,水稻生长期不再使用机械施肥,利用水肥一体化智能控制装置将沼液或液体肥与农田灌溉水按一定配比混合进入农田,来补充水稻生长过程中所需养分,实现施肥、灌溉同步进行,实现了沼液资源化利用,简化农事操作,同时,避免了机械施肥对水稻碾压。三是智能农业装备及无人机飞防的应用:试点无人驾驶技术在农业生产上的应用,建设智慧农机管控平台,实时监管所有农机的农机位置、行走轨迹、作业时长、作业面积、重漏情况;深翻、耙地农机的作业深度;拍照监测收割机作业对倒伏作物的收割情况和秸秆还田作业的秸秆细碎程度;对重点农机作业如耙地、旋播等的燃油消耗情况监管,农机利用率提高15%,实现耕、种、管、收农机作业全过程覆盖。

三、应用成果及效益

目前该模式在光明食品集团上海农场有限公司种植业中心上农7队、9队示范推广应用,面积达1万亩,解决当前从事农业生产的劳务工老龄化、缺乏承包户或放水工,出现民工难找的问题,人工成本下降、工作效率提高、水稻增产显著。同时,还能资源化利用沼液,减少化肥的投入,使农业生产向种植标准化、精量化方向发展。

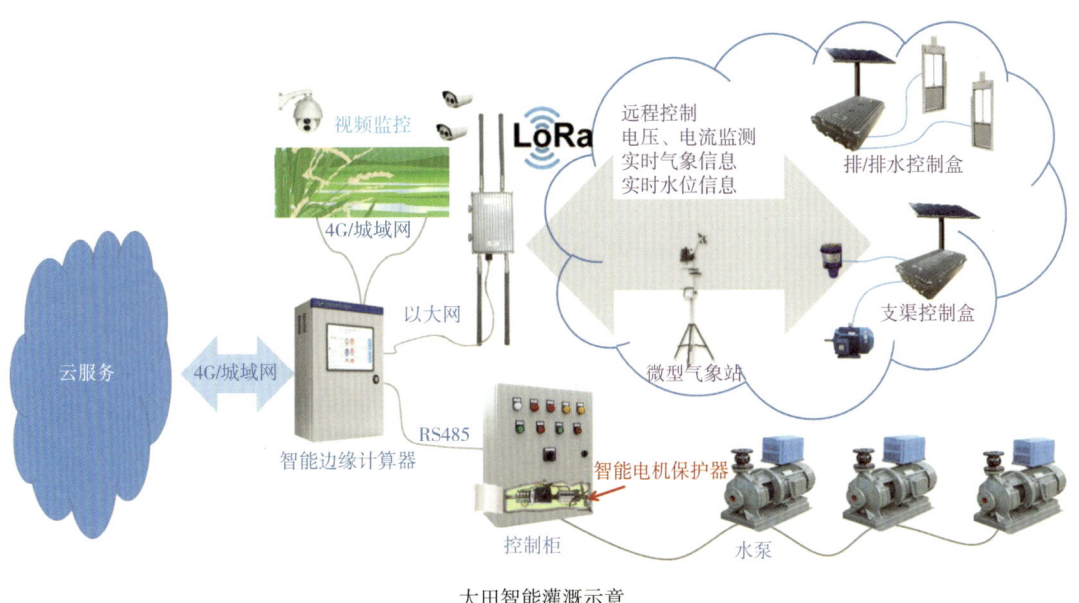

大田智能灌溉示意

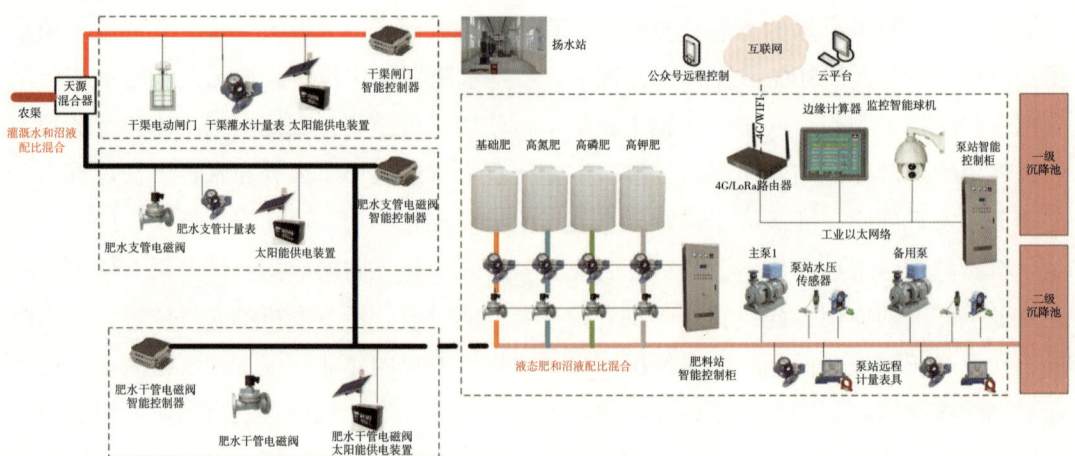

稻田水肥一体化示意

动物体况自动采集系统的肉牛品种改良及培育

甘肃共裕高新农牧科技开发有限公司[①]

一、基本情况

动物体况自动采集系统通过搭建张掖肉牛繁育信息化管理云平台，以信息技术为支撑，以推动农业高质量发展和产业振兴为目标，以农业金融保险可持续发展为主线，围绕智慧畜牧装备开展关键技术攻关和创新应用研究，积极探索"肉牛品种改良及培育模式"支农模式。构建动物体况自动采集系统，并配合建设相应的肉牛圈道，实现对牧场畜群的体况数据监测，通过定期对畜群的体重进行监测，掌握并分析肉牛生长及健康状况，及时治疗病畜，选育个体遗传性能优良的优质肉牛，系谱追踪，有效提高畜牧业生产水平，增加畜牧业效益。加速射频识别（RFID）、传感器、5G、人工智能（AI）、云计算等物联网技术在肉牛品种改良和培育的适应性应用，促进物联网技术与农业金融保险的深度融合，逐渐实现肉牛个体体况抓取、群体增长状况分析、优良育种性状数据化表达的便利性和精准性。持续推进农牧业绿色高质量发展，着力培育农牧区发展新动能，最终实现农牧产业兴旺，牧区生态宜居，牧民增产增收，5G网络有序覆盖，做好巩固拓展脱贫攻坚成果同乡村振兴有效衔接。

二、创新点

一是实现自动化采集肉牛体重数据。通过圈道—感应闸门—体况识读设备—识读器读取数据，实现动物体况全自动化的数据采集。二是完成定期的畜群称重后，可以通过便携的数据分析模块了解牧场总体的畜群生长趋势，并能与历史数据进行对比。三是通过繁育平台的统计分析，为各级管理部门的生产决策、宏观决策提供数据支撑服务。四是首次以具有信息实时采集、分析、诊断、决策与指导等功能的畜牧业生产与生态保

[①]完成单位：甘肃共裕高新农牧科技开发有限公司。邮箱：444232980@qq.com。获奖情况：2019年9月入选国家肉牛核心育种场；2017年12月入选肉牛标准化示范场。

护一体化综合信息服务系统，构建大数据驱动的可持续发展的农业信息化管理服务平台。五是对牲畜的多源数据进行系统、完整地采集，通过空间数据的处理与融合分析，建立智慧农业大数据库。六是通过对牲畜重量、料肉比数据的综合分析，建立牲畜重量与生产数据之间的回归模型，为科学生态养殖提供决策依据。七是通过对牲畜重量、系谱等数据的综合分析，建立牲畜系谱关联模型，为品种改良、品系选育提供决策依据。

三、应用成果及效益

一是通过本项目的建设，引导农民规模化饲养肉牛，进一步改善肉牛生产生活环境，实现肉牛产业快速发展的目标，大幅度提高生产效率，增加农民收益。二是变粗放式饲养为集约化、现代化饲养，推动经验育种转变为精确化、数字化育种。三是为周边地区的农户提供优良肉牛品种，优质的饲料和先进的饲养技术，提高牛群素质和饲养管理水平，促进项目区及周边地区养牛业的发展，提高养牛的生产水平和科技含量。四是试点先行，探索经验并形成模式，逐步向张掖市推广。五是促进地区经济的发展，繁荣区域经济，建设数字乡村，数字经济能为社会经济发展提供强大动力，为张掖市乡村振兴战略的顺利实施注入新动能。

广东菠萝、广东荔枝：大数据营销有道

一、基本情况

数字农业是农业现代化的高级阶段，是我国由农业大国迈向农业强国的必经之路。广东致力于打造数字农业高地，通过"三个创建""八个培育"着力构建一批数字农业应用场景，以数字化探索构建"提效率、降成本、增体验"的产业发展新模式。广东以"12221"农产品市场体系建设为行动指南，以菠萝、荔枝等特色农产品重点建设内容，开发大数据系统，探索"短视频+直播"带货新渠道，推动农产品实现靶向营销，促进农业产业高质量发展。

二、创新点

第一，推动全产业链数据化，优化资源配置。推动农产品在种植、交易、加工、物流、市场等环节的数据化，提升数据挖掘和分析能力，推动新一代信息技术与农业生产经营深度融合。2019年，徐闻县开发徐闻菠萝流通大数据系统，在全国设立数千个签约档口，建立市场行情大数据。2021年中国（广东）荔枝产业大数据中心建成，包括荔枝生产、销售、物流、产业四大领域数据。

第二，打破信息壁垒，助力产销对接。大数据为农业装上决策"大脑"，指导农事生产、辅助农业决策，提升预测预警能力，促进农产品产销精准对接。农户通过菠萝、荔枝大数据了解最新市场行情，以需促产，提高产品的供给与市场的匹配度，降低生产风险，提升议价能力。采购商可以有效掌握市场供需预期，指导产区出货。徐闻菠萝流通大数据系统定期发布菠萝市场价格指数和采购商指数；中国（广东）荔枝产业大数据中心还首次发布了国际荔枝市场端数据，给出口企业更多参考依据。

第三，建设"田头小站"，实现优品优价。广东把"田头小站"新基建作为"农业生产的节点，产业升级的支点"来抓，解决好农产品"最后一公里"难题，力争"由点至面"进而推进骨干冷链物流基地建设。田头小站兼具数据中心功能，囊括了荔枝大数据、商机日报、冷库信息、数字农技等内容。目前在广东高州已经建好了田头小站样板，三种类型满足不同主体的需求，通过保品质实现保价格。

第四，解锁数字营销新玩法，名气销量"双升"。一方面，举办落地培训活动，开办"线上农讲所"，筹备"村播计划"，培训更多农产品主播达人；另一方面，联合多方力量开展云展会、网络节等活动，充分发挥互联网优势，扩大广东菠萝、广东荔枝影响力。2021年3月2日，《每3个中国菠萝就有1个来自徐闻》冲上微博热搜榜第二；2021年6月，广东发起"十万电商卖广东荔枝"活动，在京东、抖音、天猫、微视等各大平台亮相，广东荔枝电商营销迎来新高潮。

三、应用成果及效益

徐闻菠萝流通大数据系统如今已完成了徐闻县七大乡镇集中连片产区大数据采集，共涵盖农户数据15 713个、全国水果市场档口数据10 576个、全网水果电商数据4 486个。据统计，2020年徐闻菠萝大数据系统帮助徐闻菠萝在疫情防控期间售出5万余吨，拉动菠萝销售近1亿元。2021年1—7月，徐闻菠萝上市销售约65万吨，约占全年产量93%，预计全年总产值将达20亿元。

2021年广东荔枝产量达147.31万吨的历史新高，同比增产10%；从4月22日启动营销、5月20日大量上市到7月23日广东省荔枝售罄，广东荔枝营销完成全省147万吨荔枝销售，实现产值140.8亿元，上半年广东荔枝出口量同比增加79.8%。

"菠萝妹妹"王小颖通过直播带货徐闻菠萝

田头小站数据中心

可移动田头小站

"保供稳价安心"数字平台：加快推进广东数字农业转型升级

广东省农业农村厅、广东农产品采购商联盟、
广东一人一亩田网络科技有限公司、南方农村报社[①]

一、基本情况

广东农产品"保供稳价安心"数字平台（以下简称保供稳价安心数字平台）是在广东省农业农村厅指导下，广东农产品采购商联盟统筹下，于抗击新冠肺炎疫情战役中快速建立并发展壮大的平台。保供稳价安心数字平台是基于一亩田平台技术体系搭建，在疫情防控常态化和坚持经济发展的双重压力下，以快速对接农产品贸易供需双方为核心目标，形成有市场需求、有市场供给又有流通配送的"保供给、稳物价、安民心"联合平台载体，不仅能为政府部门提供决策参考，而且可以为产地供应商、销区采购商提供全国市场信息。在后疫情时期，保供稳价安心数字平台加速转型升级，成为加快推进广东数字农业发展，服务"六保"、服务广东乃至全国的农业数字平台。

二、创新点

特殊时期保供给，画好抗疫"同心圆"。从水果蔬菜到水产禽畜肉类，从食品生产商到生鲜超市再到物流公司，为百姓搭建起一条稳定输送日常生活必需品的线上线下"绿色通道"，为各地居民"菜篮子""米袋子""果盘子"供给充足提供保障。

供需对接促销售，解决农产品卖难。湾区优品专区、放心农资平台专区、广东国际网络荔枝节专区、鄂粤同心——湖北抗疫专区、湖北农产品大湾区网络交易会专区、广东—陕西大院专区、短视频大赛专区等16个营销专区；定期举办"采购商网络直通车""采访商网络会客室""网红直播间"等网络对接活动，为供需双方建起对接桥梁。

[①]完成单位：广东省农业农村厅、广东农产品采购商联盟、广东一人一亩田网络科技有限公司、南方农村报社。

全力驰援湖北，携手共克时艰。2020年2—5月，平台累计组织发起15批次广东农企驰援湖北抗疫公益捐赠活动，总价值达1 835万元，产品包括水产品、粮油果蔬茶及畜禽蛋奶等，是全国最早一批守护湖北地区抗疫"菜篮子"的行动之一。这些重要生活物资满足了抗疫前线营养需要，鼓舞了战胜疫情的信心。

加快转型升级，赋能数字农业。平台的建设，为农产品在新场景销售孵化出许多新动能，成为广东数字农业的生力军。广东省农业农村厅与中国石化广东石油分公司、南方都市报合作，创新推出易捷净菜——粤港澳大湾区菜篮子"车尾箱"工程，为消费者创造更加便捷、安全、放心购买生活必需品的购物新场景、新体验，让更多的老百姓吃上更加安全、绿色、健康的农产品。

广东农产品"保供稳价安心"数字平台页面1.0版本

"保拱稳价安心"数字平台小程序

三、应用成果及效益

目前，入驻平台的农业企业达3 605家，推出200余场直播活动，累计实现产销对接13 380次，总曝光量260万人次。平台建立了16个营销专区，开展了产地直播、短视频大赛、行情大数据、线上产销对接等一系列营销活动。除了撮合对接运营外，平台利用线上2 000万采购商资源和线下批发市场采购商的资源,开展系列采购商会客室、供应商直播间等各项直播活动,帮助实现供采有效对接。生于疫境,止于抗疫。广东农产品"保供稳价安心"数字平台在抗疫关键时期为守护百姓的"米袋子""菜篮子""果盘子"发挥了巨大作用,在后疫情时期蜕变出广东数字农业新业态,成为加快推进广东数字农业转型升级中"3个创建、8个培育"的一次有益尝试,成为服务"六保",服务广东乃至全国的农业数字平台。

广东农产品"保供稳价安心"数字平台页面3.0版本

跨境电商：数字平台链接农产品国际市场

广东省农业农村厅、佛山市南海区里水镇、汕头市澄海区[①]

一、基本情况

目前全球新冠肺炎疫情持续发展，国际贸易遭受重创，跨境电商成为连通国内市场与国际市场的重要形式。2020年，广东省佛山市南海区里水镇、汕头市澄海区先后获批创建"农产品跨境电子商务"综合试验区。创建以来，两大"农产品跨境电子商务"综合试验区积极落实完善农产品冷链物流建设；鼓励跨境电子商务企业开展国际商标注册；大力支持特色农业专业镇、数字农业龙头企业；建立符合农产品国际经贸规则和跨境电子商务发展相适应的制度体系等一系列举措，充分发挥政府作用，激发各类市场主体活力，以数字农业赋能乡村振兴。在两大综合试验区的带动下，广东农产品跨境电商渗透率日益提升，产业链和生态体系不断完善。

二、创新点

跨境电商配套，畅通"农产品"销售渠道：综合试验区建成了一系列农产品跨境电商配套设施服务。如里水镇正积极打造农产品直播网红一条街，举办了广东农产品跨境电商直播、特色农产品线上短视频展播上线腾讯微视和优农云展等一系列活动。此外，综合试验区有针对性地提出要加快布局农村物流代收点、田头预冷、冷链储存与冷链运输车辆等问题，解决了农产品货架期有限、对冷链物流的依赖较大等销售短板。

数字化赋能，助力农产品国际化品牌打造：借助综合试验区契机，里水、澄海综合发挥"互联网+"和地方特色资源的双重优势，加快广东跨境农产品国际化品牌建设，2020年11月，汕头澄海"世界鹅王之乡，寻味澄海狮头鹅"网络节举行，实现重大合作项目签约2.03亿元，国内外网民2 280多万人次在线参与，精彩纷呈，"网"出实效。

数据建设，实现农产品国际市场信息共享：综合试验区提出，加快5G网络和大型

[①] 完成单位：广东省农业农村厅、佛山市南海区里水镇、汕头市澄海区。

数据中心的建设，对跨境电子商务大数据提供管理服务。此外，建设跨境综合服务平台，优化和完善平台服务功能，推动各部门信息互换、监管互认、执法互助，努力实现跨境电子商务各部门信息共享。

三、应用成果及效益

广东"农产品跨境电商综合试验区"取得了初步成效。里水镇成立了佛山市南海区梦里水乡数字农业公司，以项目公司形式统筹相各项资源，助推农产品"出海"，截至2021年初，里水已经与30余家农产品、跨境电商等企业签约合作，此外，里水镇积极组织跨境电商网红直播专场，邀请有外语专业背景的主播参与跨境电商平台直播。澄海区规划建设市级农产品冷链物流产业园，积极发展农产品冷链、物流、配送和"互联网+现代农业"。目前，跨境电子商务分拣清关中心投入运营，宝奥城入选国家市场采购贸易方式试点。广东"农产品跨境电商综合试验区"充分发挥区位、人才优势，突出本地特色，注重整合资源，实现重点突破，构建国际农产品进出口电商贸易开放的新高地，形成一条高度完善的农产品跨境贸易生态产业链。

里水农产品跨境电商直播基地

澄海本地特色农业蔬菜种植、狮头鹅饲养产业园区

国联水产：数字赋能海洋食品智造

湛江国联水产开发股份有限公司 [1]

一、基本情况

国联智能化新工厂占地约300亩，分两期建设，一期140亩、二期160亩，总建筑面积约20万米^2，项目导入工业4.0的设计理念，引进世界先进的自动化、智能化技术，打造集研发、信息化与生产为一体、充分应用5G技术的智能化海洋食品新工厂。

国联智能化工厂使用了贯穿于剥虾、速冻、蒸煮、精深加工、包装、仓储等生产全流程的自动化设备和系统，生产效率、设计产能得到大幅提升，也更好地保障了产品质量的稳定性和安全性。

二、创新点

引进世界先进的自动化生产设备。项目通过引进美国自动剥虾系统及剥虾设备、瑞典流态化速冻机、荷兰低温蒸煮机、荷兰自动裹粉油炸生产线、自动包装系统以及自动立体仓储系统、机器人作业等技术，实现从粗深加工到包装出库一系列生产流程智能自动化。

融入信息化管理系统。结合ERP（企业资源计划系统）、MES（制造企业生产过程执行管理软件）、PLM（产品生命周期管理）、仓储管理等信息管理系统可实现50%以上中控操作和数据自动采集，大幅提升自动化和智能化水平。融合5G试点示范项目，实现了由水产品加工到海洋食品智造的提质增效、由水产加工厂到中央厨房的转型升级。

提供精细化定制菜品服务。该项目主要为中西式连锁餐饮定制标准化菜品，为新零售线上线下提供个性化的爆品。

---

[1] 完成单位：湛江国联水产开发股份有限公司。邮箱：marketing2@guolian.cn。获奖情况：该项目入选了中国工信部"2018年智能制造综合标准化与新模式应用项目"立项，获得食品企业第一名。该项目也是广东省5G+智慧农业三大示范基地之一。

三、应用成果及效益

自动剥虾机：全自动剥虾，主要用于剥虾仁。半自动剥虾，主要用于剥凤尾虾、蝴蝶虾。每天处理原料150吨。

生产控制中心：包括视频监控及数据监控两个功能。视频监控主要对车间关键控制点进行实时监控。数据监控主要对设备数据、生产过程各工序投入产出质量批次数据进行实时采集与监控。

速冻生产线：总共8条速冻生产线，每天做120吨成品。主要配置瑞典流态床设备与冲击式速冻设备，可以在3～8分钟完成产品速冻，速冻效率提升3～7倍。

自动化包装：以实现小包装产品自动化包装，可满足彩袋装、真空装、盒子装不同产品的换产切换，产品内包装完成后经过X光检测异物、金属检测和重量检测，再利用蜘蛛手自动装箱、自动打包、机器人码垛入库。

自动化立体冷库：工厂共建有两个自动化立体冷库，分别是原料冷库和成品冷库。自动化立体冷库为无人作业冷库，应用AGV无人车、堆垛机、7层高货架，冷库净空19.2米，储存温度在-22℃，利用德国GEA风机恒温，储存量为1万吨。所有的出入库数据均通过自动设备采集数据发送到WMS系统并集成到ERP系统，自动完成物料账和财务应收应付账。

检测中心：检测中心按照国家级实验室设计，配置最先进的检测仪器设备及智能温控系统，获得CNAS（中国合核评定国家认可委员会）认证，以提供企业内部及第三方检测服务。

出货月台：出货月台直接接收ERP系统发货指令，应用自动拆垛机器人作业，最大化实现自动化的装货。月台温度控制在7℃以下，每条货柜的装货时间控制在一个小时以内完成，发货实际数据直接回传ERP形成物料账和财务账。

国联水产智能化新工厂

生产车间

阳西县："三端数字化"带动产业现代化发展

阳西县农业农村局[①]

一、基本情况

阳西县是广东首个数字农业示范县，也是首批国家数字乡村试点地区、国家"互联网+农产品"出村进程工程试点县、省数字乡村发展试点县。在广东省领导及省农业农村厅的支持和指导下，阳西县立足县情，找准数字农业发展主攻方向，以市场需求为导向，积极出台政策措施，以成功推动"一馆一云四园"数字化建设经验为示范，带动全县30个县级现代农业产业园数字化发展，把数字技术与农业产业链和供应链深度融合，形成特色优势产业、市场营销经营体系、农业管理方式、"三农"服务的数字化转型升级新模式。

二、创新点

推进生产端、供应端、销售端"三端数字化"，发挥数据基础资源作用和创新引擎作用，推动互联网、大数据、人工智能同农业经济深度融合。

1. 推进生产端数字化

生产端应用数字技术，促进"一村一品"等富民兴村产业高质量发展，打造全县数字农业新格局。在农业生产关键环节，改变原有凭经验、靠人力的农事作业模式，应用新装备、新技术，通过采集大量数据分析来进行生产管理，实现智能化决策、精准化种养、标准化生产和数字化溯源。

2. 推进供应端数字化

严格遵循市场规律，加强大数据技术应用，掌握国内甚至国际农产品市场的变化，完善"产、供、销"一体化农产品市场流通服务体系，推动线上线下相结合，充分

[①] 完成单位：阳西县农业农村局。

发挥市场需求的调节作用，把优质优价的农产品通过数字技术和现代物流供应到消费者，实现在市场竞争中占据优势。

3. 推进销售端数字化

充分发挥广东省"一村一品"短视频矩阵试点县的优势，坚持"走出去""请进来"，创新农产品数字化营销新模式，大力开展短视频+网红直播带货，让手机成了新农具、数据成了新农资、直播成了新农活、地头成了直播间。

三、应用成果及效益

数字农业展览馆，数字农业云应用，荔枝、程村蚝、罗非鱼、东水山茶四个数字化产业园推动产业高质量发展。如荔枝数字产业园降低人工成本约90%，节约农药使用成本约40%；罗非鱼数字产业园降低养殖场电费约10%，节省饲料成本约5%，死亡同比减少约8%，销售额同比增长约5%。

供应端完善了产供销市场流通体系，发挥市场需求调节作用。如顺欣集团依托温度达-60～-55℃的超低温冷库和金枪鱼加工生产线，每日冷链加工罗非鱼片、冰虾仁、金枪鱼能力达350吨，年产值逾5亿元。

"走出去"参加全国性推介会，"请进来"数字科技企业，打响一批阳西品牌，扶持电商11家、培养400多名"短视频+网红"达人，培育了9 208名农村实用人才和545名新型职业农民。

在程村蚝养殖基地，数字化设备精准保障生蚝生产

阳西数字农业产业园大数据中心一角

增城无人农场：机械化、信息化和智能化的高度融合

华南农业大学

一、基本情况

2020年，在华南农业大学增城教学科研基地，一片28亩的试验田第一年使用"无人农场"作业。生长3个多月的水稻，颗粒饱满，亩产达到558.6千克，远远高于当年广东晚稻401.3千克的平均亩产量。广东首个"数在转、云在算、机器在干"的无人农场成为现实。

这个智能化无人农场的牵头人是中国工程院院士、华南农业大学教授罗锡文。罗锡文认为，无人农场是在人不进入农场的情况下，采用物联网、大数据、人工智能、机器人等技术，通过对农场设施、装备等远程控制，或智能装备与机器人的自主决策、自主作业完成所有生产管理任务，是一种全天候、全过程、全空间的无人化生产作业模式。

二、创新点

1. 首次实现农场自主作业和无人化管控

从旋耕、播种到施肥、浇水，农业种植最基础、最重要的这四大环节，全部由无人驾驶设备完成，这在国内尚属首次。机库田间转移作业全自动，即农机自动从机库转移到田间，完成田间作业后自动回到机库。无人农场依靠作物生长数据，通过科学、专业地分析得出最优解。传感器、物联网、云计算、大数据的应用，不但颠覆了"日出而作日落而息"的劳作方式，也打破了中国农民千百年来"面朝黄土背朝天"的传统生产模式，农业生产转而迈向集约化、精准化、智能化、数据化。

2. 实现机械化、信息化、智能化融合

无人农场是智慧农业的一种生产方式,是机械化、信息化和智能化高度融合的作品,主要依托生物技术、智能农机和信息技术三大技术的支持。其中,生物技术提供适应机械化作业的品种和栽培模式;智能农机主要提供智能感知、智能导航、精准作业和智能管理;而信息技术则主要为无人农场生产的信息获取、传输和处理与农机的导航、自动作业以及远程运维管理提供支持。

3. 提升农业种植效率

使用无人驾驶拖拉机,40分钟可播种14亩土地,这个效率是人工播种的100倍以上。而使用一台臂展达12米宽的无人驾驶喷雾机喷水、施肥,一个小时至少可以覆盖30亩土地,工作效率将是人工作业的30倍以上。

三、应用成果及效益

全天候无人化之下,无人农场对农业动植物的生长环境、生长状态、各种作业装备的工作状态进行全天候监测,从而根据监测到的信息开展农场作业与管理。全过程无人化是指农业生产的各个工序和环节都无须人工参与,由机器自主完成。

全空间无人化是指在农场的物理空间内,无人车、无人船、无人机在不需要人的介入下自主完成移动作业,并实现固定装备与移动装备的无缝对接。自动避障异况停车保安全,即在农机转移和作业过程中能实现自动避障,遇到异常情况能自动停车,以确保安全;作物生产过程实时全监控,即能对作物生产过程中的长势和病虫草害情况进行实时监控;智能决策精准作业全无人,即能根据作物的长势和病虫草害情况及时作出决策并自动进行精准作业,包括精准灌溉、精准施肥和精准施药等。

农业机械自动导航作业技术是无人农场的关键技术,可显著提高劳动生产率、资源利用率和土地产出率。从2004年开始,罗锡文院士团队开展了农业机械导航及自动作业关键技术的研究,突破了导航定位、路径跟踪、电液转向、电机转向、速度线控、机具操控、自动避障、主从导航、车载终端和系统集成等十大关键技术。

无人驾驶收获机

无人驾驶收获机和运粮车配合默契

"我在德庆有棵贡柑树"——德庆贡柑"超级网红"养成记

一、基本情况

2020年，广东省肇庆市德庆县贡柑种植面积约12.1万亩，产量达26.26万吨，产值超22.5亿元，平均收购价在2~2.5元/千克。为扎实推动2021年广东德庆贡柑"12221"市场体系建设，实施"我为柑农办实事"，促进经营主体抱团发展，助力德庆贡柑销售，德庆县以"我在德庆有棵贡柑树"——德庆贡柑果树认养活动，打响今年德庆贡柑市场营销的第一炮。通过德庆贡柑果树认养活动，认养者可以在线上或线下以1111元的价格认养一棵达到标准的贡柑果树。认养者不仅拥有认养果树的收益权，还对认养果树拥有冠名权。在果树最佳采摘期，认养者不仅可以到果园现场体验采摘乐趣，非特殊边远地区的认养者还享有免费快递服务。

随着中国城市化的推进，现代生活节奏加快，人们越来越向往回归自然。果树认养不仅能让人回归田园，进行健康的生态观光旅游，还能尝到从田间到餐桌的新鲜水果，领略田园气息，感受郊游乐趣，享受绿色安全的果实，是现代人享受自然、回归自然的一种方式。

二、创新点

果树认养活动以体验、互动项目为卖点，以网络营销为抓手，拓展了德庆贡柑的销售渠道。通过果树认养模式，城市消费者和贡柑种植户直接取得联系，市民和农民签订一份合同，整条产业链由过去的"产供销"变成了"销供产"。

果树认养活动以采摘体验为卖点，以尊享六大权益为亮点来吸引认养人。六大权益包括收益权、果品保证、冠名权、果实采摘、享受免费快递服务、定期监测服务，即果树当年果实全部归认养人所有，产量保底50千克；认养果树的贡柑全部为果径在55~75毫米的精品果；冠名果树专属名字，制作标识牌；在果树最佳采摘期邀请认养人现场体验采摘乐趣；除我国的新疆、西藏、内蒙古等特殊边远地区及我国的港澳台地区外均享受免费快递服务；定期为认养人推送果树照片或视频直播。

三、应用成果及效益

9月4日，首轮德庆贡柑果树认养活动正式启动，至9月13日，首批贡柑树悉数被认养完毕。果树认养活动受到不少企事业单位和个人的追捧，果树认养量持续增加，远超计划的1 111棵，成效显著。在果树认养活动基础上，德庆县加大德庆贡柑"12221"市场营销力度。

德庆贡柑成为"超级网红"。央媒和省媒争相报道宣传，各路网红大V成为"自来水"，中秋国庆双节期间游客络绎不绝……德庆贡柑品牌影响力不断扩大。

果农经济效益翻一番。以2020年平均收购价2～2.5元/千克、平均产量50千克/棵计算，单株果树收益从原来的约500元/棵增长到1 111元/棵，认养果树为果农带来的效益翻一番。

果农更注重品牌与品质。为获得更高收益，果农自发地朝着认养果树的标准要求自己，在德庆贡柑产业中形成良性循环，果农实现体制增收的同时也带动整个产业升级转型。

促进一二三产业融合。在果树认养活动带动下，更多市民利用周末和节假日的时间来到德庆游玩。农旅结合盘活了德庆贡柑种植、精深加工农产品、住宿餐饮等一二三产业资源。

国庆期间果树认养者一家到果园探望认养果树

不少城里的孩子第一次见到挂在树上的贡柑

惠来"网络节+云展会"——模式升级带动产业兴旺

一、基本情况

广东省揭阳市惠来县地处粤东沿海的农业大县、渔业强县，属南亚热带季风气候，山海秀丽的好生态孕育了种类繁多的农产品和海产品。2020年以来，在省委、省政府的关心和省农业农村厅的有力支持下，惠来县积极贯彻落实"12221"市场体系建设，探索完善"网络节+云展会"模式，通过惠来鲍鱼、荔枝、凤梨等农产品系列实践活动，以市场为引导、以品牌建设为抓手、以互联网数字经济为手段，以"网络节+云展会"为小切口推动市场大变化，变滞销为热销，为广东省发展数字农业提供可借鉴、可推广的实践案例。

二、创新点

一是聚焦数字农业，首创"网络节+云展会"模式。2020年6月，在广东省农业农村厅的指导下，惠来县依托疫情期间搭建起来并发挥了积极作用的广东农产品"保供稳价安心"数字平台，在云端举办惠来鲍鱼"网络节+云展会"，C端直播获得220多万流量、B端吸引81 831名采购商在线围观，意向签约金额超过1亿元，为农产品开创了网络销售新路子。

二是发力云端营销，探索线上农交会新模式。在首届惠来鲍鱼"网络节+云展会"上，依托拼多多、淘宝、腾讯微视、字节跳动、京东等市场主体力量，通过云直播、云展示、云论坛、云贸易、云拍卖、云培训等方式，变革惠来鲍鱼、荔枝、凤梨等农产品传统销路，创新"远程采购+线上直销"产品销售新模式，为惠来农业产业注入数字化新动能。

三是深化营销模式，创新"网络节+云展会"2.0模式。2021年，惠来加快探索完善"网络节+云展会"2.0模式，实行"链长制"推动现代农业全产业链发展，紧抓产区与销区两大市场，充分应用数字农业新技术，创新引入农产品拍卖、中英泰三语微综艺直播、村播达人直播带货、名人代言、靶向推广等方式推动"惠来五宝"品牌建设和产业振兴发展。

四是汇聚多平台资源，打造高能级发展平台。充分发挥惠来数字农业优势，聚集"互联网+数字"资源要素，组织引入互联网资源优势，联合《南方农村报》、中国农业电影电视中心、农视网、一亩田、中国移动、华友拍卖、华芯数科、春丰天集等单位，线上与线下相结合开展15项系列活动。

五是紧抓产销市场，畅通农产品销售新通道。依托广东农产品"保供稳价安心"数字平台云展会、移动5G+云展馆、京东"惠来五宝"专栏等，促进以"惠来五宝"为代表的惠来特色农产品通过网络平台与全市场要素融合对接。引进来，组织30多家采购商惠来荔枝产地行活动；走出去，开展惠来荔枝凤梨品鉴会（成都站），喊全国人民吃广东荔枝（惠来专场）12个平台全网联播，观看超1 299.70万人次；促进惠来荔枝亮相加拿大温哥华品鉴会、广州地标亮屏广告等，着力打造一个畅通线上线下、产区销区、国内国际市场的新通道。

三、应用成果及效益

惠来"网络节+云展会"持续深入推进数字农业农村发展行动计划和"12221"农产品市场体系建设，组织了多场系列活动，紧抓产区与销区两大市场，多元化丰富网络节+云展会展现形式，进一步丰富了广东农产品"12221"市场体系及数字农业建设内容，推动"惠来五宝"品牌建设和产业振兴发展。

2021年中国"惠来五宝"（鲍鱼、凤梨、荔枝、隆江猪脚、鱼丸）国际网络节+云展会现场

惠来数字农业云平台微信号

惠来数字农业云平台

遂溪圣女果百万农民线上大培训：田头一堂课，线上百万人

广东省农业农村厅、广东省农民专业合作推广中心、
广东省农业技术推广总站、广东省农业农村短视频制作推广中心

一、基本情况

2020年9月，广东省农业农村厅启动实施"广东百万农民线上公益培训工程"（以下简称"百万工程"），以实现"聚集千名优秀老师、万堂精品课程、百万农民培训"为成果目标，创新探索创立最顺应农民需求、最符合农民习惯、最能学以致用的广东新农人培训的"线上农讲所"。

"百万工程"第一课于2020年10月11日在湛江市遂溪县界炮镇圣女果基地上开讲，介绍湛江市铭景农业发展有限公司在遂溪界炮镇的"市场驻村"新模式，充分发挥田头仓储物流冷链作用，解决农产品销售"最后一公里"难题，为链接市场与生产、城市与乡村的农业产业发展提供新思路。

二、创新点

一是以市场为导向，链接产销两端。遂溪县界炮镇探索建立了以市场需求为导向的圣女果生产基地，在田间地头建立起仓储冷链全平台，深耕全国销售市场，拉近了市场端与生产端、城市与乡村之间的距离。"百万工程"第一课在遂溪开课，以"新农业模式下田头与电商无缝对接的成功案例"为课题，培育既会种，又会卖的新型农民。

二是理论结合实践，注重全链条培养。通过邀请广东省农业技术推广总站站长林绿、盒马鲜生采购经理王墨涵、食品保鲜专家张晗等产业链人士进行授课，将实践与理论相结合，寓教于乐，打造集生产、加工、冷链物流、营销等于一体的全链条"全能冠军"的大课。

三是田间地头授课，百万农民获益。"花开一朵，四方飘香"。课程深入贯彻落实"百万工程"的指导思想，在圣女果田间基地上开课，并通过"百万工程"线上直播

间直播，百万农民线上听课，农业知识"尽在指掌"。

三、应用成果及效益

"百万工程"以在抗疫斗争中崛起的广东农产品"保供稳价安心"数字平台为载体支撑，以"开放+合作"为原则，汇聚科研、教育、产业及互联网等领域多层次资源，把握"农民得到提升，讲师实现价值，产业有着支撑，乡村实现发展"思路，努力实现"聚集千名优秀老师、万堂精品课程、百万农民培训"工程建设目标。课程同步在广东农产品"保供稳价安心"数字平台、腾讯微视直播间直播，吸引超345万人次观看，达到"田头一堂课，线上百万人"的效果。

"广东百万农民线上公益培训工程"第一课在遂溪开讲

"广东百万农民线上公益培训工程"课程现场

新会陈皮：建成广东省首个聚焦本地特色农产品产业的大数据平台

新会区农业农村局、新会区供销社、
江门市新会区新会陈皮产业园有限公司①

一、基本情况

广东省江门市新会区现代农业产业园于2019年被农业农村部、财政部认定为国家级现代农业产业园，成功打造"大基地+大加工+大科技+大融合+大服务"的五位一体现代农业产业园发展格局，成为全国陈皮产业发展的风向标和行业排头兵。

为主动拥抱5G时代，迎合物联网发展，新会区建设并运作了新会陈皮国家现代农业产业园智慧农业大数据平台，这是广东省第一个聚焦本地特色农产品产业的大数据平台（下称"大数据平台"），也是广东省首个现代农业产业园信息化项目。大数据平台设置"一个中心"（新会陈皮产业大数据中心）和"三个子系统"（"标准化生产子系统""产业服务子系统"和"安全监管子系统"），对全区约7 000家新会陈皮产业生产经营主体进行数字化管理，对新会陈皮从种植、加工、仓储、流通等环节进行全方位监测，以大数据为牵引，实现全产业链数字化，最终输出陈皮产业大数据"一张图"，为政府提供数据和监管平台服务，为生产经营主体提供数据和生产技术服务，为消费者提供陈皮"一张图"安全正宗产品信息服务。

二、创新点

一是有效输出"产业一张图"。大数据平台累计部署85套新会柑全维度综合种植监测、防控、预警系统和病虫害预警监测数字模型，对新会柑的种植、加工、仓储等过程实时监测，有效收集和分析种植意向、产量预计、成本收益等关键性信息，配以市场销售数据，最终输出产业决策分析核心指标，为后期合理分配生产、加工产能、市场风

---

① 获奖情况："2018—2019年度大数据与公共服务"优秀案例。

险研判等产业决策提供科学依据,推动标准化、规范化生产,不断助力智慧型数字农业建设。

二是有效铺设"监管一张网"。大数据平台建立了业内领先的"三定、三档、双检、一审、一码"的全产业链数字化追溯体系,实现了新会柑从田间地头到加工直至销售的全过程数字化追溯。通过安全监管子系统精准监管溯源码的发放过程,由真实产量来决定溯源码的发放数量,有效助力新会陈皮公共品牌数字化保护。

三是有效建立"运管一体系"。新会陈皮产业数字化发展基础趋于完善后,可通过大数据平台收录的生产经营数据、标准化的执行情况、抽检送检结果、消费者的投诉情况,建立征信管理办法和数字化征信模型,其当年的征信分数不仅可以与其溯源码发放的数量有关,还能与产业相关的补贴政策、金融贷款关联,激励产业生产经营主体主动执行产业的标准化和标识化。

三、应用成果及效益

大数据平台的推广运用,有效赋能产业提质增效。据统计,2020年新会全区新会柑的产量比2019年增长了20%以上,鲜果的收购价格总体增长了30%以上,为柑农带来较好的经济效益。此外,大数据平台为新会陈皮企业提供统一的溯源码,并嵌入电商平台,既有效建立了新会陈皮甄别真假溯源体系,又进一步拓宽电商销售渠道,助力提升新会陈皮区域公共品牌形象,助推新会区数字农业蓬勃发展。

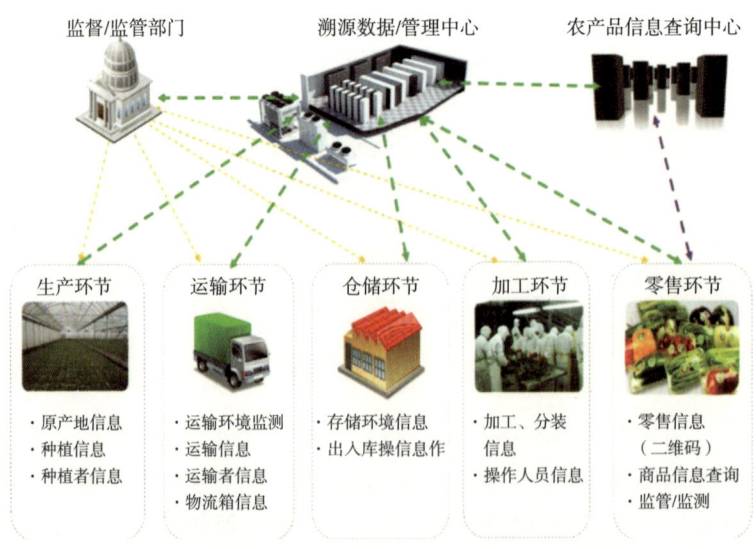

新会陈皮现代农业产业园智慧农业大数据平台运营机制

招商银行全面整合资源助力数字化农业发展

招商银行股份有限公司[①]

一、基本情况

在全面实施乡村振兴战略的新时期,招商银股份有限公司(简称招商银行)行充分发挥金融行业优势,聚焦农业发展,通过拥抱"客户+科技",围绕企业生产经营全流程,构建起了数字化服务体系,创新推出了"五通"产品,有效支持了数字化农业发展。招商银行积极深化行业认知,整合资源,切实加大涉农信贷资源投入,支持农业产业化发展。

同时,招商银行坚持绿色发展理念,深耕绿色产业,助力构建生态友好型社会。截至2020年末,绿色贷款余额达2 071.33亿元,同比增加303.6亿元,承销多家企业发行的绿色美元债合计83亿元。

此外,怀抱"源于社会,回馈社会"的责任理念,招商银行坚持助农扶农工作,定点帮扶云南武定、永仁两县22年,助力两县如期脱贫摘帽。通过"互联网+农业产业化"帮扶模式,让两县的特色农产品走出深山。2020年,招商银行主动购买两县农产品1 250.6万元,帮助销售农产品393.07万元。

二、创新点

在农业数字化方面,为响应农业企业线上化融资需求,招商银行推出了"云闪贴"和"云闪贷"业务,支持客户贴现线上询价、秒级到账。近两年,招商银行分别为481家农业科技型企业和1 053家农机制造行业客户融资72亿元和212亿元。

在农业产业化发展方面,近年来招商银行组建供应链项目组,全面优化供应链业务,支持普惠金融发展,近两年累计为190户农业企业的404户上下游企业发放了供应链融资189亿元,有效地支持了农业产业化发展。

---

①完成单位:招商银行股份有限公司。

在农业行业认知方面，为鼓励支持生猪养殖产能恢复，2019年下半年开始，招商银行组建行业研究组织，调研了8家行业头部公司和猪场19次。2020年，招商银行对生猪养殖行业的授信从2019年末的不到20亿元增长到超过100亿元，涉及94个项目，30多个地区，为当地生猪养殖市场的可持续发展引入了金融活水。

在支持农业企业国际化方面，招商银行是国内首家开办离岸业务的银行，拥有6家境外分行和2家境外代表处，凭借优质的跨境金融服务体系，为涉农客户"走出去"和"引进来"的国际化旅程保驾护航。2020年，招商银行为某头部农业客户完成15亿美元债的收款，并通过定制化业务系统，高效便捷地为该客户全国各地200多家子公司发放1 250笔委托贷款。

三、应用成果及效益

近三年，招商银行累计服务涉农客户5.23万户，累计通过表内信贷资源为客户融资1 318亿元，整合表外资源为客户融资2 288亿元，整合境内外、总分行多种资源持续加大金融支农力度，为保障粮食安全、增加农民收入、建设现代化农业贡献力量。

招商银行多次走访、实地调研农业生产企业

第三篇

2020 全球农创客大赛精选案例

非洲水族农场的鱼菜共生系统
（Aqua Farms Africa）

Jayna Wiatta Thomas 领导的团队①

一、基本情况

非洲水族农场（Aqua Farms Africa，AFA）的鱼菜共生系统是传统农业的无土替代方案，具有可持续、低负担、易操作的特点。其核心逻辑是将鱼类养殖和无土蔬菜种植进行有机融合，实现二者的循环促进，互依互存。该12米×12米的低成本系统由90%的本地材料制成，使用可再生能源来高效实现气候控制型农业。这有利于实现养殖产出全年化，增加食物的供应和获取，同时还可以生产通常依赖于进口的利基产品，吸引更多进口商在当地采购。通过提供数字化的应用程序和操作系统，用户可以简单高效地管理他们的水产养殖场，深入了解每个养殖场的生产和经营状况，实现低成本地获取服务，更轻松地管理供应链。

二、创新点

科技和理念创新方面，非洲水族农场采用鱼菜共生系统，这是在一个有机融合鱼类养殖和无土蔬菜种植的高效的综合生态系统，体现了生产技术模式的创新性和养殖理念的循环性、绿色性、可持续性。具体而言，鱼为植物提供有机食物来源，植物为鱼过滤水生态环境，循环互利，和谐共存，这样一套看似简单的技术却可以带来有效的成本节约和显著的收益提升。

应用和价值创新方面，非洲水族农场有利于缓解目前非洲存在的粮食主权和安全威胁大、农业生产力落后、农业部门经济贡献不足、城市青年失业严重等问题。在非洲大陆，至少70%的食品是进口的，只有24%的非洲国家发展了专业化食品出口产业，到2030年食品市场需求将增长两倍，可创收利润空间将接近1万亿美元。同时，非洲大陆

---

①团队负责人：Jayna Wiatta Thomas。团队成员：Sarah Joyce McGee。邮箱：aquafarmsafrica@daretoinnovate.com。

普遍存在资源分布不均问题。中非地区拥有非洲大陆50%的水资源，却只有不到20%的人口，使许多其他国家处于巨大劣势。非洲拥有世界上最年轻的人口，25岁以下人口超过6亿。截至目前，72%的非洲青年仍旧处于失业状态，预计未来十年，每年将有1 100万青年进入劳动力市场。尽管农业经常被誉为非洲最具潜力的就业创造产业，但城市青年作为非洲大陆最大的失业人口群体，却较少投入到农业及农业相关产业。随着城市化进程的加快，这些问题的累积和叠加将进一步导致粮食主权和安全问题恶化、农业生产力下降、农业部门经济贡献削弱以及城市青年失业率居高不下。

运营和商业创新方面，非洲水族农场采用创新的社会营利模式，利用西非城市市场的现有需求空间来满足容纳青年就业和可持续农业的紧迫需求。通过使用特许经营模式，聚集并依托一批积极进取的企业家，充分引导和挖掘社会资本投入农业生产和可持续发展。非洲水族农场以环境、经济和社会可持续性为中心，通过创建经济可行、物流高效、模式可扩展的粮食生产解决方案寻求解决西非城市大规模失业的合理方式。与此同时，城市中心气候变化和耕地匮乏等问题也亟须探索一种优先考虑环境可持续性的方法来纾解。在处理这些问题的关键时刻，非洲水族农场提议重新且彻底地思考粮食生产问题，特别是如何使用鱼菜共生技术完善当地粮食系统。

三、应用成果及效益

推广拓展方面，非洲水族农场从开始部署建设到达成收入目标，仅仅花费6个月即实现了里程碑式进展，在世界银行的资助下，培训范围进一步扩大，并两次登上福布斯榜单。在获得专注非洲投资的私人投资公司Namdex Group的注资后，非洲水族农场有了充裕的资金支持，建设更多水产养殖场、雇用更多职工和扩大客户群，其发展动力和宣传积极性也被进一步激发。最近非洲水族农场还将注册业务扩展到了加纳，进一步加速了对西非市场的开拓和发展。

收入模式方面，非洲水族农场的三大收入渠道包括新鲜农产品销售核心业务、特许经营权销售业务和向加盟商销售投入品业务。①新鲜农产品销售核心业务：每个城市都设有一个中心总部，该中心是一个庞大的鱼菜共生单元，从中分销来自加盟商的新鲜农产品，生产并向加盟商销售投入品，为新加盟商提供培训等。②特许经营权销售业务：非洲水族农场特许经营权的启动成本包括一次性特许经营费和25%的特许权使用费。为了帮助负担不起高额特许经营费的用户，特别是希望参与承包的青年、女性企业家们，非洲水族农场积极与当地贷款提供商建立合作伙伴关系。③向加盟商销售投入品业务：为了更好地控制价值链的各个环节，保证农产品质量的一致性，降低加盟商的运营成本，非洲水族农场向加盟商出售投入品和原材料，例如鱼苗、种子、育苗盘、鱼饲料和其他必要投入品。

客户群体方面，非洲水族农场的客户主要包括三类。①餐厅和酒店，主要目标是通过在西非中心城市的餐厅和酒店附近生产小众产品来减少进口并增加当地收入。②加盟商，加盟商通过采用简单便捷、易于使用、成本低廉的系统，获得低运营成本和高投资回报等优势，其主要目标市场是整个非洲大陆的年轻女性。③投资者，非洲水族农场的社会特许经营业务模式非常适合以简单安全为投资理念的海外投资者，这些投资极大地促进和支持了非洲水族农场对当地经济发展的贡献。

经济效益方面，非洲水族农场单个农场平均每月收入（新冠肺炎疫情之前）为2 500美元，总收入高达15 000美元。目前有15个用户，领域包括酒店、餐馆、超市和公司。以几内亚为例，在几内亚科纳克里有3位付费客户（1家酒店和2家餐厅），未来几内亚市场仍有60个潜在客户待挖掘。

社会效益方面，非洲水族农场通过向目标客户长期稳定地提供高价值农产品，不仅有助于进一步保障粮食安全、保护粮食主权，与进口商相比，还兼具更有竞争力的价格和更便捷高效的交付速度，可以促进农民收入增加，并为青年创造体面的就业机会。通过在城市环境中引入非洲水族农场项目，可以更好地将城市青年纳入农业对话并有效改变城市景观。非洲水族农场不仅有助于解决可持续高健康度维持和可持续食品获取的问题，还有助于满足城市地区大量青年就业的需求。

"数字苹果"苹果全产业链数字化平台

中华人民共和国农业农村部信息中心[①]

一、基本情况

"数字苹果"致力于实现苹果产业的数字化,连接整个产业链的所有节点,实现"用数据说话,用数据管理,用数据分析,用数据决策"。就苹果产业发展现状而言,苹果产业转型升级面临瓶颈。苹果产业存在着生产设备落后、生产效率低下、土壤肥力下降、果实竞争力不足等问题。其次,苹果全产业链大数据建设虽然取得了一定的成效,但仍面临着苹果空间、空中、地面整合的数字资源不足,全产业链监测预警系统与苹果产业融合深度不够,缺乏针对不同主题的有用数据服务产品。基于此,中华人民共和国农业农村部信息中心牵头成立苹果大数据应用协作小组,致力于构建苹果全产业链数据资源系统,集成开发一系列智能模型算法,构建监控预警系统,创建数据通道和公共信息服务应用程序,可以帮助农民节省成本和提高效率,减少灾害损失,并实现精确的生产和销售之间的联系,这样小农户可以更好地适应大市场,特别是促进食品产品的分销和销售,并推动苹果产业的稳定发展。

二、创新点

应用大数据优化农产品产业链符合国家大数据战略部署。随着信息技术成熟度的提高,数字经济已成为中国经济转型升级的动力。大数据给农业和农村地区带来了前所未有的发展机遇。利用国内外传统统计数据资源,通过互联网获取数据,开放互联网数据采集渠道,准确获取气象卫星遥感信息,积极推进实验室检验机构数据共享、企业联合、科研教学单位相关数据共享、实施在线分析、智能监控预警、可视化显示,覆盖苹果生产、流通、储存、加工、消费、贸易、价格、舆情,呈现苹果大数据地图。

---

①团队负责人:李春鹏。团队成员:刘杨、贾兴伟、马业、尹国伟,邮箱:lichunpeng@agri.gov.cn。

构建产业链数字化平台满足行业需求。苹果产业迫切需要加快全产业链数字化转型，有效解决产销衔接不准确、投入结构不合理、自然灾害和病虫害损失大等问题。坚持问题导向，突出大数据预测预警两大核心功能，优化资源配置。围绕协助科学决策、优化投入要素结构、减少灾害损失、产销精准对接四个应用场景，全方位、全链加速苹果产业数字化转型。促进苹果产业供给侧结构性改革，促进苹果生产高质量发展。

以"数字苹果"为试点探索农业农村大数据建设的可行路径。农业农村大数据是一项复杂的系统工程，没有现成的经验和模式。以"数字苹果"为突破口，促进农业大数据的快速健康发展具有重要意义。构建数据资源系统，实现苹果全产业链数据的自动采集、动态更新、多源数据存储和数据治理，为苹果数据融合共享和大数据应用提供支撑。开发气象灾害监测预警系列模型（苹果开花预测、开花冷害、连续雨害、干旱灾害监测预警）、苹果产量预测、苹果需求预测、苹果价格预测、苹果区域间价格传导规律、国际竞争力评价。打造全国苹果大数据公共数据通道和APP，建立苹果全产业链数据自动发布机制，打造中国苹果行业数据权威发布平台。依托遥感（RS）、无人机（UAV）、物联网（IOT）等技术，通过对各类果园信息采集设备的集成，构建"天—空—地"一体化数字采集技术体系，可实现果园环境气象信息、病虫害信息、产量信息、果树生长信息、视频图像信息等参数的数字采集和实时传输。该系统集成了多种软件和硬件，为果园的数字化管理奠定了数据基础。

推广"单品种突破"理念，促进大数据的发展和应用。发挥数据作为生产要素的独特作用，推动供给侧结构性改革，推动苹果产业高质量发展，提升产业竞争力，为农业农村大数据建设树立标杆。秉承跨境融合、合作共赢的互联网精神，本着广泛咨询、共享、共建的原则，与生产者、学者、科研人员、用户共同探索建立共生组织，共同拓展和强化苹果的数据生态系统，为其他品种提供可学习、借鉴的机制、模式和经验。

三、应用成果及效益

"数字苹果"苹果全产业链数字化平台自落地以来，取得了广泛的经济、社会和生态效益，可复制的模式使其向其他产地和其他农产品品种辐射。经济效益方面，提高苹果产业的质量、效率和竞争力，提高人均经营果园面积；推动产销对接，做好苹果的配送和销售。社会效益方面，推动苹果产业数字化转型，引领农业农村大数据发展应用，培育新型农民，改善民生。生态效益方面，提高土地和水资源的利用率，减少农药和化肥的使用，实现精准控制，改善环境。此外，"数字苹果"的成功开发和推广思路多方位辐射，带动多产区及产业数字化转型。一是在中国两大苹果产业带以及新疆阿克苏、云南昭通等特色产区开始生效。二是江西脐橙、广西甘蔗、云南茶叶、湖南茶籽油等主管部门纷纷学习推广数字苹果的理念和做法。三是在渤海湾、西北黄土高原、黄河老河道三大主产区建成五大智能果园。

"数字苹果"果园生产模型

尼日利亚电子商务平台 Farmisphere

Farmisphere Company 领导的团队①

一、基本情况

大多数农民缺乏及时的市场准入信息、广泛的客户触达渠道、完善的加工存储条件,缺乏直连市场、直接销售农产品的机会,因此他们极易受到中间商的剥削和欺瞒。中间商通过压榨农民侧利润空间,导致农民可售价格很低,利润微薄,在很多情况下农民可售价格甚至无法抵消生产成本,造成农民亏损,这极大地增加了农民收入水平低位、生活状况贫困的风险。尤其在新冠肺炎疫情期间,中间商趁着封城的机会进一步大幅加大剥削力度,利用农民担心线下市场关闭导致农产品滞销的焦虑心情,从农民手中以极低的价格购入农产品,再以高价出售。由此可见,中间商是实现农民增收、缓解农民贫困的最大障碍之一。与此同时,由于缺乏先进的加工条件、存储设施和运输设备,农产品的高损耗率也给农民造成较大损失。

富含高蛋白营养物质的农产品是人们生活的基本必需品。在当前生产成本不断上升的情况下,农民因为较难决定和影响消费者终端市场价格,那么消灭剥削和中间商壁垒将是农民增加营利空间、实现收支平衡的重要方式,同时这也是保障高蛋白农产品供应、确保消费者买得起的主要途径。

由于疫情导致的不确定性上升,刺激和加剧了消费者恐慌性购买。与此同时,线下市场的关闭以及线下市场购物所面临的风险促使消费者对在线电商平台的接受度不断提升,线上购物成为了购买商品的最安全方式。

在这样的背景下,尼日利亚三位优秀的年轻企业家Oshi Shalom Eneyi、Ante Joseph和Victoria Ubani创立了一个以农民为基础的电商平台"Farmisphere"(www.farmisphere.com),旨在通过"去中间商供应链",消除中间商对农民的剥削,推动供

---

① 团队负责人:Oshi Shalom Eneyi。团队成员:Aante Joxph、Victoria Ubani。邮箱:oshi.eneyi@farmisphere.com。

应链模式的转型和升级,为种植养殖高蛋白农产品的农民提供更广阔的市场和及时的市场准入机会,提高农民收入水平。同时,加快高蛋白农产品从农村地区运输、销售至全国各地,确保充足的动植物蛋白农产品流动,以消费者负担得起的价格保证了优质蛋白农产品的可获得性。

二、创新点

新冠肺炎疫情的突袭严重扰乱了原有的农业活动秩序,农产品供应链模式的创新发展迫在眉睫。同时,越来越多的人开始意识到补充营养、增强体质、提高自身免疫力的重要性,加大了对高蛋白含量农产品及食品的需求。Farmisphere平台的核心主旨在于利用数字化、信息化技术,为尼日利亚居民提供一个便利可靠、经济实惠的购买高蛋白质农产品及食品的在线购物平台。Farmisphere平台的主要创新点包括:

一是打破了传统农产品交易方式的空间和时间限制,是一种能够升级农产品销售方式的创新商业模式。Farmisphere平台打破了农产品线下交易的地理位置限制和时间限制,借助数字化信息技术,为农村种植养殖高蛋白农产品的农民打造了可以触达更广区域、可以全天24小时运转的线上销售体系,并通过强大的物流网络,为餐馆、面包房、酒店、家庭和个人居民提供各种各样的新鲜高蛋白农产品和加工食品,如鲶鱼、鸡肉、牛肉、火鸡和鸡蛋,并以实惠的价格做到送货上门。这有助于帮助农户及时出售产品以避免销售损失和存储成本,有助于帮助农户扩大销售渠道和增加销售收入。

二是消除了中间商赚差价,是一种能够改变价值链利益分配机制的创新商业模式。在传统农产品销售的价值链模式中,农民处于弱势地位,中间商是利润分成的主导者和得益者。通过建立线上平台销售农产品,农民可以实现直连市场和终端消费者,消除了中间商剥削对种植养殖高蛋白农产品的农民造成的压力,使得农民可以更好地参与价值链利益的分配。

三是带动周边产业的发展,这是一种能够产生巨大社会效益的创新商业模式。农产品电商平台的发展不仅能够大幅度地提高农产品的交易额,促进农产品的销售,还能够带动相关产业的快速发展,如物流行业的发展会需要大量的配送服务人员,有助于大量吸纳农村剩余劳动力,增加就业机会,促进地方经济和农业产业的健康发展。

四是它是一种适用于发展中国家农产品及食品交易的创新商业模式。Farmisphere平台是一个为发展中国家居民提供在线优质农产品及食品销售的市场,有助于提高发展中国家民众对优质蛋白质的获得性以及生产者供应的可持续性,数字化、信息化的发展方式对于发展中国家既是挑战,也是弯道超车的机遇。

三、应用成果及效益

Farmisphere平台计划在2020年底至2021年初的6个月时间内,在尼日利亚河流州招募和帮助超50名农村种植养殖高蛋白农产品的农民,并在之后扩大到巴耶尔萨州和阿比亚州继续招募50名农民。希望到2023年,Farmisphere平台帮助的种植养殖高蛋白农产品的农民人数达到1 000名,触达的消费者超过10 000名。

为实现这一目标,Farmisphere平台依托自身的网页版和手机版电子商务平台界面,采用了一系列组合拳方式促进客户获取和产品销售。首先,Farmisphere平台通过其创新的数字解决方案,及时向尼日利亚农村高蛋白农产品的种植养殖农户提供市场准入机会,为农户增收创收提供了新渠道。其次,平台使用了多种反复测试和审核批准的数字营销策略,精准触达消费者,提升转化率,让消费者可以在家中舒适地购物并实现送货上门。最后,通过建立注册农户的目录管理系统可以更好地帮助农户开展日常销售,确保产品价格公道,监控产品的加工、包装和营销水准,保证产品质量。另外,因为在线销售方式为疫情期间人们购买优质蛋白产品提供了便利,减少了消费者前往人口聚集地采购食物的频率,降低了疫情风险,也成了抗击疫情的有效武器。

1. 实现信息流通,降低农产品生产风险

搭建农产品在线销售网站平台是促进供需信息流通的有效方法。以往,绝大多数农民只专注从事农产品生产,缺乏消费者需求信息的反馈和获取,往往不是以市场需求为导向,而更多的是一种习惯性生产行为。这就容易造成需求与供给之间的矛盾和不匹配,给农产品生产带来了极大的不确定性和损失风险。Farmisphere平台的价值在于能够让农产品生产者准确、实时地了解市场动态信息,包括消费者偏好、需求数量和价格情况,帮助农产品生产者合理组织生产,以避免因需求量和价格的巨大波动带来的效益不稳定,从而降低农产品的生产风险。

2. 消除中间商剥削,增加农民价值分配的优势,帮助农民致富

Farmisphere平台建设完成后,传统农户就可以实现在线销售农产品。传统农产品销售方式中供应链较长,涉及的中间商众多,包括采购商、批发商、零售商等众多角色和环节,每个环节都需要参与利润分成。中间商的剥削增加了农民对于创兴型的在线农产品售卖渠道的渴望和关注。农产品电商平台的创新发展,在配套解决农户物流问题的基础上,可以帮助农户实现直连消费者,促进了供应链环节的简化,消除了层层中间商的加价,增加了农民的利润空间和销售收入。

3. 拓展农产品交易渠道，降低农产品生产交易成本，增加农民收入

传统线下方式受空间和时间的限制，导致农产品的销售渠道和方式比较单一，一般都集中在近距离的本地销售或者是在一个固定的地点等待买家上门采购。对于农产品生产而言，农产品电商平台的建设突破了时空的限制，降低了交易信息的不对称程度，提高了交易效率，可以帮助农民拓展销售市场、获取更多消费者、降低生产成本、提升销售收入。

Farmisphere网站页面

特色产品

奶牛共享（白银计划）
15 000.00奈拉

烟熏鲶鱼
2 000.00奈拉

巨型鸡蛋
1 550.00奈拉

巨型肉鸡
3 300.00奈拉

牛共享（黄金计划）
20 000.00奈拉

蜗牛
5 550.00奈拉

Farmisphere经营的产品

小龙潜行 Focused Loong Tech

北京小龙潜行科技有限公司[①]

一、基本情况

中国拥有110万个养猪场,每年有7亿头生猪出栏,出栏量占据全球的55%以上,市场规模达到1.1万亿元。但是中国生产每千克猪肉的饲料成本却是美国的2倍,人力成本是美国的5倍。我国养殖业仍面临着生产效率低、疫病防控能力差、养殖废弃物资源化利用不充分、养殖设施用地紧张等问题,养殖模式升级成为必然趋势。

面对行业问题及市场机会,小龙潜行重点要解决养猪行业饲喂、管理过程关键指标的无接触、无应激测量问题。现阶段的切入点是通过物联网和计算机视觉技术,为养殖户解决体重测量、背膘测量、体况测量、猪只盘点等痛点,目前的产品终端包括:守望者轨道机器人、售猪通道智能监管一体机、智能防控AI计算盒、智能花洒等,且软硬件都采用了模块化、系统化设计。

经过数年的沉淀,小龙潜行智能养殖系统及生物安全管理智能化系统,正助力生猪养殖企业数字化、智能化升级,保障生物安全防控水平,提高生产管理效率,实现降本增效,长远发展。与此同时,小龙潜行可为生猪养殖产业链上下游企业、保险金融机构、政府职能部门等提供高质量的数据服务,为生猪产业智能化升级提供强力支撑。如今,凭借技术与专业性,小龙潜行已经成为智能养殖领域独树一帜的农业科技公司。

二、创新点

用大数据+AI开创养猪新时代,小龙潜行研发的牧场守望者机器人采用了AI视觉技术获取实时、精准的核心生产数据,以栏为单位,完成猪只的测重、测膘、盘点,精准度分别能达到98%、95%、99%。根据实时、精准的背膘和体重数据,生产管理系统将自行启动生产决策模块,并给出适合全群的饲养方案,以达到精准饲养、减少浪费的目的。通过对猪场数据的实时、精准采集,再加以分析,为猪场提供数据增殖服务。

[①] 团队负责人:Ju Tiezhu。团队成员:Li Wei, Zhang Xingfu, Chen Chunyu, Sunny Zhao, Liu Zhengxu。邮箱:jutz@ailoongtech.com。

重视生物安全，为了配合养猪场环保及安全养猪，小龙潜行推出智能生物安全管理系统，为养殖企业快速高效地解决生物安全防控的监管问题。该产品基于机器视觉的生物安全智能化优势，企业可以避免"人盯人"的高成本低效益监控管理。以技术为场景服务，深入研究每个客户需求，不断丰富生物安全监管场景，目前已基本实现"猪场五进五出智能化生物安全防控体系"的搭建。

三、应用成果及效益

小龙潜行智能养殖系统及生物安全智能防控系统，助力生猪养殖企业数字化、智能化升级，保障生物安全防控水平，提高生产管理效率，实现降本增效，长远发展。依托数据服务、AI技术产品、生物安全解决方案等产品，小龙潜行已经从产品、技术创新上帮助养猪场提高效率、降低成本。以4 000头存栏母猪或年出栏1.6万头育肥猪的单个养殖场计算，当前每头育肥猪可增加50元左右的收益，每头母猪则可增加570元左右的收益。随着技术的迭代和优化，将来还有效益提升的空间。

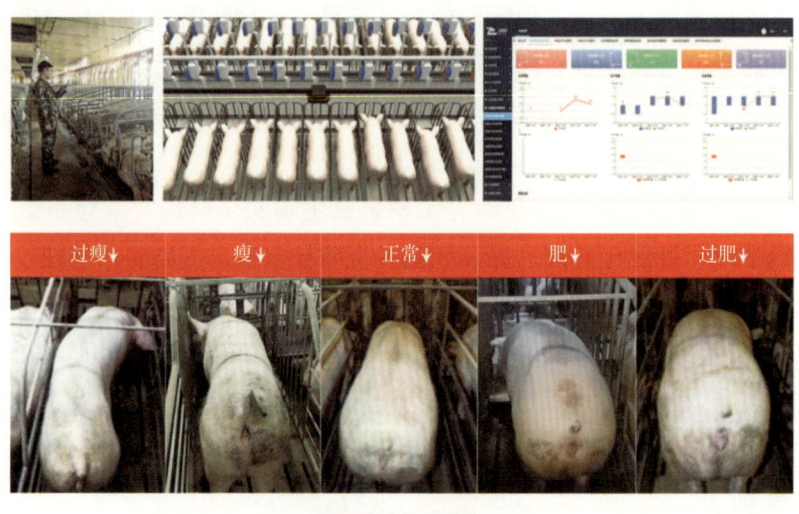

母猪精准饲喂系统

智能环控系统

基于"植物—土壤—大气"连续体数字模型的人工智能种植决策平台

北京爱科农科技有限公司[①]

一、基本情况

北京爱科农（ICAN）科技有限公司是一家以智能种植决策为核心的综合性农业服务公司。公司研发团队由具有国际科研经验的博士科学家组成。当前，中国正处于由传统农业向现代农业转变的加速阶段，为提升中国在世界农业中的竞争力，解决当前中国农业生产普遍存在的碎片化、粗放式经营方式导致的农业产能利用率低、生产效率不高等问题，公司自主研发的全生育期实时、高效、准确的人工智能种植决策平台，成功实现了提前规划、事后跟踪、事后监控的全方位智能种植决策技术。此外，团队使用世界领先的"植物—土壤—大气"连续体数字模型为种植户提供及时、高效、准确的管理决策指导。

2018年，中国流转土地规模达到5.3亿亩，耕地规模率约为30%，70%以上的土地流转给大型种植者和合作社，经营方式多样，农业集约化、社会化趋势明显。土地集约化和规模化种植对节约成本和效率有更高的要求，服务社会化带来了大量的潜在客户，产品拥有广阔的市场空间与未来发展前景。同时，由于中国农业的智能化嵌入还处于低水平阶段，数字工具可以提供更多帮助，土地集约化、节约成本、提高效益的趋势的出现标志着数字农业发展的黄金时代的到来。爱科农人工智能种植决策平台的目标是让各方通过模型和数据，改造传统产业链，让智慧农业体系成为农业的底层运营体系，令未来所有相关产业的实现都能嫁接和嵌入这一体系上。通过自主研发的农业大数据平台、人工智能决策系统等核心技术，实现智能化种植，促进智能化发展。中国农业才能真正实现农业现代化。

爱科农（ICAN）的运营模式是，基于软件系统（APP中的作物生长模型算法和用户主动反馈数据）和硬件设备（农机作业数据、土壤数据、天气数据、收获数据等）打

[①] 团队负责人：Guo Jianming。团队成员：Chen Lin，Zhang Xubo。邮箱：guojianming@icanag.com。

造底层农业生产决策系统。进一步通过整合多方数据和算法,提供基于地块和农作作业的科学种植管理建议。涵盖选种、种植、施肥、灌溉、收获等端到端环节的定性和定量方案。最终实现集生产技术服务、农业原材料供应、农业保险与金融贷款、全程农业生产托管于一体的农业全产业链解决方案。

二、创新点

北京爱科农科技有限公司是中国第一家提供从种植前到收获的全生命周期种植决策服务的公司,研究团队由具有国际研究经验的博士科学家组成,核心团队具有丰富的互联网+大数据和现代农业经验。目前,公司已经建立了玉米、水稻、小麦、棉花、苜蓿、大豆和马铃薯7种作物的数字模型。通过自主研发的智能种植决策系统爱犁,为农业生产者提供快速、合理的种植决策。

1. 爱科农(ICAN)的创新解决方案:集数据聚合、决策输出和精确指导于一体的中型智慧农业生产系统

该系统的基本逻辑是:依托已有海量信息数据库(气象资源图书馆、土壤资源图书馆等)、卫星遥感监测数据、无人机遥感监测数据构成数据集合,运用世界领先的"植物—土壤—大气"连续体数字模型与机器学习智能系统进行数据导入、分析、输出,以此构建大数据平台,提供种植决策方案,通过PC/应用终端(APP)进行呈现。同时,农场土地管理系统(智能种植管理、水肥一体化、防治病虫害、农业机械智能监控、遥感智能诊断、产量与效益分析)对决策方案的实施情况进行实时监控,生产现场数据,通过交互端反馈至决策系统后再次计算以实现方案的实时校准与修正。此外,应用终端也涵盖农产品期货和现货市场等丰富的市场信息。

2. 核心技术:世界顶尖"植物—土壤—大气"连续体数字模型

公司通过与国际研究机构合作,利用最新的数学建模技术,构建了目前世界范围内顶尖的"植物—土壤—大气"连续体数字模型。该模型由10余个子模型组成,涉及60余个辅助模块、400余个核心参数和10万多行代码联动。模型包含7项核心模拟技术,分别为作物生长发育中光合呼吸分布的具体定量模拟、中长期气象机器学习、太阳辐射的数字定量模拟、根系吸水的数字定量模拟、土壤水分运移的数字定量模拟、土壤养分转移的数字定量模拟、肥料养分迁移转化的定量模拟。

3. 终端交互：生命周期种植决策工具"爱耕耘"APP

决策分析模型以"爱耕耘"APP实现终端交互。软件核心功能包括环境大数据分析、田间和农民数据管理、作物分布和生长状况预警、全年目标图产量水平预测及异常分析、项目区域成本费用分配及综合效益分析、项目区灾害预警（干旱、内涝、早霜、病虫害）灾害损失分析等。应用共分为四大子模块，包括主界面、农场管理模块、遥感模块、农机安排与管理模块。其中，主界面用于实现农业提示、扫描了解病虫害、农业机械管理、农业粮食价格、产量与效益分析等功能；农场管理包括天气和土壤报告、选择的多样性、密度的建议、肥料管理、灌溉管理、防治病虫害、产量预测等项目；遥感模块包括NDVI分析、往期生产对比与种植建议；农机安排管理包括任务生成、机械操作人员的选择与工作进度监控。

三、应用成果及效益

通过使用爱科农的人工智能种植决策平台，新疆试验区亩均产量提高150千克，东北试验区化肥使用量亩均节省50元。2017年12月，爱科农的人工智能种植决策平台入选农业部农业与农村大数据实践案例。2019年参加"京东农业云&济南试验区创新大赛"，获得三等奖。ICAN（爱科农）团队受邀代表中国参加"亚洲可持续发展挑战赛"并获奖。入选农业部"农业研发体系"。2019年12月，ICAN荣获2019年度智慧农业"种子工程"50强典型案例。融资方面，公司于2019年获开泰天使投资1 000万元，2019年完成Pre-A轮融资3 200万元人民币，目前正在进行A轮融资。

公司将实行"三步走"战略：第一阶段（2018—2019年）构建人工智能种植决策平台，完善优化模型，丰富作物种类，拓宽产品应用范围；第二阶段（2019—2020年）通过一流的技术服务和农资销售网络拓展农业市场经营渠道，实现"SaaS"和"S2B2C"双驱动；第三阶段（2020年至今）通过种植服务建立客户黏性的基础上，进一步拓展农业种植上下游产业链，形成优质的产业生态闭环，打造千亿级数据+算法驱动的全产业链综合服务平台，实现全产业链技术改造。

公司2018年营业收入13万元，2019年预计可达2 000万元。因此，它的收入可以实现快速增长。基于已有的成功案例（TAM公司通过构建农业控制台为农民提供准确的种植指导从而改变了实现方式，创收500亿元），保守估计到2024年，公司将服务近1亿亩土地，同时通过多种变现方式实现收入约15亿元。

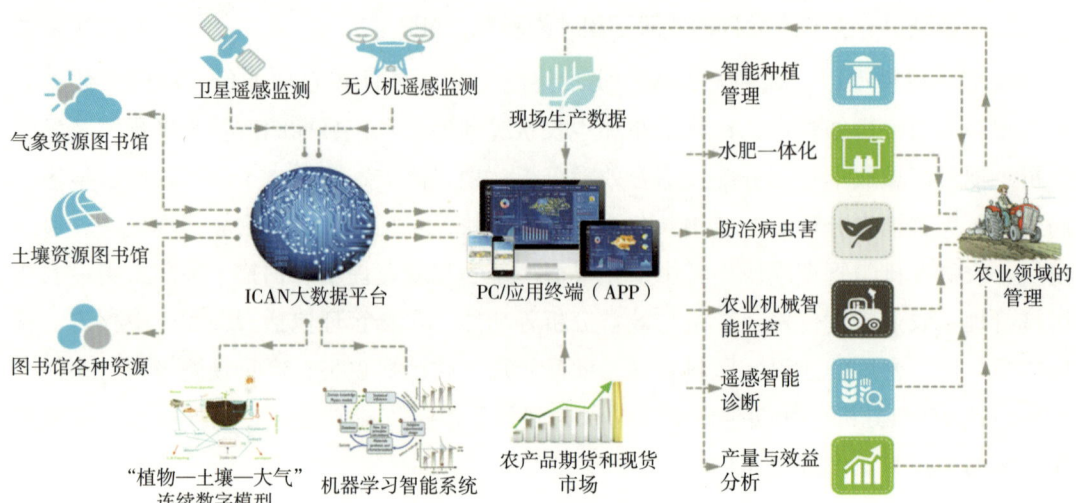

数据聚合、决策输出和精确指导的中端存储系统

"靡特洛"废弃牛奶转换利用

Mi Terro（靡特洛）生物技术公司①

一、基本情况

塑料的发明大大推动了人类社会文明的进步，但塑料制品也给人们的生活环境带来了大量污染和损害，这主要是因为大多数塑料制品难以回收再利用，而且很难降解。因此，目前包括中国在内的众多国家正在大力减少工业塑料制品的使用，以更好地保护环境。然而，塑料的使用在日常生活和生产中仍然十分普遍，每年中国有约53%的垃圾被送往垃圾填埋场，其中塑料垃圾约占19%。此时，生物基塑料便成为了一种很好的替代性解决方案。

纵观现有的生物基塑料材料，例如PBAT和PLA，它们的造价比PVC、PP、PE等传统的工业塑料材料高出3~4倍，且生产出的塑料薄膜性能尚不能达到食品保鲜膜所需的阻隔水和空气的要求。Mi Terro（靡特洛）生物技术公司研发出了一种全新的生物塑料解决方案，该方案从废弃食物（例如过期废弃牛奶）中提取出动物蛋白物质，再重新制成塑料薄膜或者棉花替代纤维，用于食品包装和衣物纺织。

二、创新点

积极应对和治理塑料污染是我国生态文明建设和高质量发展，国家发展改革委员会和生态环境部《关于进一步加强塑料污染治理的意见》中提出"以可循环、易回收、可降解为导向，研发推广性能达标、绿色环保、经济适用的塑料制品及替代产品"，而生物基塑料作为一种创新性的材料正是满足该要求的完美解决方案。

全球每年共有约1/3的食物被浪费，其中大概有1.28亿吨的牛奶被倒掉，通过传统焚烧或填埋垃圾的方式处理这些食物废弃物会带来33亿吨温室气体的排放，大约等于3 700万辆小轿车的排放量，这是个惊人的浪费数字。Mi Terro公司创始人设法将这些

---

①团队负责人：Robert Luo。团队成员：Daniel Zhuang。邮箱：Robert.luo@miterro.com。

被浪费的牛奶利用起来，研发出了世界上第一个将过期和变质的牛奶回收利用并重制成传统工业塑料替代材料的技术。被废弃的牛奶经过发酵、脱脂、醇化、去蛋白等一系列步骤的处理，可提取出约18%的动物蛋白物质，再制成塑料薄膜或者纺成纱线。目前为止，Mi Terro公司是世界上唯一一家将蛋白质食物垃圾回收利用并重新制成生物塑料和棉花替代纤维的生物技术公司。

Mi Terro公司从废弃牛奶提取蛋白制成的塑料薄膜具有很好的阻隔水和空气的能力，能够很好地替代传统工业塑料制成的保鲜膜，且价格也比PBAT和PLA等现有的生物基塑料材料便宜，造价基本能做到和PVC、PP、PE等传统工业塑料材料持平；制成的牛奶蛋白纤维比其他动物蛋白密度更高，因此纺织出的衣物更加柔软（比纯棉柔软3倍），且更加亲肤、透气有弹性，兼具抑菌和调节人体体温的功能，是一种很好的新型面料。同时，牛奶蛋白塑料材料可堆肥、可海洋降解；牛奶蛋白纤维在纺织过程中更节能省水，相比普通棉制品能节省大约60%的电和水，十分环保。

三、应用成果及效益

Mi Terro公司将废弃食物转化为日常生产生活所需物品的可持续理念受到了来自相关厂商和消费者的广泛认同。目前，Mi Terro所生产的由废弃牛奶转换的生物塑料薄膜已经拥有世界第一大果蔬经销企业都乐食品（Dole）、世界第六大食品公司通用磨坊（General Mill）、全球领先的乳品生产商阿尔乐（Arla）、著名跨国食品集团法国达能（Danone）、生鲜标杆O2O企业HelloFresh等众多顾客；所生产的牛奶蛋白纤维也与美国环保女鞋企业Rothy's、瑞士奢侈品集团Richemont、日本Harada公司和Toyoshima公司拥有稳定合作。并且，Mi Terro公司尝试创立了自己的环保服饰品牌，利用牛奶蛋白纤维与莫代尔混纺的衣服在美国众筹网站Kickstarter上进行众筹，2小时就筹集到了2.6万美元，支持者来自全球30多个国家，以环保人士为主；相关项目也获得了芝加哥地区创业世界杯、亚洲创业大赛等许多著名比赛的奖项。

Mi Terro公司研发技术和制造产品的出发点不是为了环保而环保，而是能让产品本身具有特别的市场价值，"可持续"理念只是Mi Terro一直贯彻的一个前提。

Mi Terro将继续推进其他生物基塑料材料的研究。目前，在植物蛋白材料的研究中已经取得了新的阶段性进展。Mi Terro研发出了一种新的植物蛋白材料：废谷物蛋白，该材料不同于纤维素和藻类的植物多糖微塑料替代品，成功地复制了研究人员在蜘蛛丝上发现的结构，所有的蛋白质都由多肽链构成，在合适的条件下可以让该种废谷物蛋白像蜘蛛丝一样自组装成非常坚固的纤维，因此性能不依赖于化学交联，这使得它们能够在自然环境中快速而完全地分解,且不需要使用存在毒物风险的化学交联剂,这使得该种新的植物蛋白材料已经在质量上与传统塑料和生物塑料相比具有竞争力。

由废弃牛奶中提取的动物蛋白制作成的纱线

由废弃牛奶中提取的动物蛋白制作成的保鲜膜

由牛奶蛋白纺织成的印有"No more plastic in the sea"字样的T恤

楠皮亚农贸市场

Mark Matovu 领导的团队 [①]

一、基本情况

联合国环境规划署的数据表明，5亿个小农场提供了发展中国家80%的粮食消费。然而，在大多数情况下，农民从生产中获得的实际价值份额很小，中间商从农民手中以极低价格购入农产品，通过层层加价售出，赚取了大部分利润。与此同时，近几年来，消费者对新鲜和环保农产品的需求不断增加。可见，发展透明公平的分配模式，让农民的生计回到食物方程式的中心迫在眉睫。减少农产品的供应链环节，帮助小农更直接地进入市场，可有效确保农村社区的经济安全，推动当地和全球市场的粮食生产。

基于此，本项目楠皮亚农贸市场（Nampya Farmers' Market）开发出一种独特的解决方案，以解决东非新鲜农产品交付过程中固有的低效问题。项目团队建立了一个创新性的移动和低技术食品采购和分销平台，以实现食品市场的数字化。该项目通过将农村小农与城市的食品零售商贩连接起来，形成一个高效、公平、透明和正规，同时城市人口也可以负担得起购买优质安全的新鲜食品的农产品市场。

楠皮亚农贸市场作为一家非洲企业，致力于乌干达食品零售业的转型，通过互联网改善乌干达人民的生活，吸引年轻人从事生产性农业就业。项目团队非常关心如何改善小农生计、吸引年轻人从事生产性农场工作、减少粮食浪费和鼓励健康饮食等问题。其愿景核心是将技术和人力结合起来，全面解决撒哈拉以南地区农业和小农生产所面临的问题，如农民收入低、缺乏稳定的市场、难以达到市场驱动的标准以及农业供应链上的物流效率低等。

[①] 团队负责人：Mark Matovu。团队成员：Dianah Kaseeta、Jackie Nansubuga、Fred Kasajja、Titus Sserubiri。邮箱：m.mark@nampyafarmersmarket.com。

二、创新点

目前东非面临生鲜农产品市场效率低下的问题。于农民而言，其面临低且不确定的农产品价格，并且无法获取稳定的客源；于城市食品零售商而言，经纪人支付高昂且不公平的价格；于城市居民而言，其需要支付半新鲜食品实际价格2倍的价格才能购买到新鲜食品；同时，近40%的新鲜食品被浪费。

充分发挥非洲农业系统潜力的关键是打造连通性——利用互联网和移动技术公平有效地将小农与正式农业市场联系起来。因此，Nampya Farmers' Market通过建立这一有效的平台，剔除多个中间商，帮助小农户获得更多的市场准入机会，并将这些价值重新分配给食品零售商、消费者和生产者，同时还通过物流培训模块提供额外服务。零售商订购的优质新鲜农产品附有生产地区的描述，以便消费者能够确切了解食品来源。

连接小农户和零售商的手机端移动平台

Nampya Farmers' Market作为一个基于移动互联网的食品配送和物流平台，其创新之处在于打破和拆除低效和不必要的非正规食品分销价值链，并以更有效的方式重建这一价值链，使农村小农能够以高出成本40%的价格出售其产品，并通过农民与城市消费者和大宗买家的直接联系避免约50%的流通环节造成的损耗，同时Nampya Farmers' Market也鼓励可持续农业生产和保护。

此外，作为一个连接小农户和零售商的移动平台，它允许每天直接从农场运送新鲜食品。农场主通过平台上发布的食品列表准备相应的农产品，供应商也可在平台上订购可用产品，Nampya Farmers' Market进而每天向供应商发货。该方式保证了总供给与城市地区零售商、蔬菜水果商、酒店、餐馆、学校和医院的需求相匹配。农场主在24小时内能收到订单。得益于非中介化，Nampya Farmers' Market在向小农支付高达40%的额外费用的同时，仍能以低至40%的价格出售给食品供应商。此外，缩短的供应链大大减少了浪费，解决了东非新鲜农产品交付中固有的低效问题，对生产者和消费者都产生了巨大的积极影响。

楠皮亚农贸市场的徽标

三、应用成果及效益

1. 推广应用情况

截至当前，Nampya Farmers' Market已经销售了近3 000吨的新鲜农产品，这些产品来自1 000多名小农，并出售给210多家不同的食品供应商。截至2020年，Nampya Farmers' Market已建设2条定期供给路线和3条定期销售线路，农民数量达到2 000户，零售商数量达到300家。

目前平台在对农业投入的可追溯性、冷库、灵活的云平台、冷物流等方面还有进一步的技术需求。在现有的基础上，平台正在积极拓展产品组合、存储容量和销售范围。冷藏技术（用于仓库和运输物流）的整合有可能创造更稳定的供应链，减少浪费，提高产品质量，开辟新的供应路线，从而使Nampya Farmers' Market能够优化运营并扩大其市场规模。

2. 经济效益和社会效益

Nampya Farmers' Market促进农民增收效果显著。对农民来说，他们可以高出原来30%~40%的价格销售其产品，并将农产品收获后的损失减少了50%。本项目计划在2024年，帮助农民将收入增加额达到7 705 320美元。

对城市食品零售商而言，与一般的非正规市场相比，通过本平台购买新鲜农产品要少支付40%的价格，在市场配送环节中节省3~4小时的时间，在物流方面每次配送节省3~5美元的成本。

城市消费者通过本平台购买食物，在新鲜优质食品上能够节省30%的开销，同时由于食物新鲜且按需供应，食物浪费也能够减少60%的费用。

北方农业化肥管理服务公司

孟加拉国北方农业服务有限公司[①]

一、基本情况

化肥作为粮食的粮食,是近现代工业革命最伟大的产物之一。由于有机肥料来源具有一定的局限性,随着工业的迅速发展,化肥的用量呈大幅度增长的趋势,它对产量的提高起到了重要作用。然而,化肥的过量使用对生态环境造成了一些负面影响,甚至部分地区已形成严重的公害。针对农民滥用化肥的问题,本项目建立了一个现代化的土壤管理系统,以实时监测土壤质量,把控大部分土壤的氮、磷、钾、硫、钙、镁、硼、锌等元素的配比情况,同时推出了以微生物为主的有机肥作为化肥的肥料替代品,以此来提高作物质量、增加农场收入、提高土壤肥力、改善土壤结构、避免对环境造成破坏并恢复土地的生产力,缓解孟加拉国当地粮食短缺的问题,在实现粮食安全方面发挥巨大的作用。

二、创新点

联合国可持续发展目标提出,要在世界各地消除一切形式的贫困;消除饥饿,实现粮食安全、改善营养和促进可持续农业;实现性别平等,为所有妇女、女童赋权等。正是针对农业生产中的化肥滥用问题,本项目提出了有效的解决措施,既能造福农民,又能科学地保护土壤健康。这种方案打破了传统的化肥施用方式,转而以综合方式向作物和土壤提供有机肥料,利用微生物来刺激农作物的生长;构建了土壤肥力的恢复方案,实现土壤中有机养分的动态平衡,从而增加农作物产量、质量及储存能力,降低了农业生产成本;解决了农民滥施肥、乱施肥的问题,使得农户可实现无需计算、混合和处理的轻松施肥作业;减轻了农业面源污染,改善土壤的微量元素结构,恢复土壤生产力,实现农业的环境友好型作业模式,促进农业的可持续发展。

---

①团队负责人:Durlave Roy。团队成员:Sakib Farhad。邮箱:kdr2021@gmail.com。

三、应用成果及效益

公司成立于1982年,其化肥制造厂位于孟加拉国北部地区,自2000年初便开始从事多项农业有机化肥的研发项目,拥有强大的产品组合,可适应孟加拉国多样化的农业作业的化肥需求。自2001年起,除传统许可证外,还陆续拥有孟加拉国政府所授予的17份独家肥料生产许可证,在孟加拉国当地的化肥行业得以良好的发展,预计将在孟加拉国90%的地区推广化肥分销业务,年销售的市场份额增长率高达20%,满足了全国对有机肥料的大量需求,让农民更负担得起且更容易获得肥料,农业产量得以迅猛增长,极大支撑了农业产业发展和农民增收。

孟加拉国北方农业服务有限公司的化肥生产厂

孟加拉国北方农业服务有限公司的核心产品(部分)

农副产品供应链服务 SUMAJTA MIKUNA

SUMAJTA MIKUNA Company[①]

一、基本情况

2020年，突如其来的新冠肺炎疫情给玻利维亚的水果和蔬菜等易腐农产品的流通和消费带来了沉重的打击，无论是农民还是消费者都饱受影响，于是Sumajta Mikuna萌生了通过技术在农民和潜在消费者之间建立一个牢固桥梁的理念，这个桥梁不仅可以帮助农民展示农产品的质量和营养价值等特性，保障农民的利益，还可以确保食品消费安全，保障消费者的身体健康，同时避免供需错位造成的不必要浪费。

Sumajta Mikuna是玻利维亚一家在农业可持续发展领域具有创新性和革命性的公司，其特色是为消费者提供包括各种水果和蔬菜组合在内的产品，使消费者能够在有限的预算内也能获得具备高营养价值的农产品。

Sumajta Mikuna供应的农产品种类丰富，水果包含菠萝、葡萄柚、猕猴桃、苹果等，蔬菜包含黄瓜、生菜、辣椒、菠菜、甜菜、芹菜、香菜、欧芹、豆荚等，都可以进行自由组合，主要销售模式是线下定点直销或者通过线上APP或官网进行网络销售，每种食品都有自己的二维码或数字码，消费者通过手机即可实时追踪产品的来源；种植的农户也可以通过手机应用程序、短信或联系呼叫中心获得更多信息，不仅满足了消费者的基本需求，还通过研发包含多种功能的配套产品提供与农产品需求、销售和追溯相关的信息，为保障食品安全和便利农民作出了贡献。

Sumajta Mikuna致力于将生产者与消费者联系起来，将新鲜和健康的食物送到那些最需要和最想要它的人手中，通过农业创新建立健康、优质和无浪费的食品消费网络。Sumajta Mikuna的使命是将促进农业发展作为一项事业，与农民并肩努力，以"不浪费"的方式促进健康食品的分销和销售。

Sumajta Mikuna遵循"最后一英里[②]"的模式：第一英里从农民的收获后开始，

[①] 团队负责人：Jocabed Becerra Soliz。团队成员：Carla Andrea Ocampo Terceros。邮箱：joquitabecerrasoliz@gmail.com。

[②] 1英里约为1 609.34米。

Sumajta Mikuna和种植户在农场直接进行农产品的交易；随后，农产品被送到仓库，工作人员根据它们的营养价值和消费者的需求进行挑选和分类；然后，消费者可以从线下商店直接购买或在线上应用和官网下单；一旦公司收到订单，卡车就会离开配送中心到商店，然后前往不同的销售点，在最后一英里那里与消费者进行面对面的销售或配送给线上下单的消费者；农户通过移动设备采集数据，将货物进行电子称重，每件产品的加工、包装、调度都严格控制质量并确保可追溯性。平台通过收集后台数据还可以提供完整的价值链模型。

但是Sumajta Mikuna仍然存在一些问题。例如农产品的质量不稳定，由于玻利维亚的农业生产方式相对比较落后，生产出来的部分农产品可能不符合卫生标准；其次，由于项目工作人员缺乏计划性，会有一些食物浪费的状况；此外，由于项目各部门之间分散的结构以及非正式雇佣关系的存在，第一英里阶段存在沟通不畅的现象。

二、创新点

Sumajta Mikuna主要的技术创新点是搭建了农户和消费者沟通的桥梁，对生产者和消费者市场进行了全面的分析调查，再进一步的分析消费者的需求，将在农户那里收集到的水果和蔬菜根据数量和规格进行订单准备，通过供应链的服务，将产品分配到消费者手中。在将水果和蔬菜配送到顾客手上的过程中，除了解决农产品供应链的问题，也会对产品进行再设计以及进一步的分类，保证产品的合法合规性同时满足消费者多元化的需求。此外，所有产品可通过手机应用程序进行可追溯查询，安全透明，进一步保障了消费者的食品安全。同时，消费者可以通过线上APP官网购买或者在最近的线下直营商店直接购买，便利性大大提高。

Sumajta Mikuna为实现农户和消费者的链接，主要提供了以下的技术支持和管理：第一，科学的员工管理。要想整体的工作效率得到提高，科学管理公司员工十分重要，Sumajta Mikuna十分注重员工的成长，通过帮助员工的成长更好地实现公司的战略目标。第二，配套的售后服务。通过设立农户和服务商的呼叫中心，可以建立良好的售后网络，帮助各方在遇到问题时快速解决，提高运转效率。第三，线上APP、网页以及大数据的支持。如今社会已经进入到互联网的时代，人们购物不再局限于线下单一的购物渠道，越来越青睐于能够更快捷地获所需产品的线上渠道，而Sumajta Mikuna提供了这样的平台，方便消费者获得更好的购物体验。第四，食品质量安全的保证。Sumajta Mikuna创新性地为所售水果和蔬菜都贴上了二维码或者数字码，能够保证产品的可追溯性，让消费者吃到健康安全的农产品。第五，直接明了的利润分配。Sumajta Mikuna

直接将农户手里的水果和蔬菜销售给消费者,避免了更多的分销环节,减少了利润的分配环节,这样既增加了公司的利润也增加了农户的收益。

除此之外,团队的优秀人才也是项目创新所在。所有的团队成员都具有物流和供应链领域的经验,其中两名团队成员专门专注于食品供应链的研究,因而对项目外部环境因素的变化具有很好的敏感度,能够提供开发更好的综合解决方案,并且团队和头部的供应链网络公司SCALE也有较为紧密的联系,这也是供应链系统能够稳定推行的关键所在。

三、应用成果及效益

Sumajta Mikuna有效地帮助了农户解决了产品的销售问题,同时也为消费者提供了快速便捷购买到新鲜绿色的水果和蔬菜的渠道。通过Sumajta Mikuna构建的这样的一个平台,可以有效地连接农户和消费者。不仅如此,Sumajta Mikuna还注重对农户的培训,通过传授给农户种植更好的更健康的产品知识,保证水果和蔬菜的品质安全,确保产品的营养健康。此外,Sumajta Mikuna也很注重对环境的保护,将农业废料的循环再利用。目前,项目预期能够达到14.15万美元的营收。

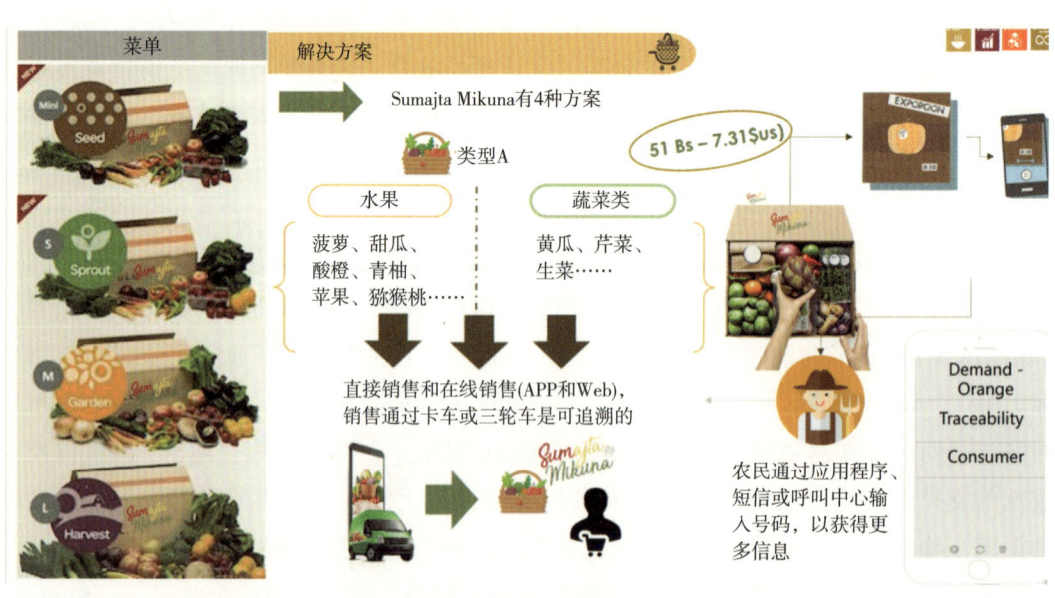

Sumajta Mikuna供应链服务解决方案

商业计划	通道		成本结构
· 农民第一英里；终端客户（最后一英里）客户协助建立在面对面的关系上 · 通过销售应用和追溯应用与农户互动 · 对农民的培训		· 月薪低于718.39美元的人 · 部分对健康生活与正确的营养平衡感兴趣的人	
客户关系		客户群体	· 分配费用 · 人员费用 · 行政管理 · 营业费用(电、水、电话、网络) · 维护费用 · 与价值主张相关的费用
	· 在不同的社交网络中创建一个社区和页面 · 电台和地方电视台 · 网页-网上商店 · 直接播放的宣传片 · 自营销售 · 应用程序的可追溯性 · 卡车和三轮车分销		

Sumajta Mikuna供应链服务商业计划版图

天府蜂谷数字化养蜂项目（TianfuFenggu）

四川天府蜂谷科技有限公司[①]

一、基本情况

目前，中国是世界第一大养蜂大国，蜂蜜年产量高达47万吨。然而，中国养蜂业大多是小作坊式养殖，劳动强度大、生产规模低、品牌意识差、营销推广难，想做成产业链，更是难上加难。加上养蜂人老龄化越来越严重，已经面临后继无人的窘境。现在的中国蜂业急需信息化、智能化转型，天府蜂谷数字化养蜂项目（以下简称天府蜂谷）便应运而生。天府蜂谷率先将物联网、大数据与蜜蜂产业紧密融合，推出系列平台级解决方案及服务；作为国内领先的蜂业科技公司，拥有37项国家专利技术，具备从硬件研发生产、软件开发、算法建模、数据分析、人工智能等研发技术及生产技术，是智慧蜂业整体解决方案提供商，蜜蜂大数据综合运营商；作为国内第一家蜜蜂大数据企业，积极配合参与各地政府拉动区域产业发展。天府蜂谷主要专注于数字农业软件开发、智能硬件开发、供应链技术服务、智能农业（蜂业）基地建设、农产品交易、数据运营、电子商务、乡村振兴建设等业务；客户遍及全国各省市及国际蜂业大国。天府蜂谷建立了以单品为切入口的数字农业产业互联网—蜂联网。以蜂业实体经济和数字经济为基础，以智能蜂箱为切入口，提升效率，降低成本，打通产业链条，形成产业闭环。通过数字化赋能，解决蜂业产业链中生产、服务、交易、物流金融等环节问题，沉淀产业大数据形成产业数据中台协同产业周边服务商形成协同服务中台，通过数据中台调度服务商完成服务交付，以蜂业智能蜂箱为突破口，实现蜂业蜂蜜单品产业的链条化、在线化、数字化、协同化、智能化，打造蜂业产业数字经济。天府蜂谷致力于让中国的养蜂国际化，让中国的大众都生活在蜂蜜里。

[①] 团队负责人：符洪川。团队成员：赵峻康、刘兆鹏。邮箱：fuhc@tianfuhoney.com。

二、创新点

天府蜂谷进行了产业升级基础建设：装备/工具升级，获取底层数据，赋能从业者智能硬件自主研发37件专利矩阵，搭建阿里云IOT平台，稳定安全高扩容能力；工业级模具设计，小米生态工厂品控体系规模生产，稳定高效快速交付能力；联合国内高校科研支撑，共建博士工作站，产品持续迭代保持技术和市场领先。推出的智慧蜂业整体解决方案涵盖智能硬件、软件SaaS服务、蜜蜂大数据、数据可视化、AI算法、区块链溯源等模块，以智能蜂箱为载体，养蜂APP为入口，实现蜂场现场智能化、养蜂操作智能化、生产源头数据化，并将数据赋能到下游供应链，赋能品牌建设，构建产销一体化的供应链服务模式，解决"养蜂难，消费难"的核心问题。天府蜂谷搭建的大蜂慧智慧养蜂平台，提供了数字化智能蜂业解决方案，对于当前的蜂场数、蜂箱数、蜜源总面积、蜜蜂预产量、养蜂人数以及种蜂交易总额会进行汇总和统计，现已具备数据采集、数据算法、数据挖掘、数据应用等智慧养蜂功能。研发的大蜂慧智能蜂箱3.0则集成GPS定位、温度、湿度、声音、重量监控等300多种电子元器件，并实时传输监控数据至大蜂慧平台，并对相关数据进行计算处理，通过手机即可实现对蜂箱进行监测、预警管理等先进的养蜂操作。大蜂慧智能蜂箱采用国际标准蜂箱结构，环保质材，坚固耐用安装方便。老蜂箱升级、加脾操作轻松应对，采用内置锂电池+太阳能供电系统，各种感应设备的相互工作配合，开启养蜂智能化时代。随时随地打开手机即可及时了解蜂箱内部状况，进行科学养蜂操作。使用大蜂慧智能蜂箱，也可实现温度监控、蜜蜂进出量监控、重量监控、湿度监控、声音监控和异常预警，并且有效减少与避免过多开箱操作。天府蜂谷还开展了智慧蜂场定制服务。随着数字化时代的到来，天府蜂谷率先在国内成功将物联网、大数据与蜜蜂产业发展紧密融合，推出BBD大数据共享平台，BBD大数据可视化平台，BBD大数据营销平台、BEEAIOT智能养蜂平台等系列平台级解决方案及服务。

三、应用成果及效益

目前，天府蜂谷已为上千家客户提供服务，客户类型包括运营商、政府单位、大型蜂业企业（蜂具、蜂药、蜂文化、蜂产品等）、养蜂合作社、个体养蜂基地等，覆盖范围遍及全国各地以及澳大利亚、新西兰、美国等蜂业发达国家。建设的大蜂慧智慧养蜂平台，提供了数字化智能蜂业解决方案。通过养蜂数据、环境数据统计，对增长趋势进行分析，为行业的发展与变迁、未来前景的预测提供有效的数据支撑。区域内蜜源分布信息统计发布，有利于养蜂人提高转场效率，解决转场盲点。对于病虫灾害信息统计内容，不仅有当前实时的情况，也有对往期数据的统计预测，方便及时有效开展防范与救治工作，减少蜂群损失。平台上的养蜂求助救援体系中，有求助信息、灾情信息的统计，有专家问答技术支持，有求助救援地理分布，还对上报来源进行追溯，对上报走势进行统计。求助救援功能可以有效解决养蜂难、卖蜜难等问题，以及相关自然灾害统计，及时安排救援部署，减少财产损失。大蜂慧智能蜂箱3.0的运用，能使得开箱率减少60%，财产损失减少45%，单箱同比产量提升30%，人力管理成本降低80%，养蜂职业病发病率降低70%，蜜蜂繁殖效率提升30%。蜂蜜生产流通溯源，物流仓储运输各环节信息透明；蜜源来源地追溯，蜂场实名追溯；酿蜜过程蜂箱的操作都记录存档；包装封装等环境溯源，从蜂箱到消费者手中的每一瓶蜂蜜都全程可溯源，质量更可靠，消费者购买更放心。此外，大蜂慧智能蜂箱，通过先进技术远程操作，信息可视化，大大减少蜂农工作管理时间，降低其职业病的发病率。今后，天府蜂谷的发展重点将是科技创新赋能产业发展、保护蜜蜂生存环境以及维护生态多样性，并继续践行公司使命：让养蜂更简单，让消费更透明，让生态可持续，让世界爱上中国蜜。

智能蜂箱研发专利

Vertical Green 垂直农业系统

Vertical Green Company[①]

一、基本情况

随着人口增加，耕地减少，人口越来越集中在城市地区，使得城市的食物供应成为一个待解决的重大问题；随着经济水平的提高，社会食物意识觉醒，人们对食品的安全性和健康与否也有了更高的要求。每一个国家都在为食品安全做巨大的努力，而社会、地缘政治形势和气候变化都是垂直种植的主要影响因素。英国的《食品加工技术》杂志发布的文章《新冠疫情推动的垂直农业投资》预测，受大流行的影响，从2020—2025年，垂直农业市场预计将以20.2%的复合年增长率增长。

Vertical Green垂直农业系统是与西班牙电信公司巨头Telefonica合作启动的，旨在通过智慧农业提高拉美地区的农业绩效，为农业资源匮乏的弱势和孤立社区提供进一步的解决方案的项目。Vertical Green是一家西班牙农业初创公司，专注于发展以颠覆性数字化农业技术为核心的垂直农业系统，主要从事食品生产和食品物流环节的工作，积极着手于解决食品生产和食品物流的多种问题。Vertical Green垂直农业系统区别于传统的户外种植，选择在室内种植蔬菜，通过多个种植层垂直地叠在一起，利用LED等其他光源提供光照，并用水雾或自动滴灌系统浇水，从而实现不受环境因素影响和控制下的全年高产。Vertical Green垂直农业系统推出一种新的耕作方式，其创造性地推出可扩展和无污染的室内系统，在减少能源消耗的同时保证了食品的安全性。其研发的旋转高压气体载荷技术，使得即使在最不利的条件下也可以实现水果蔬菜的种植，同时可以实现水果蔬菜的反季节销售，从而获得提高市场价值的机会；同时该技术可以在全世界范围内进行推广，助力现代化的农业生产。Vertical Green垂直农业系统在整个种植过程中都采用物联网技术，既能够随时监控植物的生长状态，同时使得植物生产过程具有可追溯性，消除了以往消费者对农产品信息认知不全的弊端。在物流环节，Vertical Green垂直农业系统通过缩短价值链条，实现对本地市场的直接供应，克服传统农产品物流难题。

[①] 团队负责人：Carlos。团队成员：Hugo Scagnetti。邮箱：carlos.repiso@vertical.green。

二、创新点

西班牙是世界上水果和蔬菜出口最多的三个国家之一,每年有数百万吨农产品运往欧洲、亚洲和美洲的不同地区,然而巨大的农产品交易量却伴随着严峻的农产品质量和农产品物流问题。①传统的农作物品种和传统的生产方式会造成一些农产品质量上不达标;②长距离的物流产生了大量的碳排放,对生态环境造成负担;其次,大城市间的运输中转是十分困难的;③大多数的农产品是保质期短且易损耗,使得农户的经济利益容易受到严重损害。

针对上述农产品价值链上各个环节存在的问题,Vertical Green垂直农业系统创造性的通过数字化农业技术逐一解决。Vertical Green作为一家农业科技公司,目的是为农业生产找到新的解决方案,通过新的解决方案,可以解决一些具有挑战性的食品生产问题,大多数农业公司都专注于蔬菜的生产,而Vertical Green聚焦于新技术的开发应用,为特定的生产商提供解决问题的方案。团队成员拥有农业和工业工程、物联网和数字系统以及农业业务发展方面的扎实背景,重点关注新农业技术、食品物流和价值链,以及通过大数据和机器学习实现数字化转型以减少碳排放和能源消耗。

具体的技术创新内容包括:①建立了一个可扩展和非室内污染的系统,通过垂直种植体系的建立,使得农作物能够在有限的土壤、水、光照和空间条件下生长,克服农作物生长的自然条件限制,同时减少了64%的能源消耗;②自主研发了旋转高压气体载荷技术,该技术实现了在水资源不足地区实现农作物种植的可能性,并且该技术具有易于在全世界推广的特性;③Vertical Green垂直农业系统在整个农作物种植过程中将物联网自动化传感器技术、机器学习以及自动管理系统有机结合,通过将数字技术融入农业生产过程,使得农作物生产能够在靠近城市消费圈的有限空间中进行,有效地减少了运输成本并增加了农民的收益;④专注于数字化和物联网传感器的应用,以提高自动化和过程的可靠性,在生产上高度优化产品的生产流程以保障产品的高增长空间,其次是保证低的运营成本,随着自动化的不断发展,机器已经能够很好地代替人工,更加有效的采集作物。此外,生产过程节约了95%的水资源消耗,保证了必要的空气湿度,即使在一个很小的空间仍然能拥有一个完整的高科技农场,生产效率得到提高。

三、应用成果及效益

西班牙位居三大农业出口国之列,主要出口水果产品,出口的地区包括亚洲和美洲,规模十分庞大,Vertical Green垂直农业系统旨在为西班牙带来新的农业解决方案,研究出新的农业解决方案以创造更好的生态环境和降低农药残留影响。同时,此解决方案将农民生产的产品销售到其他的国家或地区,并通过物联网技术远程跟踪产品,保证产品的可追溯性,最终增加农产品保质期和提高公司的营利能力。

以西班牙草莓种植为例,在Vertical Green垂直农业系统的技术支持之前,18公顷的草莓生产基地创造的销售收入是1 180欧元,年利润是340欧元;经过Vertical Green垂直农业系统的技术支持后,收入达到了2 475欧元,年利润是1 783欧元,毛利率高达72%。该项目实现了当地高质量的产品新鲜配送,在主要的省会城市设立绿色基地,连续不断的产品供应,价格从每千克2.5欧元到10欧元不等,保证不同消费能力的人群都能购买到自己心仪的产品,同时在减少农产品运输损耗的同时提高了农产品供给者的利益。其次,实现了淡季农产品获取高价值的机会。原先淡季价格是每千克1.2~2.3欧元,现在通过Vertical Green垂直农业的应用,价格提高到每千克4.9~6.3欧元,保障了农产品供给者稳定的种植收益。

Vertical Green垂直农业系统将帮助更多的农业企业实现转型升级,第一年还是以草莓为目标农作物,提高草莓的经济价值,接下来会转向其他农作物,帮助其产业升级。除了帮助其他的企业进行转型升级,Vertical Green垂直农业系统也会建立自由的工厂,依托联合国粮农组织进行项目拓展,对不同季节的农作物进行优化升级,对特色的农作物进行种养,如藏红花,并发展多个国家的客户。

最后,目前正是发展垂直农业的好时候,目前耕地面积不断减小,人口正在快速的增长,人们越来越多地向城镇集中,气候的不断变化也在影响着农作物的生长,人们也越来越重视粮食安全问题。面对这些问题,垂直农业都能够很好地解决。

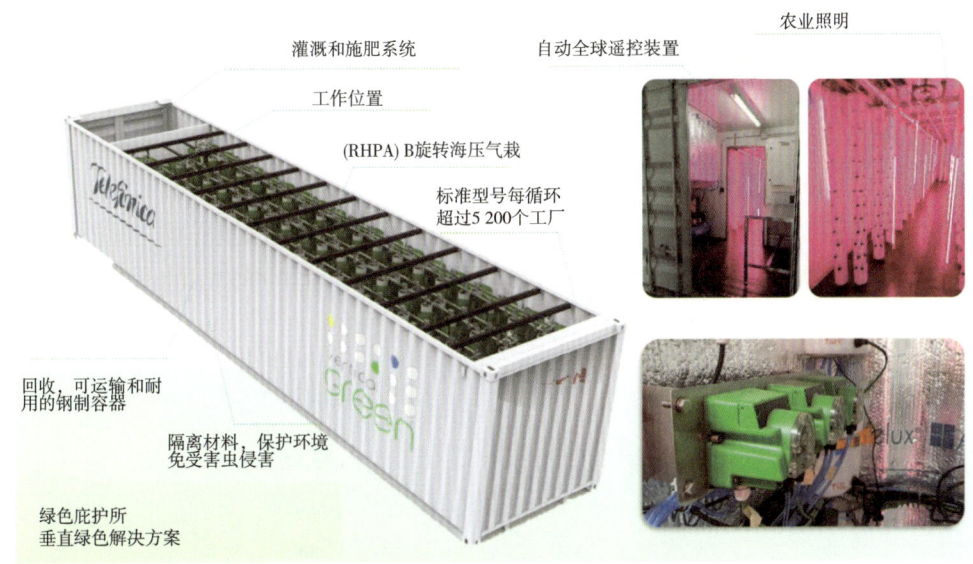

Vertical Green垂直农业系统生产技术

Vertical Green垂直农业系统生产实景

Vertical Green公司标志

Virtudes 公司——牙买加大麻项目（Jamaica Hemp Project）

Virtudes 公司[①]

一、基本情况

大麻二酚即CBD（国内称麻宝愫，DMCBD），是从大麻植物中提取的纯天然成分，大麻作为一种药物有着悠久的历史，可以追溯到几千年前。当前，CBD的治疗特性正在被世界各地的科学家和医生们测试和证实。作为一百多种"植物大麻素"之一，CBD是一种安全、不会上瘾的物质，赋予了大麻强大的治疗效果。

通过深入挖掘，研究发现大麻CBD油亦可用于医药、化妆品、护肤品及保健品，尤其是99%含量以上的医用级大麻CBD更具价值。医药级高纯CBD晶体，每吨市值近1亿美元。早在2003年，CBD便在美国申请了专利，被作为一种神经保护剂和抗氧化剂得以使用，其用途包括但不限于治疗癫痫、作为改善情绪、抗焦虑的膳食补充剂、消炎、缓解关节和神经疼痛等、减轻人体对酒精和尼古丁的依赖、治疗新生儿缺氧缺血性脑病（NHIE）等。近年来，低浓度的CBD也陆续出现在保健品、食品以及护肤品中，并被大多数人所认识。

基于CBD所拥有的多种用途和功效，Virtudes垂直整合了高级CBD油制造产业，在牙买加设立了大麻种植项目——Jamaica Hemp Project，融合传统和现代种植方式，继而从大麻中提取生产CBD油，向全世界提供有机和天然的产品。

二、创新点

1. Virtudes公司的独特优势

Virtudes公司已获得农业农村部颁发的种子进口许可证，并获得了种植和生产以大麻为基础的健康产品的许可证。目前在牙买加威斯特摩兰的达利斯顿拥有约55公顷的土

[①]团队负责人：Farrah Zargaran。团队成员：Jamiel Jamieson。邮箱：farrah@virtudescompany.com。

地，其中约60%的土地已被清理干净，可用于耕种。

Virtudes的定位是在美国和全球范围内获得大麻花、生物质、CBD和其他衍生物供应的市场份额，种植和加工生物质并出口各种质量等级的油，最终创建自己的品牌和分销渠道。该农场的合作者在美国已拥有超过10年的医用大麻种植经验，并拥有一个庞大的行业专业网络。

Virtudes公司的核心竞争力在于其成熟的CBD油提炼工程。在前端根据可提取的CBD油的质量和数量准确选择种子品种，搭配专有的提取机从花和叶中提取出CBD"原油"，使用蒸馏机进一步蒸馏后再将其精炼成纯化的精炼油。

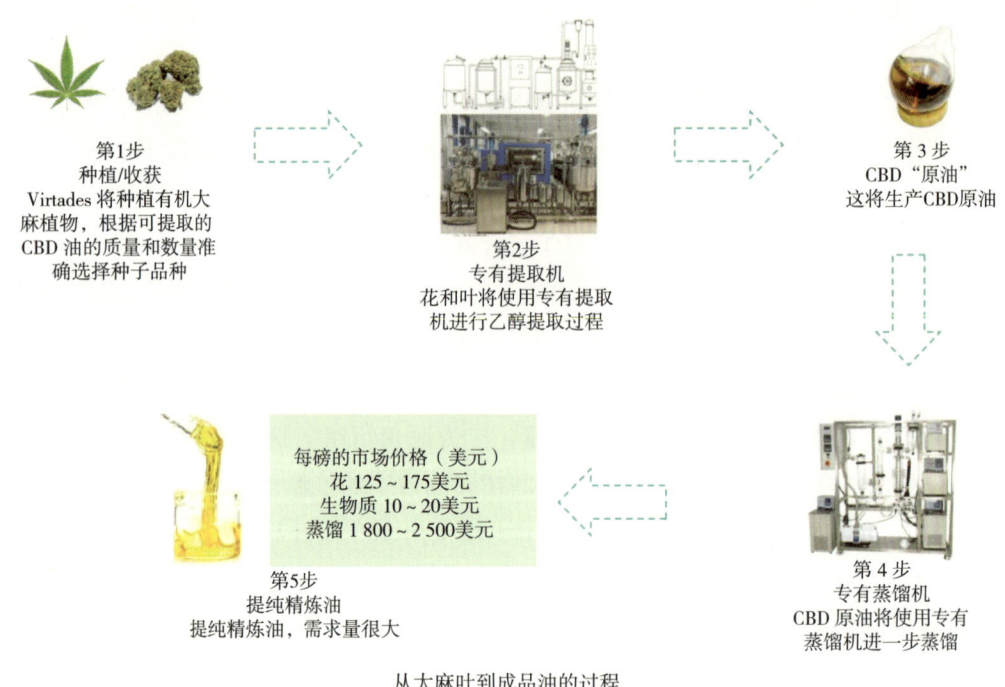

从大麻叶到成品油的过程

2. 牙买加种植大麻的独特优势

牙买加已于2015年4月将大麻合法化，当地的监管机构，即大麻许可局，已制定了一系列针对医疗、科学等目的的种植和分销规定，该产业在牙买加的发展有据可循。

与其他竞争国家相比，牙买加的生产成本较低，农业劳动力相对低廉。与此同时，当地拥有最适合全年种植有机大麻的热带气候。每年可收获4季作物，如若才有温室技术，产量可以可实现翻倍或更多，为制造商和最终用途买家或零售商提供了稳定的原材料供给。

Virtudes公司在牙买加种植大麻的土地

三、应用成果及效益

1. 推广应用情况

Virtudes计划在第一年年底前清理完55公顷的额外土地，并将第一批作物作为生物质和花卉出售给下游公司，同时采购配置所需的提炼设备，完成品牌研发工作。于第二年将部分收成作为生物质出售，其余部分提炼成高级CBD油并推广Virtudes labs品牌。

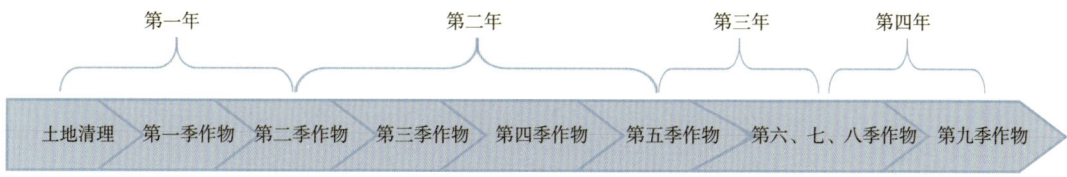

Jamaica Hemp Project的推广应用时间线

2. 经济社会效益

作为一家全球性公司，Virtudes正在引领一场为世界上最有用的植物之一建立信誉和价值的运动。在经验丰富的农业实践和数百年的大麻种植知识的交汇处，Virtudes所提供的高端大麻产品极具附加价值，有助于大麻植物及其副产品的研究和开发。凭借强大的药用价值，Virtudes对大麻的研究应用正在全世界范围内逐步打破行业的界限。